The Unique World

方寸

方寸之间　别有天地

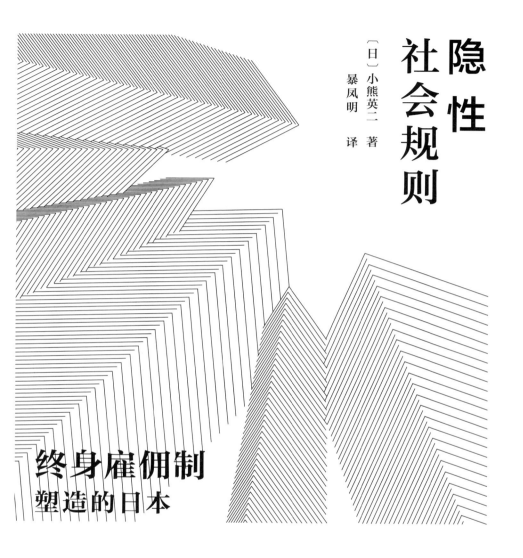

隐性
社会规则

〔日〕小熊英二 著

暴凤明 译

终身雇佣制
塑造的日本

日本社会のしくみ

雇用・教育・福祉の
歴史社会学

社会科学文献出版社
SOCIAL SCIENCES ACADEMIC PRESS (CHINA)

关于日本人的一般工作方式

暴凤明

　　说起日本人的一般工作方式，很多读者脑海中浮现出的可能是日剧中每天身着西装，手提皮革公文包，朝九晚五的上班族。这些上班族往往高中或大学毕业后便进入一家企业，一直工作到 60 岁退休，家里一般有两到三个子女，妻子作为全职主妇每天操持家务。他们作为正式员工，在公司里的大房间集体办公，在终生雇佣、年功序列、企业内工会等日本式雇佣管理体制下工作。

　　以上是中国读者关于日本人一般工作方式的印象，可能恰恰也符合很多日本人的认知。根据作者的要求，为了使读者能够更好地理解本书内容，在本书开始之前，将就具体情况再稍加介绍。

　　第一个关键词是"终身雇佣制"。简言之，就是员工进入企业后，只要不犯大过错，通常可以一直工作到退休年龄或自愿离职。这意味着员工在整个职业生涯中都将在同一家公司工作，不跳槽。终身雇佣制是日本泡沫经济破灭前企业的主要用工模式。它确保了员工长期稳定的职业生涯和退休福利，以职业和生活的稳定感换取员工对企业的高忠诚度，企业为员工提供职业培训，提高技能和专业能力，通过定期人事调动的方式实现岗位晋升，激励员工提高企业内贡献度。

终身雇佣制是日本经济高速增长的原因之一，但在泡沫经济破灭后，日本经济长期衰退，许多企业为节省成本，不再采用终身雇佣制度，改为使用人力派遣、短期雇佣、临时雇佣等更加灵活的雇佣模式。这些新模式提供了更多就业选择，但也带来了不稳定性。

第二个关键词是"年功序列制"。这种制度是指员工的工资和职位将根据其在企业内的工作年限和经验逐渐提升，意味着在同一家企业内工作时间越长，贡献越多，工资和职位也相应越高，类似"论资排辈"。

然而，年功序列制的一个主要问题是可能忽略员工的实际能力和业绩。这可能会限制年轻员工的晋升，导致"年长者优先"和"年轻人晋升困难"。随着泡沫经济破灭，日本企业为了提升国际竞争力，一些公司和行业开始采用更灵活的薪酬体系和评估方法，以更公平地反映员工的能力和贡献。

另外，终身雇佣制和年功序列制也造就了日本社会的"本科学历优先主义"。一般企业在招聘员工时，并不注重硕士、博士学历以及所学专业，而是注重应聘者本科大学的"牌子"，也就是所谓的"第一学历"，名牌大学入学考试的偏差值高，难度大。在不轻易裁员且企业提供入职后系统化职业技能培训的情况下，企业更看重员工的综合能力与在定期人事调动中面对不同岗位的适应能力；作为应聘者，由于考虑到年龄、资历、在同一家企业内连续工作的贡献度是决定薪资和职务的主要因素，便缺乏进一步深造的动力。因此，日本人只会在高中考大学时激烈竞争，而并不热衷考研。

综上所述，就对日本工薪族的印象而言，中国人和日本人在很大程度上是一致的，即本书将会提到的"大企业型"生存方式。具体而言，是指男性大学毕业后，作为正式员工被大公司或政府机关聘用，过着体面而稳定的生活。

然而，这只是一种刻板印象，一直以来以这种形式工作和生活的日本人并非多数。战后经济高速增长时期，"大企业型"员工人数有所增长，在石油危机之后达到峰值，但也只占全部就业人口的 30% 左右。之后，尤其是泡沫经济破灭后，非正式雇佣劳动者不断增加，以"大企业型"为代表的日本式雇佣模式始终维持在少数核心精英人群。

20 世纪 90 年代初泡沫经济破灭，传统的日本式雇佣模式被迫发生变革，日本社会结构发生变动，揭开了工业社会向后工业社会转型的序幕。青壮年劳动力减少，虽然"大企业型"劳动者人数没有大幅增减，但以自营业者为代表的"地方型"生存方式人群减少，"残余型"的非正式雇佣劳动者人数大量增加。

中国读者对日本人的工作方式的认识，很大程度上还停留在 20 世纪 90 年代泡沫经济破灭之前。作为日本人，在经济、生活不稳定的时代，心理上也加深了对"大企业型"生存方式，传统、稳定的雇佣就业模式的向往。因此，中国人和日本人在对"日本人的一般工作方式"的认知上具有一致性，但这并非今天日本社会大多数人的真实工作状态，这也正是小熊英二将在本书中为读者剖明的。

目　录

序　章

　　2018 年 6 月 21 日《日本经济新闻》有一篇报道，题目为"经团联 ①——可怕的同质集团"。

　　报道内容是经团联正副会长 19 人的调查信息。这 19 人全部为拥有日本国籍的男性，都没有过创业或跳槽的经历，最年轻者 62 岁。报道中这样描述了这些人："他们是长期浸淫在以年功序列、终身雇佣、元老资历为核心价值观的日本大企业制度体系中，并最终获得成功的人。"

　　报道提到，在这 19 人中，"12 人毕业于东京大学，3 人毕业于一桥大学，此外还有毕业于京都大学、横滨国立大学、庆应大学、早稻田大学的各 1 人"。报道还特别指出，除京都大学外，这些院校都是东京首都圈的名校。

　　报道虽然详细点明了这些人的毕业院校，却对他们就读的具体院系和专业只字未提。因为出身于哪所学校才是问题的关键，学什么并不

---

① 日本经济团体联合会的简称。——编者注

重要。

何以如此？这背后隐藏了什么样的规则？这种"日本社会的规则"是从什么时代开始，怎样形成的？与其他国家又有何不同？这些正是本书所要探究的问题。

日本社会的构成原理

在此，让我们以《日本经济新闻》的这篇报道为切入点，思考一下日本社会的构成规则。

①首先，学历是重要指标。但重要的只是学校的牌子，而不是学习的内容。

②其次，年龄和工龄是重要指标。工龄指的是在同一家企业内连续工作、服务的时间，在不同企业的工作经历是不累计的。

③结果造成"大城市"与"地方"产生地域对立。如果学什么很重要的话，就不必非要在首都圈的名牌大学就读了。

④于是，形成了对女性和外国劳动者非常不利的一面。女性由于结婚、生育，往往会中断工龄的计算。同时，在他国企业的就业、任职经历不被重视，这意味着外国人难以进入企业高层。

以上的③和④，即"地方""女性""外国人"的问题，可以视为①和②导致的结果。进一步而言，正式员工与非正式员工，以及自营业者①之间的收入差距，同样也可看作①和②导致的结果。

总之，①注重学历，但不在乎所学内容与专业；②注重在同一家

① 个体经营业者。——译者注

企业内的连续工龄。以上两点被认为是构成"日本社会规则"的重要因素。

这样的"社会规则"在现代社会中催生出巨大的闭塞感。这种闭塞感不仅仅表现为对女性和外国劳动者的封闭，以及"中央"与"地方"、正式雇佣与非正式雇佣之间的巨大差距，它同时还引发了许多问题，如员工跳槽难、企业难以招聘到高层次人才、劳动时间长却生产力低下、员工工作与生活之间的平衡失调等。

然而，尽管改革的呼吁之声不绝于耳，却迟迟未有切实改善。这究竟为何？这样的"社会规则"是如何形成的？探究这一问题，在日本经济巅峰已经过去近 30 年的今天，具有格外重要的意义。

本书旨在探明上述问题，结构框架如下。

第一章，提出日本社会的三种生存方式——"大企业型""地方型""残余型"，即生存于日本大企业制度体系中的"大企业型"，依靠自营业、农林水产业等植根于地方经济的"地方型"，没有以上立足点可以依靠的"残余型"。通过对这三种类型进行探究，分析并把握整体日本社会。

第二章，对比欧美国家与日本在工作方式上的差异，进而在第三章中，通过分析其他国家工作方式的形成历史，把握日本工作方式与生存方式的特征。同时，也对日本教育体系与社会保障体系的现状进行了分析。

第四章和第五章回顾明治时代的社会历史，探寻注重"学历"和"连续工龄"的日本式雇佣传统的起源。同时，分析日本企业特有的定年退职制度^①、定期人事调动制度以及批量招聘应届毕业生等用工惯例的成因。

　　第六章讨论的时间跨度为从战败到进入经济高速增长期^②之前，第七章则重点分析整个经济高速增长时期的日本社会。在这两个历史时期，战前^③被限制在一定范围内的日本式雇佣模式得到大规模普及。与此同时，经济界、政府、工会等也在摸索不同的用工与劳动方式。了解这一过程是思考今后发展方向所不可或缺的。

　　第八章追溯了20世纪70年代至今日本式雇佣模式发展的历史。20世纪70年代后半期，日本式雇佣模式带来的问题已经以各种形式暴露出来。正式员工和非正式员工构成的"新二重结构"也已经出现。本章在描述这些现象的同时，梳理了它们发展至今的演变过程。

　　终章在对上述论证进行学术分析的基础上，探讨未来改革的方向。

　　本书的研究对象是决定就业、教育、社会保障、政治、身份认同、生活方式等诸多方面的"社会规则"，虽然重点着墨于对雇佣惯例的分析，但这并非讨论的主要目的。本书的主旨在于阐明决定日本社会的默认规则——"惯习之束缚"。

关于"规则"

　　对学术探讨不感兴趣的读者，可以跳过以下内容，直接从第一章开

---

① 劳动者到达某一年龄时的强制退职制度，其中包括了我们日常理解的到达一定年龄的退休制度，以及企业规定的其他任何年龄的强制辞退制度。——译者注
② 20世纪50年代中期至70年代初期。——译者注
③ 一般情况下，日语中"戦前""戦後"所指的战争，是1941年12月7日至1945年8月15日的太平洋战争。由于太平洋战争结束标志着第二次世界大战结束，因此，在上下文没有特指其他战争的情况下，本书中"戦後"一般翻译为"战后"或"二战后"，"戦前"直接翻译为"战前"。——译者注

始阅读。

本书的研究对象是支配、规范日本社会的"惯习之束缚",本书称其为"社会规则"。

"惯习"在规范人类行为的同时,也在人类行为中诞生。一个人的笔迹、行走姿势、握笔姿势等,这些不是在出生时由遗传基因决定的,而是在日常行为的积累中形成的。然而,"惯习"一旦形成,便开始规范人类日常行为,是很难改变的。

人类社会是通过社会成员共享的一系列行为"惯习"形成的。这种"惯习"虽然不由遗传基因决定,也并非自古以来一直存在,却是在人类日常行为的不断积累中形成的一种默认规则。"惯习"未必在法律上有明确条文,但往往比法律条文更有影响力。不过,这种"惯习"并非永恒不变,而是随着人类行为的不断积累而变化的。

这些随着人类日常行为的积累而发生变化的事物不是自然科学处理的对象。自然科学的要务在于探索那些永恒不变的法则。

始于对自然科学的向往而诞生的社会科学,也试图在人类世界中寻找永恒的规律。古典经济学就是其中之一。

亚当·斯密设定了经济学的基本公理——通过交换追求个人利益是人类永恒不变的天性。[1] 公理是设定出来的,无法被证明。亚当·斯密也没有尝试去证明这个公理。然而,恰恰是依据这一公理,经济学才能够成为一门模仿自然科学的学问。

但是,社会学并非如此。韦伯、齐美尔、涂尔干等社会学鼻祖,将

---

[1] アダム・スミス、玉野井芳郎・田添京二・大河内暁男訳『国富論』中央公論社、一九八〇年、第一篇第二章。

社会成员共同遵守的默认规则作为研究对象。他们认为，利用这些默认的规则，可以诠释古典经济学无法解释的人类行为。

一个著名的例子是韦伯的《新教伦理与资本主义精神》。韦伯开篇便指出经济学无法解释当时德国农场工人的行为。那些工人虽然按照每天的工作量领取计件工资，但一旦赚够当天的基本生活费，他们就不再多干了。[①]

这看似是一种非理性的行为，但假设你明天会死，那么今天超额完成工作就是毫无意义的。在一个不知道明天会发生什么的社会里，想通过计件工资的形式来提高劳动生产率，反而是行不通的，因为这种做法只有在一个大家普遍确信未来持续稳定的社会中，才有效果。

因此，韦伯认为，积累资本的行为只能出现在一个将特定的末世论视为普遍默认规则的社会。于是，他研究了基督教各教派的末世论，指出资本主义只能诞生于拥有新教信仰的社会中，所采用的研究方法是分析各种宗教文本，从中探索社会深层的基本原理。

在韦伯的著作中，日文翻译为"倫理"的德语词是"Ethik"。这是"礼节"（etiquette）一词的词源、古希腊语"ἔθος"的派生词，指通过大量日常行为活动学习掌握的规则，比如如何握笔，如何使用餐具等"礼节"，也是人们通过日常行为活动学习掌握并逐渐形成的一种默认规则。

韦伯不认为这些集体"惯习"属于德国人与生俱来的民族性

---

① マックス・ウェーバー、大塚久雄訳『プロテスタンティズムの倫理と資本主義の精神』岩波文庫、一九八九年、第一章第二節。

（Volkscharakter）。[1] 但同时，他也指出这种集体"惯习"规约了人们的行为，并非一朝一夕可以改变。

诸如此类探究社会成员共同遵守默认规则的研究有很多，其中比较著名的有皮埃尔·布尔迪厄（Pierre Bourdieu）在教育学领域的研究，以及哥斯塔·埃斯平 - 安德森（Gosta Esping-Andersen）在社会保障领域的研究等。[2]

尽管有许多优秀的研究成果，但对于如何称呼规约社会的内在"规则"，尚没有统一的说法。韦伯称之为"精神气质"（Ethik），布尔迪厄称之为"惯习"（habitus），埃斯平 - 安德森称之为"体制"（regime）。然而，这些都并非我们熟悉的日语词语。

笔者认为面对日本读者，没有必要再使用拉丁语或英语。因此，本书暂且称之为"规则"。

前人的研究和方法

本书的主旨在于从史实中抽取关于默认共识的"社会规则"。因此，作为素材使用的个别史实均在各章节的注释中明确列出，关于史实的叙述主要参考以往的相关研究，涉及领域涵盖经济史、劳动史、行政史、社会保障史和教育史等。

与本书研究路径较为接近的一项研究是在第五章提到的于尔根·科

---

① マックス・ウェーバー前掲『プロテスタンティズムの倫理と資本主義の精神』一三一頁。
② ピエール・ブルデュー、石井洋二郎訳『ディスタンクシオン』藤原書店、一九九〇年。イエスタ・エスピン‐アンデルセン、岡沢憲芙・宮本太郎訳『福祉資本主義の三つの世界』ミネルヴァ書房、二〇〇一年など。

卡关于德国市民社会形成史的探讨。科卡将德国与其他国家进行全方位比较，以探究德国现代市民社会的特征是如何在历史发展中形成的，研究内容涵盖了官僚制对私营企业的影响，"Ingenieur"（工程师）等德语词语概念的变迁，以及办公职员发起的争取权益运动如何改变社会保障体系和教育体系等诸多方面。该研究既不是经济史或劳动史研究，也不是社会保障史或教育史研究，而是囊括了这些领域相关内容的综合研究。

科卡之所以采取这种研究路径，是因为他是一名以韦伯的官僚制理论和资本主义理论为理论基础的比较社会史研究者。支持福利体制理论的埃斯平 - 安德森在探讨德国的社会保障制度时，就依据了科卡的研究成果。[1]

本书的研究路径与韦伯、科卡的研究基本一致，都属于比较社会史和历史社会学研究。具体方法是通过搜集反映当时政府政策和商业活动的资料、社会整体趋势的统计数据、劳工运动的主张以及企业经营者发表的言论等材料并进行整理、分析，提炼背后的深层原理。

因此，和发掘个别事实相比，本书更侧重从整体上描述日本社会的"规则"。历史学家可能会对将明治时代的资料和二战后的资料并列呈现的做法感到不妥，但笔者希望他们仅仅将其理解为方法论上的差异。同时，需要说明的是，第二章和第三章中对其他国家情况的描述，仅作为理解日本雇佣惯例时的对比和参照，所以只是简要概述。

然而，本书也首次系统性地指出了一些事实——政府的行政举措对

---

① エスピン－アンデルセン前掲『福祉資本主義の三つの世界』六七頁。

私营企业的影响（第四章）、学历的作用（第七章）。

迄今为止，在劳动史研究中，有大量关于日本雇佣形式的研究，但研究对象大多是制造业的蓝领工人，对白领办公职员的研究相对较少，且尚未出现对政府机关和军队部门雇佣形式的研究。这可能是因为政府机关和军队不是经济活动的主体，所以没有成为劳动史和经营史的研究对象。

因此，虽然有个别研究曾指出日本企业的雇佣形式与政府机关和军队的官僚制相似，但几乎未曾见过来自经济史角度的专业探讨。此外，研究政府机关的行政学和行政史学领域对政府机关的雇佣形式如何影响私营企业几乎没有兴趣。这是学科之间的盲点。

虽然教育学家和经济学家一直在批判日本企业雇佣惯例中强调学历的做法，但他们对学历发挥的功能分析不到位。因此，他们没有注意到一个悖论，即本书第七章所指出的，恰恰由于企业和劳动者重视学历，才实现了办公职员和一线工人之间的平均化。

接下来，简单谈一下所谓的"日本文化论"。20 世纪 60 年代以后出现的日本文化论也涉及了企业雇佣惯例，但其中大部分讨论只不过是围绕进入经济高速增长期后普及开来的雇佣形式的历史投影展开。[1] 这与其说是学术研究，不如说更应被视为大众民族主义的消费品，以及文化研究或民族主义研究的分析对象。[2]

---

[1]　代表性研究参见：村上泰亮・公文俊平・佐藤誠三郎『文明としてのイエ社会』中央公論社、一九七九年。
[2]　相关批判性研究包括杉本良夫・ロス・マオア『日本人論に関する 12 章』学陽書房、一九八二年や吉野耕作『文化ナショナリズムの社会学』名古屋大学出版会、一九九七年など。

其中，值得一提的是社会人类学家中根千枝的研究。中根认为日本社会的特征是在以职场、村落为单位组成的共同体"场"中明确存在一种非常强大的可感知关系，而超越"场"的"身份资格"与"'横向'同类"意识则有所欠缺。① 从结论而言，中根的观点与本书的主张十分接近。但是，中根欠缺将雇佣惯例理解为历史发展产物的分析角度。因此，中根陷入了一种认识误区，即认为日本社会的特征自古以来就存在了。② 此外，中根的理论无法解释为什么在拥有上万名员工的日本大企业中，员工们在有形的接触范围之外依然存在"同类"意识。总而言之，中根不经意间将用于调查以村落为单位的社会现状的人类学知识，在应用空间和时间上过分扩大了。

尽管如此，从对日本社会构造的形成原因进行学术性探讨这一点出发，笔者并不反对将本书归类为广义的"日本论"。本书是延续了韦伯、科卡、埃斯平 - 安德森等学者理论脉络的研究著作。同时，笔者也希望本书能够成为一本更具严谨性和可信度的"日本论"。

本书引文括号中内容是引用者添加的补充说明，括号内省略内容用省略号表示。注释中的网站访问日期为最后访问日期。没有注明出处来源的图表均由笔者制作。

---

① 中根千枝『タテ社会の人間関係』講談社現代新書、一九六七年、二六、四五、五四頁。同时，中根在书中第 45 页中提到了"行业工会"（craft union）。

② 中根千枝『タテ社会の人間関係』一八七——八八頁。

日本社会的"三种生存方式"

第一章　要点

· 日本社会由"大企业型""地方型""残余型"三种生存方式类型构成。

· 三种生存方式所占比例大致为"大企业型"26%,"地方型"36%,"残余型"38%。

· 非正式雇佣员工增加,但正式员工人数并未大幅减少。

· 增加的非正式雇佣员工大多来自"地方型"自营业者中减少的部分。

· 20 世纪 90 年代,日本的社会结构发生了变动。

·"大企业型"被视为日本式雇佣的应然形态,决定着整体社会结构。

"昭和时代的人生轨迹图"

据说在今天的日本，想过"普通生活"已经不可能了。[1] 但究竟什么样的生活才是"普通生活"呢？

城市人想象中的"普通生活"可能是这样的：男性的话，高中或大学毕业，进入一家公司工作，结婚生子，贷款买房，工作到退休，然后靠养老金安度晚年；如果是一名女性，"普通生活"就是成为拥有以上人生轨迹的男性的妻子。

但实际上，这一生存方式人群并非普遍多数。而且，自古以来就不是。

2017 年，"经产省青年项目"发表了一篇题为《不安的个人，呆立的国家》的报告。该报告受到舆论广泛关注，据说已被下载超过 150 万次。

在该报告中，有一张《昭和时代的人生轨迹图》[2]（见图 1-1），形象描绘了那些通过"应届毕业生批量招聘"成为正式员工，并享受"终身雇用"的人。

该报告推算分析指出，20 世纪 50 年代出生的男性中 34% 的人过着

---

① 本章通过对三种生存方式的介绍和对日本社会现状的分析，提出本书的研究问题。三种生存方式的划分来自野村正实 1998 年于岩波书店出版的《雇佣不安》一书中"大企业模式""自营业模式""中小企业模式"的分类。但是，野村的分类只涉及薪资和劳动之间的关系，并未涉及地域关系、社会保障、政治、人口流动等问题。本章中的三种类型，不仅用来分析薪资与劳动之间的关系，而且涉及更广泛的领域，是日本社会的构造机制（regime）要素。这一点与哥斯塔·埃斯平 - 安德森关于建立新中产阶层、工人、农民三种社会类型体制的观点有相通之处。但是，本书并不认为三种类型预先存在并决定社会机制，而是认为社会机制与三种类型的形成发展是同时进行且相互影响的。

② 次官・若手プロジェクト「不安な個人、立ちすくむ国家：モデル無き時代をどう前向きに生き抜くか」二〇一七年五月、一一頁。http://www.meti.go.jp/committee/summary/eic0009/pdf/020_02_00.pdf 二〇一九年六月二日アクセス。

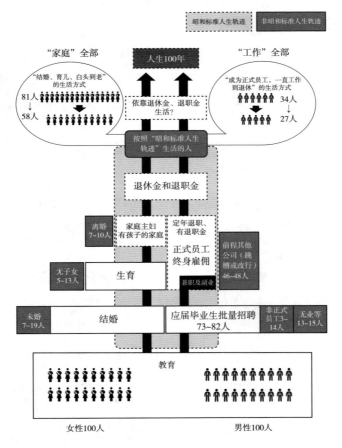

20世纪50年代至80年代出生（含推算）

昭和标准人生轨迹　　非昭和标准人生轨迹

"家庭"全部　　人生100年　　"工作"全部

"结婚、育儿、白头到老"的生活方式

81人　→　58人

依靠退休金、退职金生活？

"成为正式员工，一直工作到退休"的生活方式

34人　→　27人

按照"昭和标准人生轨迹"生活的人

退休金和退职金

离婚7~10人

家庭主妇有孩子的家庭

定年退职、有退职金

正式员工终身雇佣

前程其他公司（跳槽或改行）46~48人

无子女5~13人

生育

兼职及副业

未婚7~19人

结婚

应届毕业生批量招聘73~82人

非正式员工3~14人

无业等13~15人

教育

女性100人　　　　男性100人

图 1-1　昭和时代人生轨迹

（资料来源：次官·若手プロジェクト「不安な個人、立ちすくむ国家：モデル無き時代をどう前向きに生き抜くか」）

"成为正式员工，一直工作到退休"的生活，而在 20 世纪 80 年代出生的男性中能够如此过活的人只有 27%。

由此，可以看出非常重要的一点，即使在"昭和时代"，也不过只有 34% 的人能够过上所谓的"普通生活"。

据说这一数字也曾让报告撰写者感到意外。其中一位作者说："我本以为拥有这种'标准人生轨迹'的人会很多，但无论怎么计算，也没有多少。我们都很惊讶，所以只能感叹'我们也不懂'。"[①]

在日本社会中，大约只有不到 30% 的人能够"成为正式员工，一直工作到退休"。那么，其他人是如何生存的呢？

当然，人的活法有很多种。不过，笔者在此想把现代日本社会的生存方式分为三种类型："大企业型"、"地方型"和"残余型"。

"大企业型"和"地方型"

首先，笔者想说明什么是"大企业型"和"地方型"。

"大企业型"指的是大学毕业后，被大公司或政府机关聘用，以成为"终身受雇的正式员工"为代表的生存方式，这类人群包括受雇者本人及其家人。

"地方型"是一种不离开地方的生存方式，即在地方的初中或高中毕业后，在当地工作。"地方型"职业包括农民、自营业者、地方公务员、建筑业者、地方产业从业者等。

---

① 上野千鶴子・小熊英二・雨宮処凜・須賀千鶴・植木貴之・今村啓太「『不安な個人、立ちすくむ国家』をめぐって」『熱風』二〇一七年一一月号、一三頁。

但是，这种分类只是一种理想模型。虽然这三种类型不可能囊括所有现实生活中的生存方式，但这种分类还是可以帮助我们去理解它们。

"地方型"和"大企业型"各有利弊。

"地方型"人群的收入往往低于"大企业型"人群。但是，他们一般和父母住在自家的房子里，无须贷款购房。得益于地方熟人社会的人际关系优势，他们能够与当地的自治会、町内会①、商会、农业协会等组织建立紧密的联系。农家邻里之间经常会互相馈赠自家耕种的吃不完的蔬菜，这也会节省部分生活开支。自营业者和农民没有"退休年龄"，很多人一直在工作。

"地方型"生存方式人群的经济实力稍差，但拥有一定的政治实力。政府往往会优先考虑这类当地居民的各种诉求。地方的基层诉求很容易通过商会、自治会、农业协会等组织传递到政府高层。

对于政客而言，重要的选民是那些在自己的选区内长期居住生活的人。政客经常会在选区内的节日活动和当地居民的婚丧嫁娶仪式中抛头露面，目的正是和长期居住在当地的居民建立关系。

在日本，在同一地区居住时间越长的人，投票率就越高。在同一地区居住 15 年甚至 20 年以上的人，参加都道府县地方议会选举的投票率高达 80%。与之相对，定居不到三年者的投票率只有 30% 到 40%②（见图 1-2）。

此外，很多政客，尤其是地方议员，本身就是"地方型"职业者。据

---

① 处于日本最低一级地方行政单位之下的基层自治组织，不属于行政机构，全日本有近 30 万个。町内会一般为传统街区的居民自治组织，自治会则多为新兴的公营或民营住宅小区的居民自治组织，它们均类似中国的居委会。

② 菅原琢「不安定化する社会に対応できない日本の選挙」『中央公論』二〇一五年四月号、八五頁。

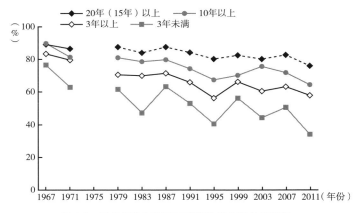

图 1-2　居住年数与参加都道府县议会选举投票率

注：数字表示针对"你在目前所在市町村居住了多少年"这一问题不同回答者的投票率。最长的时间选项存在"15年以上""20年以上""从出生至今"三种，合并为"20年（15年）以上"。

资料名称：明るい選挙推進協会意識調查。

（资料来源：菅原琢「不安定化する社会に対応できない日本の選挙」『中央公論』2015 年 4 月号、85 頁）

说很多政客都是平日白天空闲时间较多的自营业者或各机构、团体干部。

2019 年 4 月举行的统一地方议会选举，在 3062 名都道府县议会议员候选人中，只有不到 10% 的人表示其本职工作是在民营企业上班。这些人平均年龄 56 岁，女性占比 12.7%，其中作为自民党候选人的女性只有 4%。[①] 基本上可以说，"地方型"人群中的中老年男性是地方议会的主体。

此外，"大企业型"人群容易在地方失去立足点。这些人通常在高中或大学阶段就远离家乡，异地求学。就职以后，出于工作原因，他们往往难以在一个地区长期生活，或者由于远距离通勤，他们只能在每天下班后很晚才回家，家只是一个睡觉的地方。

---

① 「女性候補　13% 止まり」『朝日新聞』二○一九年三月三○日朝刊。

因此，"大企业型"人群会遇到如何安置退休后生活的问题。更大的问题则反映在育儿方面。如果没有关系亲近到可以将孩子托付照顾的近邻，则只能依靠保育园等公共服务机构或提供育儿服务的私营机构。

另外，"大企业型"人群生活的支出比较多，如贷款买房等。由于在地方没有立足点，因此也就不具备政治影响力。政客们不会去在意那些白天不在其选区工作和生活的人。由于难以通过邻居等接收地方政治讯息，这类人群的投票率也往往偏低。

不同形式的不满

简而言之，生存方式不同的两种人群，生活在不同的情境下，有着不同形式的不满。

"大企业型"人群收入相对较高，但容易被"工作时间长""工作调动多""保育园不够""遭政治排外"等问题所困扰。

"地方型"人群收入没有那么高，但是，他们拥有地方的人脉资源，和家人一起生活，同时也可以获取一定的政治利益，不用每天上下班时挤"满员电车"，也不用担心"待机儿童"① 等问题。不过他们也会面临另外一些问题，包括地方人口减少、老龄化及缺乏高薪工作机会等。

这些差异往往以不同的形式展现出来。2016 年 2 月，一位博主匿名在博客上留言抱怨"孩子没排上保育园，日本真该死！！！"一时间成

———————————

① 指因父母工作或者生病等符合保育园入园条件，却因为保育园满员或设施、人手不足等而无法入园，只能在家排号等待的儿童。——译者注

为社会的热议话题。

　　很多在大城市生活的人都会对这种说法感同身受。不过，在社交网络中也出现了另外一种声音："乡下各地的保育园都在为没有新生儿发愁呢。城里人的烦恼怎么就变成全社会的热点了。"①

　　事实上，"待机儿童"现象确实一般只出现在大城市。在这篇博文引发热议的时间点，有 11 个都道府县的"待机儿童"人数为零。② 换句话说，即使说"日本真该死"，但在这个"日本"之内也还是有很多其他生活方式。

　　再举一个例子。"日本的住宅空间狭小"已经是老生常谈了，但是根据《国土交通白皮书》的统计，日本家庭的住宅平均面积虽比美国略小，但与德国几乎相同，甚至比法国和英国要大（见图 1-3）。③

　　日本的住宅房屋面积明显较小，主要体现在大城市，尤其是出租房上。总务省 2013 年度关于住宅与土地的调查显示，就每户住宅室内实际使用面积而言，富山县为 152 平方米，东京都为 64 平方米，大阪府为 76 平方米，富山与东京之间约有 2.5 倍的差距。④

-----

① 「『保育園落ちた』騒動を地方から揶揄する人々『田舎に引っ越せばいい』とは言うけれど…」『キャリコネニュース』二〇一六年三月一六日。http://blogos.com/article/167114/ 二〇一九年六月一日アクセス。
② 「地方では普通？『働いてないけど…預けている』大都市は『2 園回ると2時間』『月収半分超が保育料』」『産経ニュース』二〇一六年三月一四日。https://www.sankei.com/life/news/l60312/lif1603120036-nl.html 二〇一九年六月一日アクセス。
③ 国土交通省『国土交通白書』平成二〇年度版、第 1 章第 1 節「地域に住まう」。http://www.mlit.go.jp/hakusyo/mlit/h20/hakusho/h21/html/k1112000.html 二〇一九年六月一日アクセス。
④ 国土交通省「一住宅当たり延べ床面積の都道府県比較」『平成 29 年度 住宅経済関連データ』。http://www.mlit.go.jp/statistics/details/t-jutaku-2_tk_000002.html 二〇一九年六月一日アクセス。

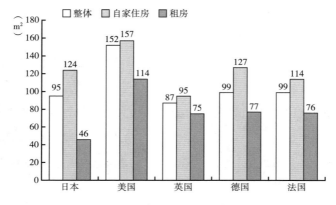

图 1-3　各国居住面积比较

注：建筑面积按照壁芯面积①换算。（美国 ×0.94，法德 ×1.10）

资料名称：日本：総務省「住宅・土地統計調査」（平成 15 年）。

美国：American Housing Survey for the United States 2005。

英国：English Housing Condition Survey 2001（英格兰数据）。

法国：enquete Logement 2002，INSEE（1996 年自家住房和租房数据）。

德国：Federal Statistical Office Germany 2002（1998 年数据）。

（资料来源：『国土交通白書』2009）

　　总之，在谈论日本时，人们想到的往往是"大企业型"生存方式。这可能是因为很多讨论"日本"的人本身是生活在大城市的媒体人，他们是在讨论自己的生存方式。通过他们的生活感受来看日本，好像所有日本人每天都乘坐拥挤的电车上下班，并饱受保育园不足的困扰。但实际上，这只是部分日本人的生活。

---

① 指日本公寓住房从墙壁、柱子的中心线开始计算的地板面积。其中包含了墙体厚度的一半，不包括阳台、院子、屋顶、电梯、排水管等共用设施。一般公寓在出售广告上标注的是壁芯面积。与之相对的是出现在房产证上的"登录簿面积"（内法面积），指实际使用面积，是从墙壁内侧开始计算的地板面积。一般而言，"壁芯面积"和"登录簿面积"之间大概有 5%~8% 的差异。

与生存方式对应的社会保障制度

"大企业型"和"地方型"生存方式是日本各种制度的默认前提，这些制度的其中之一就是社会保障制度。

20 世纪 70 年代，自民党带头向社会喊出了建设"日本式福利社会"的口号。"日本式福利社会"要求实现"家庭""企业""地方"之间助力互补，减轻政府财政负担。[1] 换言之，"日本式福利社会"主要针对的就是以"企业"为依托的"大企业型"生存方式人群和以"地方"为依托的"地方型"生存方式人群。

原本日本的健康保险和年金制度是以"职场"和"地域"为单位设计制定的。社会保障和公共政策研究者广井良典指出："日本的社会保障制度建立在'企业（职场）'和'村落（地域）'两个归属集团的基础之上，这两个归属集团是构成日本社会的基本单位。"[2] 由此可以说，这种制度成立的前提是每个人都归属于"企业"或"地方"。

但是，其他国家的社会保障制度却不尽然。如第三章将要谈到的，德国的健康保险制度起初是以钟表匠和马具工匠等职业为单位制定的。也就是说，其保险制度面对的基本组织单位不是企业，而是同一行业工种的员工。因此，即使在同一家企业工作的员工，各自缴纳的保险通常也不一样。

关于日本社会保障制度的形成过程，将在第六章中阐述。在此姑且先以年金制度为例，对"大企业型"和"地方型"生存方式人群面对的

---

① 自由民主党『日本型福祉社会』自由民主党広報委員会出版局、一九七九年。
② 広井良典『日本の社会保障』岩波新書、一九九九年、五九頁。

社会保障制度进行比较。

"大企业型"生存方式人群通过所就职的企业加入厚生年金[①]。2017年度末，厚生年金领取者领取的平均月额为 14.7051 万日元。根据 2019年厚生劳动省公布的标准计算，家庭中如果丈夫是连续工作 40 年的企业中的高层管理干部，其间妻子一直当家庭主妇，两个人每月可以领取22.1504 万日元。[②]

自营业者可以说是典型的"地方型"职业者。他们以都道府县为单位加入国民年金（2019 年统合为全国国民年金基金），2017 年度末，国民年金领取者领取老龄年金的平均月额为 5.5615 万日元。[③] 根据 2019年厚生劳动省公布的标准计算（从 20 岁到 60 岁缴纳 40 年保险金的情况下），他们每个月只能领取到 6.5008 万日元。[④] 如果在大城市里租房生活，仅靠这笔钱，是万万活不下去的。

但是，国民年金制度最初是为从事农业和林业生产的个体经营者设计的。他们不存在到法定年龄退休的问题，年纪大一些也可以继续工作。同时，这些人往往在当地有房产，蔬菜和大米自给自足，和家中的长子一起生活。长子是家庭收入的主要贡献者，因此即使他们养老金不多，生活也没有问题。由此可以说，这一制度原本就不是以仅靠年金生

---

① 类似中国的养老保险中由企业缴纳的部分。——译者注
② 准确地讲，是"丈夫平均月收入（包含奖金）42.8 万日元，连续工作 40 年，妻子是全职家庭主妇，这种情况下领取的养老金"，即"夫妻双方包含老龄基础年金的标准年度领取金额"。厚生労働省「平成 31 年度の年金額改定について」二〇一九年一月一八日。http://www.mhlw.go.jp/content/12502000/000468259.pdf 二〇一九年六月一日アクセス。
③ 厚生労働省年金局「平成 29 年度 厚生年金保険・国民年金事業の概況」二〇一八年一二月、二〇頁。http://www.mhlw.go.jp/content/000453010.pdf 二〇一九年六月一日アクセス。
④ 厚生労働省前掲「平成 31 年度の年金額改定について」。

活为前提的制度。

因此，许多上年纪的日本人依然在工作。朝日新闻社在 2018 年 11 月至 12 月开展的全国民意调查显示，认为自己可以在 65 岁前退休的男性只有 35%；认为"钱"是老年时最大焦虑的人最多，高达 48%。[①] 总务省公布的数据显示，65 岁至 69 岁人群的就业率也从 2007 年的 35.8% 上升到 2017 年的 44.3%。[②]

然而，这种现象并不稀奇。图 1-4 和图 1-5 是总务省统计的日本高龄者就业率变化与其他国家的对比情况。在任何一个国家，随着人口老龄化和贫富差距扩大，老年工作者的人数都在增加。但是，日本的特点是老年人的就业率一直居高不下。这是因为从事农林水产业和个体经营业的人比较多，加之近来以非正式雇佣的形式工作的老年人在不断增加。

1997 年题为《通过数字了解老龄社会》的总务厅调查报告显示，1993 年不同国家 60 岁至 64 岁仍在工作的男性比例分别为美国 55%、德国 31%、日本 76%。65 岁及以上仍在工作的男性比例分别为美国 15%、德国 4%（德国为 1992 年统计数字）、日本 38%。根据 1992 年厚生省的《高龄者就业情况调查》，在领取养老金同时继续工作的人当中，回答"无法仅靠养老金生活"者的比例，在 60 岁至 64 岁年龄段的男性中占 61%，女性中占 56%；在 65 岁至 69 岁年龄段的男性中占 52%，女性中占 47%。根据 1993 年总理府宣传室的《公共年金民意调

---

① 「何歳まで働き続けますか？理想は 65 歳 現実は 70 歳」『朝日新聞』二〇一九年一月四日朝刊。
② 「家計のために 働く高齢者」『朝日新聞』二〇一九年一月一一日朝刊。

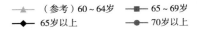

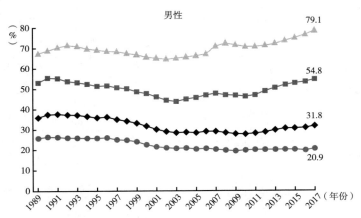

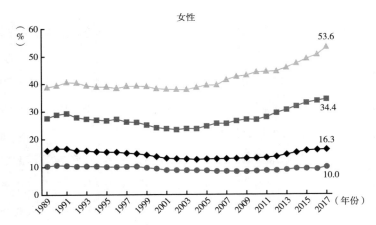

图 1-4　高龄者不同年龄阶段的就业率变化（1989~2017 年）

资料名称：『労働力調査』（基本集計）。

［资料来源：総務省統計局「統計からみた我が国の高齢者（65 歳以上）」、平成 30 年 ］

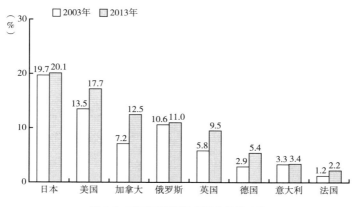

图 1-5　不同国家高龄者就业率的对比

资料名称：「OECD Stat」http://stats.oecd.org/。

（资料来源：総務省統計局「統計からみた我が国の高齢者（65歳以上）」、平成26年）

查》，在60岁以上的受访者中，"完全依靠公共年金养老"的人只有1/3左右。[1]

　　1993年泡沫经济余热仍在持续。即使在那个时候，也只有大约1/3的人可以仅靠年金养老。

　　这一数字和经产省青年项目估算的"成为正式员工，一直工作到退休"的人数比例基本一致。如上文所述，根据2019年厚生劳动省公布的标准，如果遵循"成为正式员工，一直工作到退休"的人生轨迹，一对夫妇每月可领取22.1504万日元年金。在这笔钱的基础上，如果每月用储蓄存款补贴几万日元，或者缩减生活开支，则完全可以仅靠年金养老。值得一提的是，总务省2017年的《家庭收支情况调查》显示，"无业老

---

① 野村前掲『雇用不安』一四五――一四七頁。

龄夫妇家庭"的月消费支出金额约为 26.3718 万日元。①

　　然而，以上这 1/3 可以仅靠年金养老的人只是少数派。退休后开启崭新的精彩人生，将工作作为人生的意义，退而不休地继续工作，都是只有这些少数派才能考虑的奢侈问题。

　　这一现象由来已久，并非始于今天。据《读卖新闻》2019 年 6 月 14 日报道，厚生劳动省年金局局长当月 13 日在参议院厚生劳动委员会会议时表示："我们从未说过制定年金的标准是要保证退休后可以完全依靠年金生活。"也就是说，"大企业型"生存方式以外的人，即使上了年纪也必须要工作，这便是年金制度的前提。

"残余型"生存方式人群的壮大

　　现代日本社会的问题不仅在于"大企业型"和"地方型"生存方式人群之间的差距，更大的问题是那些既没有得到长期聘用岗位，又没有在地方占有一席生存空间的人越来越多，即"残余型"生存方式人群在不断壮大。

　　城市中的非正式雇佣劳动者就是这一人群的代表。他们收入低，与家乡、地方的联系少，年纪很大却依然没钱买房，退休后只能领取一份微薄的年金。因此可以这样讲，"残余型"集合了"大企业型"和"地方

---

① 2019 年 6 月 3 日金融厅发布报告《高龄社会的资产形成与管理》，估算出标准的老龄夫妇家庭每个月通过社会保障制度领取到的养老金约为 20.9198 万日元，这一数字对比 2017 年《家庭收支情况调查》显示的每个月家庭消费支出金额约有 5.5 万日元的不足，金融厅呼吁民众通过投资实现资产的增值。详见金融審議会市場ワーキング・グループ「高齢社会における資産形成・管理」https://www.fsa.go.jp/singi/singi_kinyu/market_wg/siryou/20190522/01.pdf　二〇一九年六月一三日アクセス。

型"生存方式中所有的负面要素。

　　不过，"残余型"生存方式不仅仅体现在非正式雇佣劳动者身上，还表现在频繁跳槽的中小企业员工身上。原因虽然有很多，但一般而言，如果一个人在一家企业工作了很久，工资却无法像大企业员工那样稳步增长，那么跳槽也是必然的吧。

　　即使同样是正式员工，由于公司规模不同，平均工资也会存在明显差距（见图 1-6）。根据厚生劳动省 2015 年关于跳槽者的调查报告，71.3% 的跳槽者都来自员工人数不足 99 人的公司（见图 1-7）。[①] 在前文提到的"经产省青年项目"报告（见图 1-1）中显示，这些人构成了由于"换工作"等原因而无法持续工作到退休年龄人群的主体。

　　在小企业工作的劳动者中，也有许多人改行从事自营业。据估算，20 世纪 70 年代初，有 30% 至 40% 的小企业雇佣劳动者在其职业生涯中都曾尝试过自主创业。但是，20 世纪 90 年代中期，这一数字减少至 1/5 左右。[②] 这恐怕是因为经济增长放缓，开办企业的盈利减少了。

　　通过图 1-7 可以看出，大企业员工跳槽比例较低。此外，与大众普遍认为"随着时代发展，跳槽人数在不断增加"的观念不同，和 20 世纪 50 年代出生者相比，20 世纪 80 年代出生者的跳槽比例反而更小，"经产省青年项目"中的数据也可以验证这一点。其原因可能正如从中小企

---

① 此次调查中"跳槽者"的定义为：2014 年 10 月 1 日至 2015 年 9 月 30 日内，没有明确聘用期限的一般劳动者，以及在那些有一年以上聘用期限的一般劳动者（短期打工者除外）中，被当前单位聘用之前的一年内曾被其他单位聘用过的人。被其他企业聘用的情况中不包括学生打工兼职和不超过一个月的临时工作。详见厚生労働省『平成 27 年転職者実態調査』「直前の勤め先及び現在の勤め先の状況」。http://www.mhlw.go.jp/toukei/list/6-18c-h27.html　二〇一九年六月一日アクセス。
② 小池和男『仕事の経済学 第三版』東洋経済新報社、二〇〇五年、一八〇頁。

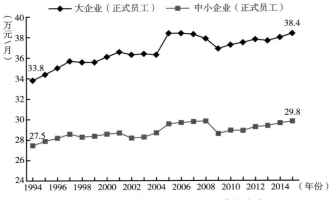

图 1-6　不同规模企业正式员工工资的变化

注："正式员工"的统计对象，2004 年之前是没有明确聘用期限的一般劳动者，2005 年之后是
一般劳动者中，企事业单位的"正式工人和正式办公职员"。

资料名称：厚生労働省「賃金構造基本統計調査」再編加工。

（资料来源：2017 年版『小規模企業白書』）

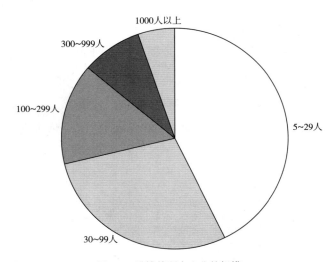

图 1-7　跳槽前所在企业的规模

资料名称：厚生労働省「平成 27 年転職者実態調査」より作成。

业离职转而成为个体经营业者的人数减少一样，经济形势恶化，跳槽去好单位的机会也少了。

有人指出，近年来大企业的离职人数也在增加。不过，厚生劳动省2014 年的《就业形势调查》显示，在员工人数超过 300 人的企业中，最常见的离职原因是"定年退职"与"合同到期"，企业规模越大，这部分比例越高。① 因此，不难看出，只是大企业的非正式雇佣员工和适龄退休人员的"离职"增加了统计中的数额。

基于这些情况，可以说，很多人即使毕业后成为公司正式员工，也没有走上"一直工作到退休"的人生轨迹。而且，有些人离开出生和长大的家乡后，没有固定在一家公司工作，导致在企业和家乡都没有形成立足点。这样的生存方式既不属于"大企业型"，也不属于"地方型"，只能被归类为"残余型"。

正是由于"残余型"生存方式既不同于"大企业型"，也不同于"地方型"，因此不被视为具有典型代表意义的生存方式。但是，这一人群的收入未必很低。

"残余型"生存方式人群的一个共通特点在于缺乏政治发声渠道。他们不像"大企业型"人群那样隶属于工会，也不像"地方型"人群那样隶属于町内会或业界行会。如果周围没有人号召他们去投票，他们的平均投票率很可能会一直很低。

"残余"这一说法并没有特别的负面含义。日本的健康保险制度将"企业（职场）"和"村落（地域）"设定为日本社会的基本归属单位。

---

① 中小企業庁『小規模企業白書』二〇一七年版、第一部第三章「中小企業・小規模事業者の雇用環境と人手不足の現状」八四—八五頁。

"残余型"生存方式是一种不植根于二者的类型。"残余型"人群如果持续增加，意味着过去的制度已经无法适应社会的变化。

"地方型"人口占 30% 以上

这三类生存方式的人群在当今日本社会中的人口比例是多少呢？

事实上，这很难估算。不过，可以在众多政府统计数据中，聚焦人们在某一地区长期居住的时间，由此推算出"地方型"人口的比例。

2015 年人口普查显示，自出生以来一直居住在现居住地的人口比例为 13.8%，在出生地以外的现住址连续居住 20 年以上的人口比例为 31.4%。[①]

但是，后者也包括在大城市远郊居民区生活了 20 多年的大企业通勤员工。因此，计算在某地区居住 20 年以上的人口时，不能包括东京、名古屋和大阪三大都市圈[②]。由此得出的人数，与自出生以来一直未改变过居住地的人数之和占总人口的 27.8%。

然而，这里没有计入那些从大城市的大企业离职，回到家乡生活不满 20 年的"U 型返乡者"[③]。相反，这个数字包含了在东京都长期定居的大公司正式员工和政府公务员。同时，虽然人数可能并不多，但也包括了从三大都市圈之外搬到其他非大都市圈地区定居生活 20 年以

---

① 从出生开始一直居住在东京都的人占 9.8%，这些人即使居住地一直是东京，也被视为"地方型"人群。详见「平成 27 年国勢調査 移動人口の男女・年齢等集計結果 結果の概要」一二頁。http://www.stat.go.jp/data/kokusei/2015/kekka/idou1/pdf/gaiyou.pdf 二〇一九年六月一日アクセス。

② 三大都市圈分别包括东京都、千叶县、埼玉县、神奈川县；爱知县、岐阜县、三重县；大阪府、京都府、奈良县、兵库县。

③ 指从家乡移居到城市，又返回家乡居住的人。——译者注

上的人。

　　于是，笔者还进一步参考了国土交通省 2015 年开展的国民意识调查。根据调查，居住在三大都市圈以外的居民中，从未在出生地市町村以外地区居住过的"家乡定居者"有 23.4%，曾经在其他市町村居住、后又回到家乡定居的"U 型返乡者"有 54.5%，出生地和居住地不同的"I 型离乡者"和"J 型离乡者"[1] 有 14.3%，出于"本人或家人跳槽、看护病人、升学、避难"等原因暂时居住在某一地区的人有 7.8%。[2]

　　基于这些数据，可以估算出全国"家乡定居者"和"返乡定居者"（U 型返乡者）的人数约 4570 万人，占总人口的 36.1%。[3] 这个数字就

---

① 　"I 型离乡者"指从出生地移居到其他地方的人，经常特指出生于城市却因向往乡村生活而到乡下定居的人；"J 型离乡者"指从家乡因升学或就职移居大城市后，又移居家乡附近小城市的人。——译者注

② 　『平成 26 年度国土交通白書』三一页。http://www.mlit.go.jp/hakusyo/mlit/h26/hakusho/h27/pdf/np102100.pdf 二〇一九年六月一日アクセス。

③ 　具体计算方法如下：根据 2015 年日本全国人口普查，不包括三大都市圈人口的总人口数为 6128.5 万。结合 2015 年日本国土交通省的调查，估算出"U 型返乡者"（54.5%）人口数约为 3340.0325 万。人口普查显示的出生后一直没有改变过居住地的人当中，在三大都市圈外居住的人有 901.5 万人，加上三大都市圈内定居的 697.1 万人的一半，再加上"U 型返乡者"人数，合计 4571.55 万人。由此，进一步推算出 36.1% 这一数值。虽然这只是一个估算值，但实际值在这一数值上下浮动的空间应该并不大。
　　将 50% 的三大都市圈"定居者"（人口普查中居住地与出生地始终保持一致的常住人口）计算进来的做法，是考虑到在三大都市圈的"定居者"中有相当多的"大企业型"人群。在计算东京都的大学录取率时，也会涵盖埼玉县、岐阜县等地的定居常住者。从不同的角度考虑可以得出不同的比例，没有绝对的答案。因此，算入其一半人口是一个折中的办法。不过，即使增减 20%，即算入其 30% 或 70% 的人口数，在推算全国的"地方型"人口比例时，也只有 1% 左右的变化，因为三大都市圈的"定居者"人数只占全国总人口的 5.5%。
　　由于国土交通省的调查是在网上进行的抽样调查，因此结论有可能存在偏差。另外，在国土交通省的调查中，对"地方定居者"的定义是"目前居住地在三大都市圈以外，现居住地就是出生地，从未在其他城市、城镇和村庄居住过的人"。而在人口普查中，对"家乡定居者"的定义是"自出生以来一直在当地居住的人"。因此，二者的定义存在细微差异。在国土交通省的调查中，"家乡定居者"有 23.4%，而人口普查却显示，在三大都市圈以外的居民中，"自出生以来一直在当地居住的人"仅有 14.7%。无法判断这是由调查的偏差，还是定义的差异所致。虽然不能忽视在国土交通省的调查中，"U 型返乡者"比例也存在偏差的可能性，但除这项调查外，再无其他可靠调查材料。

是对 2015 年"地方型"生存方式人群的大致估算。

然而，如果充分信赖国土交通省调查数据的话，就会发现在三大都市圈以外的地区，"家乡定居者"和"返乡定居者"（U 型返乡者）的占比高达 77.9%。也就是说，在三大都市圈以外的地区，"地方型"生存方式人群占据了绝大多数。结合全国选区的分布情况，不难看出，"地方型"人群在向国会议员表达政治诉求方面更具优势。

过去，"地方型"人口比例不够明确。这是因为人口普查只统计在某地连续长期居住的人口总数，并没有专门对"返乡定居者"（U 型返乡者）进行调查。

另一份数据来自政府人口问题研究所的一项调查。在 1966 年的日本，调查对象中 90.9% 的男性和 92.6% 的女性选择与同乡结婚。此后，伴随着经济增长出现的人口迁移，1972 年选择与同乡结婚的人数所占平均比例下降到 59.8%。[①]

遗憾的是，此后调查方法发生了变化，因此无法将这一数据与之后的数据进行比较。此外，在一项 1955 年对长野县上伊那郡的调查中发现，选择同村配偶的比例高达 69.6%，选择同郡配偶的比例高达 87.8%。[②]

由此看来，截至 20 世纪 60 年代的日本，相当多的人选择与同乡结婚，同乡的地域范围大体上延续了江户时代的旧藩属地区划，许多人选择了"地方型"生存方式。然而，如今这一人群所占人口比例只有约 36%，这一数值可以说是相当低了。

---

① 篠崎信男「通婚圏に関する一考察」『人口問題研究所年報』一二号、一九六七年及び篠崎信男「通婚圏問題と人口政策」『人口問題研究』一三〇号、一九七四年を参照。
② 福田邦三・関口浩「農山村の通婚圏について」『民族衛生』二二巻二・三号、一九五五年、八一――八八頁。

"大企业型"人口占 20% 以上

下面让我们来了解一下"大企业型"人口比例，其具体数字也很难估算。

在 1982 年之前的日本政府官方统计中，并没有区分正式员工和非正式员工。从统计中可以了解到不同规模企业的员工人数，但至于有多少员工的工资能够与年龄同步增长，就不得而知了。在一些小公司里，会出现即使是正式员工，也不能随年龄增长同步涨薪的情况。

劳动经济学家小池和男根据 2002 年的《就业结构基本调查》计算出工资随年龄增长而一直上涨的雇佣劳动者，即所谓的"工资年龄同步增长组"的比例。小池指出，这一比例大约是所有雇佣劳动者的"三分之一"。[①] 笔者按照与小池相同的方法计算，发现 2002 年这种年龄收入曲线呈不断上升趋势的劳动者占所有雇佣劳动者的 32.1%，占全部正式员工的 50.7%。

在小池的计算中，包括公司规模在 500 人以上的大型企业的男性正式员工，中小企业的男性办公职员、销售职员以及管理岗位和专业技术岗位的男女职员（详见本页注释①）。这些人似乎是能够拿到稳定工资的人，但他们的工资是否真正实现了随年龄同步增长，这一点暂且难以断言。小池本人也称这只是一种"猜测"。

---

① 小池的计算方法如下：首先从《就业结构基本调查》中筛选出正式员工，从中分别统计 ①专业技术岗位的男女人数，②管理岗位的男女人数，③办公文职岗位的男性人数，④销售岗位的男性人数，⑤ 21.9% 的其他男性正式员工人数，将这些人视为工资收入随年龄增长而不断增长的"工资年龄同步增长组"人群。21.9% 是 2002 年在 500 人以上规模企业雇员中的比例。此处的雇佣者也包括了统计中的管理层干部，作为分母的雇佣者总数中也同样包括了这部分人。详见小池和男『仕事の経済学 第三版』東洋経済新報社、二〇〇五年、七頁。

与此同时，劳动经济学家石川经夫等人采用另一种方法计算。他们利用在 1980 年和 1990 年的《工资结构基本统计调查》中提取的个人数据，计算出实际工资随年龄增长而不断提高的人口比例。[1]

在石川等人的分析中，日本劳动力市场被划分为"一级部门"和"二级部门"。在"一级部门"中，企业根据员工的工作经验和教育背景提升薪资，员工不会被轻易解雇。在"二级部门"中，很多工作属于简单劳动型作业，不需要工作经验，工资没有提升空间，解雇也没有清晰明确的制度规定。

石川的分析结果显示，"一级部门"的从业者大多是大学毕业生，主要集中在关东和近畿地区的金融、保险、电子、石化燃气等行业；"二级部门"的从业者大多是高中或短期大学毕业生[2]，主要集中在三大都市圈之外的矿业、建筑业、制造业等行业。

在正式员工超过 1000 人的大企业中，约有半数员工归属于"一级部门"。但是，在 10 人至 99 人规模的小企业中，这一比例仅为 12% 左右。"二级部门"的工作时间往往比"一级部门"长，月平均多出约 25 个小时。换言之，"二级部门"的工作往往表现为工资低、劳动时间长等特点。从数字来看，1980 年和 1990 年的情况几乎相同。

据石川等研究者的推算，1990 年包括公共事业部门在内的所有雇员中，男性中"一级部门"员工占 32.3%，女性中占 20.5%，总人数中

---

① 石川经夫依据《工资结构基本统计调查》，在整体估算时做出"大胆的设定"，即将临时工兼职劳动者和日常雇佣不足 10 人企业的雇佣劳动者统一归入二级部门，而将公共事业单位的劳动者统一归入一级部门。详见石川経夫・出島敬久「労働市場の二重構造」石川経夫編著『日本の所得と富の分配』東京大学出版会、一九九四年所収。

② "短期大学毕业"类似中国大专学历。——译者注

"一级部门"员工占 28.0%。1980 年和 1990 年，28% 这个数字几乎没有变化。

这一数值约等于 30%，与小池的计算结果基本一致。小池根据就业形态计算，石川则根据实际工资计算。二者结果相近，可以认定为合理的有效值。

另外，笔者根据 2017 年的《就业结构基本调查》，采用与小池相同的方法，计算出"工资年龄同步增长组"占全部雇佣劳动者总数的 30.9%。这相当于当年就业者总数的 27.6%，正式雇佣的办公职员和工人总数的 53.0%。大体而言，工资随着年龄增长而提高的"工资年龄同步增长组"年龄收入曲线呈不断上升趋势，这一群体只占全部正式员工的 50% 左右，全部雇佣劳动者的 30% 左右，全部就业者的 20% 以上。

如果从"工资年龄同步增长组"中进一步去除应属于"地方型"的地方政府公务员（截至 2017 年 4 月 1 日共 100.5423 万人，其中不包括"政令指定都市"[①]），剩余人数占全部就业者的 26.1%。虽然这只是一个粗略的计算，但还是可以大概看出"大企业型"人群的比例。

如果按照"地方型"占 36%，"大企业型"占 26% 的比例来简单计算，那么，"残余型"占比就是 38%。但是，有些人无法明确归入这三种类型，因此，无法算出准确的数字，这三种类型的比例只是一个大体基准。

---

① 全市人口在 50 万人以上的地方大城市，比其他市拥有更多的地方自治权，是日本各城市自治制度中权力下放最多的，类似中国的"直辖市"。——译者注

贫富差距的表现

据说，近年来美国的贫富差距表现为 1% 的超级富豪与其余 99% 的人之间不断扩大的差距。然而，日本贫富差距的表现与美国不同。

在美国，1% 的超级富豪的收入在全国总收入中所占的份额正在扩大。然而，森口千晶和伊曼纽尔·赛斯的一项研究表明，20 世纪 90 年代以来，在日本，财富不断扩大的不是前 1%，而是前 10% 的富人，尤其是其中 5% 到 10% 的这部分人。而且，据说 2012 年这部分人的年收入在 580 万至 750 万日元。[1]

这里的前 10% 是指所有成年人的前 10%，其中包括无收入人群。580 万日元是大企业正式员工常见的年收入金额。日本国税厅 2016 年的《私营企业薪资统计调查》显示，在 2015 年的 4794 万名工薪族中，年薪超过 600 万日元的有 18%，占男性工薪族的 28%。

28% 这个数字几乎与石川和小池的计算结果一致。这也就说明，在现代日本社会，大企业正式员工这一群体与其他人群之间的年收入存在很大差距。

那么，年收入 600 万日元者的生活水平是什么样呢？

社会学家后藤道夫根据 2012 年《国民生活基础调查》的数据进行了估算，从年收入中扣除纳税、社会保险等公共费用以及教育费等支出，得出实际生活费金额。其研究显示，一个生活在地方小城市的年收

---

[1] 大竹文雄·森口千晶「年収 580 万円以上が上位 10% の国 なぜ日本で格差をめぐる議論が盛り上がるのか」『中央公論』二〇一五年四月号。详见 Chiaki Moriguchi and Emmanuel Saez, "The Evolution of Income Concentration in Japan, 1886-2005 Evidence from Income Tax Statistics," in A.B, Atkinson and T. Piketty ed., *Top Incomes: A Global Perspective*, Oxford University Press, 2010, pp. 76-96。

入 400 万日元的家庭，如果有两个正在公立中小学读书的孩子的话，实际生活费将低于最低生活保障标准；如果大城市家庭中有两个孩子正在读大学的话，即使家庭年收入达到 600 万日元，生活费也可能低于最低生活保障标准。[1]

这背后的原因是税收和教育费用的上涨。尤其是随着人口老龄化，社会保险费不断提升。同时，从 1975 年到 2014 年，私立大学学费上涨了约 5 倍，国立大学学费上涨了约 15 倍。根据文部科学省 2014 年《儿童学习费用调查》和《学生生活调查》的数据计算，直至升入大学为止，一个孩子的家庭教育费用为：如果全部就读公立学校的话，总额在 1000 万日元以上；如果全部就读私立学校的话，总额在 2000 万日元以上。[2]

经济学家阿部彩分析了 2003 年全国规模的《社会生活调查》数据，指出以家庭年收入 400 万至 500 万日元为分界，"剥夺指数"急剧上升。此次调查针对普及率超过 90% 的 16 个"社会必需项目"（"微波炉""热水器""出席亲戚的婚丧嫁娶活动""看牙医""家庭独立卫生间"等）进行，其中被"剥夺"的多项均为经济原因造成。[3]

可能有些人会说，即使不装热水器，没钱看牙医，日本也比世界上最贫穷的地区要好。的确如此，但是，按照发达国家的标准来说，考察的并不是绝对贫困，而是相对贫困状态。换句话说，400 万日元的年收

① 後藤道夫「『下流化』の諸相と社会保障制度のスキマ」『POSSE』三〇号、二〇一六年三月、四〇一四一頁。
② 渡辺寛人「教育費負担の困難とファイナンシャルプランナー」『POSSSE』三二号、二〇一六年九月、九九頁。
③ 阿部彩「相対的剥奪の実態と分析」社会政策学会編『社会政策における福祉と就労』『社会政策学会誌』第一六号、法律文化社、二〇〇六年、二七〇一二七一頁。

入还要考虑家庭人数，要平均到每个家庭成员。因此，400 万日元只是确保"普通生活"必需品的最低标准。

总体来说，在日本，贫富差距与其说是 1% 的富人和 99% 的其他人之间的，不如说是 20% 到 30% 的"大企业型"生存方式人群和其他人之间的。但是，即使是"大企业型"生存方式人群，也未必拥有能过上富裕生活的家庭总收入。

根据 2012 年版的《厚生劳动白皮书》中的定位，日本是经合组织国家中相对贫困率较高的国家，作为贫富差距指标之一的基尼系数比较高。[①] 这恐怕意味着在日本超高收入者不突出，而相对贫困阶层人口较多。

正式员工人数并未减少

然而，和过去相比，"大企业型"人群数量真的有所减少吗？当然，非正式雇佣人群数量确实在增加。但是，从统计数字来看，正式的员工人数并没有明显减少。

从图 1-8 中可以看出，1984 年和 2016 年的正式员工人数大体相同，约为 3300 万人。正式员工人数在泡沫经济时代有所增加，但这部分增量在 21 世纪初的消减中被抵消。因此，整体上人数没有太大变化。

非正式雇佣员工的人数则基本在增加。从 1995 年至 2005 年，由于正式员工的绝对数量有所下降，因此出现"正式员工人数减少，非正

---

① 『平成二四年度版 厚生労働白書』第五章「国際比較からみた日本社会の特徴」一〇四——一〇八頁。

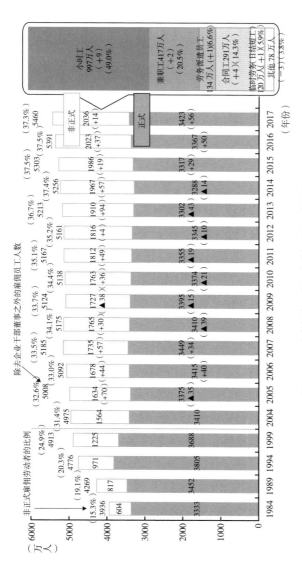

图 1-8 正式雇佣者、非正式雇佣者的人数变化

资料名称：1999 年主で是总务省「劳动力调查（特别调查）」（2 月调查）长期时系列表 9。

2004 年以降是总务省「劳动力调查（详细集计）」（年平均）长期时系列表 10。

（资料来源：厚生労働省「非正规雇用」の现状と课题」。https://www.mhlw.go.jp/file/06-Seisakujouhou-11650000-Shokugyouanteikyokuhakenyukiroudouta

isakubu/000012o286.pdf 2019 年 6 月 2 日アクセス）

式员工人数增加"的趋势。但是，整体而言，①正式员工人数基本恒定，②雇佣劳动者总人数在增加，③增加的部分主要是非正式雇佣劳动者。

也就是说，正式员工的数量并没有怎么减少，但非正式员工的数量确实增加了。因此，正式员工在雇佣劳动者整体中的占比有所下降。这就是"非正式雇佣劳动者比例有所增加"的原因。

那么，为什么雇佣劳动者总数增加了呢？根据人口普查，截至1995年，20岁至64岁的劳动力人口一直在增长，所以到那时为止存在就业人口增加的现象。但在那之后，就解释不通了。

事实上，随着雇佣劳动者就业人数的增加，自营业者和家族企业从业者的人数在减少。图1-9清晰地表明了这一点。

经济学家玄田有史也指出，20世纪80年代末以来，自营业者收入随年龄增长的比例显著下降。[1] 1997年，非正式雇佣就业者的人数超过自营业者和家族企业从业者，这一年是正式雇佣就业形式由盛转衰的开始。

经济学家仁田道夫在2009年和2011年的论文中，针对这一趋势分析指出，正式员工的人数没有太大变化，而非正式员工的人数有所增加，这种情况是由自营业者和家族企业从业者减少，以及女性劳动力转化率提升造成的。[2]

---

① 玄田有史『ジョブ・クリエイション』日本経済新聞社、二二〇四年、第九章。
② 仁田道夫「雇用ポートフォリオ・システム改革の視点」『現代の理論』Vol.20、二〇〇九年および「非正規雇用の二重構造」『社会科学研究』六二巻三・四合併号、二〇一一年。アンドルー・ゴードン、二村一夫訳『日本労使関係史 1853−2010』岩波書店、二〇一二年、四七六頁も仁田を引用しながらこのことを論じている。

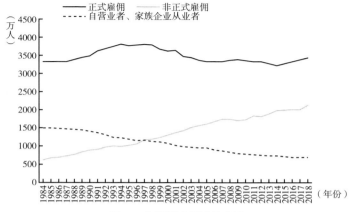

図 1-9　不同就业形式的变迁

资料名称：総務省『労働力調査』より作成。

劳动经济学家神林龙对 1982 年至 2007 年的《就业结构基本调查》进行了持续追踪和分析。① 研究显示，1982 年和 2007 年 18 岁至 54 岁的长期聘用正式员工比例几乎持平在 46%，同年龄段劳动者从事自营业的人数比例则从 14% 下降到 7%，下降幅度与非正式员工的增幅持平。

此外，从行业来看，在餐饮业、批发零售业及服务业领域，1982 年到 2002 年非正式员工的增加几乎与个体经营业者的减少持平。简单来说，个体商户和自营餐馆的数量减少了，超市和餐饮连锁店的非正式员工数量增加了。

同时，神林指出，金融业、保险业、电信业、食品业、交通运输

①　本书中的"自营业类从业者"在神林龙的书中被称为"非正规类从业者"，包括五种类型，即"雇佣他人劳动的自营业者""不雇佣他人劳动的自营业者""家族企业从业者""家庭手工劳动者""企业董事"。详见神林龍『正規の世界・非正規の世界』慶應義塾大学出版会、二〇一七年、第四章。

业、化工行业等领域的情况与"正式员工数量减少，非正式员工数量增加"这一社会对劳动力市场变化的"普遍认知"相吻合。他认为这是金融监管宽松化，以及日本电信电话（通信领域）和烟草专卖（食品领域）国企民营化的结果。

那么，在这种趋势下，"大企业型"生存方式人群究竟是增加，还是减少了呢？在上文中，笔者曾根据 2017 年的《就业结构基本调查》计算出"工资年龄同步增长组"人群的比例。图 1-10 是以同样方法分析的 1982 年之后的情况。

通过图 1-10 和表 1-1 可以看出以下几点：①雇佣劳动者人数在增加；②就业人口中雇佣劳动者比例在增加；③正式员工人数没有大幅增减；④"工资年龄同步增长组"人群约占全部正式员工的 50%，人数约为 1700 万至 1800 万人，与正式员工相比，人数更加稳定。

随着雇佣劳动者人数的增加，"工资年龄同步增长组"人群所占比例从 1982 年的 36.0% 下降到 2017 年的 30.9%。但是，从"工资年龄同步增长组"人群占全部就业人口的比例来看，1987 年为 27.2%，2017 年为 27.6%，30 年间只有不到 1 个百分点的增幅，完全可以忽略不计。

如果将从"工资年龄同步增长组"中去除市町村级别地方公务员后剩下的人视为"大企业型"劳动者，那么这一数字约为 26%，且几乎不变。也就是说，即使作为典型的"地方型"生存方式人群的自营业者人数减少，非正式雇佣劳动者人数增加，"大企业型"劳动者人数也没有出现大幅增减。

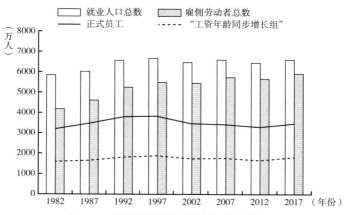

图 1-10 "工资年龄同步增长组"的人数变迁

资料名称:「就業構造基本調査」より作成。

表 1-1 "工资年龄同步增长组"占比

	1982 年	1987 年	1992 年	1997 年	2002 年	2007 年	2012 年	2017 年
占全部就业 人口比例	26.4%	27.2%	27.8%	28.3%	27.0%	26.6%	26.6%	27.6%
占全部雇佣 劳动者比例	36.0%	35.7%	34.8%	34.5%	32.1%	30.7%	30.1%	30.9%

资料名称:「就業構造基本調査」より作成。

20 世纪 90 年代的社会变动与"团块二代"

然而，我们应该如何看待从 20 世纪 90 年代到 21 世纪初期的"就业冰河期"，以及在此期间遭遇就业困境的"团块二代"[①]呢？这一代人

[①] 指 1971 年至 1975 年出生的一代人，这一时期是日本二战后第二次婴儿潮。这一代人是二战后第一次婴儿潮，即 1947 年至 1949 年出生的"团块世代"的后代，因此也被称为"团块二代"。——译者注

被称为"迷失的一代",代表着非正式雇佣就业者的增加。

通过相关数据可以明显看出这一变化趋势。根据神林的研究,1992年至2002年,在22岁至29岁的男性中,正式员工的比例总体呈下降趋势。1982年为75%,1992年略增至77%,然后持续下降,2002年跌至64%。

对此,神林分析指出,仅就这一时期的20多岁男性而言,"非正式员工增加与正式员工减少之间挂钩"的普遍说法是成立的。[①] 此时,20岁至30岁年龄段的年轻人恰好是"团块二代"这一代人。

不过,事实上,20世纪90年代的大学毕业生就业人数并没有发生出人意料的变化。通过图1-11可以看出,虽然有一些波动,但人数始终保持在35万人左右。

然而,变化比较大的是就业率。20世纪90年代就业率大幅下降,之后受到2008年雷曼兄弟事件的冲击,就业人数再次骤减。但是,大学毕业生就业人数在20世纪90年代并没有太大变化。在此期间,由于大学入学与毕业人数增加,就业率下降,造成失业率(包括临时就业率)上升。

由此可知,大学毕业生的就业岗位在一定程度上是有限的,超出的人无法被吸纳。如果超出了限度,大学毕业生人数继续增加的话,就业

---

① 神林前揭『正規の世界・非正規の世界』一七三頁。同龄女性中,正式员工的比例1982年为40%,1992年增长至50%,2007年降低至43%。但这种程度的增减,可视为泡沫经济时期的增量被抵消,回归20世纪80年代初期的水平。同时在这一时期,原本无业的女性开始参加工作,其中大部分成为非正式雇佣劳动者。也就是说,神林对这些现象的定位比较符合"正式员工人数本身没有减少,而非正式员工人数有所增加"的通论。但是,在金融、保险等行业里,正式员工减少和非正式员工增加二者之间可能确实在一定程度上挂钩。

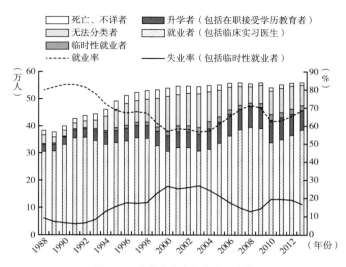

图 1-11 大学毕业生就业人数变化

资料名称：文部（科学）省「学校基本調査」各年（H25 年度は速報値）四年制大学卒業者について。

（资料来源：岩脇千裕「大学新卒者の就職問題を考える」「労働者・政策研究機構」第 69 回政策研究フォーラム、2013 年 9 月 10 日）

率就会下降。

其实，在 20 世纪 90 年代，人数骤减的是高中毕业生就业者。根据文部科学省的《学校基本情况调查》，高中毕业生就业者人数从 1991 年 3 月的 60.7466 万人减少到 2004 年 3 月的 20.8903 万人，减少了约 2/3。

此外，四年制大学入学率从 1991 年的 25.5% 提高到 2002 年的 40.5%。这种情况恐怕也可以形容为高中毕业生因找不到工作而不得不上大学。大学毕业生人数从 1989 年的约 38 万人增加到 2001 年的约 55 万人。

正如第八章所述，1975 年至 1985 年，大学的数量和招生规模受到严格的政策限制。随着政策限制放宽，大学数量从 1985 年的 450 所增加到 2009 年的 772 所。如果是在 1985 年以前的话，恐怕这些新入学的大学生中会有很多人高中毕业后直接工作，或者上职业专科学校，以及短期大学。

由此可以推断出以下内容。

20 世纪 90 年代对于日本年轻人来说，是一个大变革时期。在此期间，高中毕业生劳动力市场萎缩了 2/3，大学毕业生人数激增了 1.5 倍。

此外，20 世纪 90 年代升入大学的"团块二代"，本来就比前后年代出生的人数多。1949 年的"团块世代"出生人数约为 270 万，1973 年的"团块二代"出生人数约为 209 万。1961 年的出生人数约为 159 万，1983 年的出生人数约为 151 万，1993 年的出生人数约为 119 万，2018 年的出生人数约为 92 万。相比之下，"团块二代"人口数量比前后年代出生人口多了 30% 以上。

因此，在 20 世纪 90 年代，大量"团块二代"进入大学接受高等教育，人数的增长超过了升学率的增长。然而，由于大学毕业生劳动力市场恒定，所以这些大学毕业生的就业率下降了。

如上所述，从 20 世纪 90 年代中后期到 21 世纪初期，正式员工的绝对数量有所减少。然而，推测可知，减少的部分是过去由男性高中毕业生就职的正式员工职位，以及在泡沫经济时代增加的女性正式员工职位。

从另一个角度来说，相对优秀的大学毕业生，以及他们就职的优质企业的雇佣状况并没有发生太大的变化。受影响最大的是 20 世纪 90 年代以来升入大学的高中毕业生，原本他们中的很多人会进入职业专科学校或短期大学。如果是 20 世纪 80 年代，他们中的一些人明明可以成为正式员工，现在却成了非正式雇佣劳动者。

"核心部分"没有改变的日本式雇佣

然而，这些变化只是 20 世纪 90 年代出现的暂时现象。21 世纪的最初十年，大学毕业生人数维持在每年 55 万人左右，高中毕业生就业人数不再减少，正式员工的绝对数量回升至 20 世纪 80 年代的水平，并且相对稳定。从结果来看，1982 年和 2007 年 18 岁至 54 岁的正式员工比例持平。因此，20 世纪 90 年代社会变动的影响集中体现在人数众多的"团块二代"身上。

不可否认，社会的变动使得"团块二代"蒙受了巨大的伤害。经济学家玄田有史的一项研究显示，高中或大学毕业时恰好赶上正式员工招聘冰河期的人，之后的生活也将持续受到影响。[1] 因此，20 世纪 90 年代中期，大学毕业生人数激增，那些没有被良好就业机会眷顾的人之后的人生也受到很大影响。神林指出的 2002 年和 2007 年 20 岁至 30 岁年龄段男性正式员工比例较低，也许可以视为影响持续的一个痕迹。

尽管社会变动发生在 20 世纪 90 年代，但在此前后的就业形势也出现了很大变化。高中毕业就业选择范围缩小，大学生数量增加，围绕数量相对恒定的大学毕业生招聘岗位的竞争变得更加激烈。和大学生少的时代相比，求职者面临的就业压力更大。

根据熟悉就业和招聘问题的海老原嗣生的分析，在 21 世纪最初十

---

[1]　玄田有史『人間に格はない』ミネルヴァ書房、二〇一〇年、第二章。

年，《求职季报》中前 100 位受欢迎的企业招聘"综合职位"①员工总数每年约为 2 万人。此外，根据厚生劳动省发布的同期《就业形势调查》可知，大学毕业生入职千人以上员工规模大企业的平均人数约为 11.8 万人。②虽然不同时期的具体经济形势可能造成 10% 到 30% 的增减，但长期来看，这一数字大体维持不变。

原"帝国大学"③、早稻田大学、庆应义塾大学、一桥大学、东京工业大学每年合计招生超过 4 万人。自 2001 年以来，大学毕业生总人数一直保持在 55 万人左右。如果将这个数字与前 100 位受欢迎的企业招聘"综合职位"人数（约 2 万人），以及大企业其他岗位的招聘人数（约 12 万人）进行比较，则不难想象整体就业竞争的激烈程度。

不过，这并不意味着日本式雇佣方式的崩溃。根据神林的分析，大学毕业生一旦成为正式员工，工作一段时间之后，能够保持长期稳定在职工作的比例在 20 世纪 90 年代之后依然很高。尽管平均连续工作年数有所下降，但这是因大学毕业生中的女性、工作不满五年的离职者以及从其他企业跳槽而来的"老人新员工"等人数增加造成的。因此，神林认为正式员工的长期雇佣制度这一日本式雇佣方式的核心并未改变。④

---

① 日本企业在招聘员工时，分"综合职位"和"一般职位"。"综合职位"是一种复合型岗位，员工在企业内会面临各种调动、转岗、轮岗的工作安排，同时也有更多晋升的机会，职业发展路径更广；而"一般职位"是一种专职岗位，工作内容固定不变，职业发展与晋升通道相对单一。——译者注
② 海老原嗣生『就職に強い大学·学部』朝日新書，二〇一二年，四四—四八頁。
③ 日本于 1886 年至 1939 年建立的日本历史上最早的 9 所现代化国立大学。日本国内有 7 所，即今天的东京大学、京都大学、东北大学、九州大学、北海道大学、大阪大学、名古屋大学。——译者注
④ 神林前揭『正規の世界·非正規の世界』第三章。

2013 年以后，由于经济形势逐渐好转，大学毕业后顺利入职的人数有所增加，2015 年超过了 40 万人。然而，文部科学省的《学校基本情况调查》显示，大学毕业生就业比例提高主要体现在销售人员和专业技能职业从业者的增多。曾经是大学毕业生最大就业去向的事务办公职员岗位的入职比例却在下降（见图 1-12）。

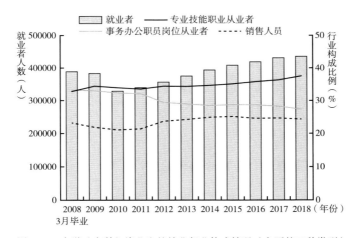

图 1-12　大学（本科）毕业生的就业行业构成情况（主要的三种类型）
［资料来源：文部科学省『学校基本調査』2018 年度「調査の概要（高等教育機関）」]

在专业技能职业从业者中，近年来占比有所提升的是保险医疗行业从业者。这是一个女性大学毕业生和短期大学毕业生就业比例较高的职业。与此同时，2010 年至 2018 年，短期大学入学人数减少了约 2 万人，大学入学人数增加了约 2 万人。[①]

[①]　文部科学省「調査結果の概要（高等教育機関）」「学校基本調査」平成 30 年度版。http://www.mext.go.jp/component/b_menu/other/__icsFiles/afieldfile/2018/12/25/1407449_3.pdf　二〇一九年六月一日アクセス。

此外，如第八章所述，销售工作被认为是经济高速增长期以前高中毕业生和初中毕业生的主要就业岗位。总体而言，21世纪10年代大学毕业生就业的增长点，并非出现在日本大企业招聘的"核心部分"，而是出现在女性工作岗位和销售岗位等"非核心"职位。

综上所述，日本在20世纪90年代至21世纪初确实出现了很大的社会变动。社会变动不仅影响了一代人，而且还带来了一系列不可逆转的改变。高中毕业生劳动力市场萎缩，大学毕业生求职变得困难。同时，自营业类从业者减少，非正式雇佣就业人数增加。不过，这些仅仅是青年就业者、女性就业者以及自营业类从业者发生的变化，而大企业正式员工的"核心部分"并没有变化。

可以想象"团块二代"面临的痛苦

大企业的就业机会受限，就业率随着大学毕业生人数的增加而下降。一旦大学毕业生转向中小企业抢占高中毕业生的职位，高中毕业生的就业率相应也会下降，他们将不得不升入大学继续读书。作为婴儿潮期间出生的"团块二代"面临的竞争更加激烈，找不到工作的概率更高。

通过图1-13可以从宏观上看清这一点——20世纪90年代高中毕业生就业人数大幅减少，大学毕业生就业人数增加。

从图中的就业者总数来看，20世纪60年代后半段和20世纪90年代前半段有两个高峰，分别是二战后两次婴儿潮出生的"团块世代"和"团块二代"求职就业的时间段。

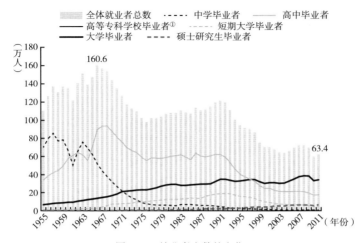

图 1-13　就业者人数的变化

资料名称：文部科学省「学校基本調査」より国土交通省作成。

（资料来源：『国土交通白書』2013）

　　在"团块世代"求职就业的 20 世纪 60 年代后半期，初中毕业生就职者急剧减少，高中入学率和大学入学率上升。在"团块二代"求职就业的 20 世纪 90 年代前半期，高中毕业生就职者减少，大学入学率上升。这两个时期可谓社会变动较大的时期。

　　然而，在"团块世代"求职就业的 20 世纪 60 年代，经济高速增长创造了很多新的就业岗位，所以即使人数众多，他们也能找到工作。与之相对的，20 世纪 90 年代"团块二代"在找工作时，并没有出现与其数量相匹配的就业岗位，大学毕业生的就业率有所下降。

　　很多人认为这是泡沫经济破灭造成的不良后果，但事实并非完全如

① 　原文中此项数据缺失。——编者注

此。如第八章所述，大企业的组织规模扩张在 1973 年石油危机之后已经达到顶峰。在那以后从学校毕业的大批学生，不可能像经济高速增长时期那样完全被企业吸收。

因此，1985 年经济企划厅发布的报告，已经预测到"团块二代"即将面临的就业难情况。

1985 年就业的应届毕业生人数为 108 万人。但是，1992 年"团块二代"开始求职之际，应届毕业生将达到 132 万人。而且，整个 20 世纪 90 年代都将保持这种状态。如此一来，"在昭和 59 年（1984）的雇佣招聘人数基础上，必须连续 12 年保持 11% 的就业岗位增加，否则无法完全吸纳这些应届毕业生"。[1]

但由于信息化进步与产业结构转型，制造业和服务业的正式员工将不断减少，而以家庭主妇、兼职小时工为代表的非正式雇佣劳动者人数正在迅速增加。因此，"目前外部劳动力市场（非正式雇佣劳动者）的比例是每六个人中有一个，但等到 2000 年，这一比例将变为每三个人中有一个"。[2]

正式员工的人数没有增加，反而减少了。但是，"团块二代"数量众多。那么，面对这一时期的大量适龄就业人口，姑且不论新出现的大学毕业生，"恐怕连吸收大量高中毕业生作为正式业务员也是不可能的"。这份报告以此为前提，进一步分析指出：

---

[1] 経済企画庁総合計画局編『21 世紀のサラリーマン社会』（原題は「二〇〇〇年に向けて激動する労働市場——新たな二重構造を出発点として」、市販時に改題）東洋経済新報社、一九八五年、一一〇頁。

[2] 同上書五二頁。

结果，"团块二代"中有很大一部分人将无法进入内部劳动力市场，被迫在临时工等岗位的外部劳动力市场工作。

……其实，年轻人以现在的打工收入维持生活并不难。但是，一旦结婚生子，不仅要支付高昂的教育费用，还要面对住房贷款的压力，仅靠打工兼职维持生活是万万不可能的。年轻的他们一边不停地更换兼职工作，一边想要在三十岁左右进入内部劳动力市场，难度可想而知。[1]

可以说，这份 1985 年的报告几乎准确地预测了 2000 年就业市场的情况。该报告唯一的预测失误在于将 20 世纪 90 年代的年均经济增长率高估为 4%，而实际只有 1% 至 2%。尽管有泡沫经济破灭和平成经济不景气这两个加速因子在，但就业形势不断恶化的事实还是被预测到了。

然而，1985 年的日本社会并不具备关注这份报告所预测内容的心理准备。这份报告中最值得关注的内容，既不是非正式雇佣劳动者的增加，也不是"团块二代"面临的苦难，而是 2000 年开始出现的严峻形势——"'团块二代'员工晋升为高管干部的比例只有 1/4"。[2]

21 世纪 00 年代中期以后，在少子化的影响下，每年大学应届毕业生人数稳定维持在 55 万人左右。之前人数众多的"团块二代"所经历的应届毕业生就业难的现象并未再次出现。

如果正式员工的岗位数量保持恒定，那么降低出生率，减少就业人

---

① 経済企画庁総合計画局編前掲『21 世紀のサラリーマン社会』一一〇、一一二頁。
② 経済企画庁総合計画局編『21 世紀のサラリーマン社会』序文Ⅵ頁。

口则是一种理性行为。因此，可以很讽刺地说，"日本人现在的做法很理性"。试想如果新生儿数量不断减少，从 2018 年的约 92 万人，减少至每年 11 万人的话，所有人都能成为大学毕业后立即进入大企业工作的幸运儿。再进一步减少至 4 万人的话，所有人都能进入名牌大学学习。当然，这种假设的前提是日本社会还能够维持正常运行。

研究生没有扩招

"团块世代"年轻时，赶上高中扩招；"团块二代"年轻时，赶上大学扩招。那么，之后的研究生是否也扩招了呢？

图 1-13 显示，硕士毕业生就职者人数有所增加。但是，通过对比其他国家的情况可知，日本的研究生教育，尤其是博士研究生的入学率没有提高，取得博士学位的人数也没有大的增幅（见图 1-14）。从不同国家对比的角度来看，可以称之为"日本低学历化"现象。

其实，日本扩大招生，提高高中和大学的入学率，远比欧洲国家要早，但是未能在此之上继续提高硕士、博士研究生入学率，实现所谓的"高学历化"。因此，截至 20 世纪 80 年代，日本还是一个相对高学历国家，而现在正在逐渐沦为低学历国家。

造成这一现象的最大原因在于日本是一个过于重视"通过了哪所大学的入学考试"，而不是"在大学学到了什么"的社会。也就是说，日本社会不注重专业学位，而注重通过考试的"能力"。

海老原嗣生认为，企业在选拔录用应届毕业生时，非常看重其毕业院校的排名。企业根据大学排名考查该校毕业生是否具有"头脑聪

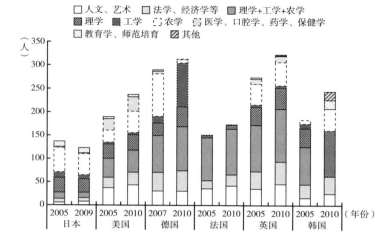

图 1-14　每一百万人中博士学位取得者的人数

资料名称：科学技術·学術政策研究所「科学技術指標 2013」调查资料 225（2013 年 8 月）。

（资料来源：平成 26 年版『科学技術白書』）

明""处事精明""不断勤奋学习的能力"等潜能。[1] 具备了这三种能力的人被认为无论安排到什么岗位，都能脚踏实地地努力，并很快适应业务工作。

日本企业注重的是这种潜能，而不是在大学学到的专业知识。经团联从 1997 年开始面向各加盟企业每年开展一次应届毕业生招聘问卷调查，其中有一道题是选出五项企业在招聘时"最看重的能力"。在 2018 年的调查中，排名前五项的能力分别是"沟通能力""独立性""挑战精神""协调合作性""诚信"。尽管还有其他多种选项，但选择比例普遍

---

① 海老原嗣生『なぜ 7 割のエントリーシートは、読まずに捨てられるのか？』東洋経済新報社、二〇一五年。

不高，如"外语能力"（6.2%，排名第 17 位）、"学习科目与学业成绩"（4.4%，排名第 18 位）、"留学经历"（0.5%，排名第 19 位）。[①] 自这项问卷调查开始以来，以上排名倾向几乎未发生过明显变化。

因此，许多人认为，尽管从不同国家对比的角度来看，日本是"低学历化"国家，但日本企业要求员工在工作中须具备的素质远比学历更高。企业看重、强调的是应聘者大学入学考试的成绩单，而不是在大学里学到的东西。

2013 年，报纸上刊登了一篇文章，题为"日本人受教育程度太高？三成人认为已经超过了工作需要"。在世界经济合作与发展组织（OECD）发布的《国际成人能力评估调查》（PIAAC）中，在调查的 23 个国家和地区中，回答"自身学历高于工作需要的学历"的人是最多的。日本这一回答的比例高达 31.1%，远远超过 OECD 所调查国家和地区的平均值 21.4%，从而位居第一。德国为 23.2%，韩国为 21.2%，美国为 19.7%（见图 1-15）。[②]

调查结果反映了受访者的个人主观认识。在这种认识下，大学研究生院的入学率自然不可能高。同时，也很难想象大学生在校期间会勤勉学习，努力学习外语，或者积极申请出国留学。

那么，在日本为什么专业学位不受重视呢？这与日本的雇佣惯例密切相关。笔者将在第二章以及之后展开探讨这个问题。

---

① 日本経済団体連合会「2018 年度新卒採用に関するアンケート調査結果」二〇一八年一一月二二日、六頁。https://www.keidanren.or.jp/policy/2018/110.pdf 二〇一九年六月四日アクセス。
② 「日本人、学歴高すぎ？ 仕事上の必要以上に『ある』3 割」『朝日新聞デジタル』二〇一三年一〇月二四日付。http://www.asahi.com/edu/articles/TKY201310230447.html 二〇一九年六月一日アクセス。

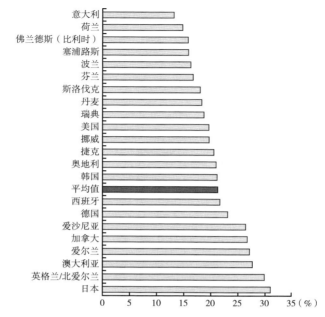

图 1-15　认为"自身学历高于工作需要的学历"者的比例

（资料来源：OECD Skills Outlook 2013；First Results from the Survey of Adult Skills,p.171）

从自营业者转型为非正式雇佣劳动者

正如前文所述，日本式雇佣方式的核心部分并没有太大变化。非正式雇佣劳动者在增加，但正式员工并没有减少。自营业者和家族企业从业者减少了，转而成为增加的非正式雇佣劳动者。

事实上，这种现象并不新鲜。劳动经济学家野村正实早在 1998 年就分析指出，自 20 世纪 70 年代以来，自营业者和家族企业从业者的人数有所减少，但女性临时工的人数有所增加，合计人数维持在 1800 万人左右（见图 1-16）。^① 换言之，自营业者和家族企业从业者（后者以女性居多）与非正式雇佣劳动者的人数此消彼长，但总量是一定的。

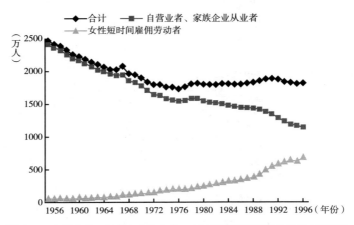

图 1-16　自营业者、家族企业从业者、女性短时间雇佣劳动者的人数变化
注："短时间"是指一周的工作时间不满 34 小时 30 分钟。
资料名称：「労働力調査」。
（资料来源：野村正實『雇用不安』岩波新書、1998 年、117 頁）

　　自营业者和家族企业从业者减少，雇佣劳动者增加，这是现代化发展的一般性趋势。通过图 1-17 可以看出，这一点日本也不例外。^② 只有在战败后不久，战争导致城市工业体系崩溃，人们被迫迁移到有食物的农村地区，才造成农林自营业者的短暂增加。此后，自 20 世纪 50 年代以来，农林自营业者的人数一直在减少，而雇佣劳动者的人数持续增长。

　　原本日本的农林自营业者和其他领域的自营业者人数就比较多，这

①　野村前揭『雇用不安』一一六頁。
②　小池前揭『仕事の経済学　第三版』五頁。

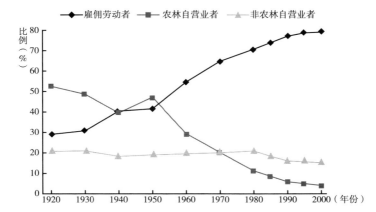

图 1-17　1920 年至 2000 年日本雇佣劳动者和自营业者比例的变化

注：（1）1920 年和 1930 年的"农林自营业者"用"农林就业者"一词代称。（2）在统计"雇佣劳动者"时，包括"高管干部"。（3）每年的就业者基数设定为 100。

资料名称：「国勢調査」。（但是，1920 年和 1930 年的情况是基于国情调查中石崎唯雄的推算得出的）（昭和同人会『雇用と失業』40 页）。

（资料来源：小池和男『仕事の経済学 第三版』東洋経済新報社、2005 年、5 頁）

些人当中的很大一部分转型为雇佣劳动者。通过图 1-18 可以看出 20 世纪 70 年代以来日本、英国和美国之间的差异。

在日本，人口增长率和就业者的增长率基本持平，但雇佣劳动者的增长幅度远大于此。这表明大量农林自营业者、非农林自营业者以及家族企业从业者转化为雇佣劳动者。

形成鲜明对比的是，在英国，人口、就业者和雇佣劳动者呈现相同的增长率。这意味着增长的人口直接转化为增加的雇佣劳动者。也就是说，截至 20 世纪 70 年代，农林业和其他自营业领域的劳动力蓄水池已经干涸，其中没有可以转化为雇佣劳动者的劳动力人口。

与此同时，在美国，就业者和雇佣劳动者的增长率高于人口增长

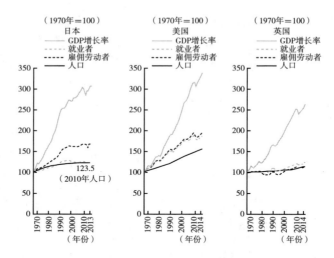

图 1-18　1970 年以后主要国家的就业者与雇佣劳动者人数变化

资料名称：OECD.Stat、UN "National Accounts Main Aggregates Database" をもとに厚生労働省政策担当参事官室にて作成。

（资料来源：厚生労働省「平成 29 年版　労働経済の分析」）

率，其原因在于大量移民作为雇佣劳动者涌入劳动力市场。

简言之，各国增加的雇佣劳动者来源各不相同，日本来自自营业类从业者，美国来自移民，英国来自人口自身的增长。其原因很大程度在于日本的现代化进程比英国和美国晚，从事农业、林业以及非农林自营业经营的人比较多。

劳动力蓄水池

但是，通过图 1-17 可以看出，自营业者比例并非一直在降低。截至 20 世纪 80 年代初，农业、林业和渔业以外的自营业者比例稳中有增。

正如前文所述，据估计，截至 20 世纪 70 年代，有 30% 至 40% 的中小企业劳动者转型为自营业者。

经济高速增长时期，许多初中毕业生以"集体就业"[①]的形式来到大城市里的中小企业工作。其中有很多怀揣着"成为一国一城之主"创业梦想的人，他们经过努力，成功创办了属于自己的小企业、小店铺，留下了许多相关的报道和记录。[②]

20 世纪 70 年代至 80 年代，日本出现了大量的零售商店。根据政治学者肯特·考尔德（Kent Calder）的估算，80 年代日本人均零售商店数量约是英国和联邦德国的三倍，是美国的两倍。[③]

考尔德认为，自民党政府与中小企业团体有密切联系，并将其定位为小规模零售商的保护伞，对比美国、西欧等国家和地区自营业和微型企业的制度化发展，不得不说"日本选择了与其他国家相反的发展道路"。[④]

但与此同时，考尔德也指出，这些对自营业和中小企业的保护措施有助于降低失业率。

在日本制造业的从业人员中，在不足 300 人的中小企业工作的员工比例从 1953 年的 73.5% 提高到 1981 年的 74.3%。1972 年至 1981 年的 10 年间，随着人口增长，约有 300 万新人进入劳动力市场，其中农

---

① 来自英文"group employment"一词，在日本主要指经济高速增长时期，为满足大规模工业生产的需求，地方中学向大城市的工厂及企业批量输送毕业生，是一种表现为就业形式的农村向城市的大规模人口迁徙。——译者注
② 可参考加瀬和俊『集団就職の時代』青木書店、一九九七年第Ⅲ章。
③ ケント・カルダー、淑子カルダー訳『自民党長期政権の研究』文藝春秋、一九八九年、二六七頁。
④ 同上書二六七頁。

林业的中小企业从业人员增加了约 680 万人，但大企业员工人数只增加了约 12 万人。1973 年石油危机爆发后，大企业纷纷推进优化改革，剩余劳动力被中小企业吸纳。考尔德将日本的自营业和中小企业比喻为"劳动力蓄水池"，认为如果不是它们吸纳剩余劳动力的话，石油危机后日本的失业率将直逼欧美国家水平。[①]

但是，20 世纪 80 年代以后，日本的非农林业自营业开始减少。如前文所述，据推算，20 世纪 90 年代中期以后，在职业生涯中有过创业尝试的中小企业劳动者的比例已下降至 20% 左右。这是因为在石油危机后经济低增长的情况下，开办企业的收益预期远不如从前。从这个时候开始，个体经营的自营业者向非正式雇佣劳动者的转型首先发生在女性就业者群体中。

进入 21 世纪以后的情况刚好与 20 世纪 70 年代相反，小企业雇佣员工减少，大企业雇佣员工增加（见图 1-19）。然而，正如前文中多次提到的，正式员工的人数并没有减少，但也没有怎么增加。换言之，来自"劳动力蓄水池"的自营业者和中小企业的员工不断转化为大企业非正式雇佣劳动者。

相关内容在第八章中还会详细谈到，非正式雇佣劳动者的增加首先发生在 20 世纪 70 年代中后期的中小企业。大企业缩减员工人数、雇佣非正式员工比中小企业起步要晚。进入 21 世纪后，日本大企业才开始大量雇佣非正式员工。

---

① ケント・カルダー前揭『自民党長期政権の研究』二五六、二五七、二六八頁。

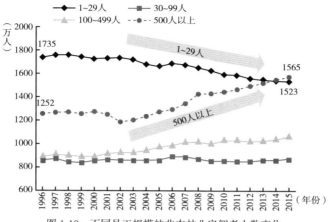

图 1-19　不同员工规模的非农林业雇佣者人数变化

资料名称：総務省「労働力調査」。

（资料来源：2016 年版『中小企業白書』）

二重结构论

　　认为自营业和中小企业是"劳动力蓄水池"的观点并非考尔德独创，早在 20 世纪 60 年代之前，这种观点已经是有泽广巳、东畑精一等日本经济学家的共识。

　　1957 年的《经济白皮书》用"二重结构"这一概念对日本社会进行了描述。与英国、美国相比，日本拥有更多的农林自营业和小型企业。"现代化大企业"和"立足于前现代劳资关系的小企业、家族经营的微型企业、农业"两极分化，"相当于一种一个国家中同时存在发达国家和发展中国家的二重结构"。①

---

①　経済企画庁「経済の二重構造」『年次経済報告』（『経済白書』）一九五七年版、https://www5.cao.go.jp/keizai3/keizaiwp/wp-je57/wp-je57-010402.html　二〇一九年六月一日アクセス。

自营业和中小企业，对应二重结构的"发展中国家"部分，由被"发达国家"遗弃的残余人群构成。1957 年的《经济白皮书》这样写道：

> 被现代产业部门排除在外的劳动力人口必须以某种方式被资本匮乏的农业和小企业吸收。……这些人为了生存，无论收入多低的工作，他们都会去做，如此一来，失业率就不会很明显。虽然不是"充分就业"，但实现了所谓的"全部就业"。现实情况是，并非只有当工资足以保证实现劳动力再生产时，人们才去工作，而是哪怕工资再低，只要薪水多少能够补贴家用，人们都会去工作挣钱。[1]

"全部就业"是东畑精一为解释日本失业率低而提出的概念。自营业者和在中小企业工作的人之所以在低工资，甚至零工资（没人给自营业者发工资）的情况下依然工作，是因为他们别无选择。这种情况不同于那些除了自愿和摩擦性失业之外，劳动者均以合理薪资工作的"充分就业"状态。

自 20 世纪 50 年代以来，人们就知道许多为贴补家用而工作的人是妇女、青少年和老年人。经济学家梅村又次在 1957 年将这些人称为"边际劳动力"。[2] 他们在经济繁荣时期以低工资受雇，在经济衰退时期被解雇，回家成为家族店铺的员工。因此，企业可以不断获得劳

---

[1] 経済企画庁前掲『年次経済報告』。

[2] 梅村又次「労働力の構造と変動」『経済研究』八巻三号、一九五七年。梅村又次『労働力の構造と雇用問題』岩波書店、一九七一年所収。

动力供给，社会失业率不高。如此一来，他们发挥了"劳动力蓄水池"的功效。

据说，这样的二重结构是通过经济高速增长时期缩小不同规模企业间的工资差距消除的。但是，1985 年预测了"团块二代"就业难的经济企划厅报告还专门指出了日本社会出现的"新二重结构"——"面向 2000 年动荡的劳动力市场：以新二重结构作为出发点"：

> ……昭和三十年代[①]前半期的二重结构是大企业和中小企业对立形成的二重结构。……当今劳动力市场的二重结构则是较为稳定的内部劳动力市场与流动性高、技能要求低、工资低的外部劳动力市场对立形成的二重结构。不过，外部劳动力市场向内部劳动力市场流动受到较大限制的二重结构特征基本没有改变。也就是说，在日本企业的用工传统下，对于应届毕业生来说，就业机会通常只有毕业时一次，一旦进入自由职业或临时工体系，往往很难再进入大企业的内部劳动力市场。[②]

这份报告认为，经历了经济高速增长后的中小企业应当"提高员工起薪，采用作为大企业专利的年功资历工资制度、年功序列制度以及企业内部培训等制度，以此提高员工的稳定性和劳动熟练度"。[③]从这一意义上，缓和由于企业规模不同造成的二重结构。

---

① 指 1955 年至 1964 年。——译者注
② 経済企画庁総合計画局編前掲『21 世紀のサラリーマン社会』一一二頁。
③ 同上書一七一一八頁。

然而，这份报告还指出，"近年来不断扩大的工资差距正是日本劳动力市场两极分化过程中出现的现象，即一方面是受终身雇佣制、年功序列制保护的内部劳动力市场，另一方面是由小时工、兼职工等构成的外部劳动力市场"。"外部劳动力市场的劳动力成本大约是内部劳动力市场的 1/4，并且这一差距正在迅速扩大。""目前（1985）每六个从业者中只有一个人在外部劳动力市场就职，到了 2000 年，每三个人中就将有一个人进入外部劳动力市场。"[①]

由中小企业和大企业构成的二重结构已经转变为由正式员工和非正式雇佣劳动者构成的二重结构。但是，如同 20 世纪 50 年代一样，二重结构的底部由女性、老年人和青少年构成。这恰恰是这份报告的深刻认识。即使在今天，这些群体中非正式雇佣劳动者的比例依然很高（见图1-20）。

这份报告撰写于 1985 年，当时的情况仍然乐观。因此，尽管这份报告承认了正式员工和非正式雇佣劳动者对立的二重结构，但也这样认为："女性兼职者、老年人和没有固定工作的青少年这三类人构成了当前主要的低收入群体，但由于他们各自还拥有丈夫的收入、养老金、父母的收入等核心收入，所以大部分人即使不工作，也不会遇到生活困难。"[②]

然而，这样的观点是以"丈夫的收入、养老金、父母的收入"稳定为前提的。诚然，占总人口 20% 以上的"大企业型"生存方式人群尚可维持稳定收入，但在其他群体中，作为"丈夫"和"父母"的个体经营

---

① 経済企画庁総合計画局編前掲『21 世紀のサラリーマン社会』一七、五二、七〇頁。

② 経済企画庁総合計画局編前掲『21 世紀のサラリーマン社会』三頁。

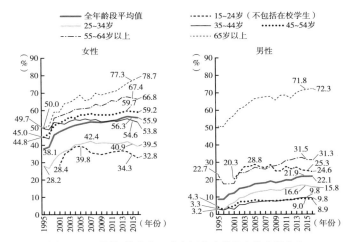

图 1-20　不同年龄段非正式雇佣劳动者的人数比例变化

资料名称：1985 年从至 2001 年までは総務庁「労働力調査特別調査」（各年 2 月）より、14 年以降は総務省「労働力調査（詳細集計）」（年平均）より作成。

（资料来源：『男女共同参画白書』2017 年版）

者正在不断转化为非正式雇佣劳动者。老年非正式雇佣劳动者不断增加恐怕也是自营业难以维持的原因之一。

　　尽管经济高速增长已经开始，但 1957 年的《经济白皮书》对能否消除二重结构持怀疑态度。当时农村人口在迅速减少，但大企业从业人员的比例并没有增加，增加的只是小企业员工和非农林业自营业者。因此，这份《经济白皮书》指出："大胆而言，变化只发生在二重结构的底端，即出现了劳动力从农业向小企业的转移，但上下层结构的比重变化不大。"[1]

——————————

[1]　経済企画庁前掲「経済の二重構造」。

即使在进入 20 世纪 90 年代以后，情况依然如此。依然可以说："大胆而言，变化只发生在二重结构的底端，即出现了劳动力从自营业向非正式雇佣的转移，但上下层结构的比重变化不大。"

如果用最初提出的三种类型来讲，就是"地方型"人群在减少，"残余型"人群在增加。同时，正式员工的数量并未大幅减少，其中占一半左右的"大企业型"人群并未大幅减少。

当发生这些变化时，很可能会引发各种问题。例如，领取同样的国民年金，对于与家人一起居住在自家房产中的自营业者来说，维持生活并不成问题，但对于那些独自生活并租房居住的老龄非正式雇佣员工来说，生活将难以为继。

老年人的就业率长期以来居高不下，而且近年来这一问题愈发凸显，其中一个原因可能正是从事非正式雇佣工作，而非自营业的老年人数量在增加。

人口流动趋势

不过，即使人们从自营业转向非正式雇佣，如果他们继续生活在原来的地域社会中，他们仍然是"本地人"，属于"地方型"生活方式人群。为了理解这个问题，有必要考察一下从农村向城市迁移的人口流动趋势。

图 1-21 显示了人口从农村向城市迁移的情况。最为剧烈的人口迁移发生在"团块世代"升学、就业的 20 世纪 60 年代。在此期间，三大都市圈和首都圈近郊（千叶、埼玉等县）出现超过 20% 的人口激增，地

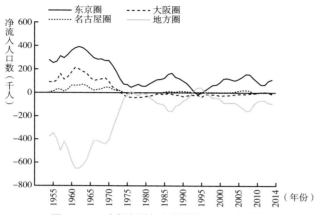

图 1-21　三大都市圈与地方圈的人口迁移变化

注：以上地区的区域划分如下。

东京圈：埼玉县、千叶县、东京都、神奈川县。

名古屋圈：岐阜县、爱知县、三重县。

大阪圈：京都府、大阪府、兵库县、奈良县。

地方圈：三大都市圈（东京圈、名古屋圈、大阪圈）以外地区。

资料名称：総務省統計局「住民基本台帳人口移動報告年報」。

（资料来源：『平成 27 年版厚生労働白書』）

方 22 个县的人口都在减少。[1]

　　然而，在 1973 年石油危机前后，人口迁移告一段落。虽然农村、山区和渔村等地区的人口持续减少，但以县 [2] 为单位来看，地方县一时间人口不再减少。这表明，由于公共事业建设和产业引导，地方就业机会增多，外出大城市求职的人口流动热潮已趋于平静。

　　1976 年，大企业开展"减量经营"时，三大都市圈中甚至有部分地

①　進藤兵「一九九〇年代の国土と地域の再編」後藤道夫編『岐路に立つ日本』吉川弘文館、二〇〇四年所収、二六九頁。
②　日本的"县"相当于中国的省级行政区。——译者注

区出现人口向地方迁移的数量超过了地方向其迁移数量的现象。1979年，"地方时代"一词一度流行。正如考尔德的分析，这是自营业和中小企业吸纳劳动力的时期。

此后，在20世纪80年代的泡沫经济时期，地方向大城市的人口迁移再度出现，但随着泡沫经济的破灭而停止。于是，在20世纪90年代中期，又出现了从大城市到地方的人口回归现象。可以说，截至当时的人口流动与经济景气与否是紧密相关的。

然而，从20世纪90年代末开始，人口流动与经济景气与否的关联性减弱，地方向大城市进行人口迁移呈现常态化趋势。而且大阪圈和名古屋圈的人口并没有净增长，只有东京圈吸收了大量人口迁移者。从1995年到2000年，东京都人口呈现持续高增长趋势，而23个道府县的人口都在不断减少。[1]

从人口迁移数量上来看，现在的情况远不及经济高速增长时期被形容为"民族大迁徙"的人口流动。那一时期也是因战乱被迫迁往农村的人们重返城市，以及大批"团块世代"人群集中升学与就业的时期。

经济高速增长时期的人口流动与经济形势有关。但是，20世纪90年代之后人口流动的常态化趋势与经济形势关联不大，这一点是不同于过去的异质现象。当农林业、非农林业的自营业向非正式雇佣转化超过一定阈值时，以自营业为中心的地域社会之稳定性就会发生变化，人口外流很有可能会呈常态化趋势。

20世纪90年代，高中毕业生劳动力市场急剧萎缩，大学入学率上

---

① 進藤前揭「一九九〇年代の国土と地域の再編」二六九頁。

升，自营业和微型企业从业人员减少，非正式雇佣就业形式增加。地方向大城市的人口流动呈现常态化，虽然在一定程度上是受到小泉纯一郎执政时期推行"结构改革"、大力削减公共事业建设的影响，但实际上变化在此之前已经出现。

总体而言，正式员工人数和大学毕业生就职人数变化不大，"大企业型"人群相对稳定。然而，20世纪90年代以来，高中毕业生劳动力市场急剧萎缩，自营业领域就业者转向非正式雇佣岗位就职，"二重结构的底端"出现较大变动，从地方到大城市的人口流动已经成为常态。这也意味着"地方型"人群开始向"残余型"人群转型。

战后日本史概观

在此基础上，我们总结一下二战后日本社会的历史。

（1）从战败到20世纪50年代前半期，日本经历了大量人口滞留在农村，农林业自营业者人口增加的有悖历史发展的时期。这是因为战争摧毁了城市地区的工业产业，人们不得不迁徙到农村地区。

（2）从20世纪50年代中后期开始，随着经济高速增长，出现了从农村到城市的大规模人口迁移。就业人口减少的现象主要出现在地方的农林业自营业。大量"团块世代"人群在这一时期求职就业，充足的劳动力供给拉动了经济增长。也正是在此期间，高中和大学的入学率飙升。

（3）经济高速增长止步于1973年石油危机爆发。由于公共事业建设项目大量分配到地方，人们不再向城市大规模迁移，大学入学率也受到政策制约而有所下降。大企业没有增加就业岗位，反而精简员工，中小企业和非农林业自营业吸收了过剩的劳动力。

（4）但是，从 20 世纪 80 年代开始，非农林业自营业者开始减少。家族企业从业者中的女性和老年人等边际劳动力的非正式雇佣就业增加。在此之后，除了泡沫经济时期的一时激增外，企业正式员工的数量几乎保持不变。

（5）泡沫经济破灭后的 20 世纪 90 年代，高中毕业生劳动力市场急剧萎缩，大学入学率提升。不过，由于应届毕业生招聘岗位并没有增加，所以在人数众多的"团块二代"中，很多人成为非正式雇佣劳动者。

（6）从 2000 年前后开始，无论经济形势如何变化，人口从地方向大城市流动已成为常态。自营业者和中小企业从业者数量明显减少，非正式雇佣就业者增加。尽管如此，日本式雇佣方式的核心部分并没有太大变化。非正式雇佣劳动者中所占比例较高的是女性、老年人和青少年等边际劳动力群体。

以社会保障制度为代表，日本社会预设了两种生存方式——立足于"企业（职场）"的"大企业型"生存方式和立足于"村落（地域）"的"地方型"生存方式。在上述社会变动过程中，"大企业型"和"地方型"两大类型的覆盖范围不断缩小。但是，其中"大企业型"相对恒定，"地方型"的收缩幅度和"残余型"的扩张幅度都很大。

让我们再来思考一下。自 20 世纪 90 年代以来，东京都中心地区的景象并没有太大变化。早上的通勤高峰、商务区西装革履的身影、六本木和霞关繁华气派的街道，都几乎一成不变，原因之一就是正式员工的数量没有减少。

然而，在地方城市、农村、山区以及东京首都圈的远郊，景象却变化巨大。自营商店和农户少了很多，车站前的商业购物街纷纷闭店关门，落下百叶窗。取而代之的，是沿着街道大量出现的大型购物中心、护理养老院、快递物流和便利店的配送仓库等。在那里工作的人们大都是非正式雇佣劳动者。统计数字也印证了这一点，自营业者的数量在减少，非正式雇佣劳动者的数量在增加。

即使是现在，农村也还有一些人从来没有买过大米和蔬菜。这是因为他们要么自己种植，要么有邻居馈赠。换言之，如果自营业者居住在自家房产中，且又生活在地域社会的互助网络中的话，生活开销将大大降低。但是，一旦自营业者转化为非正式雇佣劳动者，地域社会的活力衰退，生活开销则会大大增加。

仅靠工资收入便足以过上衣食无忧生活的"大企业型"人群，一直都只是少数派。即便如此，如果能够过上"地方型"人群的生活，哪怕工资收入不高，也不会有什么问题。但是，即使正式员工的招聘数量不变，如果"地方型"人群减少，"残余型"人群增加的话，发生贫困的可能性也会增加。这将动摇以"企业（职场）"和"村落（地域）"为基本单位的日本社会。

大企业的"封闭型劳动力市场"

然而，如前文所述，并非世界上所有国家都是以"企业（职场）"和"村落（地域）"作为组织社会的基本单位的。那么，日本将"企业（职场）"和"村落（地域）"视为社会基本单位的观念是如何形成的呢？

主要原因之一是日本大企业的雇佣惯例。在日本大企业中，终身雇佣制度能够确保工资水平不断提升，大企业能够从各地吸引人才，并分派员工去各地不同的分公司工作。因此，日本人很容易陷入一种二元选择，即选择"终身雇佣制度保障下工资与年龄同步增长的生活"，还是选择"家乡地方生活"。

于是，那些成为大企业正式员工的人往往不愿辞职，因为从中小企业再跳槽回到大企业是很难的。大企业的劳动力市场和中小企业的劳动力市场是割裂的。

1957 年的《经济白皮书》将这一现象描述为"劳动力市场也存在二重结构封闭性"。[1] 而且，上文提到的 1985 年经济企划厅的报告也指出，"从外部劳动力市场向内部劳动力市场流动受到较大限制的二重结构特征基本没有改变"。

经济学家氏原正治郎很早以前就认识到了这一点。他在 1954 年的一篇论文中，在对京滨工业区劳动者调查的基础上，对日本劳动力市场进行了分析，如图 1-22 所示。

氏原认为，日本有很多自营业者和农业劳动者，存在庞大的劳动力过剩。[2] 随着现代化和货币经济的渗透，村落里的协作互助减少，需要现金收入的人们逐渐转化为"寻找雇佣机会的非熟练劳动力"。

他们中的一些人"年轻时被选拔进入大企业工作，从而开启职业生涯，经过长年工作，被培养成具备企业能力要求的熟练劳动力"。这些人中一部分人"在同一企业内工作到退休"，而另一部分人"由于经济不景气或个人原因辞职"。

---

① 经济企画厅前揭「経済の二重構造」。
② 氏原正治郎「労働市場の模型」氏原正治郎『日本労働問題研究』東京大学出版会、一九六六年所収、四二四一四二五、四五四頁。氏原认为剩余劳动力出现的前提是村内协作互助的减少，详见氏原正治郎「労働者と貧困」氏原正治郎『日本の労使関係』東京大学出版会、一九六八年所収、四五頁。

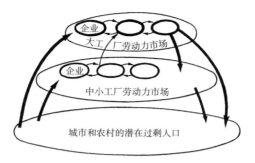

图 1-22　日本的劳动力市场

注：（1）小圆框的粗细表示各劳动力市场的封闭程度。

　　（2）箭头表示劳动力流动方向，箭头粗细代表流动量大小。

（资料来源：氏原正治郎『日本労働問題研究』東京大学出版会、424 頁）

　　然而，日本大企业一般不会聘用中途跳槽者。那些辞职离开大公司的人，一部分成为中小企业经营者，其余人"要么作为中小企业员工度过职业生涯，要么流动回原来的剩余劳动力蓄水池中"。

　　此外，中小企业往往由"少量成年熟练技术工人和大量青年、妇女和老年非熟练技术工人"构成，具有劳动力流动性强和生产效率低、工资低等特点。"他们的生活远不如大企业工人稳定。"据说中小企业的效益随经济波动而大起大落，很多员工频繁离职跳槽，但也几乎还是在同样的中小企业之间流动。

　　氏原模型的特点在于"封闭性"与"开放性"的结合。[1]

　　首先，与中小企业相比，大企业具有"地域开放性"。换言之，"规模较大的工厂拥有一定的资源和便利，能够从更广泛的地域中选拔优秀的劳动者，而中小型工厂一般不具备这样的条件，所以选择的范围很窄"。

---

[1]　本段及下段引文内容来自氏原前揭「労働市場の模型」四〇四、四二五頁。

然而，"企业的封闭性"则恰恰相反。大企业不愿接受那些有工作经历的跳槽者，而中小企业则对他们开放。大企业的员工通过工作年限换取公司内地位与薪酬的提升，所以不会轻易辞职；中小企业则愿意接受来自其他公司的跳槽者，因此具有开放性。

具有这种特征的劳动力市场会出现两种现象：一个是企业规模差距带来工资差距；另一个是生产效率低下的中小企业和自营业能够维持生存。

按照一般的经济学原理来讲，劳动者会自发地不断向高薪岗位流动。那么，劳动力市场的工资将以大企业的工资为基准出现平均化趋势，生产效率低下的自营业和中小企业将被淘汰。借用氏原的话来讲，"如果工资出现平均化趋势，那么，付不起最低工资的低效企业将无法生存下去"。[①]

然而，日本的情况并非如此。这是因为劳动力市场具有二重结构，外部劳动力无法进入大企业。因此，中小企业可以不与大企业比拼薪酬，继续保持低工资。于是，自营业和中小企业得以与大型企业分割，以此为前提持续获得劳动力供给，从而维持企业生存。氏原认为，"这是不同规模企业之间工资存在巨大差距的原因之一"。[②]

探索日本社会的规则

那么，这种劳动力市场是从什么时候开始形成的呢？氏原认为是第

---

① 氏原前揭「労働市場の模型」四五四頁。
② 同上論文四五四頁。

一次世界大战后的 20 世纪 20 年代，并自称这一观点为"十分大胆的猜测"。

在关于"日本式雇佣惯例"何时普及的研究中，存在很多说法，如"第一次世界大战后"说、"战时"[①] 说、"经济高速增长期"说等。[②] 尽管观点各不相同，但有不少研究者认为氏原的模型具有一定的合理性。

无论"日本式雇佣惯例"究竟在哪个时期普及开来，本书的着眼点始终在于，大企业的雇佣惯例创造了"企业（职场）"和"村落（地域）"两种类型的生存方式，并由此塑造了日本社会的结构。

在氏原的模型中，大企业正式员工来自全国各地，形成一个封闭性集团。农民、自营业者和小企业员工则固定生活、工作在某个地区，形成一个地域性集团。如此分别形成了"大企业型"和"地方型"两种生存方式。

但是，依照氏原的观点来看，在欧美国家的雇佣惯例下，并没有形成"企业（职场）"和"村落（地域）"这两种对立的生存方式。其实，单纯从经济学角度而言，"大企业型"等生存方式类型是不会出现的。这是因为作为工资收入的决定因素，相对于企业规模而言，一个劳动者是产业工人，还是办公职员，即工作岗位的分配，更加具有决定意义。然而，在日本，一个人只要是大企业正式员工，无论具体做什么工作，都可以衣食无忧。只有在这样的社会中，"大企业型"作为一种定义生存方式和人群特征的类型才具有意义。

---

① 太平洋战争期间。——译者注
② "第一次世界大战后"说的代表是兵藤钊，"战时"说的代表是孙田良平，"经济高速增长期"说的代表是安德鲁·戈登（Andrew Gordon）和菅山真次。

罗纳德·多尔（Ronald Dore）在 1973 年的著作中，将英国 EE 电信公司布拉德福德工厂和日本茨城县日立市日立制作所工厂进行比较，他写道：

> 假设在一趟列车上，询问一个 EE 电信公司布拉德福德工厂的铸造工人是做什么工作的，他恐怕会先说他是一个铸造工，其次说他是布拉德福德人，最后说他在 EE 电信公司上班。而同样询问一个日立制作所工厂的铸造工人的话，他也许首先会说他是日立制作所的员工，其次会说他具体在哪个工厂上班，最后才会说他是一个铸造工。[①]

如果多尔的假设是正确的，那么说明在当时的英国，对劳动者而言，职业工种具有最重要的意义，对地域的依附次之，工作所在企业单位的重要性最弱。因此，在大企业就职和在地方工作生活并不矛盾。但是，那些成为日本大企业"社员"的人，在职业工种上缺乏身份认同，而且也没有依附、扎根于某一地域。

由此可见，日本确立社会结构的规则不同于欧美国家。那么，这种差异是如何产生的呢？笔者将在下面的章节中围绕这一问题展开分析。

---

① ロナルド・ドーア、山之内靖・永易浩一訳『イギリスの工場・日本の工場』筑摩書房、一九八七年、文庫版一九九三年、文庫版上卷一八七頁。

第 二 章

日本的工作方式与世界的工作方式

第二章　要点

· 日本以外，在以欧美为代表的大部分国家，企业都拥有三层结构，并开展跨企业招聘和晋升。

· 这些企业追求"职务平等"，而非"员工平等"。[1]

· 因此，拥有跨企业的职务专业工作能力和硕博研究生学位是有优势的。而在日本企业里，比起学位，更加注重员工的"企业内贡献度"。

· 在日本社会，人才竞争存在于本科大学的比拼中，人们缺少攻读硕士或博士学位的动力。因此，相对而言，日本社会不断呈现"低学历化"趋势。

---

[1] 本书中的"职务"是指在某一职位的工作业务、工作内容，并非指"职务级别""官衔"。在本书中根据上下文情况，将之译为"职务工作""职务工作内容""工作内容"。"职务工资"指"岗位工作工资"，并非指"职务级别津贴"。"职务平等"指不同企业从事同一种工作的员工工资待遇平等。"员工平等"指同一企业内无论从事何种具体工作，正式雇佣员工（日文"社员"）的工资待遇平等。但是，劳务派遣等非正式雇佣员工则在"员工平等"范畴之外，不能享受终身雇佣、年功序列等正式雇佣员工的专属待遇，即所谓的"日本式雇佣惯例"。因此，日文"社员平等"可翻译为"员工平等""正式员工平等"，或者直接照搬汉字译为"社员平等"，是指日本同一企业内所有正式雇佣员工在身份、待遇方面的平等，其中包括高级职员、下级职员、一线工人，但这种平等不包括非正式雇佣员工。——译者注

本章将简要概述其他国家的工作方式，以便读者更好地理解日本的雇佣惯例。①

不过，众多"其他国家"的工作方式也并非千篇一律。即使是同一个国家的雇佣工作方式，也会因巨大的历史性变化而改变。例如，欧盟一体化和全球金融危机造成了欧洲国家的巨大变化。

即使在一个国家内，工作方式也会因行业、阶层和地域的差异而不同。纵使可以查阅相关制度和法律文件，但实际情况如何，仍有很多不得而知。

因此，真实情况难以一概而论。如果简单用"日本企业采用终身雇佣制度"一句话来解释，恐怕会听到"那是很久以前的事情了""那是大企业才实行的制度""行业不同的话，也不尽如此"等反驳之声。那么同样的，简单认定"美国就是这样"或"欧洲就是这样"的想法也是不合理的。

此外，在任何社会都一样，通常很难通过查阅书籍和论文去理解该社会中被认为是"理所当然"的惯例。因为对于生活在该社会中的人来说，"理所当然"的事情是无须系统解释的。

基于这些局限，笔者将主要介绍相关研究较多的美国、英国、德国和法国。但是，这样做的目的并不是全方位了解这些国家的工作方式，而是只选取在理解日本惯例时有助于对比的部分，对其通过图示进行简要说明。不过，由于这部分内容是根据相关研究书籍，以及通过其他来源获得的信息编写而成，因此很难说涵盖了最新情况，希望读者斟酌阅读。

---

① 本章是对第四章开始所要探讨的日本社会"规则"形成发展过程的铺垫，主要对不同的雇佣惯例进行对比，并非提出新的学术观点，而是将比较对象进行梳理分类。

企业的三层结构

欧洲、美国和其他国家社会内部也同样存在差距。但是，那些差距与日本社会内部的差距是不同的。

在日本，人们比较在意的是大企业与中小企业之间的差距，这种差距是"不同公司"的区别。但是，在欧洲、美国等其他国家，人们更在意的是白领与蓝领之间的差距，即"不同职务"的区别。

如果把欧美企业的工作看成三层结构，似乎很容易理解（见图 2-1），[①]即"设定目标并指示他人工作的工作"、"按指示做办公事务工作的工作"和"按指示付出体力劳动的工作"。

位于三层结构最顶端的是高级职员，在法国，被称为"高管干部"（cadre）；在美国，被称为"豁免员工"（exempt）。这是因为美国《公平劳工标准法案》（FLSA）规定，雇主免于向高级职员支付加班费，高级职员因此得名"豁免员工"。

高级职员的工作就是"下达指令"、"经营管理"和"制订计划"等。

---

① 以下介绍的内容中，涉及美国的情况参考远藤公嗣『日本の人事査定』ミネルヴァ書房、一九九九年、第二章及び補論一；涉及法国的情况参考蓧山滉『フランスの経済エリート』日本評論社、二〇〇八年。

叶山滉在《法国的经济精英》（『フランスの経済エリート』）一书第 4 页中，根据法国国家统计与经济研究所（INSEE）2005 年公布的职业分类统计数据计算出的就业结构情况，将就业者分为"农业经营者""工匠""商人""企业主""高管干部与高知行业从业者""中层管理干部""办公职员""工人"。叶山将其中的"办公职员""中层管理干部""高管干部与高知行业从业者"定位为"白领"。"中层管理干部"就是在 1982 年职业分类修订之前被称为"中级干部"的阶层，根据叶山的说法，"他们位于构建工作框架的企业高管和一线职员、工人之间，贯彻上级高管的意图，指挥一线员工开展具体工作"。如果把高管干部比作军官的话，中层管理干部的角色就相当于"士官"。换言之，虽然法国企业员工分为高管干部、中层管理干部、办公职员、工人四个阶层，但也可将其视为由高级职员、下级职员、一线工人构成的三层结构的变体。

图 2-1　欧美企业的三层结构

具体而言，就是经营、管理、企划等。由于这些工作不是靠积累时间就能获得成果，因此，他们的劳动不按时间计算，也没有加班费，工资金额往往是以月薪制或年薪制的形式，在签订雇佣劳动合同时与上司协商确定。

"高管干部"和"豁免员工"曾经都是少数精英，但现在人数比例比以前大有提升，原因似乎是产业结构的变化造成企划和管理等业务增加，以及有志于成为高管的人越来越多。过去很多高级职员只是大学本科毕业生，但现在从事办公事务性工作的人大都拥有工商管理学硕士（MBA）学位，从事技术性工作的人大都拥有工学硕士学位。

在高级职员之下的是下级职员，他们在美国《公平劳工标准法案》（FLSA）中被称为"受薪非豁免工"（salaried nonexempt）。他们是执行实际职务工作的人，如事务性办公职员和中级技术员等。他们是一线日常工作中不可或缺的存在，但升职空间有限。过去这些岗位的劳动者大多毕业于职业学校或两年制短期大学，但近年来，四年制大学本科毕业生人数有所增加。

他们虽然不是体力劳动者，但所做工作基本都是按照上级指示完成的固定任务。如果安排他们工作时间外加班的话，雇主有义务支付他们加班费，且这一义务不能被免除。因此，他们被称为"受薪非豁免员工"。这些职员的工资基本上是带加班费的月薪，但也可以理解为以小时为单位计算的小时工工资，只不过是按月一次性支付而已。原则上来讲，他们会在完成规定的工作后准时下班，相比职业上的晋升而言，他们往往更重视享受自己的生活。

在"受薪非豁免员工"之下的是在一线工厂进行体力劳动的蓝领工人。根据美国《公平劳工标准法案》（FLSA），他们被归类为小时工，以小时为单位工作，工资通常以日薪或周薪的形式支付。一般情况下，他们不会晋升为办公职员，准时上下班是基本原则，如果加班，加班费也按小时计算支付。过去这些工人大多是义务教育阶段的毕业生，但近年来，高中及以上学历的毕业生越来越多。

类似的三层结构在欧美企业中十分常见，虽然名称会有所区别。在1970 年前后的英国企业中，年薪制或月薪制的高级管理职员被称为"higher management categories"，办公事务员、打字员、绘图员等周薪制职员被称为"weekly paid staff"，工厂工人等时薪劳动者被称为"hourly rated labors"。[1]

国家不同，称谓往往有所差异。在法国，分为被称为"下达命令者"的高级职员、被称为"执行命令者"的下级职员以及"一线工人"。在德国，分为白领高级职员、下级职员以及蓝领一线工人。[2]

---

① ドーア前掲『イギリスの工場・日本の工場』文庫版上卷一二一一一二三頁。
② 葉山前掲『フランスの経済エリート』第一章参照。

这种三层结构似乎是一种基本框架。亚洲、非洲等国家的许多欧美企业和受到欧美企业影响的大企业，也都具备类似的三层结构。

"职务平等"与"员工平等"

在谈到"欧美的工作方式"时，员工自身所处的层级不同，工作方式自然不尽相同，因此很难一句话说明白。例如，"西方人乐于享受生活和假期，而不是把工作放在第一位"，通常是在描述下级职员和一线工人。另外，"欧美企业推崇成果主义①，竞争十分激烈"往往是在描述高级职员，而其他层级的员工未必如此。

在日本，入职大企业还是中小企业，即在哪家企业工作是有很大区别的。因此，经常会听到大学毕业生说"我一定要进入 A 企业工作"。这种想法成立的前提是存在一种企业内部的"员工平等"，即如果成为 A 企业的正式员工，无论具体做什么工作，都可以同企业内其他正式员工一样平等地享受优厚的工资待遇。

但是，在欧美等其他国家的企业中，并不存在这样的"员工平等"。"我一定要进入 A 企业工作"的想法是没有意义的，因为成为 A 企业的一线工人和下级职员并不难。

与之相对，在欧美等其他国家的企业中有一种追求"职务平等"的倾向。例如，如果是一位在财会业务方面有很强工作能力的高级职员，无论是在 A 公司、B 公司，还是在非政府组织、国际组织等机构任职，都能成为享受高工资的财务工作负责人；反之，如果是一名一线工人，

---

① 指以工作业绩、成果，即对企业的贡献度来考核评价员工的人事管理理念。——译者注

那么无论在哪个公司，也无论工龄多长，都很难改变一线工人的职业身份。

形象化地来说，日本企业的员工可以在企业内部"纵向移动"，却很难在不同企业之间实现"横向移动"。但是，欧美企业则正好相反，"横向移动"比较容易，"纵向移动"相对困难。

1980 年，日本劳动省劳动经济课课长田中博秀绘制了一幅对比图，如图 2-2 所示。通过图示可以看到"欧美企业"其实也有不少内部晋升的空间。

这种区别也体现为第一章最后提到的日本人和英国人在身份认同方面的差异。日本式的自我介绍通常是"我是 A 公司的员工，我是一名铸造工"，英国式的自我介绍通常是"我是一名铸造工，现在在 A 公司上班"，回答方式的不同体现了社会规则的差异。

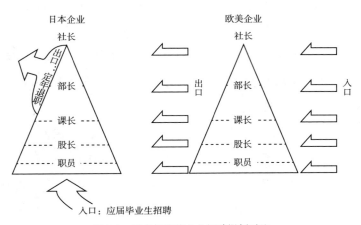

图 2-2　日本与欧美企业招聘惯例对比

（资料来源：田中博秀『現代雇用論』日本労働協会、1980 年、378 頁）

这种差异同样体现在小时工兼职劳动者身上。

欧盟 1997 年颁布了兼职工作劳动法规，禁止以雇佣方式不同为理由实施差别工资待遇。因此，做同样的工作，兼职劳动者的时薪并不低。一些法国高管干部（高级职员）会在育儿期间选择兼职工作，但他们的时薪工资并不低。[1]

然而，这也颠覆了拥有专业知识的兼职者比全职一线工人收入高的普遍印象。与之相对，日本人的工资差距来自"所在企业的差异"，而不是"从事职业的差异"。因此，"是否为大企业的正式员工"往往被认为是决定工资高低的主要因素。

那么，日本大企业和中小企业之间的工资差距究竟比不同规模欧美企业之间的工资差距更大还是更小呢？关于这个问题的研究结论可谓众说纷纭。[2] 但可以确定的是，正如经济学家橘木俊诏所说，"在欧美国家这不是一个重要的话题"，"甚至连相关推论研究案例都很少"。[3]

原因之一在于，企业规模不同造成同工不同酬的现象是不符合经济学原理的。经济学家香西泰认为："一物一价法则是理性经济行为的基本原则。但是，如果工资，即劳动力价格由于出售对象（大企业或中小企业）规模不同而折半，这将直接意味着经济学基本原则无效。"[4] 因此，不难理解为什么经济学家们会对这个问题敬而远之。

---

[1] 葉山前掲『フランスの経済エリート』第七章第六節参照。

[2] 认为差距更大的代表学说为 T.Tachibanaki, *Wage Determination and Distribution in Japan*, London, U.K., Oxford University Press, 1996；认为差距更小的代表学说为小池和男『日本の熟練』有斐閣選書、一九八一年、Ⅱ章一節参照。

[3] 橘木俊詔『日本人と経済』東洋経済新報社、二〇一五年、九六頁。

[4] 香西泰「二重構造論」有沢広巳監修『昭和経済史』日本経済新聞社、一九七六年、文庫版一九九四年、文庫版中巻二〇九頁。

即使在美国和欧洲国家，同样职务的劳动者，在效益好的企业工作，工资往往会比效益差的企业高。从客观结果而言，企业规模确实造成了工资收入的差距。

然而，从动态视角来看，一旦出现由企业规模不同而造成相同职务工作的劳动者在不同企业之间工资上的差距，便将直接导致企业之间的员工流动。如此一来，最终形成的局面是，只要员工所做的职务工作相同，即使在不同规模的企业工作，工资收入方面的差距也不会太大。

在这样的社会中，相比由企业规模造成的不同企业之间的工资差距，人们能够更强烈感受到的是职务不同带来的工资差距，或者办公室职员和蓝领工人之间的工资差距。因此，在欧美国家的企业里，即使存在由公司规模造成的收入差距，也不会被认为是一个严重的问题。

在任何社会中不同人群都会存在收入差距。但是，在欧美国家，人们意识到的是"做不同职务工作"带来的差距；而在日本，人们意识到的是"在不同企业工作"带来的差距。也许可以这么说，欧美是追求"职务平等"的社会，日本是追求"员工平等"的社会。

职务的原理

下面将以美国企业的情况为例，对"与职务对应的工作方式"进行简要说明。

实际上，这种工作方式很容易理解，即劳动者承担一定的职务工作，并获得工资形式的金钱报酬。

用人单位明确公示某一职务工作的内容，招募员工。雇主会提供一份详细的职务说明（job description），内容包括工资，工作条件，工作地点、所属部门，以及职务工作要求的知识、学位、资格，劳动基准法规定的地位等。[1]

　　以会计职位为例，职务说明中对学位和资格的要求一般如下："必备资格——会计学专业学院毕业学位。但以下工作经验可代替学历——三年以上簿记或客户结算工作经验。"[2]

　　在招聘时，招聘单位可以参考在招聘广告和求职网站上公布的其他单位同样职务的工资待遇，综合根据会计、生产管理等不同职务的工资市场行情，确定提供给应聘者的工资金额。同样，应聘者也可以看到各个企业开出的不同工资金额。

　　因此，如果职务相同，即使是不同的企业，工资也很难出现较大差距。但有所区别的是，一线工人和下级职员的薪资待遇倾向于参考地方的劳资市场行情，而高级职员的薪资待遇则倾向于参考国家和行业级别的劳资市场行情。[3] 此外，对于高级职员而言，他们往往会根据职务设

---

[1]　「アメリカの人事制度の特徴とは？ ５分でわかる日本との違い」パソナ WEB マガジン『INITIATIVE』二〇一七年四月一一日付に掲載されていた事例。https://www.pasonagroup.co.jp/media/index114.html?itemid=2133&dispmid=796 　二〇一九年六月二日アクセス。Washington CORE L.L.C.『平成 27 年度産業経済研究委託事業 雇用システム改革及び少子化対策に関する海外調査 雇用システム編』二〇一六年 (https://www.meti.go.jp/meti_lib/report/2016fy/000721.pdf 　二〇一九年六月二日アクセス)。
　　第 5~6 页记录了美国中小企业管理局（Small Business Administration，SBA）面向中小企业经营者公开的职务定义书的编写方法，同时收录了在金融、信息通信、汽车行业招聘网站上调查到的职务说明信息等，双方内容基本一致。
[2]　引用前文远藤公嗣著作《日本的人事评定》(『日本の人事査定』) 第 126 页所载事例，但将"短期大学"改为"学院"。
[3]　Washington CORE L.L.C. 前揭『雇用システム改革及び少子化対策に関する海外調査 雇用システム編』七頁。

定的业务目标，与企业雇主协商薪酬。

图 2-3 是经济学家木下武男制作的插图，这些插图的素材来自为进入美国市场的日本企业了解美国企业而设计的手册。虽然 1991 年之前的时代稍显久远，但木下以图画的形式简单易懂地展现出美国企业在确定职务工作内容和薪酬时的传统做法。

由于企业能力有限，因此，在美国，评定职务对应薪酬金额的工作往往交给管理咨询公司完成。如同合益管理咨询公司开发的海氏职位评价系统一样，各咨询公司开发了占据大量市场份额的评价系统，推动了跨企业职务标准化的实现。[1]

一般而言，假设 A 公司位于 B 地区的事务所财务部门有职位空缺，公司人力部门首先会在 B 地区事务所的会计部门内部寻找合适人选。如果部门内没有合适的人选，就在事务所内公开招聘。如果事务所内依然没有合适人选，则向 A 公司的其他事务所或向社会公开招聘。[2]

公司内部招聘是企业选拔人才的优先选项。因此，即使在美国，截至 20 世纪 90 年代，约 90% 的白领中层管理人员都是通过企业内部通道晋升的。[3] 但近年来的趋势是，职位越高，越会通过公开招聘的方式选拔应聘者。

---

[1] 根据 Job Evaluation and Market Pricing Practices 2015，市场调查职务模型中的职务（survey model jobs）与企业内职务匹配度达到 80% 以上的约有 40%，匹配度 60% 至 70% 的约有 30%，其他基本上是参考工作内容相近的职务确定薪酬。详见木下武男『日本人の賃金』平凡社新書、一九九九年、七七頁。Washington CORE L.L.C. 前揭『雇用システム改革及び少子化対策に関する海外調査 雇用システム編』八頁。

[2] 小池和男·猪木武德編著『ホワイトカラーの人材形成』東洋経済新報社、二〇〇二年、第四章九二—九七頁，田中博秀『現代雇用論』日本労働協会、一九八〇年、三七五—三七七頁などを参照。

[3] 宮本光晴『日本の雇用をどう守るか』PHP 新書、一九九九年、一五三頁。

流程1

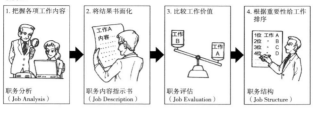

流程2

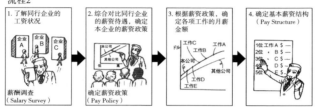

图 2-3 美国企业确定职务工资的流程

（资料来源：木下武男『日本人の賃金』平凡社、1999 年、71 页）

　　无论是公司内部招聘，还是外部招聘，都需要应聘者携带简历和学位证明应聘，参加面试考核，最终签订聘用合同。公司内部招聘可以理解为"晋升"，公司外部招聘可以理解为"社招"。

　　比如说，如果公开招聘的是会计等下级职员岗位，那么面试的就是会计课课长等该部门的直接领导，由该领导决定其是否被录用，企业人力资源部门一般只负责盖章认定。蓝领一线工人的招聘流程也是如此。[①]

　　这是为什么呢？恐怕是因为会计课课长的职务就是全权负责管理会计课。为了完成该部门的业务工作，是否需要增添人手，完全在会计课

---

① 比如多尔在《英国的工厂，日本的工厂》(『イギリスの工場・日本の工場』) 一书第二章中，分析了日本和英国企业人事部门的不同作用。在很多其他研究中，也经常可以看到认为日本企业人事部门作用较大的观点。

课长的裁定范围内。即使人事调动，如果薪资不变，人事部则只负责盖章认定；如果薪资发生变化，课长会和人事部协商沟通。因为一旦增加的人事开支不能带来相应业绩成果，他作为经理的评估成绩就会下降。

高级职员和管理层员工的招聘与晋升往往要经由更上一级的公司高管干部面试决定。同时，有观点认为很多时候，高级管理岗位不会从公司内部招募，而是由公司高层商议决定。[1] 然而，也有截然相反的观点认为无论是面向公司内部还是社会招聘，企业从一开始便公开招聘、由应聘者竞争的招聘形式越来越广泛。[2] 因此，招聘方式因公司、行业、时代而异，不能一概而论。

当公司中的某个员工晋升到更高职位后，他原有的职位就会空缺，然后将在公司内部或外部进行公开招聘。当有员工跳槽到其他公司时，也会形成职位空缺。总之，一旦出现职位空缺，企业随时进行公开招聘，而不会采取面向全国的大规模"应届毕业生批量招聘"的做法。

另外，不存在所谓的"定期人事调动"，因为职务工作和具体部门在签订合同时已经明确，如果公司单方面决定人事调动，则很容易造成违约行为。

与之相应的是不会出现自动晋升和涨薪。在上文的例子中，A 公司位于 B 地区的事务所招聘的下级职员，将一直保持下级职员的身份。原则上，该员工也不会被调动到 A 公司在 B 地区的其他事务所。

---

① 以英国企业为代表的例子，详见小池·猪木前揭『ホワイトカラーの人材形成』九三頁。

② 「祝！アメリカの米企业で昇進が決定 昇進までの流れ編」二〇一七年六月二一日付。另外，虽然是个人博客内容，但从中可以看出美国企业内部、外部同时公开招聘入职的高管职员的晋升过程。详见 http://yasutomotomita.com/?p=1043 二〇一九年六月二日アクセス。

如果承担的职务不变，工资不会有太大变化。无论在公司内部还是外部，应聘难度更大、薪水更高的岗位，才是晋升和加薪的唯一办法。

在美国，如果一家企业决定压缩某地区事务所的规模，比如确定要重组会计部门，通常情况下会选择对该部门进行裁员，解雇从事会计工作的员工。[1] 同时，企业会向被解雇的员工推荐本企业其他地区事务所的会计工作岗位，并提供优先聘用的机会。但是，如果被解聘的员工不想到其他地区上班，那么他们只能在本地其他企业另谋一份会计工作。

当然，他们也可以应聘会计以外的工作岗位。但是，一位会计即使成功应聘为业务经理，也往往只能是级别较低的职位（意味着低工资）。因此，大多数人都会选择在同一行业中延续自己的职业生涯。例如，一个拥有会计专业学位，已经取得会计职务岗位的人会将眼光投向本公司，或其他公司更高级别的会计职务岗位。

在这里，虽然员工聚集在一个叫作"公司"的地方，但他们每个人都在履行各自承担的职责和工作。因此，即使在同一个工作场所，他们也是在各自的办公室或有隔断的工位上各司其职。许多人在完成自己的工作后，便旁若无人地下班回家。近年来，居家办公和远程办公越来越普及。

这种办公室工作形式与"应届毕业生批量招聘"或"定期人事调动"等员工变动格格不入。由于每个人都封闭在自己的工作空间内，所以刚毕业的大学生新人和刚调动过来的员工，如果没有经过严格的研修

---

① Washington CORE L.L.C. 前揭『雇用システム改革及び少子化対策に関する海外調査 雇用システム編』一一頁。

培训就被分配到工作岗位上，周围恐怕没有人会去教他们如何工作。

这种以职务为中心的工作方式在美国以外的其他国家也很普遍。德国和法国的解雇规则与美国不同，但提供职务说明和签订合同的环节是一样的。[①] 2013 年，一位商业顾问向一位印度女顾问解释"日本没有职务说明"时，后者"惊讶地瞪大了眼睛"。[②]

这种差异使得日本企业在雇用其他国家员工时也受到影响。2019 年一则新闻报道，日本企业雇用的印度员工向企业提出"明确薪酬评定标准"的要求。该报道写道："在印度，企业和员工双方就工资明细进行协商的现象很常见。双方会在确认'个人评价考核标准'的基础上，讨论工资待遇、调入手续等问题。"[③]

越往上走，竞争越激烈

在欧美国家，没有日本那种应届毕业生批量招聘的做法。出现职位空缺后，企业会随时开展招聘，招聘岗位往往要求应聘者具备相应的学位和工作经验。由于这种做法不利于那些没有工作经历的应届毕业生求职，因此饱受争议。[④]

---

① Washington CORE L.L.C. 前揭『雇用システム改革及び少子化対策に関する海外調査 雇用システム編』二二、二六、三六、三九頁。
② 日比谷陽一良「グローバルリスクマネジメントのインフラ」第二回『Eminent Partners』二〇一三年八月一日付。http://eminent-partners.com/201308-2/ 二〇一九年六月二日アクセス。
③ 「メルカリ社員 多国籍化」『朝日新聞』二〇一九年二月二八日朝刊。
④ 1993 年美国的大学就业指导中心与企业建立合作关系，向企业推荐毕业生入职，企业也向大学派遣了人力资源招聘面试官。但是，在面向马里兰州大学毕业生的调查中发现，通过大学就业指导中心入职的学生只有 11%，企业在筛选应聘者的大学时，最看重的是这所大学"开设了什么专业"。详见苅谷剛彦「アメリカ大学就職事情（上）・（下）」『UP』第二四九号・第二五〇号、（下三四、三六頁）、一九九三年。

但是，拥有名牌大学工商管理学硕士学位的应届毕业生，可能会从一开始就被作为高管干部储备人才聘用培养。[1] 这些人通常以成为高管为目标，每隔几年就会轮岗，在不同的岗位积累经验。[2] 这种工作方式被认为类似于日本大企业正式员工的工作方式。

　　但是，即使在这个环节，欧美企业根据职务要求招聘，劳资双方签订合同的基本原则也不会改变。此外，这些高管候选人的晋升速度比日本大企业的正式员工更快。[3] 这可能是因为这些人往往如果在一家公司无法实现自己的升职预期，就跳槽去其他公司了。

　　另外，在聘用的应届毕业生中，这些高管候选人的人数很少。以20世纪90年代中后期的法国某大公司（员工4.4万人）为例，它每年从公司外招聘约100名高管干部（高级职员）。其中，不满25岁者每年只有10名到20名，他们大多毕业于"高等专业学院"[4]或拥有博士学位，并非普通的大学毕业生。[5]

　　这些高级职员，无论是从其他公司跳槽来的工作经验丰富的高管，还是应届毕业生，本人往往都会在签订雇佣合同时与公司协商薪

---

① Washington CORE L.L.C. 前揭『雇用システム改革及び少子化対策に関する海外調査 雇用システム編』一一、二五頁。
② 葉山前揭『フランスの経済エリート』小池・猪木編著前揭『ホワイトカラーの人材形成』などを参照。
③ 小池和男『アメリカのホワイトカラー』東洋経済新報社、一九九三年、一六九頁。
④ 法语为 grande école，又译为"大学校"。法国教育部定义为"通过入学考试录取学生并确保优质教学的高等院校"，其入学考试在两年的预科班学习之后进行，与只需高中毕业普通入学资格的公立综合性大学是两套不同的高等教育体系。相对于综合性大学而言，"高等专业学院"规模小、专业性更强，更重视教学与实践的结合，以培养高级专业人才而出名，在法国就业市场上获得很高的认可，被称为法国的精英教育。这一类学校按领域分为工程师学院、高等商学院、高等师范学院、高等美术学院等。——译者注
⑤ 葉山前揭『フランスの経済エリート』二二一二九頁。

酬待遇，设定业务工作目标。[1] 这就是目标管理制度（MBO），即俗称的"成果主义"。在很多情况下，工作目标完成度不同，工资会有很大差异。

尤其是 IT 和金融等新兴产业，收入差距扩大的趋势非常明显。美国权威工资收入调查机构 PayScale 于 2016 年 1 月发布了一项调查报告，该报告调查了美国 8 家大型 IT 公司项目经理的年薪（包含奖金）。结果显示，在同一家公司内部会有 2 倍以上的工资差距，不同公司之间的工资差距达到近 3 倍。[2]

另外，对于负责完成指定工作任务的一线工人和初级员工而言，他们的薪酬往往与"成果主义"无关。他们一开始就无权设定业务工作目标，设定目标并组织运营是高层管理者的工作。一般来说，初级员工和一线工人工作的基本原则就是要切实完成高管分派给他们的任务。

这些人的工资是由他们承担的职务决定的"职务工资"，原则上同工同酬。尤其在美国，加入工会的工人不接受企业管理层的考核评定。这是因为当对每个工人进行考核评定时，有些人很可能会迎合企业主，从而扰乱工会团结。

2005 年，日本研究人员参观了美国通用汽车公司的工厂，并向全美汽车工会的地区干事询问了关于薪资制度的一些问题，得到的回答是：

---

[1] 即使在 1969 年的英国企业里，高级管理层职员也是直接和主管上司面谈薪酬，并根据个人工作业绩升职加薪。详见ドーア前揭『イギリスの工場・日本の工場』文庫版上卷一二——一二一頁。

[2] Washington CORE L.L.C. 前揭『雇用システム改革及び少子化対策に関する海外調査 雇用システム編』九——一〇頁。

"我们在工厂上班的人，时薪统一都是 26.16 美元。"[1] 工会认定的高技术水平的熟练工工资会相对更高一些，但这也是由职务等具体工作内容决定的，并非由企业管理层考核评定。

虽然近年来在美国，从事相同职务工作的员工之间的工资差距也在扩大，但或许是因为能够参照不同职务工作薪酬的市场行情，相同职务工作的一线工人和下级职员之间的工资差距仅在 10% 到 20%，不会出现巨大差距。[2]

此外，2004 年一份对美国某大企业豁免员工的考核评估结果分析指出，在从 A 到 E 的五档评价级别中，95% 以上为 B 和 C。[3] 基于不明确标准产生的差评结果可能会导致员工起诉企业。

美国自 20 世纪 60 年代以来，明令禁止年龄、种族和性别歧视，这一点将在第三章中详细介绍。因此，仅以年龄达到 60 岁为理由解雇员工的做法，与因为是黑人而解雇员工的行为同样违法。[4] 在这样的社会中，可以想象，如果上司仅凭主观考核评定员工等级的结果出现从 A 到 E 的差距，那么很可能会引发劳资纠纷。

---

[1] 石田光男「日本の賃金改革と労使関係」『評論 社会科学』一〇九号、二〇一四年、三頁。

[2] 相同职务工种的工资上下浮动 10% 至 20%。详见木下前揭『日本人の賃金』七三頁。Compensation Programs and Practices 2014 统计了同一职务工种的工资浮动范围，小时工合同岗位（hourly positions）工资浮动范围在 50% 以内（上下浮动不到 25%）的企业占 58%，年薪合同岗位（salaried positions）工资浮动范围在 55% 以上的企业占 51%，浮动范围在 45% 至 55% 的企业占 33%。如果将调查对象扩展到豁免员工级别的高级职员的话，工资浮动范围增大，浮动范围在 55% 以上的企业占 66%，浮动范围在 45% 至 55% 的企业占 19%。详见 Washington CORE L.L.C. 前揭『雇用システム改革及び少子化対策に関する海外調査 雇用システム編』、二〇一六年、九頁。

[3] 该项研究详见小池和男『日本産業社会の「神話」』日本経済新聞出版社、二〇〇九年、三五頁。

[4] マック·A. プレイヤー、井口博訳『アメリカ雇用差別禁止法（第三版）』木鐸社、一九九七年、第一六章参照。

概括而言，工作业绩导致工资差距的现象主要出现在企业高层管理者身上。1994 年美国的薪酬调查显示，非管理层的一般员工，由职务工作内容决定的基本工资占 96%，短期绩效工资占 4%。即使是课长级员工，基本工资占比也高达 92%，短期绩效工资占 8%。此外，CEO（首席执行官）的基本工资占比仅为 41%，短期绩效工资占 18%，长期绩效工资占 41%。[①] 由此可见，越是企业高层经营管理者，越要经受业绩的拷问。

至今为止，这一情况似乎基本没有改变。甚至在 2014 年企业管理咨询公司韬睿惠悦（Towers Watson & Co.）提出的全球职位等级评定系统（Global Grading System，GGS）中，所谓的"成果主义"也只面向经理职位以上的企业管理层。该咨询公司的日本法人顾问也解释说："（在美国等国家）由业绩造成巨大收入差距的现象主要发生在经理以上职级的员工身上，而在大多数情况下，一线工人都是按照所从事职务工作的难易度被支付相应的工资。"[②]

同时，在美国，原则上禁止企业对员工定年退职年龄设置歧视性规定。但是，对于对经营管理能力要求较高的企业高管职位，考虑到年龄和身体健康的影响，一般将退职年龄设定为 65 岁。[③] 总之，可以这样来理解，越到企业高层的岗位，竞争越激烈，责任越重大，对学位和业绩的要求越高，受法律保护的程度越低。

然而，在这种情况下，大多数一线工人和下级职员的工资会在 20

---

① 木下前揭『日本人の賃金』一七九頁。
② 「欧米企業にみる評価制度の現状 1」『ADECCO Power of Work』Vol.31、二〇一四年。https://www.adecco.co.jp/vistas/adeccos_eye/31/index03.html 二〇一九年六月二日アクセス。
③ プレイヤー前揭『アメリカ雇用差別禁止法』一二九頁。

多岁或 30 多岁时达到顶峰。[1] 因为持续担任相同的工种职务，工资将不会有太大变化。当然，也还是会有对工作很"热心"的人，他们会在公司外部取得各种资格认证，力图晋升到更高的职位。

在西欧和北欧等地区，政府往往会提供育儿补贴、公共住房和房租补贴等。这是一种应对出生率下降的政策，对于那些人到中年，工资却没有提升的人来说，也是一种福利政策。[2] 此外，还有很多双职工家庭，夫妻一起挣钱养家。

在美国，几乎没有像北欧和西欧那样的社会保障制度。但是，加入工会的劳动者面对经济不景气期间企业的临时裁员（临时解雇）时，享有一项"优先聘用权"。即当企业裁员时，工作年限长的员工最后被解聘；当经济恢复，企业正常运营时，工作年限长的员工被优先再聘用。此外，企业通常也会考虑将中年员工调动到高薪岗位上。这是一种变相的年功序列制，是一种确保中年员工有能力抚养家庭成员的做法。通过"优先聘用权"获得工作岗位保障的美国工会工人，也被称为比被明确规定退职年龄的日本工人更名副其实的"终身受雇者"。[3]

也许有很多读者听到美国企业也有年功序列制度时会很惊讶，但其实类似的原则在欧洲企业中也很常见。

以前英国和澳大利亚的银行下级事务职员，会按年龄加薪一直到 30 岁左右。[4] 关于英国的雇佣历史，将在第三章中介绍，英国的雇佣工作

---

① 木下前揭『日本人の賃金』五三頁、宮本前揭『日本の雇用をどう守るか』一六四頁。
② 木下前揭『日本人の賃金』一七一——七二頁。
③ 小池和男『職場の労働組合と参加』東洋経済新報社、一九七七年、二一六頁。
④ 关于1957年英国和1982年澳大利亚的银行职员的年薪、周薪统计表，详见小池和男『戦後労働史からみた賃金』東洋経済新報社、二〇一五年的第一章第四節。

方式似乎是一种学徒制的延续，注重将经验作为熟练度的指标。在第三章中还会提到，德国杂志编辑的工资也会随工作年限的增长而提高。同样，在这种情况下，管理层对员工的考核评估空间不大，因为员工的工资由年龄和工龄决定。

由此看来，"欧美企业贯彻'成果主义'，员工之间收入悬殊"这一说法，主要是在描述企业的经营管理者和高级职员。此外，认为"欧美企业注重员工的专业能力，而日本企业注重要求员工是全能型通才"的观点，适用于较低级别的下级职员，但未必适用于高管候选人级别的高级职员。而且，"日本企业是年功序列制，欧美企业是严格考核制"的认知也不符合广大下级职员和一线工人的实际情况。

高管干部必须要有硕士、博士学位

这种雇佣方式的差异也反映在教育方面。

正如前文提到的，在日本之外，不仅欧美，许多其他国家也一样，企业基本上在出现职位空缺时就会进行招聘，不会进行大规模的"应届毕业生批量招聘"。因此，招聘时，企业往往看重应聘者的工作经验，或者要求应聘者具有可以证明专业能力的学位。如此一来，教育也将适应这种就业市场的需求。

随着职业分工的细化，学位教育也不断专业化。下面以美国大学的行政职员为例进行说明。

20 世纪 70 年代以来，美国大学行政职员的工作更加专业化，教育学研究生专业开设了教务注册（Registrar）、学生工作（Student

Affairs）、高级管理（Administrators）等课程。由于美国没有像日本那样的人事调动，行政职员不会在同一所大学内部的各个岗位流动，而是通过在不同大学的相同岗位流动达到职业提升的目的。

大学行政职员中许多人都拥有教育学硕士（Master of Education，M.Ed.）或教育学博士（Doctor of Education，D.Ed.，Ed.D.）等专业学位。应聘的职务工作级别越高，相应的学位要求就越高。

2017 年 10 月，东京大学行政职员小野里拓在美国的招聘信息网站上进行调查，发现在 12 个四年制大学的院系主任（Director，日本企业的课长级别）岗位招聘中，有 5 个要求应聘者必须具有硕士及以上学位。在 28 个校级行政主任（Executive，日本企业的部长级别）岗位招聘中，注明必须具有博士学位，或者博士学位优先的有 6 个；注明必须具有硕士学位，或者硕士学位优先的有 16 个。[①]

这只是应聘的最低要求。2015 年，蒙大拿州立大学国际教育主管课长在接受小野里拓的采访时谈道，"应聘课长职务的基本前提是拥有硕士学位，更高级的职位必须有博士学位才行"。这位课长虽然已经在多所大学有近 20 年的国际教育工作经验，但仍然决定在教育学研究生专业重新学习。[②]

在美国大学，行政职员岗位基本分为专业职位和业务助理职位，对后者的要求还没有那么高。不过，在很多时候，专业职位不仅要求相应

---

① 在《高等教育纪事报》（*The Chronicle of Higher Education*）的招聘信息主页 Vitae (vitae n.d.) 上的检索结果。详见小野里拓「大学内専門職養成の日米比較」福留東土編『専門職教育の国際比較研究』、『高等教育研究叢書』一四一号、二〇一八年、七九頁。
② 同上論文七八頁。

的学位，还要求实际工作经验。[①]

这种情况只有在一种招聘雇佣制度下才会成立，即每个职务岗位都有相应的劳动力就业市场，每个企业都是按照职业分工招聘专业对口的员工。对应聘者而言，随着专业能力的提升，能够清晰勾勒出职业晋升的前景。

然而，这里也存在问题：岗位竞争激烈，工作压力大。笔者在美国参观一所大学时，听说由于大学高级管理人员的薪资飙升，他们不得不削减教育预算。如果一些大学高级职员的高薪转化成高昂的学费，给学生造成负担，那恐怕也将成为一个严重的问题。

同时，在这种情况下，没有学位和工作经验的年轻人很难找到工作，因此，青年失业率将上升。

于是，年轻人首先要在大学、研究生院、职业培训学校等机构获得一定的资格或学位，弥补工作经验的不足。美国高校宣传拥有硕士或博士学位后年收入将大幅增加，以此来吸引学生继续深造。学生们毕业后，会以实习生或学徒工的身份入职工作，积累实践经验，然后再谋求更高级别的职务工作。

例如上文的蒙大拿州立大学课长，他的职业生涯也是从学生时代在该大学国际项目办公室担任学生助理（Student Assistant）开始的。美国的高等教育往往将实习作为必修或分值较高的加分项，构成课程教育的一部分。[②]

---

① 小野里拓「大学内専門職養成の日米比較」福留東土編『専門職教育の国際比較研究』、『高等教育研究叢書』一四一号、二〇一八年、七九頁。
② 同上論文七九、八〇頁。

学位不同则收入不同

在美国，高等教育的学位代表一种从业资格，不仅适用于大学行政职员，还适用于企业财务、法律事务、金融分析师、市场研究人员、顾问、研发工程师以及企业管理者等。一个没有在专业研究生院拿到学位的人，即使可以在证券公司找到一份事务员的工作，但原则上他们也不能从事交易业务。[1]

当然，美国并非所有的大学研究生院都只开设面向从业者的职业培训课程。美国的研究生教育大致可以分为学术型（Academic）和职业型（Professional）。但是，20 世纪 80 年代以后，职业型大量增加；20 世纪 90 年代，在获得硕士学位的人中，职业型甚至高达近 85%。[2] 虽然欧洲与美国的情况不尽相同，但近年来，在没有硕士学位便难以入职高薪岗位这一点上似乎是一致的。

在日本以外的国家，大学生的平均年龄比较大，可能是因为很多人不是一直连续读书升学进入大学和研究生院的。根据 OECD 2014 年版教育白皮书，日本四年制大学（A 类高等教育）的平均入学年龄为 18 岁，而 OECD 成员国的平均入学年龄为 22 岁，美国为 23 岁，瑞典为 24 岁，爱尔兰为 26 岁。[3]

根据学士和硕士学位的具体专业，在待遇和晋升方面也会有很多差异。据说在美国企业中，同样拥有学士学位，管理学学士晋升最快，其

---

[1]　宮本前掲『日本の雇用をどう守るか』一五九、一六七頁。
[2]　小川佳万「学位からみたアメリカ教育大学院」『名古屋高等教育研究』第二号、二〇〇二年、一六二頁。
[3]　"Education at a Glance 2014," *OECD Indicators*, p.338. https://www.oecd-ilibrary.org/education/education-at-a-glance-2014_eag-2014-en　二〇一九年六月二日アクセス。

次是工程学学士，再次是文史哲专业的学士。拥有某类专业学士学位并兼有 MBA 学位的员工晋升速度最快。[1] 据说名牌商学院的学位比普通商学院的学位受认可度更高，持有者从一开始工资就有差距。[2]

但是，这并不意味着除了管理和工学之外的学位没有任何意义。比如，在美国许多州，硕士学位是获得终身教职资格的必要条件。[3] 此外，很多职业和学位有对应关系。例如，社会调查分析师需要具有社会学专业学位，策展人需要具有艺术类专业学位。在职业型高等教育领域，信息技术、市场营销、健康医疗、体育、护理、园林景观设计等都有对应的专业学位。[4] 欧洲大学受美国的影响，也增设了很多职业型专业学位。

在这种情况下，上学的目的就是获得学位，因此学生在校期间必须专注学业。学生在即将获得学位的毕业前夕，或获得学位后马上开始求职。根据 2001 年劳动政策研究研修机构发布的报告，88.0% 的日本大学生会在毕业前就开始求职活动，而在欧盟 11 个国家的大学生中，这样做的平均只有 39.1%。[5]

此外，欧洲国家还建立了包含硕士、博士学位的能力证明标准，即资历框架（Qualification Framework，QF）评价体系。[6] 这是一个规定由官方认可机构对不同工作岗位所需技能、知识和能力进行认证的

---

① 遠藤前掲『日本の人事査定』一九六──一九七頁。
② 橘木前掲『日本人と経済』二七〇頁。
③ 小川前掲「学位からみたアメリカ教育大学院」一七六頁。
④ 橘由加『アメリカの大学教育の現状』三修社、二〇〇四年、二〇七─二〇九頁。
⑤ 労働政策研究・研修機構編「日欧の大学と職業」二〇〇一年。http://db.jil.go.jp/db/seika/zenbun/E2001090016_ZEN.htm 二〇一九年六月二日アクセス。
⑥ QF 評価体系，詳見労働政策研究・研修機構編 / 発行「諸外国における能力評価制度」、二〇一二年、第 I 部および第 7 章。

制度。

　　该制度始于 1986 年英国创建的全国统一国家职业资格（National Vocational Qualification，NVQ）认证，这一制度在第三章还会进一步介绍。在此之前，英国有会计师协会等不同行业的职业协会，各自颁发职业资格证书，而 NVQ 创建的目的则是从国家层面对职业资格认证制度进行整合。

　　随后的欧洲一体化增强了人才在欧盟成员国之间的流动。在这种情况下，更加需要一个跨越国境的认证标准体系，于是在 2008 年，欧盟建立了欧洲资格构架（European Qualifications Framework，EQF）。

　　在 EQF 中，公共机构对劳动者的学位、工作经验、职业培训机构的学习成绩等进行评估，并分为 8 个等级。1 级是适合简单劳动的能力证明，8 级是适合高级研发和管理的能力证明，6 级、7 级、8 级分别对应学士、硕士、博士学位。此外，随着全球化进程的加速，亚洲和非洲国家也在参照 EQF 引入 QF 评价体系。

　　近年来，攻读研究生并获得专业学位的人更容易获得高薪工作机会已成为一种常识。各国也建立起了统一的对学位和工作经验的评估框架。以成为高层次人才为目标的年轻人纷纷选择出国留学，去认可度高的世界名牌大学接受教育。

　　如此看来，日本研究生入学率低就可以理解了。换言之，在其他国家，年轻人热衷念书进学，也并非由于他们都有很强的向学之心。对他们而言，只有具备了专业学位，才有可能成为高收入的高级职员。

双轨制

此外，其他国家的教育制度不同于日本的完全单轨制。

在许多欧洲国家，小学阶段教育结束后，进阶教育分为升学课程路线和职业教育课程路线。尤其是在德国，后者一直十分发达，很多人通过职业教育取得相应的职业资格。进入升学课程路线，意味着接受一般性通识教育，需要通过参加高中毕业考试（德国的 abitur，法国的 baccalauréat）测试是否具备在大学学习的能力，考试不合格者无法获得大学入学资格。[①]

同时，这类国家通常不再设置单独的大学入学考试。此外，许多国家的国立大学减免全额学费，或者减免大部分学费。但是，笔者认为这些做法本来就是选拔优秀人才的特惠措施，并非扶贫政策。

但是，以 21 世纪 10 年代为例，法国毕业会考的通过率从 80% 上升到 90%，大学已经不能说是少数精英教育了。但是在法国，三年制普通大学和包括预科在内五年制高等专业学院的学制不同，录取方式也不同。大企业在高管干部（高级职员）的招聘条件中，一般要求应聘者须高中毕业五年以上，因此，三年制普通大学的毕业生是没有机会的，除非他们继续攻读硕士研究生学位。[②]

美国的教育体系与欧洲不同，中学阶段教育与现代日本的情况相似（因为二战后日本引进了美国教育体系），有一个高中毕业生学术能力水平测试（Scholastic Aptitude Test，SAT），但它只是一个参考指标，并

---

① 瑞典虽然没有大学入学资格考试，但中学成绩不达到一定的标准，也无法升入大学。
② 葉山前揭『フランスの経済エリート』二二—二九頁の事例参照。

不意味着不通过就不能继续接受高等教育。这一点也和日本相似。

　　然而，美国的高等教育比日本更加多样化，入学选拔方式也多种多样，如名牌私立大学、州立大学、社区大学等，分别承担了不同的角色。[①] 两年学制的社区大学以职业教育为中心，与当地企业建立联系，是为其提供一线工人和下级职员的劳动力供应源。高级职员的供应源是四年制大学，但随着入学率的提高，四年制大学毕业后成为"受薪非豁免员工"的人越来越多。[②] 如上文所述，没有硕士学位或博士学位的话，将很难获得更高的职位。

难道只有日本才有"偏差值"吗？

　　如上所述，欧美国家与日本的不同之处在于，职务工种对应相应的学位，而且企业对学位级别的要求在不断提升。

　　日本企业和政府机构不要求员工具备与职务相应的专业学位。在大学学习什么专业并不那么重要。正如第一章所述，经团联加盟企业在招聘时并不太重视外语能力和学业成绩。

　　有位企业家曾经说："在欧美国家，新员工都是生力军；而日本大学生，无论毕业于一流大学，二流大学，还是三流大学，毕业后都无法马上组成可投入生产的生力军。"[③] 但是，这不能责怪学生，因为企业本来也并没有要求新员工必须具备一定的专业工作能力。

---

① 橘前揭『アメリカの大学教育の現状』第六章および谷聖美『アメリカの大学』ミネルヴァ書房、二〇〇六年参照。
② 遠藤前揭『日本の人事査定』補論一参照。
③ 永守重信的发言。「永守の野望（下）人材育てる 大学経営へ」『朝日新聞』二〇一八年六月二三日朝刊。

与在大学或研究生院学到的知识相比，企业更看重的是他们是否具备无论被分配到任何岗位，都能很快适应新工作的潜能。这种能力可以通过高偏差值的大学入学考试来衡量。许多国家也注重对这种能力的评估，但日本尤其明显。

相反，可以这样来理解，日本之所以强调象征着大学入学考试难度排名的"偏差值"，是因为企业和政府机关不重视硕士或博士学位。博士、硕士、学士学位起不到将人分类排序的效果，而毕业院校的"牌子"却可以。

当然，其他国家也都有数量不多的名牌大学。但是，正如教育社会学家竹内洋指出的，"这些高校并非都像日本的大学一样在各方面有详细的排名。日本对高中和大学的整体排序是一种特殊现象"。[1] 同时，在一个重视专业学位的社会里，如果仅仅根据入学考试的难易程度来给大学排名是没有意义的。

在日本经常会谈到"偏差值"。但是，如果仅仅只有一部分名校出类拔萃的话，是不会产生偏差值的。近年来，美国和世界其他地方的大学、院系都有排名，主要是对教育内容、师资条件、学生人均设备预算等情况的综合评定。[2]

1957 年在日本学校教育中开始出现"偏差值"一词，最初只是被用作明确学生强弱学科标准的指导性参考。但是，从 20 世纪 60 年代中期开始，"偏差值"成为一种学校排名，被用于考生择校时的参考。[3] 从 20

---

① 竹内洋『日本のメリトクラシー』東京大学出版会、一九九五年、九三頁。
② 关于美国大学排名，详见橘前揭『アメリカの大学教育の现状』一九六—二〇〇頁；谷前揭『アメリカの大学』二三一三二頁。
③ 「新教育の森 キーワードの軌跡 偏差値 受験生減少で崩壊か」『毎日新聞』一九九九年二月六日朝刊。

世纪 70 年代开始，社会对"偏差值"的关注度越来越高。20 世纪 60 年代中后期至 70 年代，高中入学率和大学入学率飙升，大学生这个标签变得越来越没有区分度，"毕业于哪所大学"逐渐备受重视。

但是，日本的学校排名止步于大学本科。对英国、美国、德国、法国和日本的研究生教育进行比较研究的伯顿·R. 克拉克（Burton R.Clark）认为，日本企业在招聘时，一般只对工学专业的应聘者要求必须具有工学硕士学位，对其他专业的应聘者没有硕士毕业的硬性规定："学士也好，硕士也罢，在终身雇佣这一古典日本模式中，都要被培养成对企业忠诚奉献的员工，日本就是这样一个社会。"[1] 如果市场没有需求，大学入学率就不会增加，也就不会出现大学排名。

虽然长期以来日本都被称为"学历社会"，但其他国家学历竞争的激烈程度不亚于日本。在美国，是否拥有名牌大学的管理学硕士学位从一开始就决定了工资的多少；在法国，只有五年制高等专业学院毕业的人才有资格成为高级职员岗位的招聘对象。因此，无论是美国，还是法国，也许都比日本"学历社会"的程度更高。但是，如果学历本身发挥的功能不同，比较就没有多大意义了。

单人办公室和大房间

日本的特色也体现在办公室的布局上。在欧美国家，确定职务工作内容后，员工们每天都集中到公司上班，但每个人在单人办公室或隔间

---

[1]　B. R. クラーク、有本章監訳『大学院教育の国際比較』玉川大学出版局、二〇〇二年、一九二、二〇四頁。

里开展各自的工作，最近，移动性提升的办公室和只有隔板的隔间办公室数量有所增加，但也基本都是独立的单人办公空间。日本公司则往往是员工们在一个大房间构成的多人办公区里协同作业，集体办公。

这似乎是日本独有的特色。[1] 2017 年，一位从事劳动组织理论研究的学者指出："看过欧美及其他国家公司的很多办公室，只有日本公司是上司和同事面对面在一个没有隔断的大房间里工作。"[2]

这种大房间集体办公也是日本政府机关的一大特色。从法国国家行政学院（ENA）到日本研修的卡里纳·克劳斯在 2004 年对日本政府机关办公室的描述如下："有很多令我惊讶的发现，首先就是办公室的布局。在法国，大多数公务员都有自己独立的办公室，而日本公务员则都挤在一个大房间里工作。"[3]

关于官僚制，法国、德国等欧洲大陆式与美国式是有区别的。但是，即使与日本比较接近的欧洲大陆式，也没有出现公务员在一个大房间里集体办公的情况。而且，在德国、法国、英国和美国的官僚制中，均不存在"定期人事调动"和"应届毕业生批量招聘"的做法，而是只有当出现岗位空缺时，才会启动面向单位内部或外部的公开招聘程序。[4]

---

① 关于大房间集体办公的早期研究，详见伊東光晴『日本の経済風土』日本評論社、一九七八年。
② 太田肇「まだ大部屋オフィスで仕事をしているんですか？生産性向上は仕事空間の『分化』から」『JB press』二〇一七年八月一〇日。http://jbpress.ismedia.jp/articles/-/50706 二〇一九年六月二日アクセス。
③ キャリーヌ・クラウス「フランス人実習生の見た日本の公務員」『人事院月報』二〇〇四年二月号。大森彌『官のシステム』東京大学出版会、二〇〇六年、六〇頁より重引。
④ 村松岐夫編著『公務員人事改革』学陽書房、二〇一八年、三五、一〇〇、一六四、二六八頁。

行政学家大森弥指出,这种"大房间主义"体现了日本行政机构的特点。[1]

其他国家的政府行政机构往往会明确某一岗位的职责,招聘具有相应专业能力和学位的人员填补职位空缺。在这种情况下,每个人的权限和责任范围清晰明确,可以根据给定工作的完成情况对其进行考核评估。

日本政府机构的用人方式则是,在通过考试测试基本能力和素质之后,将职员分配到具体的工作岗位上去边学习边实践。而且,恰如大房间集体办公体现出的特点,职员工作内容边界不清晰,权责范围不明确。因此,相比职务工作的表现,上司更注重的是职员的人品和性格。

据大森介绍,欧美国家的行政机构一般都是先确定工作岗位,再招聘合适的人,而日本则是先招聘人,再分配工作。大森称之为"先有岗位"和"先有员工"的区别。

行政学专家新藤宗幸认为,这恰恰是日本企业界倾向于遵从政府部门的行政指导,与政府勾结的原因之一。[2]

行政指导不是基于法律的正式行政命令,而是政府机关的"指导意见"。之所以会出现新藤指出的问题,正是因为权限和责任的范围不明确。而且,各部委的权力部门与整个行业紧密结合,很难理解谁才是真正的责任人。如果各自权限明确的话,即使有特定的官员在自己的权力范围内贪污腐败,也难以形成整个权力部门和全行业沆瀣一气的局面,机关内部的各种行政行为也会以公文的形式被记录下来,以便追责。

---

① 大森前揭『官のシステム』六一、六二頁。
② 新藤宗幸『行政指導』岩波書店、一九九二年、一〇一—一〇四頁。

社会学家马克斯·韦伯认为，官僚制的特点在于专业化，这也是现代化的特征之一。韦伯将典型的官僚形象地称为"专家"，德语为"Fach-mensch"。德语中"Fach"的意思是"专业"或"单人房间"。

换言之，韦伯观念中的官僚制，就是专家们在单人房间里完成各自职务工作的分工制度。如果将其视为现代化的特征，那么不得不说日本的官僚体制也许还比较前现代。

但在本书的脉络中，需要重点区分的是以下两种机制：在"先有岗位"的机制中，先确定工作岗位，再招聘合适的人；在"先有员工"的机制中，先招聘人，再配置工作岗位。二者的差异会影响工作方式、教育、招聘和人事调动等诸多方面。

事实上，关于大森对日本行政机构工作方式类型的评述，很多学者在讨论日本式雇佣惯例时也都认可这种分类。代表学者滨口桂一郎将日本的雇佣形式命名为"员工（membership）型"，将欧美等国家的雇佣形式命名为"岗位（job）型"，并将它们归类如图 2-4 所示。[①]

"先有员工"的机制与定期人事调动、应届毕业生批量招聘、大房间集体办公是一个统一体。日本政府行政机构和企业定期招聘大量应届大学毕业生，并将他们安置在组织机构中。如此一来，单位里的老员工将被转到其他岗位，因此需要进行大规模的定期人事调动。[②] 如果你被分配到一个完全没有接触过的新的工作岗位，你可能会感到很困惑，但不用担心，因为同在一个大房间里工作的同事会告诉你该怎么做。

[①] 滨口桂一郎『若者と労働』中公新書ラクレ、二〇一三年、三一頁。
[②] 关于应届毕业生批量招聘和定期人事调动之间的关系，详见田中前揭『現代雇用論』三七七—三八一頁。

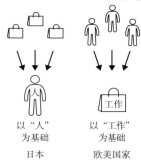

员工型和岗位型最大的区别在于究竟是先有
"人"，还是先有"职务岗位"

员工型

先确定人，然后根据人的优势特长分
配工作任务，属于典型的日本式用人
模式。正如入职被称为"入社"一样，
员工成为企业这一社团的一分子

岗位型

先有工作，根据工作需求招聘录用员
工，属于典型的欧美型用人模式。所
谓的就"职"，就是先有职务工作，
再有人的思维模式

以"人"　　　　以"工作"
为基础　　　　为基础

日本　　　　　欧美国家

图 2-4　员工型和岗位型的区别

（资料来源：濱口桂一郎『若者と労働』中公新書ラクレ、2013 年、31 頁）

在这种情况下，工资不由岗位职务决定。如第六章所述，战败后不
久，美国占领军曾建议实行职务工资制度。不过，据说当时担任劳动省
劳动统计调查局局长的金子美雄曾对下属楠田丘说：

（在日本）一个公司雇用了一名员工，可能会让他做一段时间
的销售工作，再去做一段时间的会计工作，工作是根据公司需要不
断调整的。如果工资由岗位职务的工作内容决定的话，每次工作调
整时工资都会有起伏变化。涨工资当然没有问题，但是降工资的
话，员工恐怕就没有干劲了。因此，由工作决定工资的做法在日本
是行不通的。（适合日本的做法是）由人自身的价值决定工资。[1]

---

[1]　楠田丘著、石田光男監修・解題『楠田丘オーラルヒストリー　賃金とは何か』中央経済社、
二〇〇四年、五一頁。

于是，楠田反问："那么，人的价值是如何确定的呢？"金子回答道："这是未来劳动省需要研究的一个大课题。"不过，正如将在第四章中谈到的，"人的价值"很容易通过学历、工龄、"人品"等来判断。这种"先确定人选"的基本原则是日本用工模式的特点，无论是在政府行政机构还是企业中，随处可见。

和学历相比，"企业内贡献度"更重要

日本的另一个特点是追求"员工平等"，而不是"职务平等"。

这可能与传统观点有所不同，但根据教育学家和经济学家的分析，日本不同学历之间的工资差距确实比欧美国家要小。[①] 造成这种情况的一个原因可能是对专业学位认可度的差异。在欧美等其他国家，拥有高学位往往更有利于获得高薪工作，薪资倾向于和学位（博士学位、硕士学位、学士学位）挂钩（见图 2-5）。

然而，很多分析日本的经济学研究在统计时，将全部四年制大学毕业生不加区别地统一归类为"大学毕业生"。如果企业重视的不是"博士、硕士、学士"等学位级别，而是"A 大学、B 大学、C 大学"等毕业院校的话，不加区别就统计分析是难以揭示实际情况的。

因此，1994 年社会学家竹内洋为探究"大学入学考试难易度"排名与毕业生在公司内晋升情况之间的关系，对日本某大型金融保险公司进

---

① 橘木俊詔・八木匡『教育と格差』日本評論社、二〇〇九年、第二章。较早的研究对比了义务教育毕业者、高中毕业者以及大学毕业者之间一生的工资差距，详见潮木守一「学歴の経済の効用」麻生誠・潮木守一編『学歴効用論』有斐閣、一九七七年。另外，有研究指出日本企业内学历造成的收入差距（弾性値）较小，详见野呂沙織・大竹文雄「年齢間労働代替性と学歴間賃金格差」『日本労働研究雑誌』No.550、二〇〇六年。

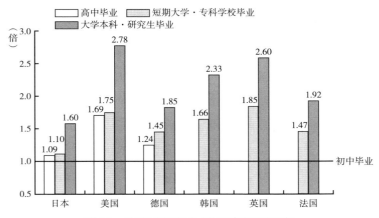

图 2-5　各国不同学历者之间工资差距的比较

资料名称：日本以外国家的数据参考 OECD "Education at a Glance 2006"，日本的数据参考「賃金構造基本統計調査」平成 18 年版。

（资料来源：橘木俊詔·八木匡『教育と格差』日本評論社、2009 年、22 頁）

行考察，分析对象是 1966 年、1968 年、1985 年入职的员工。

该研究指出，大学录取难易度排名的高低确实在新员工入职培训后分配具体工作部门时有较大影响，但"之后的影响几乎可以忽略不计"[1]。其他研究也表明，学历对于日本企业中的职位晋升不重要，或者不那么重要。[2] 且不论战前，至少从 20 世纪 60 年代末到 90 年代初，企业对员工"企业内贡献度"的重视超过了员工的学历背景，日本正是这样的社会。

_____

[1]　根据 1977 年至 1993 年的世界青年意识调查结果，针对"你认为在社会上取得成功，最重要的是什么？"这一问题，大多数国家青年的答案，基本是"个人努力""个人才能"位于第一或第二位，随后是"学历"；而在日本，回答"学历"的人很少，1977 年为 14.1%，1983 年为 7.8%。详见竹内前揭『日本のメリトクラシー』八八頁、一七八頁。

[2]　小池和男·渡辺行郎『学歴社会の虚像』東洋経済新報社、一九七九年、第三、第四章。橘木·八木前揭『教育と格差』第三章など。

学历与起薪

当然，即使在日本，从统计上来看，也确实存在因教育背景而造成的工资差距，尤其是中老年人。有研究表明，学校的偏差值越大，毕业生的收入越高。[1] 与美国和法国不同的是，高中毕业生和大学毕业生的起薪金额接近，但在中老年时拉开了差距。

然而，这种差距与企业规模造成的工资差距非常类似（见图2-6、图2-7）。换言之，很难弄清究竟因为他们是大学毕业生而工资高，还是因为大学毕业生更有可能进入大企业，能够依靠年功序列制积累工作年限而实现高薪收入。[2]

在日本企业中，员工的起薪差距普遍比较小，起薪和企业规模、教育背景关系都不大。全日本管理组织联合会在1977年的报告书中指出，经济高速增长以来日本企业的做法是，"初中毕业的员工入职后享受为期3年定期涨薪的政策照顾，高中毕业的员工入职后享受为期4年定期涨薪的政策照顾，时间分别对应完成高中和大学学制的时长"。[3] 也就是说，在刚入职阶段，接受过高等教育的员工和没有接受过高等教育的初高中毕业的员工没有太大区别，差异只出现在之后随着年龄增长的定期加薪幅度上。简单而言，定期涨薪的差距只在于年龄，年龄越大，涨得越多，与学历无关。

---

[1] 橘木·八木前揭『教育と格差』二八一三一頁。

[2] 在日本，大学毕业的本科学历优势比较小，但当经济不景气时，高中毕业的学历优势更小，因此，大学毕业的本科学历显得更有价值。详见矢野眞和「人口·労働·学歴」『教育社会学研究』第八二集、二〇〇八年、一二〇頁。

[3] 人間能力開発センター『高学歴化の進行と労務管理』『能力開発シリーズ』四〇号、全日本能率連盟、一九七七年、一一頁。

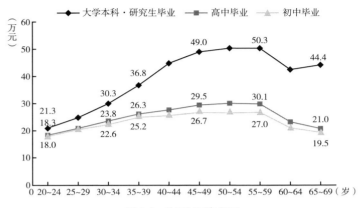

图 2-6　学历与工资差距

资料名称：2009 年度「賃金構造基本統計調査」（男女計、2009 年六月支給、所定内給与）

（资料来源：鈴木俊光「教育・学歴の経済学」『Chuo Online』2011 年 5 月 6 日付）

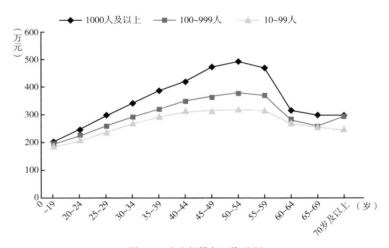

图 2-7　企业规模与工资差距

资料名称：「労働統計要覧」（男女計、2015 年、きまって支給する現金給与額）

（资料来源：「企業規模間の賃金格差、古くて新しい課題」リクルートワークス研究所、2018 年 1 月 19 日付。http://www.works-i.com/column/policy/detail008.html　2019 年 6 月 2 日アクセス）

据说，近年来，日本企业也意识到与其他国家的竞争，开始招聘博士毕业生。然而，2018 年 12 月，东京工业大学副校长却讲出了这样一个事实："企业的意识在进步是件好事，但现状是很多企业新招聘的博士员工，起薪只是硕士毕业生薪资加三年的水平。"[1] 换言之，企业并非认可和重视博士学位，而仅仅是停留在不歧视、压榨博士生的层面上。

也可以说，日本的年轻人无论是什么学位，一律被视为非熟练劳动者，起薪都很低。这可能是因为企业注重通过公司内部培训提升员工的业务能力，轻视其在大学和职业培训机构接受的训练。

根据劳动经济学的研究，劳动者接受企业教育和培训的机会越多，起薪越低，工资随年龄增长和工作时间增加上涨幅度加大。[2] 这是因为每个人都是从零开始，在公司内部学习、工作，逐渐提高劳动熟练度。由于可以预见到工资的稳定上涨，员工就能够安心工作，企业的员工稳定性相应也会提升。

相反，如果公司外部的教育培训设施很发达，那么高学历人才的起薪就会很高。在公司外部取得学位和从业资格证书便成为劳动者个人的负担，因为企业不再负责培训员工。于是，企业直接高价购买劳动者通过自身努力提升的劳动力。

据说日本大学毕业生的起薪在发达国家中是比较低的。2016 年，某人力资源咨询公司公布了"应届毕业生对起薪期望值的排名"。[3] 这个排

---

① 「博士求ム！企業の採用活発」『朝日新聞』二〇一九年一月一四日朝刊。讲话者为负责教育方面的理事兼副校长水本哲弥。

② 大沢真知子『経済変化と女子労働』日本経済評論社、一九九三年、九頁。

③ 「新卒が希望する『初任給額ランキング（世界）』1 位のスイスは 900 万円」『ZUU online』二〇一六年一二月二五日付。https://zuuonline.com/archives/133561　二〇一九年六月二日アクセス。

名分为 IT 等工程专业的学生和普通商科专业的学生两组。排名显示，普通商科专业学生起薪年薪期望值，第一名瑞士约 8 万美元，第二名丹麦约 5.8 万美元，第三名美国约 5.2 万美元，第十九名韩国约 3.2 万美元，日本以约 2.9 万美元位居第二十名。

不过，这种比较的意义不大，因为在其他国家，起薪并没有像日本这样平均化。员工的薪水从一开始就不一样，因人而异，决定因素有很多。如应聘者拥有的学位是管理学硕士学位，还是工学学士学位；应聘的岗位是高级职员，还是下级职员；应聘的具体职务是什么；等等。平均而言，起薪可能普遍高于日本，但也会有部分人的工资低于日本的起薪水平。

但是，在日本，无论什么专业，什么职务工种，起薪几乎是一样的。不过，即使起薪很低，随着公司内部人事调整和工作年限的积累，到中老年时工资都会提升到一定水平。

工资随着工作时间的积累而不断提高，这并不是常态。在相同职务岗位上工作，单就职务工资而言，是不会随着工作年限的增加而提高的。

另外，对 20 世纪上半叶美国工资状况的研究表明，生产一线蓝领工人的工资在入职后的 15 年间一直在上涨。与之相对的，坐办公室的白领上班族虽然起薪很高，但往往不会再加薪。[1]

那么，这是什么原因造成的呢？在当时的美国，生产一线的蓝领工人从工作中掌握劳动技能，随着工作年限的增加，技能也不断提升，相

---

① 大沢前掲『経済変化と女子労働』九頁。

应的工资越来越高。与之相对，白领上班族的工资是通过从学校教育获得的知识和在各种不同公司都可以使用的一般性技能赚取的，所以虽然工资一开始很高，但工作多年后，工资却不会上涨。

反过来说，日本劳动者的起薪低，工资随着服务年限的增加而提升，是因为企业不重视员工之前在学校里学到的知识，而是看重员工在本单位内的积累，这种积累具有排他性，只在本单位适用，不适用于其他单位。至于究竟是不是这一原因导致了日本式雇佣惯例的形成，这一问题将在第四章及之后的内容中进行验证，但至少从经济学角度是可以这样解释的。日本重视学历的原因在于学历可以决定入职什么样的公司，即社会看重一个人能够考入名牌大学所具有的潜能。这种能力也是"好公司"需要的，但学历的意义仅止步于此，进入公司后就和所学专业没有关系了，"企业内贡献度"才是决定性要素。

按年功资历晋升

人们很早就注意到，日本企业的这些惯例与美国企业不同。1976 年全日本管理组织联合会对 216 家大企业进行调查，在 1977 年的报告书中指出以下内容：

> ……至于工作内容，在欧美企业里，受过高等教育的人在相对年轻的时候就担任管理职务的情况并不少见，但在日本企业里，大多数高学历员工与低学历员工同样从事务、销售等工作做起，随着年龄和工作年限的增长，地位和待遇逐渐得到改善。高学历员工和

低学历员工同样享受年功晋升和年功资历工资，但不同学历的晋升速度是不一样的。这一方面保证了普通员工对稳定生活和未来充满期望，从而能够安心工作；另一方面维持并强化了被认为是企业核心的高学历员工对企业的归属感。[1]

晋升方面也是如此。在日本的大企业里，作为正式员工招聘入职的大学毕业生几乎都是高管干部储备人才，他们 40 多岁时，约有 70% 的人可以担任管理岗位职务。

1976 年的《劳动白皮书》以 1974 年的《工资结构基本统计调查》为基础，调查了拥有 1000 名以上员工的大企业里大学毕业生的晋升情况。结果显示，以大学毕业生身份入职的员工中，在 45 岁至 49 岁担任课长职务的约占 30%，担任部长职务的约占 30%，因此，担任下至课长上至次长管理干部职务的总共约有 70%。[2]

与此同时，晋升速度也几乎是固定的。全日本管理组织联合会在 1977 年的报告书中指出："在被调查的大企业中，一般的晋升路线是，22 岁大学毕业入职，32 岁左右当股长，五年后 37 岁左右当课长，八年后 45 岁左右当部长。"同时，"行业差异和企业规模差异的影响极小。就调查对象东京证券交易所第一部[3] 的上市企业而言，这是一种远超个别企业的普遍现象"。[4]

---

① 人間能力開発センター前掲『高学歴化の進行と労務管理』一一頁。
② 『労働白書』昭和五一年版一二〇頁。人間能力開発センター前掲『高学歴化の進行と労務管理』一四頁より。
③ 简称"东证一部"，指日本三大证券交易所之一东京证券交易所的市场第一部，是上市标准最高的股票市场。
④ 人間能力開発センター前掲『高学歴化の進行と労務管理』一三頁。

事实上，这并不出人意料。2013 年海老原嗣生在 2010 年的《工资结构基本统计调查》基础上进行分析指出，45 岁以上男性全职员工任职管理层岗位的人数超过 70%。[①]

然而，1974 年时，70% 是指部长和课长；到 2010 年时，70% 则包括了部长、课长、股长、主任、领班等。换言之，就任管理层岗位的等级下降了。但无论如何，年功序列的晋升方式一直维持不变。

那么，为什么会形成这样的惯例规则呢？正如 1977 年全日本管理组织联合会的报告中指出的，"企业一直试图用这种方式强化员工的忠诚度，并维持被视为企业核心的高学历人才的归属感"。因为没有像"专业会计长"这样的职务，所以除了分配给他们"部长""课长"等职衔之外，没有办法给员工赋予身份。不管是销售课长，还是会计课长，只要是"课长级别"就可以代表管理层的职务身份。

在 1986 年举行的一次企业人事部门负责人的座谈会上，有人说："如果同期入职有 50 个人，其中只有 10 个人能晋升到课长级别，剩下40 个人的工作热情就会被浇灭。他们之后的年轻人看到这种情况，也会受到影响。"[②] 劳动史研究专家兵藤钊表示，这就是"日本大企业的宿命"。[③]

在其他国家，能够一直享受升职加薪的高级职员在一定程度上是被限定的。据说美国企业的"豁免员工"会在 35 岁之前完成晋升，之后

① 「日本人が誤解している『欧米型雇用の本質』」『採用成功ナビ』二〇一三年二月一四日付。http://www.direct-recruiting.jp/topics/knowhow/category_010491/detail_0036.html　二〇一九年六月二日アクセス。
② 「ホンネ座談会　昇進・昇格制度の問題点を突く」『労政時報』二八〇九号、一九八六年。兵藤釗『労働の戦後史』東京大学出版会、一九九七年、下巻四〇四頁より重引。
③ 兵藤前掲『労働の戦後史』下巻四〇五頁。

豁免员工之间的工资差距也很大。海老原嗣生分析指出："法国企业高级管理层干部之间的最终工资差距甚至高达 2.5 倍。在日本，工资最高的 50 岁至 54 岁的课长，他们与上级部长和下级股长之间的工资差距都只有 20%。"[1]

从这个意义上来讲，日本大企业的提拔速度慢，员工能够通过提高"企业内贡献度"获得升职加薪的机会。经济学家们将日本大企业的特点定义为，晋升速度慢，但多数员工都可以进入升职的序列，因此工作积极性比较高。

瑞典某大企业工会代表在日本的一项调查中表示：

> 我个人觉得还是日本比较好……在我们国家，如果新入职的技术员有大学文凭的话，即使他没有任何实际工作经验，也比在一线工作了 10 年的工人工资高。我认为这非常非常糟糕，但事实就是如此。[2]

这段话的意思是，在瑞典只要有工学学位，你就可以找到一份高薪工作，而不是说只要你通过名牌大学的入学考试，无论任何专业都可以找到高薪工作。在日本，不同大学的毕业生一旦进入同一家企业，在之后的职业生涯中往往体现出一种相对"员工平等"的特点。虽然在日本企业里也会存在企业规模和行业性质等原因造成的薪资差距，但只要将

① 前揭「日本人が誤解している『欧米型雇用の本質』」。
② 西村純「ジョブ型社員と思われる労働者の心情」『労働政策研究・研修機構』二〇一四年五月一六日。http://www.jil.go.jp/column/bn/colum0247.html 二〇一九年六月二日アクセス。

视野限定在同一企业内部，就会发现很多方面都反映出"平等社会"一般的特质。

日本式雇佣惯例不好的一面

但是，也有人指出，任何人都可以参与公司内部竞争这一点导致日本企业员工劳动过度。

即使在欧美企业，也有一些高级职员加班加点，在职场竞争中胜出，升职加薪，被分配到世界各地的分公司担任重要职务。但是，大部分下级职员和一线工人都会优先考虑个人私生活，通常也不会受到来自管理层的考核评估。即使有，也只是按照职务说明中规定的标准进行，对员工人格、品德的考评则被严格限制。

但是，在日本大企业中，工作职责范围不明确，因此"人缘""勤奋""奉献"等因素很容易成为人事考评的内容。虽然根据个人努力，每个人都有晋升的机会，但同时所有员工也都无一例外地面对"单身赴任""超长加班""成果主义"的压力。经济学家八代尚宏分析指出："日本企业最大的特点是将欧美企业'一部分精英阶层'的工作方式延展到并未被承诺出人头地的全体员工身上。"[1]

另外，在日本的工作方式中，很多员工被迫接受非自愿形式的人事调动。补偿是即使他们失去工作岗位，也不会轻易被解雇，企业通常会提前将员工调至其他工作岗位。在司法实践中，日本司法机构也裁定认

---

① 八代尚宏『日本的雇用慣行の経済学』日本経済新聞社、一九九七年、七五頁。

可企业有权对员工进行岗位的调动与重新分配。①

　　还有实证研究表明，即使在日本企业里，员工被调动到完全陌生部门工作的情况也并不多。② 但不排除有一些极端案例，如 1992 年有一家公司将超编的 600 名有大学文凭的办公职员调到一线工厂工作。③ 所谓的"终身雇佣"，其实是靠员工接受人事调动和企业提供利益保障维系的。

　　美国企业一般会在没有工作做时直接解雇员工，但法国和德国企业也会像日本企业一样，为了避免解雇员工而进行人事调动。在全球金融危机爆发后，法国于 2013 年 6 月颁布了《稳定就业法》，将在一定条件下通过岗位重组与人事调动稳定就业的做法制度化。④

　　但是，德国企业的人事调动基本限定在同一职种⑤ 内，需要事先征得本人和行业委员会的同意。同样，在法国，涉及变更职种⑥、变更工作地点的人事调动必须征得本人同意，员工本人拒绝的话，企业不能给予任何处分。⑦ 由此看来，无论雇佣保障，还是员工与企业之间的互酬关系似乎都和日本不尽相同。

　　但是，在日本，企业对员工的雇佣保障是有一定年龄上限的。很多

---

① 濱口桂一郎『日本の雇用と労働法』日経文庫、二〇一一年、第Ⅱ章八四—九三頁。
② 1987 年某大型重工企业的大学毕业白领员工中，除去总务后勤部，在营业、采购、人事劳务等部门间相同职能的内部人事调动约占 50%。详见久本宪夫「能力開発」仁田道夫・久本憲夫編著『日本的雇用システム』ナカニシヤ出版、二〇〇八年、一三六頁。
③ 八代前揭『日本の雇用慣行の経済学』七四頁。『日本経済新聞』一九九二年一二月一日揭載記事に載っていた事例。
④ Washington CORE L.L.C. 前揭『雇用システム改革及び少子化対策に関する海外調査 雇用システム編』二六、三九頁。
⑤ 职业工种。——译者注
⑥ 改行、更换工种。——译者注
⑦ 濱口桂一郎「横断的論考」『日本労働研究雑誌』第六九三号、二〇一六年、四—五頁。

日本企业都有"定年制"，员工到了一定的年龄，要么被强行解雇，要么被降低薪资待遇。如前文所述，定年退职制度在美国被视为年龄歧视，是违法的。在法国、德国等国家，退休年龄与领取养老金的年龄挂钩。[1] 在今天的日本，领取养老金的年龄与退休年龄之间确实存在空档。不过，试想一家企业每年大批量招聘应届毕业生入职，在实施定期人事调动的同时，又确保大部分员工升职加薪，那么，如果不对达到一定年龄的员工集体解聘，人力资源成本就会飙升。

而且，在这种做法下，女性员工很难晋升。对女性而言，最轻松的工作形式之一就是成为没有频繁工作调动、完成任务就可以按时下班的下级职员，或者在取得硕士或博士学位后，入职有高学位要求的职务岗位。

美国的一项实证研究表明，随着职务分工不断细化，男女之间的工资差距逐渐缩小。因为无论是按时回家，还是花大量时间照顾孩子，只要完成了本职工作，就很容易获得公司好评。同时，如果职务岗位注重的是员工在学校学到的专业知识、学位学历以及跨企业通用的技能资格等，那么，即使被辞退或离职，也完全无须担心。因此，欧美企业的雇佣制度对于一边结婚育儿，一边工作的女性是非常友好的。[2]

然而，对于追求"员工平等"的日本大企业来说，这很难实现。因为在日本企业中，职务分工不明确，所有员工都在一个大房间里集体办公，在全员参与的职场竞争中，企业对员工"企业内贡献度"的重视程

---

① 濱口桂一郎「横断的論考」『日本労働研究雑誌』第六九三号、二〇一六年、五頁。
② 大沢前揭『経済変化と女子労働』九、一〇一頁。

度超过了员工的专业学位和技能资格。当正式员工一旦因厌倦职场竞争而辞职，失去正式员工身份的他们将被迫进入"员工平等"范畴之外的非正式雇佣世界。换言之，在日本，如果是同一家公司的正式员工，且工作年限相同，那么工资将不会有太大的差距。但对女性员工而言，即使拥有高学历，如果不能通过连续工作、超长加班等方式提高"企业内贡献度"的话，也不会被老板认可。同时，还要面对强制调动以及定年退职等强制解聘的情况。而且，"是不是大企业的正式员工"也是造成收入差距的重要原因。

正如第一章中提到的，日本社会的贫富差距不在于 1% 的超级富豪和其余 99% 的人之间，而在于 10% 的人和 90% 的人之间。这可能恰恰是以追求"员工平等"为代表的"大企业正式雇佣员工"内部世界和外部世界的差距吧。

"低学历化"的日本

此外，这种工作方式无法培养员工形成专业技术能力，教育也很容易形式化。研究生入学率停滞不前，日本的"低学历化"在国际上越来越明显。经常与外国公司有业务往来的人会发现，外国公司管理岗位员工拥有硕士及以上学位的人越来越多。

2017 年，一位常驻德国的记者提到：

在德国，公务员基本没有人事调动。存在同一单位内部的提拔晋升，但不同业务部门之间的人事调动是非常少的。

此外，公务员岗位招聘往往要求应聘者具有相应的教育背景。一般而言，在德国，一个人接受的教育内容与职业选择关系密切，这一点同样适用于政府行政机关的公务员。在采访过程中，向认识的公务员朋友询问大学时所学专业，发现往往是统计局公务员大学时学的是社会学，环境局公务员大学时学的是物理学，青少年文化局公务员大学时学的是教育学，并且其中有不少人拥有硕士或博士学位。①

政治学家水谷三公认为，日本传统的工作方式要求公务员具有较强的适应能力和协调能力，但"很难培养出具备丰富专业知识和高度熟练技能的职业人才"。② 为了说明日本官僚具有较强的适应能力，水谷举了一个例子，"一位负责修改继承法的官员调任至税务总局，上任仅仅五天，便掌握了该领域的情况，并和专家学者一起开会审议设计政府税收草案"。

这种优秀的才能，正是日本在学习西方先进文化知识，赶超西方的历史阶段中所必需的。是否具备这种适应能力和学习能力可以由一个人能否通过高偏差值的大学入学考试来衡量。水谷把东京大学法学部学生视为这种人的代表，"他们几乎不去上课，只是在考试前借来别人的课堂笔记，买几本书店热销的应试参考书，一股脑

---

① 高松平蔵「ドイツの公務員は『人事異動』がほとんどない」『東洋経済オンライン』二〇一七年四月五日付。https://toyokeizai.net/articles/-/166240　二〇一九年六月二日アクセス。
② 水谷三公『官僚の風貌』中央公論新社、一九九九年、文庫版二〇一三年、文庫版三九一、三九二頁。

地突击复习，并总能在各种高难度的法律科目考试中取得'优'的成绩"。

不过，也正如水谷所言："无论多么优秀，多么有学习热情，在短短五天内学习的知识和技能能否转化为真正意义上的业务能力，是值得怀疑的。"能否依靠这种能力开展创造性的开发和革新，能否与其他国家拥有硕士、博士学位的人才竞争，恐怕就另当别论了。

这不仅仅出现在企业和政府机关。教育学家佐藤学指出，日本教师也存在相对学历较低的问题。[1]

世界各国的大多数新聘教师都拥有教育学等专业的硕士学位。因此，即使包括了学历相对较低的中老年教师在内，就国际整体平均水平而言，也有 20% 以上的中小学教师拥有硕士学位。然而，根据 2010 年日本学校教师统计调查可知，仅有 3.1% 的小学教师和 5.8% 的中学教师拥有硕士学位。

据佐藤分析，文部科学省一直致力于顺应国际化趋势，提高教师的教育教学水平。但是，地方都道府县的教育委员会在招聘教师时，并没有对应聘者的专业学位给予足够的重视。教育机构如此，经团联加盟企业也是如此。

历史造就的惯例规则

那么，相比美国等其他国家而言，日本社会能否被称为"工作友好型社会"呢？这很难简单地一概而论。

---

[1]　佐藤学『専門家として教師を育てる』岩波書店、二〇一五年、一四八、一四九頁。

正如目前为止社会一直讨论的问题，"日本和美国，谁才是更重视学历的社会"。这个问题本身就很难回答，因为对本质不同的东西进行量化比较是没有意义的。

每个社会的惯例规则都有所不同。在美国社会，当员工没有工作做时就会被解雇，这被认为是很正常的。但是，员工不会因为年龄而被拒绝入职或解雇，企业不会强制员工接受工作合同之外的人事调动，一旦出现企业随意地审查和考核员工的情况，员工便可以控告企业。薪资随着职位晋升而提高，相应的竞争也会更加激烈，同时要求员工必须具备相应的学位，完成一定的业绩。

与之相对的，在日本，一旦成为正式员工，就不会轻易被解雇，但企业出于经营需求，各种强制要求员工的调动和转岗便成为家常便饭。无论是普通职员，还是一线工人，都要接受业务考核，完成相应的工作目标。即使没有学位文凭，员工也可以通过提高"企业内贡献度"实现升职加薪。

对比其他国家的情况来看，日本也有好的一面。日本劳动史研究专家安德鲁·戈登指出，次贷危机爆发后，美国有数百万人被轻易解雇，但在日本，整个社会都在强烈批判"裁减派遣员工"的做法。对此，他写道："再次被深深植根于日本历史的价值观所震撼"。[①]

人都是这山望着那山高，企业经营者也不例外。

美国经济学家桑福德·M.雅各比（Sanford M.Jacoby）指出，日本的企业经营者很羡慕美国企业可以轻易解雇员工，美国的企业经营者则

---

① ゴードン前掲『日本労使関係史 1853—2012』四八一、四八二頁。

很羡慕日本企业可以随意进行人事调动。然而，他们对于这些羡慕的点"实现起来所需的社会条件"一无所知。[①]

德国的《雇佣保护法》第一条第一项明文规定，解雇必须具有"社会正当性"。然而，这种"正当性"则取决于每个社会不同的价值观。2004 年德国《雇佣保护法》修正案规定，服务年限较长的老年劳动者，以及有抚养家庭责任且身有残疾的劳动者应当被排除在解雇对象之外。[②]但这样的规定在美国可能被视为年龄歧视。

每个社会都有一套自己的"规则"，不能只欣赏或批评它的一部分，因为这种"规则"是一个整体系统。

然而，这些不同社会之间的差异并非由生物学遗传基因决定。经过考察可以发现，大多数社会的惯例规则，都形成于近 200 年的历史中，并非亘古久远。

比如，日本所谓的"终身雇佣"制度就是如此。第六章会详细谈到，在日本历史上，20 世纪 50 年代及之前，经常发生大规模裁员，引发了大量劳资纠纷，通过重新配置员工岗位以避免裁员的做法，在 20 世纪 60 年代之后才逐渐确立。

然而，一旦某些规则确立，不知不觉之间就会变得理所当然，进而逐渐被称为"文化"。在第四章和之后的章节中会详细论述应届毕业生批量招聘、定期人事调动、大房间集体办公等惯例规则其实都是在明治时代之后的历史中形成的。在本书中，笔者将探讨这些惯例规则是何时

---

① S. M. ジャコービィ、荒又重雄・木下順・平尾武久・森杲訳『雇用官僚制』北海道大学図書刊行会、一九八九年、八頁。
② 菅野和夫・荒木尚志編『解雇ルールと紛争解決』労働政策研究・研修機構、二〇一七年、九三、九四頁。

何地如何形成并确立的。

　　但是，美国和欧洲的工作方式、教育制度，以及社会保障体系等也都是在历史发展中形成的惯例规则。因此，为了更好地理解日本工作方式的形成历史，第三章要首先对其他国家工作方式的形成历史进行概述。

历史的形塑功能

第三章 要点

· 在欧洲，由相同职业的人组成的职业工会非常发达，促进了职业技能资格评价制度的形成、职业教育培训的发展以及跨企业之间的人才流动。

· 这种工作方式与社会保障体系、政党组织形态结合，从而构建起一套社会规则。

· 这种惯例规则并非直接从中世纪的行会制度发展而来，而是在劳工运动①中形成的。

· 在美国，从"科学管理理论"中诞生出了"职务"的概念。但这一概念能够真正推广开来，原因在于战时政策、工会运动、废除歧视的民权运动，以及行业协会的存在等。

· 长期雇佣并非"日本式雇佣"的特征。由于没有跨企业的统一规则，所以无法形成跨企业的劳动力市场，才是"日本式雇佣"的特征。

---

① 本书中"劳工运动"根据主要组织者和参与者的不同，可分为"白领职员劳工运动"和"蓝领工人劳工运动"，具体形式包括游行、罢工、示威、请愿等。——译者注

本章将对其他国家工作方式的形成历史进行概述。但正如在第二章中提到的，我们对每个国家的历史了解得越多，就越难以得出简单的结论。因此，作为理解日本的参照系，本章仅对他国在这方面的历史做一些简单、公式化的描述。

德国的"横向社会"

每个社会都有被历史形塑而成的惯例规则。这些规则构成了工作方式、教育方式和社会保障等方面的基础。[①]

下面将以德国的情况为例进行说明。为了便于读者理解，笔者打算从自身在德国的经历说起。

笔者去海德堡的时候，参观了艾伯特纪念馆。弗里德里希·艾伯特（Friedrich Ebert）是德国社会民主党的党魁，在第一次世界大战后的1919年至1925年担任总统。

艾伯特于1871年出生在海德堡的一个裁缝家。读完小学后，他成为马具工匠学徒，但由于和师傅吵架，未能通过成为独立匠人的资格考试，因此失业，直到1889年才终于拿到了工匠技术资格，到其他城市实习，在曼海姆加入了社会民主党。之后他四处游历，曾到过卡塞尔和不伦瑞克等地，在不来梅当上了马具工匠工会的主席，并成为该镇社会民主党的领袖。从此，艾伯特开始作为政治家，逐渐崭露头角。

我们暂且忽略艾伯特此后的政治生涯。仅通过以上故事，可以了解

---

① 本章内容和第二章的设计一样，都是为了理解日本式雇佣的惯例，而与其他国家进行对比。考察分析的重点在于历史发展进程、蓝领工人劳工运动以及白领职员劳工运动如何推动了跨企业员工关系纽带与标准工资待遇的形成。

到如下内容。

首先，如果没有通过马具工匠工会的考试，没有取得工匠技术资格，就无法找到工作。其次，马具工匠工会组织跨越地域广泛存在于各个地区，也与工人政党有着密切的联系。因此，工匠们可以通过各地的工会组织在当地寻求实习机会。

一般认为，日本的工会组织形式是企业内工会，而欧美则是行业内工会。在上文的例子中，各地的马具工匠工会跨越了企业和地域的局限。按照这一原理来看，制造业工人工会就是一个将不同企业从事制造业生产的工人组织起来的团体。相反，即使在同一家企业工作，事务办公职员和制造业工人也是分属不同工会组织的。

那么，企业则是各种不同职业的人们聚集在一起协同作业的地方。不同职业工种的员工都有属于自己职业的工会，并被工会赋予职业资格。每个工会都跨越了企业和地域的局限。

如此一来，和在某企业工作的"企业员工"这样一种身份相比，类似于"机械师"这种代表职业的身份认同会更加凸显。一家企业的机械师可以跳槽去其他企业，继续从事技术生产工作，但无法在同一家企业内转岗为事务办公职员。工人可以在各地的工厂研修实习，取得相应的技术资格，提高技能水平，从而获得更高的薪酬，实现职业提升。

在 20 世纪 90 年代的德国，根据职业培训法，存在诸如机械师、电气工、木工、泥瓦匠、油漆工和面包师等大约 450 种职业培训和相应的技能资格。另外，联邦就业局在面向大学生发行的宣传手册中，详细介绍了 139 种职业（包括自然科学、技术 59 种，医学、心理学 5 种，教育学 14 种，管理 2 种，文化 19 种等）的专业技术资格考试，以及为了通过这些考试而应当在大学学习的课程和参加的实践培训。[1]

德国企业原则上是出现岗位空缺时进行相应的招聘，不像日本那样批量招聘大学毕业生。但是，由于德国政府提供了细致的职业分类、培训，重视如何引导大学生取得职业技能资格，因此，也可以说德国是比较重视招聘应届毕业生的国家之一。[2]

德国的职业公共技能培训模式要求参加培训的人员一边在职业学校接受理论教育，一边在企业实习，在一线工厂积累实践经验，通过三年左右的时间熟练掌握专业技能。由于其涵盖学校理论教育和企业实习培训两部分课程，因此被称为"双元制职业培训"。参加培训的人员必须通过理论和实践考试，才能获得任何企业都认可的、通行的职业技能资格。不具备这种技能资格，将被视为非熟练技工，原则上将无法调动或晋升到更高的职级岗位。[3]

2016 年，笔者在德国担任客座教授，其间发生了一件令人记忆深刻的事情。有一次宿舍的钥匙坏了，当时笔者打电话要求维修服务公司派人上门维修，却被问了一个让人颇为困惑的问题："您是需要具备技能资格的维修工，还是不具备技能资格的维修工？"笔者详细咨询二者的差别，被告知有资质的维修工收费高，工作态度认真，服务质量有保障；

---

① 望田幸男「近代ドイツ＝『資格社会』論の視点」望田幸男編『近代ドイツ＝「資格社会」の制度と機能』名古屋大学出版会、一九九五年所収、二一三頁。望田在以上材料中对 20 世纪 90 年代的情况进行了分析，并在之后 2003 年的研究中做出了同样的解释。详见望田幸男「近代ドイツ＝資格社会の『下方展開』と問題状況」望田幸男編『近代ドイツ＝資格社会の展開』名古屋大学出版会、二〇〇三年。
② 濱口前掲「横断的論考」四頁。
③ 宮本前掲『日本の雇用をどう守るか』一五六、一五八頁。

没有资质的维修工收费便宜，但不保障维修质量。

明明是同一家公司派来的维修工，却因资质有无而收费不同，要是在日本就会觉得很是奇怪。但是，按照德国的惯例，无论是否来自同一家公司，有技能资格的人和没有技能资格的人工资待遇本就不同，所以服务收费有差异也是天经地义的。

简单来讲，日本社会是以"企业（职场）"和"村落（地域）"为单位纵向划分的。与之相对的，德国社会则是以"职业"为单位跨越企业和地域横向划分的。同时，这种横向社会机制还体现在工会、政党、教育制度等方面。

技能资格与职业工会

这种基于相同职业建立起来的工会组织在英文中叫作"trade union"，是在英、德等国家发展起来的。[1] 通过劳动史的相关研究，可以了解到这种工会组织建立过程如下。[2]

在前现代社会，没有按工作时间支付工资的习惯，因为能够准确测算时间的时钟还没有普及。

当时的一般情况是，工匠完成工作后获得相应的酬金。比如，一名工匠接受一项制作马具或衣服的工作订单，交货后便获得一笔酬金。

工匠们发起并成立工会组织，只允许工会承认的工匠工作。这是

---

① 宫本前揭『日本の雇用をどう守るか』一四八頁。按职业划分的劳动力市场这一概念，是为了便于解释德国和英国的雇佣体系提出的。
② 金子良事『日本の賃金を歴史から考える』旬報社、二〇一三年、第六章および小野塚知二『クラフト的規制の起源』有斐閣、二〇〇一年などを参照。

为了防止新人压低酬金标准，以及防止过度竞争导致市场价格崩盘。为理解这种被称为"入行准则"的规矩，可以参考之前讲过的艾伯特因为与自己隶属于马具工匠工会的师傅闹矛盾而无法获得工会认定的职业资格，导致失业的故事。

现代化的发展使雇佣劳动变得更加普遍，工头 [1] 开始直接从订货方拿订单，并召集其他工匠来一起工作。当工业革命发生时，机械师、电气工等原本在传统工匠工会中不存在的职业也出现了。

步入 19 世纪后，在工厂工作的机械师们也开始组建职业工会。工会开始认定那些有一定工作年限和经验的人是熟练技术工，并为其出具证明。

如果某个工厂支付给工人的工资低于工会认定的市场工资标准怎么办？在这种情况下，工人们要么罢工，要么辞职，然后在工会的介绍安排下到其他工厂工作。同时，工会将不再向该工厂派遣新的工人。

这种情况之所以能够成立，是因为只有工会认证的工人才能在该社会中从事机械师的工作。通过职业培训和资格认证等做法，工会垄断了技术工人的供应，拥有与工厂方面谈判的资本。

当然，随着机械化的进步、非熟练工人数量的增加，这种策略很容易失效。针对这种情况，工会开始吸纳非熟练工人加入，强化组织动员能力。19 世纪 70 年代，英国锅炉制造业工人工会凭借强大的组织动员力，成功将机械化作业的单位时间工资和传统手工作业的单位时间工资挂钩。[2]

---

① 这里指的是老资历的工匠。——译者注
② 岡山礼子「産業企業と人的資源管理」阿部悦生・岩内亮一・岡山礼子・湯沢威『イギリス企業経営の歴史的展開』勁草書房、一九九七年所収、一三〇—一三一頁。

企业雇主方面为对抗工会，提出了"经营管理权"的概念，倡导"经营管理自由"。如果借用 1856 年英国的口号，则可表述为"雇主有权做出自己的决定，有权雇用他想要的工人，这是不容置疑的使用者大权"。[1]

然而，工会的存在对企业雇主来说，也有可取之处。这是因为他们如果与工会合作的话，就可以获得稳定的熟练工劳动力供给。因此，虽然企业经营者表面上批判工会，但实际上他们往往尊重工会的惯例规则，并做出相应的妥协。[2]

即使是机械师等现代职业，一名技术工人要想成为优秀的机械师，也必须积累多年的工作经验才可以。企业就算聘用完全没有经验的新人，入职后培训他们成为熟练工，他们也可能在掌握技术后马上跳槽去其他企业。如此一来，对企业而言，最好的办法就是直接招聘有工作经验的熟练工，但应聘者自称"熟练工"是没有任何意义的。于是，由工会出具熟练工资格证明，对雇主来说是非常方便的。

颁发资质证明的做法，最早是由英国会计师协会开始的。英国在 19 世纪 10 年代至 20 世纪初，陆续成立了土木工程技术人员、机械工程技术人员、电气工程技术人员、公共卫生保健技术人员的协会团体，提供职业技能培训，颁发职业资格证书。[3] 同时，在 19 世纪末的德国，工匠

---

① 小野塚前揭『クラフトの規制の起源』三一二頁。
② 同上書第四章。
③ 详见岩内亮一「イギリスにおける産業専門職の制度化」阿部·岩内·岡山·湯沢前揭『イギリス企業経営の歴史的展開』。但是，英国的专业技术从业者团体最初以手工业工匠为主要会员，将重心放在学徒实习方面，而建立资格考试制度时间比较晚，和医生、律师等职业相比，手工业专业技术地位确立时间较晚（第 235 页）。而且，由熟练工组成的工会和呼吁确立专业性技术岗位地位的行业协会之间的关系也比较复杂（第 237~242 页）。笔者认为，和同时代的德国相比，英国的专业性技术行业协会和工人职业工会的差异性不大，这弱化了专业性技术职业岗位的独立性。

的专业技术考试和资格等级被法律制度化，各地纷纷成立集合当地多种职业从业者的手工业联合会。[①] 于是，各种现代化职业相应的资格制度逐渐完善。

劳工运动中诞生的职业类型意识

目前尚不清楚前现代行会（工匠工会）与工业革命后形成的机械师、电气工程师等专业性技术行业协会有什么关系。虽然组织行为模式相似，但没有直接证据证明二者之间具有延续性。[②]

实际上，近代出现的职业工会很多都是劳工运动的产物，而不是前现代行会的延续。在这种情况下，很多职业类型和身份认同是在劳工运动中形成的。

德国的工程师（Ingenieur）就是其中一种职业类型。

在德国，工程师指的是建筑、土木、电气等各个领域的专业技术人员在联合起来争取自身权益和地位的过程中形成的一种职业类型。据说直到 1850 年前后，德语中都没有一个对他们进行统称的词语。[③] 但是，在劳工运动中，一种"接受职业技术理论教育而不从事具体体力劳动"的职业类型概念诞生了。

因此，德语中的"工程师"不包括在工厂一线干活的熟练工。与之相对的，英语中的"工程师"（engineer）则包括了工厂一线熟练工。这

① 南直人「手工業の資格制度と『準専門職化』」望田編前掲『近代ドイツ＝「資格社会」の制度と機能』所收、三〇八—三一六頁。
② 小野塚前掲『クラフト的規制の起源』序章。
③ ユルゲン・コッカ、加来祥男編訳『工業化・組織化・官僚制』名古屋大学出版会、一九九二年、七九頁。

是因为在英国蓝领劳工运动的争取下，工会认证的技术熟练工也被称为"工程师"。① 换言之，什么样的人参与，发起了什么样的运动等背景差异，造就了职业类型观念上的差异。

仔细想想，不难发现建筑工程师和电气工程师是完全不同的工种。但当他们共同抱有一种"我们是工程师"的集体意识后，社会上便形成了认可"他们是工程师"的社会意识。这种职业类型意识并非自然形成，而是从不同工种的从业者共同行动的历史中构建起来的。

同样，在工厂一线工作的工人是"工程师"吗？在镇上电器商店修理电器产品的电工是"电气工程师"（electrician）吗？那么，这是由什么人，根据什么样的标准认定的呢？这并非中世纪以来就确定不变的，而是基于每个社会历史发展的差异，职业类型相应各有不同。

例如，英国和美国的医生分类就有所不同。在英国，从 16 世纪开始，出现了三种类型的医生：最高级的内科医生（physician），从外科医师兼理发师行会中分离出来的外科医生（surgeon），从杂货商行会里逐步产生的药房药剂师（apothecary）。到 19 世纪中叶，逐渐演变形成两种医师类型：以高级外科医生和内科医生为中心的顾问医生，和以外科医生兼药房药剂师为中心的普通医生。然而，在美国，截至 20 世纪初，医疗专业性技术职务才被统一，普通医生作为专业医生的一部分，成为家庭医生（family physician）。②

---

① 小野塚前揭『クラフト的規制の起源』二〇一、二〇二頁。
② 猪飼周平『病院の世紀の理論』有斐閣、二〇一〇年、四一、四二、四六頁。

在德国和英国的历史发展中，形成了基于相同职业并跨越企业的工会组织。这些工会在各地设立活动据点，地方工会与全国工会紧密联系，有机结合。

在第一章中曾经提到，英国社会学家罗纳德·多尔将英国 EE 电信公司布拉德福德工厂与日本日立制作所工厂进行对比分析。他曾这样描述日本工人和英国工人的意识差异：

> EE 电信公司的电气工认为，必须有一个强大的地方和全国工会组织，唯有如此，电气工才可能以尽可能高的价格出售技能劳动力，并且确保自身的工作机会不被剥夺。因此，必须要明确电气工的职业身份，以及由谁提供资格认证。在这方面，EE 电信公司的电气工与其他公司的电气工有着相同的利益。
>
> 日立工人则是在离开劳动力市场，入职日立公司后才成为"真正的电气工"。一旦进入公司，就几乎不可能再次进入劳动力市场出售自己作为电气工的技能劳动力价值。因此，工人对维持技能劳动力的价格不会太在意。在现行的工资制度下，与电气工人自身利益一致的，反而是那些电气工以外的同龄工人。因此，他们并不会与其他年龄层的电气工人建立伙伴关系。[1]

从日本的惯例来看，不与同一公司不同工种的同事形成"伙伴"意识，而与不同公司的电气工形成"伙伴"意识，这是非常不可思议

---

[1] ドーア前掲『イギリスの工場・日本の工場』文庫版上卷一八六——八七頁。

的。对日本工人而言，其他公司的同行仅仅是职业工种相同的陌生人而已。

然而，在日本数万人的大企业里，素未谋面的人远不止于此。尽管如此，依然有一种"我们是同公司员工"的共同体意识，但这只是一种想象的共同体。

换言之，这种集体意识与个体之间是否相识无关，而是一种"社会惯习"的产物。同时，即使是同一职场中相识的人，非正式员工也会被排除在"我们是同公司员工"的集体意识之外。

我们不妨尝试将多尔表述中的"电气工"替换为"员工"，感受一下。"……因此，必须要明确员工的职业身份，以及由谁提供资格认证。在这方面，A 公司的员工与公司内其他职业工种的员工有着相同的利益。"这段话的意思对于熟悉日本企业的人来说，恐怕是非常容易理解的。

如此一来，不难想象有这样一个社会，工人将"电气工"作为身份认同，形成一种跨越企业的集体意识。并且，也不难理解这种集体意识和职业类型是在以集团为单位的共同的劳工运动中形成的。

但是，即使在日本，"我们是同公司员工"这种集体意识诞生的时间也并不长。在战前的日本企业中，办公职员和工厂一线工人是被完全区分开的，只有前者才被称为"员工"，被视为白领阶层。"员工"一词含义逐渐扩大至涵盖工厂一线工人，这一意识变化，是二战后以企业为单位的工会发起劳工运动的结果。这些问题将在第四章及之后的内容中讨论。

职业工种决定工资

日本的工会大多以企业为单位划分，而英德等国的工会则多以行业[1]为单位划分。[2]这种模式的工会成为英国工党和德国社会民主党全国性地方组织的基础。

在这样的社会中，以电气工为例，他们的基本工资标准通常是由国家制定（在德国以州为单位），而不是由企业单方面决定的。由于工会是跨越地域和企业的全国性组织，企业方面也会在全国范围内联合各方力量，与工会进行谈判。在谈判过程中，政党和政界人士会介入充当中间人的角色。

这种工会、企业和政治三方势力通过谈判协商决定事情的做法被称为"法团主义"（corporatism），在欧洲国家很常见，欧洲许多国家的政党政治都是基于这种运作方式发展起来的。

这种通过谈判协商方式确定的基本工资被称为合同工资，在德国、瑞典、法国等国家都是如此。[3]即使员工在不同的企业工作，只要职业

---

[1] 在欧美国家，对企业而言，可以说以行业或产业为单位组织工会；对劳动者而言，可以说以职业工种为单位组织工会。本书在谈论与日本以企业为单位组织工会的"企业工会"模式形成对比的欧美模式时，既称之为"行业工会"，也称之为"职业工会"。——译者注

[2] 在职业行会不发达的地区，在同一职场工作的劳动者的集体意识相对较强，因此容易形成以企业为单位的工会组织。劳动史学者二村一夫分析指出，除了日本，很多中南美和亚洲国家的工会也都是以企业为单位组织形成的。详见二村一夫「戦後社会の起点における労働組合運動」坂野潤治·宮地正人·高村直助·安田浩·渡辺治編『シリーズ 日本近現代史』第四卷『戦後改革と現代社会の形成』岩波書店、一九九四年所収、五二頁。

[3] 关于合同工资的分析，详见田端博邦『グローバリゼーションと労働世界の変容』旬報社、二〇〇七年。

工种和职务工作相同，他们就可以获得等额的基本工资。[1]

表 3-1 显示了 20 世纪 90 年代德国杂志编辑的合同工资标准。当时德国约有 7000 名杂志编辑，基本工资由企业和工会谈判协商确定。[2] 职业经历看重的不是在同一家企业连续工作的年限，而是作为专业编辑的工作经历。工作经历年限代表了在业界工作时间的长短，如同英国的机械师一样，是技能熟练的证明。[3]

从这张表中可以看出，普通杂志编辑的工资在工作 15 年后达到顶峰。如果想挣得更高的工资，就必须在特殊岗位任职，比如担任首席记者或特派员等。一旦晋升至主编级别，就可以以高级职员的身份与公司面议协商薪资。

但是，合同工资是一种最低工资规定。由于企业可以自由追加合同工资，因此不同企业的工资会存在差异。根据 2009 年的一项调查，德国汽车机械工的平均月薪如下：员工规模 100 人以下企业的平均月薪为 2197 欧元，100 人至 500 人企业为 2494 欧元，500 人以上企业为 2850 欧元。[4]

近年来，在德国，企业雇主的意见和立场比工人方面更难以统一，企业方面无法形成统一的谈判组织，跨企业工会能够面对的企业联盟越来越少，劳资双方签订的跨企业通行合同也相应减少。尤其在信息通信等新兴产业领域，劳动合同的适用率低，非正式雇佣劳动者数量不断增

---

[1] 关于行业薪资表的制作情况与过程背景，详见西村純『スウェーデンの賃金決定システム』ミネルヴァ書房、二〇一四年、第三章。

[2] 木下前揭『日本人の賃金』一六五頁。

[3] 小野塚前揭『クラフト的規制の起源』一六八——一七一頁。

[4] Washington CORE L.L.C. 前揭『雇用システム改革及び少子化対策に関する海外調査 雇用システム編』五〇頁。

表 3-1　德国杂志编辑的合同工资标准

1. 编辑	
职业经历 1 年	4417 马克
职业经历 2 年、3 年	4791 马克
职业经历 4 年	5220 马克
职业经历 5 年	5723 马克
职业经历 7 年	5991 马克
职业经历 10 年	6493 马克
职业经历 15 年	6883 马克
2. 特殊岗位编辑	
职业经历 3 年以上	5920 马克
职业经历 5 年以上	6671 马克
职业经历 10 年以上	7670 马克
职业经历 15 年以上	8069 马克
3. 工资面议（一人一议合同）	
部长	
业务主管	
主编	
副主编	

［资料来源：木下武男『日本人の賃金』165 頁（出版労連『編集者のドイツ賃金』）1997 年より］

加。2013 年，有 64.8% 的 IT 工作者的薪酬达到了劳动合同规定的"工资标准"[1]，而占受访者 9.1% 的劳务派遣员工和临时合同工的薪酬达到这一标准的只有 21.8%。[2]

---

[1]　日文直译为"工资率"，是指单位时间内的劳动价格，因为劳动的投入一般用时间来度量，所以也就是单位时间的报酬。"工资率"代表劳动力的均衡价格，即作为商品的劳动力，其愿意供给的数量和愿意需求的数量相等时的价格，是劳动力市场上由劳动力供求双方竞争形成的。各类不同素质和不同稀缺程度的劳动力各有不同的市场"工资率"。——译者注

[2]　Washington CORE L.L.C. 前揭『雇用システム改革及び少子化対策に関する海外調査 雇用システム編』三十七頁、四十八頁。2013 年以签订劳动合同的方式就业的原联邦德国地区从业者比例分别为：公共事业部门、社会保障相关部门达到 89%，制造业达到 55%，作为新兴产业的信息通信部门只有 15%（第 153 页）。本章引用了该报告内容第 48 页，关于其中 IT 员工的劳动合同适用率，是在集合不同行业 IT 员工回答的基础上得出的结论。

不过，即便如此，通过行业工会与企业方面谈判协商以确定合同工资的惯例仍然存在。根据 2016 年的调查，德国制定工资的标准，是工资的 70% 至 80% 根据劳动合同确定，10% 至 20% 取决于工作年限，其余的由个人业绩表现决定。[1]

除了确定工资和解雇的环节之外，人事调动也必须经过工会的同意。机械师理所当然地不能被转岗成为销售人员。而且，诸如哪名机械师安置在哪条生产线，哪名机械师"晋升"到有更高技术要求的岗位，哪名机械师填补他人"调动"后的岗位空缺等问题，很多也都需要征得工会的同意。[2]

在法国，高管干部也有自己的全国工会组织。虽然法国的工会组织率不高，但按职业划分的全国工会与企业方面谈判协商后确定的合同工资标准适用于整个行业，因此工会依然有很强大的影响力。[3]

法国的高管干部工会人员经常出席高等专业学院评议会、工程师资格授予学校审查委员会组织的活动，并发表各种意见。此外，还有高管干部年金保险协会和雇佣就业协会，负责面向高管求职者提供职业介绍、猎头推荐、就业市场动向调研等各项服务。[4]

法国的"高管干部"这一职业类型也并非来自久远的中世纪，而是形成于 20 世纪。自 20 世纪 30 年代以来，包括工程技术类在内的和事

① Washington CORE L.L.C. 前掲『雇用システム改革及び少子化対策に関する海外調査 雇用システム編』三八頁。
② 关于 20 世纪 60 年代末英国的实际情况，详见ドーア前掲『イギリスの工場・日本の工場』第四章。关于德国的工人代表制度和工作单位委员会现状，详见ベルント・ヴァース、仲琦訳「ドイツにおける企業レベルの従業員代表制度」『日本労働研究雑誌』第六三〇号、二〇一三年。
③ 田端前掲『グローバリゼーションと労働世界の変容』第四章。
④ 葉山前掲『フランスの経済エリート』一〇頁。

务文员类在内的各种职业工种的人在追求提高地位和工资待遇的劳工运动中，形成了高管干部这一阶层。在那之前，"cadre"一词并不指代任何特定阶层的人。[1]

此外，意大利也有高管干部工会。工会的组织形态因国家而异，但就欧洲国家而言，一般情况下，高级职员、下级职员、一线工人分属不同的工会。[2] 另外，也有同日本一样，不区分蓝领与白领的以企业为单位的企业内工会，但只有极少数。因此，在欧洲，工会可谓一种跨越企业的阶级性组织。

在这种横向划分的社会里，跳槽的本质是"换公司"，而不是"换工作"。在日本式的"企业员工关系"中，员工往往在变换职业的同时，实现在企业内部的晋升。而在欧美式的"职业员工关系"中，员工在保持职业工种不变的同时，追求不同企业的、待遇更好的工作岗位。

"横向"的社会保障

法国的高管干部不仅拥有自己的工会组织，而且领取单独的年金。这是一种以劳资折半的方式，由高管干部本人出一部分钱集资的保险制度。

社会保障大致可分为三类：第一类是政府通过税收杠杆实施的公共福利；第二类是由个人支付保费的私人保险；第三类是社会保险，是一

---

[1] Boltanski, L., *The Making of a Class: Cadres in French Society*, Cambridge, Cambridge University Press, 1987. 相同的观点还见于水岛和则「フランスにおける『カードル』の形成」『社会学年報』第一八号、一九八九年。松田京子「フランスにおける『カードル（cadre）層』の形成過程」榎・小野塚編著前掲『労務管理の生成と終焉』所収。

[2] 葉山前掲『フランスの経済エリート』一三―一九頁。

种由某种社会共同体成员集资缴费，彼此互助的保险形式。

法国的高管干部年金相当于第三类社会保险。简单而言，"我们同为高管干部"的共同体意识，不仅发展形成了工会组织，而且进一步发展成一种社会保障制度。但与其这么说，不如说是员工在追求共同的年金保险运动中，逐渐形成了"我们同为高管干部"的共同体意识。

这三种保险方式中哪一种是主流取决于社会差异。在美国，第二类私人保险是主流，未被主流私人保险惠及的人将获得以国家税收调节的生活保障。在瑞典等北欧国家，以消费税为财源的国家社会保障是主要的保险形式。[1] 德国被认为是以共同体互助，即以社会保险为主要保险方式的代表国家。

与日本不同的是，德国的医疗保险并非以"企业（职场）"和"村落（地域）"为单位划分，而是以职业类型为单位划分。如果说社会的基本单位是职业分工，那么社会保障的基本单位也是如此。

德国从中世纪开始就已经形成了行业工会和互助组织。在 19 世纪之前，不仅中世纪业已存在的职业的从业者，如手工业者等，拥有互助组织，新诞生的职业矿工及工厂工人也都创建了互助信用社，以应对年老和贫困。[2]

19 世纪 80 年代俾斯麦任宰相期间，德国政府建立了医疗保险制度。然而，俾斯麦最初设想的是一套由政府利用财政开支维系的社会保障体系，目的在于让劳动者感恩国家，遏制社会主义的兴起。俾斯麦企图以

---

① 埃斯平 - 安德森认为这种社会福利体制的不同产生于政治程序的差异。详见イエスタ・エスピン—アンデルセン、岡沢憲芙・宮本太郎監訳『福祉資本主義の三つの世界』ミネルヴァ書房、二〇〇一年。

② 土田武史『ドイツ医療保険制度の成立』勁草書房、一九九七年、第一—第三章。

此防止革命运动的爆发，他曾表示："为了给无产阶级和底层民众满足感，花再多的钱也不算多。"①

然而，这个设想并没有实现。实际上，各地建立的疾病保险信用社，大多只是赋予了之前基于职业和行业分工建立的互助信用社法人资格。医疗保险由各地方劳资双方缴纳的保险费构成，负责管理的疾病保险信用社委员会成为社会民主党的活动场所。这与俾斯麦的初衷背道而驰。②

换言之，虽然政府设想了一个依靠税金运营的制度，但它无法实现，各地工会继续依靠保险费运营。这一事实充分说明了各地方工会具有较强的独立于中央的运作能力。

德国史研究者加藤荣一评价这种现象为"国家的组织力"无法凌驾"职业分工组织"的向心力。③虽然在之后的纳粹时期，疾病保险信用社的自治权被剥夺，但二战后得以恢复，并继续依靠保险费运营。④

当然，这个系统也有缺点。保险种类各自独立，总是会有疾病保险无法覆盖的人。德国从 2009 年才开始全民加入保险，而在此之前，国家没有强制所有公民加入。⑤

然而，这样的制度并不是中世纪行业工会的简单延续。工厂工人的

---

① 加藤荣一『福祉国家システム』ミネルヴァ書房、二〇〇七年、二四七、二四八頁。
② 土田前掲『ドイツ医療保険制度の成立』二一七—二二四頁。加藤前掲『福祉国家システム』二四八頁。
③ 加藤前掲『福祉国家システム』二四八頁。
④ 土田武史「戦後の日独医療保険政策の比較」『生活福祉研究』第七九号、二〇一一年、三頁。另外，德国的年金制度比医疗保险制度更具综合性，以横跨不同企业的劳动者年金保险和职员年金保险为中心，包括医生、药剂师、律师、高级官员、农民、矿工等不同职业体系的年金。详见加藤前掲『福祉国家システム』二四七頁。
⑤ 中村亮一「ドイツ医療保険制度（1）」ニッセイ基礎研究所レポート、二〇一六年。https://www.nli-research.co.jp/report/detail/id=52514?site=nli.

疾病保险制度是进入现代社会才出现的。此外，自19世纪80年代以来，秘书、文员和绘图员等各种职业的人团结起来，他们团结一致的基础在于彼此既不是高级职员，也不是一线工人的这项共通点。他们开展维护自身权益的劳工运动，于1911年推动了《职员保险法》的订立。在运动过程中，形成了"下级职员"（Angestellte）的概念，用以统称这些不同职业的人。[①]

自20世纪90年代以来，德国的社会保险制度经历了各种改革，发生了很大变化。疾病保险信用社被引入了市场竞争原则，扩大了被保险人的选择权，使得参保人员流动性增强，实质上消除了不同行业、职业之间的壁垒；陷入财政困难的疾病保险信用社被整合兼并；劳动者以职业为单位的共同体意识减弱。[②] 尽管如此，历史上的社会保障方式依然深刻地影响着工作方式、教育、工会、政党等诸多方面，构成了德国社会运行的"规则"。

在美国发展形成的"职务"概念

在美国，有一点与欧洲不同，那就是"职务"的概念。

在没有经历封建制的美国，行业工会不像德国那样强大。[③] 进入19世纪末期，由于职业分工的发展，以及大规模机械生产的引入，企业对

---

① コッカ前掲『工業化・組織化・官僚制』一二一——一二四頁、壽里茂『ホワイトカラーの社会史』日本評論社、一九九六年、第六章。

② 土田前掲「戦後の日独医療保険政策の比較」一九頁。

③ 但是在20世纪70年代，美国衣物制造业和制鞋业的工匠劳动市场已经形成。详见 P.B.ドーリンジャー、M.J.ピオーレ、白木三秀監訳『内部労働市場とマンパワー分析』早稲田大学出版部、二〇〇七年、五四頁。

技术熟练工的需求减少。长期以来工会通过颁发资质证明的方式垄断对企业输送熟练工人的做法失效了。[①]

直到第一次世界大战之前，工厂工人都处于领班工头（师傅）的控制之下，因为后者可以直接从雇主那里承包订单。工头按一定的预算承包订单，在预算范围内，他可以决定雇用哪些工人，以及支付多少费用。因此，工头关照与否会造成工资差异，随意解聘、索取贿赂等不公平现象蔓延。[②]

这一状况的改善发生在 20 世纪 10 年代至 40 年代。从结论而言，"同工同酬"的提出是为了对抗工头的不公，即劳动者们要求，如果他们做同样的职务工作，就应该得到同样的工资。

但是，如此一来，每个劳动者的职务工作必须标准化，雇主据此支付报酬。因此，劳资双方根据职务说明签订合同，企业为相应的职务工作支付工资，形成一种"职务平等"。

其开端之一就是弗雷德里克·温斯洛·泰勒（Frederick Winslow Taylor）于 1911 年在其著作中提出的著名的"科学管理理论"。[③] 其实，这个原理本身——如果将熟练工的动作分解成多个简单且标准化动作的组合，那么非熟练工也可以完成同样的工作——在泰勒提出之前就已经存在。

在那之前，推广可替换零部件的想法在美国很普遍，即为了使不同机器上零部件可以兼容，而在生产环节实现产品标准化。

在过去，机器由工人一个零件一个零件地手工作业生产，零部件兼容性差，机器无法实现批量生产。生产武器可替换零部件的尝试始于 18

---

① ジャコービイ前掲『雇用官僚制』五一、五二頁。
② 同上書四三—五〇頁。
③ テイラーの発想は、フレデリック・テイラー、有賀裕子訳『新訳科学的管理法』ダイヤモンド社、二〇〇九年参照。

世纪的法国，但直到 19 世纪才在美国扩展到武器之外的工业生产。与欧洲不同的是，美国的熟练技术工很少，因此需要一个不依赖手工作业的劳动生产体系。[①]

当可替换零部件带来了产量提升后，生产规模便得以扩大。在这种情况下，工程项目不再像以前一样由工头承包，而是引入了成本核算和流程工单等管理方法，强化生产管理和组织管理的趋势愈发明显。[②]

科学管理理论的逻辑（思考方式）和这种倾向密切相关。也就是说，将手工业者的手工作业标准化，分解成为可替换的步骤组合，以使非熟练技术工也可以制作出同样的东西。这种构想与生产可兼容零部件的初衷是共通的。泰勒成为一个从改良机床到推动提高生产效率的人。[③]

然而，"科学管理理论"并没有很快普及。熟练技术工人和工头的权力被削弱，因此他们反对引入新的管理方法。包括美国劳工联合会（American Federation of Labor, AFL）在内的熟练技术工职业工会也发起了反对"科学管理理论"的运动。[④] 另外，雇主在面对这种引入阶段就费时费力的改革时，也表现出消极态度。

因战争而普及的职务分析

第一次世界大战和第二次世界大战期间，情况发生了变化。

① L.T.C. ロルト、磯田浩訳『工作機械の歴史』平凡社、一九八九年、第七章参照。
② ジャコービイ前掲『雇用官僚制』六八一七二頁。
③ ロルト前掲『工作機械の歴史』第十章。
④ 田中和雄「『職務』の成立と労働組合」『専修ビジネス・レビュー』第一二巻第一号、二〇一七年、五一頁。

战争期间，大量非熟练技术工人涌入军需生产领域，对生产流程进行合理化改革的必要性增强。此外，随着劳动力短缺情况的加剧，工人的发言权提升，同工同酬的呼声越来越高。在这两方面因素的作用下，职务标准化得到了进一步发展。

下面笔者将结合劳动历史学家桑福德·M. 雅各比的研究，进一步详细说明。[①]

美国参加第一次世界大战时，美国联邦武装部聘请了泰勒协会的组织管理专家，来制定与工资、工作条件相关的生产规模标准，并改善工作条件以防止工人战时罢工。军方和政府机构随后对 20 个关键行业和 400 多个手工行业进行了职务分析，并在战后向社会公布了这些信息。

工会方面也对这一动向做出了回应。工会认为，进行职务分析和工资评级，可以纠正工头的不公正做法，缩小工资差距。也恰恰是在这一时期，厌倦了传统技术熟练工工会的封闭性，非熟练技术工人依据职业分工组建的新型产业工会势力开始抬头。1917 年至 1918 年，机械工掀起罢工运动的浪潮，要求企业方面提高工资、给工资定级以及实现职务岗位名称的标准化等。这些要求得到了武装部和战时劳工部的支持。

对此，企业雇主方面表示抗议，认为这是对经营管理自由的侵犯。制造业经营者坚持认为实现职务标准化很困难，并维护自身拥有的决定企业人事安排和工资金额的权力。对企业雇主而言，引入职务分析不符

---

① 详见ジャコービイ前揭『雇用官僚制』一七九、一八九、一九一、二三四、三〇六—三〇八頁。另外，关于限制工头权力，明确职务工作要求和优先聘用权等"罗斯福新政型劳资关系"的确立过程，详见伊藤健市「人事管理から人的資源管理へ」伊藤健市・田中和雄・中川誠士編著『現代アメリカ企業の人的資源管理』税務経理協会、二〇〇六年。雅各比的研究侧重企业人事部门与工会意图的一致性，而伊藤的研究则将视角置于人事部门引入相关制度背后意图打压工会的一面。

合他们的利益。

第一次世界大战结束后，军需经济景气消退，劳动力短缺问题得到缓解，雇主权力增强，工会的组织影响力衰弱。尽管职务分析依然在形式上存在，但实际上工资往往由工头和雇主任意决定。

然而，1929 年经济大萧条来袭，大量工人被解雇。工会运动再次兴起，掀起多次针对工资不平等的抗议活动。二战爆发后，出现军需经济景气和劳动力短缺现象，工会的力量进一步增强。此外，政府战时人力资源委员会和战时劳动关系委员会根据当时编辑的《职业分类辞典》定义了各职业的工作内容与职责，并指导企业建立职级工资体系和晋升制度。

长期聘任制度

工会要求明确工资制度，制定不同行业的工资标准，之后由此诞生出"职务平等"的观念。

对一定的工作岗位支付职务工资的做法，二战前在美国已经十分普及。但是，职务工资金额往往由各个企业、工厂、工头单方面制定，即使是相同的职务工作，工资金额也不同。

以 20 世纪 30 年代末的钢铁行业为例，卡耐基公司伊利诺伊分公司的工资等级有近 1.5 万个，美国钢铁暨电缆公司的工资等级有 10 万个以上。据说，钢铁行业工会的领袖在各个工厂都发表过这样的讲话："你们厂怎么样？轧钢机床维修工比电炉维修工的工资要高 18 美分吗？不！不！绝不应该这样！加入工会吧！我们要赢得所有工人的公平！"[①]

----

① ジャコービイ前掲『雇用官僚制』二九四頁。

企业经营管理层也开始引入职务评估以减少工人的不满。然而，职务评估的引入使得同行业内相同职务的薪酬具有可比性，进而引发了工人对没有实现工资标准化的不满。钢铁行业工会将这些不满的意见整合起来，在第二次世界大战期间开展了包括罢工在内的各种劳工运动，向企业提出同一行业内同工同酬的要求。[①]

与之同时确立的是企业出现岗位空缺时的内部招聘制度，以及临时解雇后再聘用时的"优先聘用权"。在此之前，提升谁，解雇谁，以及重新雇用谁，都由工头或雇主决定，托人情与走后门的现象十分猖獗。美国工会要求企业在明确职务工作内容，设定相应工资待遇的同时，确立"优先聘用权"和公司内部招聘的制度。[②]

所谓"优先聘用权"，是指企业由于经济不景气不得不裁员时，按顺序最后再解雇那些工龄最长的员工，并在经济复苏时首先重新雇用他们。这是一种年功资历制度。工作记录中明确记录的工龄不会被工头或雇主随意改变，工会要求的就是实现这种基于客观标准的规则。[③]

二战期间政府的战时人力资源委员会和战时劳动关系委员会也鼓励企业不仅要明确职务分析，而且要制定清晰的晋升规则。最终，雇主方面也开始认为与其面对劳资纠纷，不如引入职务分析、标准工资以及明确解雇和晋升的流程规则。1945 年的一项调查显示，在全部被调查企业中，只有 11% 的公司中的工头拥有与以前相同的任意解雇员

---

① 过程详见赤冈功「職務給と企業間賃金格差」『経済論叢』第一〇八巻二号、一九七一年。
② ジャコービイ前掲『雇用官僚制』二九二、二八六—二八八頁。
③ 20 世纪 70 年代美国蓝领工人工会制定了职业规则，确立了比日本更加规范的经营管理制度。详见小池前掲『職場の労働組合と参加』二一七頁。

工的权力。^①

在这个过程中，长期聘任（job tenure）的概念在美国社会扎根。长期聘任意味着不会被解雇。换言之，长期聘任制是劳动者享有的一项权利，即应聘一定的职务岗位成功后，工头和雇主不能随意将其解雇。[2]

长期聘任制确立之后，美国工人得以被长期聘用。截至 20 世纪 10 年代，美国的就业形式一直很不稳定，工人离职率很高。经历两次世界大战后，企业逐渐明确了招聘、工资和晋升的制度规则，工人留用率提高。工人开始在自己工作的土地上定居。[3]

具有讽刺意味的是，这与泰勒的科学管理理念并不一致。泰勒提出的是这样一个系统——让工人在一定时间内完成标准化作业任务，并根据他们的业绩增减工资，并非承诺不解雇效率低下的工人。此外，也不包括要求所有企业统一职务工资标准。

然而，实际上最终实现的是确保了工人拥有工作的权利，以及享受同工同酬的权利。简言之，在政府鼓励职务分析和科学管理的趋势下，工会趁势而为，要求企业赋予工人这些权利。

反过来也可以这样讲，职务分析和科学管理的理念由泰勒倡导，并得到了政府的支持，但如果没有被工人认可，将无法确立并普及。不仅如此，这种制度理念也只能以工人同意的形式确立。反对者则是那些感到自身权力受到束缚的企业雇主。因此，"职务平等"其实是通过劳工运动提出并最终实现的。

---

① ジャコービイ前掲『雇用官僚制』三〇八、三一三頁。
② 同上書二七九、二八五頁。
③ 同上書六四、三二二頁。

被反歧视运动推广的职务说明

正如第二章提到的，在之后的美国，确立了企业在明确职务工作内容和工资的基础上与应聘者签订聘用合同的做法。

此处的职务是指在职业分工前提下被简化和明确的工作内容，与职业工种（trade）不同，它并不代表熟练技术工人最终达到的技艺水平。因此，随着工作年限的增加与技术熟练度的提高而带来的加薪，基本与同工同酬的基本职务工资无关。

从这个意义上而言，美国不同职务的标准工资与欧洲不同职业的合同工资性质不同。但是，在形成跨企业的统一工资标准的层面上，二者具有相同的作用，都推动了同一职业具有统一工资标准的现代化行业工资制度的确立。

起源于美国的职务分析和签订职务合同的标准化流程后来被推广到了欧洲。罗纳德·多尔曾提到在 20 世纪 60 年代末，英国企业在和高级管理人员协商薪资时，已经开始进行比之前更加细化的职务分析。[1] 与此同时，由职务工作内容决定职务工资，以及同工同酬的原则在英国也普及开来。[2]

但是，同工同酬作为最初劳工运动追求的目标却并没有完全实现。本书中所谓的"职务平等"，也只是指一种规范或趋势，现实并非那么简单。正如"员工平等"是日本社会的一种规范或趋势，但从未完全实现。

同时，在 20 世纪 70 年代至 80 年代的美国，也有人批评过度细

---

① ドーア前掲『イギリスの工場・日本の工場』文庫版上巻一二〇頁。
② 岩出博『英国労務管理』有斐閣、一九九一年、一二六、一三〇頁。

分的职业分工。其中一种观点认为，职业分工过于僵化，将会阻碍技术创新。另一种观点认为高度标准化且简单固定的工作往往单调乏味，压抑人性。[1] 定岗定责、同工同酬的制度抑制了企业主随意裁员减薪的做法，但很讽刺的是，这也使工人的工作变得愈发无聊。

基于这些批评，近年来，美国企业也引入了关于组织内职务工作完成能力（competency）的评价基准，相同的职务工作却因考核结果导致工资差距扩大的现象越来越多。[2] 职务说明也比之前更加简略。

但不管怎样，在企业提供职务说明的基础上签订聘用合同这一基本原则没有改变。如第二章所述，因为美国职业劳动力的市场价值是跨企业的，所以管理方式都是以职业为中心设计的。[3]

同时，美国反歧视民权运动也对招聘用工制度产生了很大影响。研究日本和美国企业人事考核制度历史的专家远藤公嗣曾介绍美国的情况：众所周知，在以马丁·路德·金为象征的民权运动推动下，美国政府于 1964 年颁布了民权法案。这一规定禁止歧视种族、性别的法案对就业招聘和业绩考核产生了重大影响。例如，如果对女性员工的业绩评价普遍偏低且标准不明确，企业很可能会在员工的起诉中败诉，并支付赔偿金。

---

① 田中前揭「『職務』の成立と労働組合」五五一五六頁。
② 详见石田光男·樋口純平『人事制度の日米比較』ミネルヴァ書房、二〇〇九年、第二·第三章。书中第三章对同样在美国出现的企业简化职务说明、由上司面试决定招聘的情况进行了介绍。这种将裁量权交给一线管理人员的做法，目的是降低成本，同时是一种弱化人事部门权限的表现。不过，这也起到了准确把握劳动力市场的工资行情，尽早通过升职加薪的措施减少员工离职的作用。由此可以看出，日本企业通过"绩效工资"严格人事制度，强化人事部门的整合权力，最终降低人工费成本的做法与欧美企业性质迥异。关于"胜任力"（competence）的概念和使用范畴，详见伊藤健市·田中和雄·中川誠士編著『アメリカ企業のヒューマン·リソース·マネジメント』税務経理協会、二〇〇二年。
③ 石田·樋口前揭『人事制度の日米比較』二一四頁。

在 20 世纪 70 年代，有关员工招聘和考核的诉讼案件经常发生，企业方面败诉的案例很多。美国一项以 1980 年至 1995 年 295 起诉讼判决为样本的研究，分析总结了企业容易败诉的几种情况。

A. 考核制度没有以职务分析为基础；

B. 没有提供给考核者明确的书面指示；

C. 考核结果没有向被考核者出示；

D. 两名以上考核者意见不统一。[①]

此外，以 1978 年的 66 起诉讼判决为对象的研究显示，一旦考核重点不是工作业务上的"行为"（behavior），而是"性格、习惯特征"（trait）的话，企业方大概率会败诉。换言之，如果职务工作分析不明确，考核仅仅基于员工的"态度"或"工作热情"等，考核结果也没有告知员工本人，企业就会败诉。这些分析结果也被记录在美国人事管理手册中。[②]

于是，在这种情况下，企业方面最好能够做到将职务工作内容明确化，在提供给应聘者职务说明的基础上，与其达成协议，签订合同，否则，企业会有吃官司的风险。

考核的透明度

此外，1978 年的《公务员改革法》规定，联邦公务员考核必须制定与职务工作相关，且具有客观性的成绩标准。之后第二年制定的实施细

---

① 　遠藤前揭『日本の人事査定』一〇九頁。

② 　同上書一〇八頁。

则规定，不得控制考核结果呈对称分布。也就是说，不能故意调整考核比例，使其呈现从 A 到 E 的均等分布。此外，1984 年马萨诸塞州最高法院明确表示，私营公司通过限定结果分布的方式降低员工考核成绩的行为是违法的。[①]

如第二章所述，有研究表明，在美国，即使是有业绩考核的豁免员工，超过 95% 的考核结果也基本上是 B 和 C。这是因为不大可能出现全部评委一致将某员工评定为 A 或 E 的情况，而且不能证明具有客观性的考核结果很容易遭到员工起诉。因此，在不控制结果分布比例的情况下，就会出现这样的问题。

考核评估往往会征得劳动者的同意。1981 年至 1982 年美国的调查显示，71%~76% 的劳动者会收到"最终考核表的副本"，76%~81% 的劳动者被赋予在最终考核结果上签名的权利（如果不认可考核结果，就不签名）。此外，美国公民自由协会（American Civil Liberties Union, ACLU）1994 年的一份报告中显示，十几个州都保障了员工查阅企业人事记录的权利。在远藤的访谈调查中，情况也大体相似。[②]

那么，同时代的日本企业又如何呢？根据关西企业管理协会在 1986 年进行的一项调查，有 38.9% 的受访者被企业"通知"了考核结果，但其中大部分人的考核结果都是"通知了部门领导""只通知了工会干部""只将综合成绩通知本人""在与上司的面谈中得知"，而"本人拿到最终考核表副本"的只有 2.1%。[③]

---

① 遠藤前揭『日本の人事査定』一四七、一四九頁。美国政府从 1935 年开始废除了对考核成绩的分布限制，1979 年在实施细则中明令禁止。
② 同上書九七—一〇一頁。
③ 同上書一〇三頁。

当然，美国社会的这种现象并不是20世纪60年代之后突然出现的。

自20世纪20年代以来，美国工会一直强烈反对企业以评估员工工作态度的方式拉开工资差距的做法。许多雇主指示工头评估员工对公司的忠诚度，歧视工会积极分子。[①]

也正是在这种背景下，美国工会发起劳工运动，要求同工同酬、"优先聘用权"以及稳定的聘用保障。正如第二章所提到的，美国的一线工人，尤其是工会积极分子，他们没有考核，但经历了这样一段历史。

就这样，"职务平等"的惯例形成并确立下来。劳动者受雇时，有权要求企业明确告知职务工作内容和工作地点，只要完成相应的职务工作，就不会遭受不公正待遇。这是一种对平等的追求。

1980年，日本劳动省官员田中博秀根据其20世纪70年代中后期在欧美五国企业考察的经历，对欧美国家的工作方式做出如下描述：

> 在西方国家，企业组织是围绕"工作"形成的，每项工作的内容、范围、权限、责任等都有明确的界定，报酬相应也有明确的规定……不管谁做工作，无论白人、黑人，男性、女性，20岁的年轻人，或者60岁的老人，只要认真完成工作任务，就能够获得作为该工作报酬而被规定好的工资。[②]

虽然现实并非如此简单，但这就是田中看到的20世纪70年代的"西方"。然而，在美国，20世纪30年代之前根本不存在同工同酬，在

---

① ジャコービイ前掲『雇用官僚制』二九五、二九六頁。
② 田中前掲『現代雇用論』三八二—三八三頁。

20 世纪 60 年代之前，黑人、妇女和老人也不能享受平等的待遇。可以说，田中看到的是在 20 世纪劳工运动和民权运动冲击下形成的一种社会规则。

行业协会和职业教育

这段废除歧视的历史实际上与美国对学位的重视有关。

比较教育学研究者小川佳万指出，"在对就业晋升中的性别和种族歧视最为敏感的美国社会，学位和资格证书是最有效的筛选工具"。[1] 换言之，企业不能再按照性别、种族、性格等进行评定考核的背景在于社会对学位证明认可度的提高。

美国的高等教育也并非从一开始就以培养职业技术人员为核心。美国高等教育肇始于两种形态，即为培养社会中上阶层"绅士"而提供教养教育的学院（college），以及旨在推动学术研究、职业教育、社会贡献的大学（university）。[2] 教授课程的研究生院是 19 世纪末设立的，二战期间大学作为研究机构发挥了重要作用。由于在冷战期间联邦政府和民间财团投入了大量研究经费，研究生院的规模得以扩大。[3]

20 世纪 60 年代大学入学率提升，学院和四年制大学的毕业生已经难以在企业入职高级职员岗位。同时，企业在人事制度上更加透明，禁止用工歧视的力度更大。在此背景下，学位作为客观证明的重要性增

---

[1] 小川前揭「学位からみたアメリカ教育大学院」一六四頁。
[2] F・ルドルフ、阿部美哉・阿部温子訳『アメリカ大学史』玉川大学出版局、二〇〇三年。
[3] クラーク前揭『大学院教育の国際比較』一五〇—一五八頁。

强，20 世纪 80 年代开始，职业型研究生院规模不断扩大。

此外，需要特别指出的是，在美国，行业协会也发挥了很重要的作用。

在 20 世纪的美国，出现了各种专业性很强的职业。除了医生、律师、神职人员等长期以来被认定的专业人士外，企业管理人员、护士、社会工作者等专业人士也配备有相应的职业型研究生课程和学位。甚至在教育工作领域，也出现教师、图书管理员和心理咨询辅导员等专职岗位，以及与之相匹配的研究生课程。

这些职业工作者都有各自的组织团体。小川指出，1972 年美国对职业教育（Professional Education）的定义，不仅包含了职业知识和职业技能，行业协会（Professional Association）也是不可或缺的条件。[①]

这是为什么呢？因为如果没有行业协会，就无法建立统一的资质标准和人才培养计划。

以美国教育学专业研究生院校为例，如果某院校不能达到行业协会制定的标准，那么其教师培训和心理咨询辅导员培训的课程是不被认可的。如果未经认证，签发的职业资格证书就是无效的。小川指出："因此，职业培训说明中一定会加上一句'此培训经 XX 行业协会批准认证'。"[②]

---

① 小川前揭「学位からみたアメリカ教育大学院」一六四頁。定义详见 Schein, E.H. and Kommers, D.W., *Professional Education: Some New Direction*, New York, Mcgraw Hill Book Company, 1972。
② 同上論文一七四頁。教育学专业研究生院校的重要行业协会是 National Council for Accreditation of Teacher Education (NCATE) 和 American Psychological Association。

教师聘用证书由各州政府颁发，因此教师资质也必须符合各州的认证标准。不过，只要是经过行业协会培训认证后授予的证书、学位，在各个州基本都是有效的。换言之，行业协会的认证权威高于政府。

当然，这只是惯例，并非法律规定。培养管理人才的研究生课程并不一定如此。不过，根据小川的说法，"回顾美国高等教育的历史，很多行业都努力通过与大学研究生院建立关系来维护自身职业知名度"，行业协会深深地参与了这一过程。[①]

现代化职业教育的发展

这些研究生学位可视为现代版的行会执照。行业协会和工会制定认证标准，规定无证人员不得上岗的用工条例旨在防止恶性竞争，维护劳动者的地位。因此，如上所述，证书、学位作为劳动者劳动力的质量保证，也便于雇主招工用工。

英国和德国的职业教育、学位、资格制度的形成发展过程与美国有相似之处。在现代化进程中，行会转变为现代化职业协会，影响了教育培训课程。

英国土木工程师协会的入会资格就是很好的例子。[②] 1897 年以前，一个人只要具有师从一位工匠学习的经历，口试证明自己的技能熟练

① 小川前揭「学位からみたアメリカ教育大学院」一六四頁。另外，由于大学高管的培训课程不需要经过专业性技术行业协会的认定，导致培养环节混乱，出现"大量大学高管都拥有博士学位"的现象。详见该论文一七九頁。
② 关于英国土木工程师协会和会计师协会的例子，详见ロナルド·ドーア、松居弘道訳『学歴社会 新しい文明病』岩波書店、一九七八年、岩波同時代ライブラリー版一九九〇年。同時代ライブラリー版三五、四〇—四二頁。关于土木工程师协会和教育机构的关系，详见池内前揭「イギリスにおける産業専門職の制度化」。

度，无须笔试，便可宣称自己具备土木工程师的资格。之后引入了三级资格考试，工业专科学校开始根据资质要求设置培训课程。

于是，学位、实践经验和行业协会专家的口试便结合在一起。英国土木工程师协会资格考试规定，大学毕业生可以免于参加考试，但必须有三年的工作经验，且通过口试，才可以成为正式会员。但是，1970年开始，拥有综合大学或者工科大学的学位，成为工程师认证的必要条件。

表面上看起来，这似乎是一段工匠学徒制被现代教育取代的历史。但是，事情总是两面的。19 世纪中叶为止的英国大学就像神职人员和绅士的培训中心，与职业教育或工程应用学科毫无关系。在工匠学徒制消失的同时，克服守旧派的阻力，增设工学和商科等职业教育课程的大学逐渐增多。[①]英国的图书管理员岗位职业教育发展也经历了类似的过程。[②] 20 世纪初，经过实习期锻炼，具备实践能力是图书管理员上岗的条件。1950 年，图书馆职业协会开始要求工作人员必须具备通识教育的结业证书，实习期由三年缩短为一年，在之后的 20 世纪 70 年代，进一步免除了对大学毕业生的实习要求，综合性大学和理工学院纷纷开设授予图书馆学学位的课程。

德国也经历了类似的过程。1869 年"商业自由"的原则被写入北德意志邦联的商业法规中，封闭的行会制度无法延续。手工业者一方面呼吁修改法规条例，一方面制定了包括理论测试在内的工匠职业技能考核

---

① 教育取代了过去的职业学徒制，但是同时职业用工需求也影响着教育的形式，催生出职业教育，因此说"事情总是两面的"。——译者注
② ドーア前掲『学歴社会 新しい文明病』四三頁。

标准，推动了现代化职业标准的确立。与此同时，职业技术学校取得了长足的发展，从 19 世纪 70 年代开始，职业技术学校毕业生也可以被赋予等同于高中毕业生的大学入学资格（abitur）了。[①]

此外，1896 年德国商人还发起成立了德国商业教育协会，在莱比锡创建了第一所商科大学，颁发商科学士学位。商学院之所以建在莱比锡，是因为普鲁士教育部重视传统人文主义大学，不喜欢建立商科大学的构想。创办大学的资金来自社会捐款和商会出资。[②] 也就是说，职业协会取代政府创办大学，颁发之前没有的学位证书。

19 世纪末至 20 世纪初，法国也经历了从学徒制瓦解到现代职业教育和资格制度确立的转型。[③] 英国各职业协会自行颁发资格证书的传统做法被整合为全国统一的国家职业资格认证制度（NVQ），2008 年进一步发展为 EQF。其中有针对硕士和博士学位的分级定位，在第二章中曾提到这一点。

由此可见，和政府相比，职业协会在课程改革和学位设置方面的权力更大。以这种方式创建的课程和学位，与职业协会结合密切，从而形成了一个跨越国家和企业局限的横向劳动力市场。

---

① 南前揭「手工業の資格制度と『準専門職化』」三〇七─三一九頁。
② 早島瑛「ディプローム・カオフマン資格の制度と機能」望田編著前揭『近代ドイツ＝「資格社会」の制度と機能』所収、二六五一─二六七頁。
③ 但是，在法国，政府有意通过重构"职业"（métier）的概念，达到控制劳动者的目的。1919 年颁布职业教育法，1925 年制定职业教育税，一系列举措表明政府主导的倾向在不断增强。详见清水克洋「19 世紀末・20 世紀初頭フランスにおける「職」の概念」『商学論纂』第四八卷第五、六号、二〇〇七年および清水克洋「伝統的、経験主義の徒弟制から体系的、方法的職業教育へ」『大原社会問題研究所雑誌』第六一九号、二〇一〇年参照。

是否存在跨越企业的标准

如此看来，便可以理解第二章描述的欧美国家工作方式的形成脉络。当然，技术创新、军需经济景气和政府政策等因素也会产生很大影响，但不可否认的是，劳动者和专业技术人员开展的劳工运动起到的影响更大。

从日本企业的角度来看，这种做法形成的横向劳动力市场，十分便于劳动者更换工作单位。确实，如果实现了职务工作标准化，以及对职务说明和专业学位的明确规定，那么劳动者的工作单位很容易更换。如此一来，与经济全球化相得益彰，企业招聘高技能优秀人才也更加便利。

但是，引入这一套做法的本意并非为了让劳动者可以随意更换工作单位。无论在欧洲还是美国，劳动者们期望的都是能够创造一个不会被雇主随意左右命运的局面，消除用工歧视，提高职业群体的地位。而这在结果上使得跨越企业的标准最终形成。

而且，一系列惯例确立之后，雇佣就业反而比原先更加稳定了，阻挡了未经正规培训的新人进入就业市场，确保了专业技术人员享有被长期聘用的权利。而企业雇主往往比较讨厌这一点。

从日本人的角度来看，可能很难想象"容易更换工作单位"和"雇佣就业稳定"可以同时成立。这是因为日本人在提到"雇佣就业稳定"时，是在以日本式雇佣惯例为前提形成的刻板印象基础上来思考的。

日本企业追求的是"员工平等"，而不是"职务平等"。因此，"雇佣就业稳定"被理解为企业员工的身份保障，而不是对职务工作的占有权。对日立制作所工厂开展调查研究的罗纳德·多尔曾指出，日本劳动者对"长期稳定受雇的权利"（employment right）非常敏感，而对"职务权利"（job right）几乎没有任何意识。[①]

如第二章所述，劳动关系研究学者滨口桂一郎将日本的雇佣形式命名为"员工型"，将欧美国家的雇佣形式命名为"岗位型"。但是，纵观西欧和美国历史之后，笔者认为将日本和欧美企业的雇佣形式分为"企业员工型"和"职业员工型"也许更加贴切。日本并不是"员工型"的唯一形态。

近年来，正如日本企业的雇佣方式被全球化浪潮所动摇一样，欧美的"职业员工型"也在改变。按照行业和产业划分形成的工会的组织占有率下降，不实行合同工资制的不稳定就业增多。但是，在同样的全球化浪潮中，学位、资格认证、职务说明等文件的标准化进程加快，用工中的歧视现象也在不断减少。

如此看来，可以说日本与其他国家最大的不同就在于不存在跨越企业的用工标准和规则。没有跨越企业的职务工作的市场价值，没有跨越企业通用的资格和学位，没有跨越行业和产业的工会。既然没有横跨企业的标准，就不会形成跨企业的人员流动，也不会形成跨领域的劳动力市场。劳动力市场只存在应届毕业生批量招聘和非正式雇佣。这恰恰可以理解为"日本式雇佣"的特征。

[①] job right 在多尔著作的译本中被翻译为"拥有工作的权利"，详见ドーア前揭『イギリスの工場·日本の工場』文庫版上卷三〇四頁。

长期雇佣不是日本的专利

"终身雇佣"经常被认为是"日本式雇佣"的特征。然而，长期雇佣并非日本独有。

上文提到，长期雇佣在二战后的美国已经非常普遍。此后，在 20 世纪 50 年代和 60 年代的美国，流行与日本的"公司人"相对应的"组织人"（organization man）一词。[1]

经济学中有"内部劳动力市场"的概念，指在企业内部，或以职业划分的工会内部组织配置人力资源的劳动力市场。[2]

如果企业内部劳动力市场发展良好，员工可以期待在企业内实现晋升和加薪，那么，员工长期留在企业内工作的可能性就会很高。企业经营者也会以让更多员工留下来工作为前提，加强企业内部培训，提高福利待遇，从而进一步降低员工离职率。此外，企业在提拔人才时，如果在企业内部进行筛选，收集信息的成本也会大为降低。

20 世纪 70 年代，"内部劳动力市场"这一概念被从美国介绍到日本，开始出现对"日本式雇佣"进行经济学定位的研究。[3] 在经济史领域，学者们也开始研究日本大企业年功序列制的形成历史，以及战争对雇佣就业的影响等。参考这些研究，可知长期雇佣制度在日本的确立经历了以下过程。

---

① 宫本前揭『日本の雇用をどう守るか』九八頁。
② 不仅企业内部劳动力市场被定位为内部劳动力市场，手工艺工匠劳动力市场也被定位为内部劳动力市场。详见ドリンジャー、ピオーレ前揭『内部労働市場とマンパワー分析』序論三、四頁。
③ 野村正實『日本の労働研究』ミネルヴァ書房、二〇〇三年。该书详细介绍了内部劳动力市场理论被介绍到日本的过程，并分析指出了在运用这套包括企业内部劳动力市场和手工艺工匠劳动力市场的理论解释日本雇佣方式时的偏颇与不足。

直到 20 世纪初，日本还和 19 世纪的欧美一样，不是由企业直接雇佣工人，而是由师傅、工头承包工程后召集工人做工。被称为"流动工人"的技术熟练工正是在不断更换工作单位的过程中提高技能水平的。[1]

为了抵消这些工人流动带来的不良影响，大企业试图通过内部职业培训培养熟练的技术工人，并提高工资待遇来留住他们。作为优待措施之一，从第一次世界大战前后到 20 世纪 20 年代，大型私营公司引入了对员工定期加薪的年功资历工资制度。[2]

随着中日两国之间战争的爆发，政府为了确保军需生产，发布了从业者就业限制令和离职禁止令，严格限制工人在不同工作单位之间的流动。同时，政府还颁布了企业财务、工资相关的管理条例，之前不统一的起薪金额，根据地域、产业、年龄、性别由国家确定下来，并规定每年定期加薪。[3]

经济高速增长时期，为了确保劳动力的稳定，越来越多的企业开始宣传长期雇佣和年功资历工资制度。批量招聘应届毕业生的做法也从这一时期开始普及。这便是劳动史领域对迄今为止日本式雇佣就业发展历史的概述。

粗略来讲，在日本企业中，长期雇佣这一惯例的形成发展可分为三个阶段：第一次世界大战至 20 世纪 20 年代大正时期，1940 年前后军需经济景气的战时全面战争体制时期，20 世纪 60 年代经济高速增长时

---

① 关注"流动工人"的研究，详见兵藤釗『日本における労資関係の展開』東京大学出版会、一九七一年。
② 同上書第二章、第三章。
③ 尾高煌之助「『日本的』労使関係」岡崎哲二・奥野正寬編『現代日本経済システムの源流』日本経済新聞社、一九九三年、一六六頁。

期。关于三个阶段中哪个阶段更重要，不同学者研究结论各有不同，但一般共识是第一次世界大战期间是萌芽期，战时全面战争体制时期是推广期，经济高速增长时期是确立普及期。

稍加思考，不难发现，这三个时期都是经济增长时期。长期雇佣、内部培训、内部晋升、年功资历工资等都是企业努力留住人才的手段。当经济蓬勃发展，出现劳动力短缺时，企业往往会这样做。另外，经济景气给企业带来丰厚的经营利润，使其足以承担年功资历工资和内部培训的成本。

有趣的是，在美国，长期雇佣、内部晋升等内部劳动力市场的特征出现于第一次世界大战期间，定型于第二次世界大战期间，在 20 世纪 60 年代之前得到普及。如果将二战后日本经济跌至谷底视为例外，那么，美国和日本的内部劳动力市场形成时间段基本一致。因此，也可以这样认为，在世界经济的繁荣时期，类似现象在全球蔓延。

在没有经济增长的情况下，仅靠政府监管，似乎很难确立长期雇佣制度。例如，在战时全面战争体制时期，政府下令限制工人的流动，并呼吁改善"工人战士"的待遇。然而，这种行政命令之所以能够在一定程度上得以实施，是由于军需产业热造成劳动力不足，企业也试图留住工人。进入战败经济低迷期之后，战时的一系列规章制度也就变得名存实亡了。

此外，一般而言，无论东方还是西方，内部劳动力市场容易在一些特定行业中形成，比如电力、重型化工业等重工业产业。这些都是需要大量设备资金投入的行业，容易形成少数大公司的寡头垄断，稳定发展对于这样的企业来说非常重要。电力不能进口，从这个意义上讲，几乎不存在竞争。因此，在美国，这些行业率先确立了长期雇佣和内部晋升的制度化传统。①

如此一来，可以理解为什么无论日本，还是美国，长期雇佣的实现都是从战时制造业大企业开始的。正如第六章论述的那样，对二战后日本工资制度产生重大影响的基本生活工资的发放始于电力行业。

20 世纪中叶，无论东方还是西方，都形成了以制造业巨头企业为核心的产业中心，内部劳动力市场得以推广、扩大。在日本经济受到世界关注的 70 年代至 80 年代，甚至有人认为欧美企业越来越贴近日本风格。②事实上，美国企业也引入了一套仿照日本企业建立的"团队系统"。③IBM、惠普等公司注重员工培训和福利，并将公司比作一个家庭。④

换言之，长期雇佣和内部晋升制度并不是日本独有的。在任何社会，只要经济稳定增长，都会出现类似情况。

但是，不能据此认为内部劳动力市场形成的原因只在于经济的稳定发展。如前文所述，有些经济学理论观点认为发展内部劳动力市场是提高企业工人技术熟练度和降低企业收集信息成本的有效途径。但是，注重历史过程的劳动史研究者对此持批判态度。

研究美国劳动史的学者桑福德·雅各比略带嘲讽地将这些理论形容为"有点古怪，但还算优雅"。他认为"这些理论只不过是对二战后美国企业的雇佣做法进行事后合理化解释的尝试"，解释不通之处在于"如果内部劳动力市场能够带来高效率，那么，为什么二战前没有长期存在呢？"⑤

---

① 小池前揭『職場の労働組合と参加』二〇、二一頁。
② ドーア前揭『イギリスの工場・日本の工場』下卷第 15 章。
③ 宮本前揭『日本の雇用をどう守るか』一〇四、一〇五頁。
④ 伊藤・田中・中川編著前揭『現代アメリカ企業の人的資源管理』六〇頁。
⑤ ジャコービイ前揭『雇用官僚制』三五、三六頁。

正如雅各比解释的那样，美国长期雇佣和内部劳动力市场的扩大与当时的劳工运动有很大关系。然而，政府政策和战时军需产业热也是使之成为可能的条件。正是在一系列综合因素，而非其中任何一个单一因素的影响下，作为一种"惯习"的"社会规则"诞生了。

日本与美国的不同之处在于，日本长期雇佣和稳定工资并非以"职务平等"，而是以"员工平等"的形式实现。任何社会的劳动者，都会追求稳定的雇佣关系和工资薪酬，只要经济状况允许，就能够实现。然而，在实现方式和由此产生的惯例规则方面，日本确实有属于自己的独到之处。

那么，日本的雇佣惯例是如何形成的呢？以追求"员工平等"，而非"职务平等"为特征的做法是如何产生、确立的？围绕这些雇佣惯例，又形成了哪些教育、福利的相关制度和实践，从而形塑了日本社会的整体结构？

从下一章开始，笔者将从历史角度对这种"日本社会规则"的建立过程进行考证。

"日本式雇佣"的起源

第四章　要点

· 经济高速增长时期之前的日本企业也存在三层结构。但与其他国家不同的是，待遇是由学历而不是职务工作内容决定的。

· 这种规则起源于明治时代的政府机关体制。在政府机关，"俸给"主要由学历和工龄决定，而不是由经济规律或职务工作内容决定。

· 政府机关的"任官补职"原则和军队式的层级制度在明治时代深度影响了日本企业，在二战后的日本企业中继续以任职资格制度的形式存在。

· 战前日本对工人的歧视很严重，工人不适用年功资历制度，得不到长期雇佣这项保障。这被视为基于学历的"身份歧视"。

日本的雇佣惯例是如何形成的呢？[1] 在研究其历史时，笔者想要介绍一下詹姆斯·C. 阿贝格伦（James C. Abegglen）1958 年的《日本的经营》(*The Japanese Factory: Aspects of Its Social Organization*) 一书。一般认为，"终身雇佣"一词正是从这本书传播开来的。

1955 年至 1956 年，阿贝格伦对日本 19 家大型企业和 34 家小型企业的工厂进行了实地调查。他在战争期间作为海军陆战队队员接受过日语教育，并以美国战略轰炸调查团调查员的身份考察过广岛，这些经历开启了他的日本研究之路。他跟随社会人类学家威廉·劳埃德·华纳（William Lloyd Warner）学习田野调查的方法，在美国的工厂里作为机械师实地工作，进行参与式观察，之后来到日本。或许是由于当时美国人来日本开展实地调研很罕见，他在书中写道："每家公司的高管干部都对此次调查给予了难以想象的大力支持。"[2]

通过履历背景可以看出，当时的阿贝格伦是一位社会人类学家，而不是经济学家。因此，他的调查研究集中在日本企业具有组织规模性的惯例上。这是一个不同于经济学研究的关注点。

由学历划分的"三层结构"

阿贝格伦以某家大型制造业公司的全部管理层干部，以及职员、

---

① 本章内容是对日本雇佣惯例中"官僚制移植"影响的事实论证。关于政府机构官僚制对日本雇佣方式的影响，迄今为止，只有在劳动史和经济史研究中零星涉及，鲜有专题研究。另外，笔者发现，在行政史研究中，也找不到关于官阶通过中央政府机关、学校、军队、国有铁路、邮政等部门，对整个社会产生影响的论述。经济史等领域涉及的相关研究基本出现在本章注释中。

② ジェームス・C・アベグレン、山岡洋一訳『日本の経営』日本経済新聞社、二〇〇四年、「はじめに」xⅷ—xⅸ、新訳序文ⅴ、一九五、一九六頁。

一线工人总人数 10% 的员工为调查对象，分析揭示了组织内部阶层与学历背景之间的关系。阿贝格伦发现员工可以分为三类，即大学毕业的高级职员、高中毕业的下级职员以及初中毕业的一线工人。[①]

阿贝格伦结合家庭背景，对这三类人群做出如下描述：[②]

　　首先是企业中的初中毕业的一线工人群体。他们通常来自农村地区，出生于贫困家庭。他们被聘用后，接受工厂内部的集体培训，几乎全部以实习工、非熟练工的身份被分配到工厂的各个岗位。

　　三类人群的另一端是大学毕业生职员群体，他们毕业于同一所大学，或者极少数几所同样高级别的大学。不论籍贯是哪里，这些人都有在大城市生活的经历，而且绝大多数是在东京。他们以相同的身份进入公司，而非一线工厂，对公司抱有较高的忠诚度。这些人往往出生于中产阶级家庭，在大多数情况下，他们的父亲都是专业技术人员、经营者、高管干部。这个群体与初中学历的工人群体在家庭背景、生活方式、机遇、经历和教育等各个方面几乎没有交集，在对待工作和人生的态度、目标上也没有共通之处。

　　夹在这两个群体之间的是拥有新体制高中[③]毕业学历的职员群体。他们来自全国各地，许多来自城市地区，他们的父亲往往是熟练技术工人，或者底层白领。这一群体的人有着不同于另两个群体

① アベグレン前掲『日本の経営』四一、四二頁。
② 同上書六一頁。
③ 日文为"新制高等学校"，指日本学校体制改革后于 1948 年确立的现代高中。阿贝格伦的考察时间是 1955 年至 1956 年，此时期距离日本现代高中体制确立不到十年。——译者注

的经历和特点，更加多元化。

虽然并非只有日本企业拥有类似这样的三层结构，但通过阿贝格伦的观察，却看到了日本企业独有的几个特征。

第一，日本企业不重视与职务工作相对应的专业能力。在对这三个群体的员工进行招聘时，虽然都有笔试，但考试仅限于对一般性知识的考查。[1]

第二，企业内的三层结构几乎百分之百与学历对应。但是，学历又只是一个与工作能力无关的区分标准，既不能太低，也不能太高。企业在招聘一线工人时，只招初中毕业生，不招高中以上学历者。根据一家企业的人事部门介绍，在大约 3000 名工人中，只有 20 人左右是高中毕业生，他们是"完美隐瞒了自己高中学历的人"。[2]

第三，在招聘过程中，考查的重点是"人"本身，而不是工作能力，并因此特别重视学校推荐。[3]

高级职员只从五所指定大学（东京大学、京都大学、一桥大学、早稻田大学、庆应大学）的毕业生中选拔。企业首先通过教授的推荐了解应聘者的基本情况，之后对其进行全面的身体检查，筛除不合格的人，同时要对本人和其家人进行品行调查。而且，当时的大公司不接受任何未经学校推荐的应聘申请。

企业从全国约 100 所高中的毕业生中招聘下级职员，选拔方式依然

---

① アベグレン前掲『日本の経営』四〇、四七、五一頁。
② 同上書五一頁。
③ 以下、同上書四四—五二頁。

是能力测试和体检。企业委托全国公共职业介绍所通过笔试和面试招聘一线工人，对象仅限于初中毕业生。无论哪种情况，应聘人员都首先要通过学校推荐。

原则上来讲，以这种方式招聘的员工不得不服从企业的工作调动安排，但同时也得到了可以一直工作到退休年龄的雇佣保障。阿贝格伦分析指出：[1]

> ……被企业雇用的员工将一直工作到退休年龄。因此，企业在招聘时非常谨慎。被聘用的人将成为公司的终身员工，直到退休。

> 在这种制度下，在选拔和聘用阶段，企业实际上放弃了判定一个人工作能力不足的权利。员工并非为特定的工作岗位受雇，也并非因为他们掌握了工厂作业所必需的技能而受雇。应聘者的经历、品行和综合能力决定他们是否被企业相中。这些素质并不能保证应聘者成为工作能力出众的员工。

> 但是，即使判定一名员工工作不力，企业也不能将其解雇。只能在同等条件下，将其从一个岗位调到另一个岗位，即使最终依然干得不好，那也只能将其调动到一个对企业而言无足轻重、无关痛痒的岗位。

---

[1] アベグレン前揭『日本の経営』五九頁。引文对原文做了换行调整。虽然同样是企业内部调动，大学毕业的职员是在企业的各个单位部门之间进行工作调动，而初中毕业的工人则是在企业下属的二级事务所或工厂一线进行工作调动。从这个意义而言，二者是不同的，但通过观察可以发现初中毕业的工人实际上也是通过岗位调动来避免被解雇，这一点又与战前有所区别。

日本企业员工的职务工作不固定。员工一旦被录用，即使不能胜任职务工作，也不会被解雇。因此，企业对应聘人员的选拔过程是很严格的。在这一过程中，企业着重考查的不是专业工作能力，而是学校老师考查学生时侧重的"经历、品行和综合能力"。

换言之，这里所说的"学历"，其实是指特定学校对学生应聘企业时的推荐，是一种事先的选拔内定。因此，并非所有大学的学位都被企业认可，毕业院校的牌子才是问题的关键。

员工与企业之间的"恋爱结婚"关系

经过这样的选拔过程，企业与员工之间得以确立关系。阿贝格伦称这种关系为"一生的承诺"（a lifetime commitment），相当于"终生的誓言""不变的爱"，这种说法最终演变为"终身雇佣"这一阿贝格伦书中从未出现过的术语，并广为流传。[1]

在之后的第七章中将要提到，日经联（日本经营者团体联盟）在1969 年的报告中指出"终身雇佣制度是企业与其员工之间的恋爱结婚"。[2] 这种"恋爱结婚"[3]的说法比"终身雇佣"的说法更符合阿贝格伦

---

[1] 阿贝格伦的《日本的经营》一书，在 1958 年由占部都美监译、钻石社出版的日文版本中，将"a lifetime commitment"翻译为"终身関系"，并将"permanent""eternal employees"翻译为"终身的""恒久的従業員"（第 17 页和第 19 页）。由此诞生了"终身雇佣"这一阿贝格伦从未使用过的词。"終生のコミットメント a lifetime commitment"与"定常雇用 permanent employment"不同，很难说它是表示雇佣关系的经济学术语。正如本章提到的，受过社会人类学训练的阿贝格伦似乎用这个词在表达一种社会规范意识。
[2] 日経連能力主義管理研究会『能力主義管理』日経連出版部、一九六九年、新装版二〇〇一年、新装版八四页。
[3] 指建立在自由恋爱基础上的婚姻，与"相亲结婚"相对。终身雇佣相当于劳资双方经过"自由恋爱"后"结婚"。——译者注

描述的"一生的承诺"的内涵。

不过，阿贝格伦承认，中小企业员工、临时工、女性员工等类别的员工流动性很强。对这些人而言，不存在终身雇佣。其实，阿贝格伦原本并非经济学家，而是一名接受过社会人类学训练的学者。在婚礼上宣誓表达永恒的爱是一种展示社会道德伦理的行为，但这并不意味着不存在离婚。"一生的承诺"这种说法，与其说是在经济学层面描述雇佣关系，不如说是在社会人类学层面讨论规范意识。

在日本企业中，女性的地位极低。在阿贝格伦调研的某家大型制造业企业中，高中毕业的下级职员和初中毕业的一线工人中女性较多，但要求具有大学学历的高级职员岗位则不招聘女性。他这样写道：[①]

> 公司中女性地位低下的问题，不仅体现在只让女性从事在能力和职责方面要求最低的工作，还包括让她们在办公室为男性访客沏茶，为同事跑腿，做其他简单重复的甚至用人般的工作，地位的差异在本职工作以外的很多方面也被强化……
>
> ……二战后，大量女性接受大学教育成为可能。希望在企业、研究所、专业技术岗位上工作的女性人数迅速增加。在关于女性就业的人事问题上，我们对这家全面欧美化管理的日本企业进行了详细的调研。二战后，该公司雇用了一些大学毕业的女性员工。但至少在外部人看来，这些女性显然对自己在公司中的地位非常不满，甚至极其愤慨。针对这种情况，公司停止招聘大学毕业的女性，招

---

① アベグレン前掲『日本の経営』四一、一三七――一三八頁。

聘女性员工时，只招高中毕业生和初中毕业生。

阿贝格伦看到的是 1955 年的日本企业，和现在的日本企业既有相同之处，也有不同之处。职务工作不明确，对专业能力和学历的要求不明确等问题，对于当今的日本企业而言，也是普遍现象。但是，1955 年的日本企业内部存在严格的三层结构，其中看不出任何"员工平等"的迹象。

在之后的内容中，笔者将探讨这些特征在 1955 年之前是如何形成，之后又是如何变化的。首先，本章将回顾明治时期到战前的这段历史。

从混乱状态到身份秩序的确立

历史上日本就不存在像欧洲那样的职业工会传统。江户时代虽然有职业行会，但这些团体作为接受来自地方最高行政长官"大名"订单的组织色彩非常明显，被局限在藩属地域里，并不属于全国性组织。[1]

那么，在这样的前提下，日本形成了什么样的企业秩序呢？让我们参考菅山真次对明治和大正时期国有八幡制铁所档案记录的研究，来回顾企业秩序的形成过程。

创立初期的八幡制铁所，几乎没有长期雇佣和招聘应届毕业生的制度，很多工人和办公职员都是有工作经历的，按照当时的标准来看，应

---

① 二村一夫「日本労使関係の歴史的特質」『社会政策学会年報』第三一集、御茶の水書房、一九八七年所収、八二—八六頁。

聘者需要具备的已工作时间一般是一年到两年。①

此外，经营管理方会频繁进行员工的人事调动，甚至那些在入职时被聘为熟练技术工的人，也有一半以上经历过不同工种的岗位变动。关于这一现象的背景，菅山认为是从德国引进的最先进的冶炼一体化设备与日本当时的技术工艺不兼容。②

技术工艺的不兼容导致了另一个特点，即八幡制铁所的技术人员中有很多人具备一定的教育背景，且曾在政府部门任职。③

比如，一名 1870 年出生于大分县士族④家庭的技术人员，从会计学专业政府管理方向（学校名不详）毕业后，被广岛初审法院会计课聘用。一年半后辞职，进入岐阜县三菱股份有限公司的茂住矿山精炼厂工作，并重新进入东京工手学校⑤采矿和冶金专业学习。毕业后在两家矿业公司工作，然后进入九州丰州铁道矿业部工作，1900 年被八幡制铁所聘为工程师。

此外，还有一名有类似经历的工程师。他于 1868 年出生，在私塾学习汉学，读完私立中学之后，在寻常小学⑥当教员。之后，进入福冈县内务部从事土木管理工作，然后又进入工手学校土木科学习，毕业后，1900 年成为八幡制铁所的工程师。类似这样，很多工程师都是在接受过中等和高等教育后，从文职官吏转型为工程技术人员的。

---

① 菅山真次『「就社」社会の誕生』名古屋大学出版会、二〇一一年、八九頁。
② 同上書三八、五四、五五頁。
③ 关于以下两个例子，详见同上书七四、七五页。
④ "士族"通常指明治维新前的武士阶级，明治维新后其身份特权被削弱，没有爵位，属于没落的贵族。——译者注
⑤ 今天的"工学院大学"。——译者注
⑥ 日文为"尋常小学校"，明治时期设立的初等普通教育机构，刚开始学制为四年，后改为六年制义务教育。——译者注

在 1900 年八幡制铁所的 158 名员工中，有 75 名（47%）出生于士族家庭。[1] 由此不难看出，作为旧社会中知识阶层的士族，在成为事务办公职员和技术人员，入职对知识要求较高的工作岗位时具有一定的优势。

接受过中等、高等教育的旧士族阶层作为知识分子，从获得官职开始职业生涯，不拘泥于特定的职业，这是明治时代经常可以见到的职业发展轨迹。夏目漱石于 1906 年出版的小说《哥儿》中的主人公也是如此，从东京物理学校[2] 毕业后，成为四国地区的初中教师，后来又成为东京铁路公司的技术员。

然而，在日本，士族阶层没落得很快。在八幡制铁所之后聘用的办公职员中，士族家庭出身者的比例急速下降。

欧洲的贵族拥有土地，并可以以此为基础继续保持他们的地位。而日本的武士阶级与土地分离，只不过是住在城下町，依靠领主发放俸禄过活的家臣集团。因此，这一阶层在明治时代的"秩禄处分"[3] 之后，便迅速退出历史舞台。[4]

而且，在明治时代的日本，有影响力的私营产业没有发展起来，职业工会和行业协会也缺乏影响力。因此，政府实际上有效地垄断了现代教育，而接受了现代教育的人，第一份工作往往是直接入职政府机关。

换言之，明治时代日本社会的用人方式是不拘泥于职业，将少数接受过现代教育的人才安排到各种技术含量高的工作岗位。当时并没有形成长期雇佣和批量招聘应届毕业生的制度性做法。

---

① 菅山前揭『「就社」社会の誕生』七〇頁。
② 今天"东京理科大学"的前身。——译者注
③ 明治政府在 1876 年实施的全面废除封建武士俸禄制度的政策。——译者注
④ 上山安敏『ドイツ官僚制成立論』有斐閣、一九六四年、六一一二頁。

但是，在当时的混乱状态下，八幡制铁所形成了独特的内部秩序结构，正如阿贝格伦 1955 年在日本企业中观察到的三层结构一样，由与学历对应的高级职员、下级职员、一线工人组成。

　　形成这种三层结构的背景在于八幡制铁所是国有工厂，适用于政府机关的官阶等级。办公职员包括高等官、判任官、雇员，下一级是保安、侍役、勤杂，再下一级是一线工人。办公职员的任用看重学历，正规中学学历以上者被视为具备"职员"资格。[1]

　　通过长岛修对八幡制铁所创立时期状况的分析可知，从 1901 年开始已经确立了针对不同学历的招聘标准，"在 1910 年这一阶段，由学历和身份造成的工资收入方面的巨大差距已经出现"。[2] 办公职员的工资也由官阶等级 [3] 决定。[4]

　　那么，政府机关有怎样的行政级别划分？为了理解这一点，我们必须对明治时代的官阶体制进行说明。

政府机关的身份等级制度

　　政府机关的三层结构 [5] 一直延续至今。研究公务员制度的学者川手摄对政府机关的三层结构解释如下。[6]

---

① 菅山前揭『「就社」社会の誕生』六五、九五頁。
② 長島修「創立期官営八幡製鐵所の経営と組織」『立命館経営学』第四七卷四号、二〇〇八年、二〇七、二〇六頁。
③ 行政级别。——译者注
④ 森建資「官営八幡製鉄所の労務管理 (1)」『経済学論集』第 71 卷 1 号、二〇〇五年、二三一二六頁。
⑤ 本章讨论关于政府机关官吏身份等级制度的"三层结构"，主要指不同官阶等级构成的三个等级。——译者注
⑥ 川手摂『戦後日本の公務員制度史』岩波書店、二〇〇五年、序章一一四頁。

首先，在最高层的，是通常被称为"职业组"（career）的高级职员。他们每隔两年左右就要在不同的部门岗位之间调动，能够很快得到晋升的机会。

在高级职员之下的，是通常被称为"非职业组"（no career）的下级职员。他们接受一定范围内的工作调动，以提高熟练处理实际业务的能力。他们往往在实践能力上优于"职业组"，但只能作为"职业组"的辅助，晋升空间有限。

"职业组"和"非职业组"都受聘于所谓的"中央机关"①。而且，二者都包括了人文学科序列的事务职员和理工学科序列的技术职员。

再下一层是在各地一线工作的地方职员，其中也包括了非正式雇佣的工作人员。他们受雇于各"地方机关"，而非"中央机关"。

于是，"职业组""非职业组""地方职员"构成了一个金字塔形的三层结构。

在现代，这种三层结构的人事管理制度未必能找到法律依据。但在战前，这却是一种法定的身份制度。战前的"官吏"包括了相当于高级职员的高等官，相当于下级职员的判任官，以及在他们之下的协管、勤杂、委托雇员等。这也正是国有八幡制铁所的员工结构（见图4-1）。

将官吏分为敕任官、奏任官、判任官的做法，可以追溯至1869年（明治二年）。1871年，官阶被进一步划分为十五个等级，三等以上为敕任，七等以上为奏任，七等以下为判任。之后经历了各种变更和调整，基本框架于1911年固定下来，直到1949年被废除。②

① 日文为"本厅"。——译者注
② 時野谷勝「判任官」『日本大百科全書』https://kotobank.jp/word/%E5%88%A4%E4%BB%BB%E5%AE%98-607141 二〇一九年六月四日アクセス。

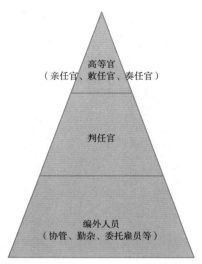

图 4-1　战前政府机关的三层结构

　　官阶级别表详细规定了什么级别的官吏承担什么样的职务工作。表 4-1 是基于 1886 年官阶级别表制成的官阶与职务对应关系（各省厅机关的对应关系上下有一定幅度浮动）。① 因此，无论是帝国大学的助理教授，还是一等邮局局长，他们的职务工作不同，但身份都是奏任官四等，基本工资级别相同。

---

① 关于官职和俸给的详细资料，参考内阁档案局 1894 年编著的《明治职官沿革表》，复刻版参考原书房 1979 年出版的单册附录《官等·俸给》。武官的官阶和官职是基本对应的，官职包括"舰长""参谋"等。重巡洋舰的舰长一般是大佐，驱逐舰的舰长一般是少佐。尽管如此，"舰长"的官职和官阶并非严格一一对应。文官的话，奏任官三等的官阶，也没有和军队武官中"大佐"对应的官职。对应关系图显示"局长""教授"等职衔相当于"舰长"。因此，这一对应的区间范围浮动涵盖了奏任官一等和奏任官二等（但是，帝国大学教授不曾对应奏任官五等）。在 1886 年的官阶表中，既存在与官阶唯一对应的官职（大臣等），也存在与官阶对应存在一定浮动范围的官职（知事、教授等）。这被认为与俸给表中的"上中下"有关。除此之外，在 1886 年时，还没有关于"亲任官"官名的记录，而且判任官分为十个等级，具体情况与本文表格中描述不尽相同，为了便于读者理解，笔者适当做了简化处理。

表 4-1　1886 年（明治 19 年）官阶与职务的对应关系

	陆军官阶	文官	警察	文部教育	司法	邮政
亲任官	大将	大臣	内务大臣	文部大臣	最高法院院长	邮政大臣
敕任官一等	中将	知事、长官、次官、局长	警视总监	帝大校长	控诉院院长	次官
敕任官二等	少将	同上（省厅等）	同上	高等师范学校校长	最高法院检事长	总务局长
奏任官一等	大佐	书记官（本省课长级）等	副总官	分科大学校长（相当于学部长）	一审法院审判长	驿站局长
奏任官二等	中佐	同上（省厅等）	一等警视	帝大教授	最高法院法官、检事	
奏任官三等	少佐		二等警视法医主任	同上	控诉院法官、检事	邮政管理局长
奏任官四等	大尉		三等警视	帝大助教授	一审法院法官、检事	一等邮政局长
奏任官五等	中尉		四等警视	寻常中学校长	同上	
奏任官六等	少尉		五等警视			
准奏任		见习			见习	
判任官一等	准军官		警部	寻常小学校长	候补法官候补检事	二等、三等邮政局长
判任官二等	曹长					
判任官三等	一等军曹			教谕		
判任官四等	二等军曹			助教谕	看守长	
等外	兵卒	雇	巡查		看守	

注：根据第 57~64 页的 1886 年（明治 19 年）官等表制成。对应关系上下有一定幅度浮动。

资料名称：内閣記録局编『明治職官沿革表』别册付録『官等・俸給』、1894 年、复刻版原书房、
1979 年。

在高等官序列中，级别最高的是由天皇亲自任命的亲任官。武官的话是陆海军大将；文官的话是内阁总理大臣和各省厅大臣。

在亲任官之下，是经过天皇敕命任命的敕任官。敕任官一等和敕任官二等，相当于武官序列的中将和少将；文官的话，相当于各省厅次官、局长、帝国大学校长、警视总监、府县知事（战前日本各地方自治体的行政长官"知事"不是选举产生，而是由内务省派遣的官吏出任）等。

再往下的一个级别，是由他人向天皇奏荐而获任命的奏任官。奏任官一等，相当于武官中的大佐，文官则相当于现代中央各省厅机关的课长级官员。①

高等官相当于今天的"职业组"，这些官吏属于少数精英。陆军系统的话，一般毕业于陆军士官学校；海军系统的话，一般毕业于海军兵学校；文官系统的话，一般毕业于帝国大学，并且是通过高等文官考试的高才生。

通过高等文官考试的文官被称为"高文组"，他们晋升比较快。这些人考试合格后进入各省厅机关工作，大约每两年经历一次岗位调动，官阶相应提升，十年左右就可以晋升为课长级别的书记官（相当于奏任官一等或陆军大佐）。② 根据政治学家水谷三公的调查，截至 20 世

---

① 日本"课长"的级别相当于中国政府机关和事业单位的"处长"，中国企业的"部门主管"。需要注意的是，日本的政府机关、事业单位和企业的科层制级别基本一致，使用"部长""课长""系长"等同一套职衔，而中国的政府机关、事业单位和企业的科层制级别头衔不同，中国企业中不使用处长、科长等头衔，只有政府机关和事业单位使用。因此，无论是中国政府机关和事业单位的"处长"，还是中国企业的"部门主管"，在日文语境中都对应"课长"一词。——译者注

② 川手前揭『戦後日本の公務員制度史』一一页。

纪 20 年代，进入内务省的"高文组"中，有一半左右的人成功升至敕任官。[1]

高等官之下的判任官，相当于今天的"非职业组"，对应战前军队里的士官。文官判任官包括事务职员和初级技术员等，是实际承担政府机关具体工作的人。拥有多年工作经验，且政绩优异的文官判任官可以享受低等奏任官的待遇，但基本上不会调离所在的局或课等具体部门。[2]

编外的协管、勤杂、委托雇员并非政府官吏，只是临时职员。其中有些人在工作经历积累到一定程度之后也能被任命为判任官，但他们的晋升空间非常有限。

奏任官的官阶晋升较快，俸给也会相应增加，但判任官的官阶和俸给的提升却有一定上限。协管和勤杂没有明确的加薪规定，他们的俸给是基本不变的。

行政学专家稻继裕昭制作了一份表格，其中的俸给差异清晰展示了这种阶层结构（见图 4-2）。尤其值得注意的是，奏任官的俸给随着工龄的增长而不断提升的情况与之后日本企业实行的年功资历工资制度很相似。而且，随着 1899 年文官任用令的修订，敕任官的任用对象原则上限定为通过高等文官考试的人。于是，开始出现从奏任官升任敕任官的现象。

在战前，这种政府机关的官阶体制影响了整个社会，为社会中的每个人所熟悉。这是因为该体制适用于所有的国家机关、事业单位、

---

[1]　水谷前揭『官僚の風貌』一三七頁の図五参照。
[2]　这群人在机关内部有一个特殊的职务名称"理事官"。详见川手前揭『戦後日本の公務員制度史』一三頁。

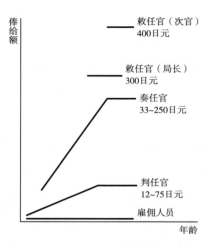

图 4-2　明治时期官吏的月俸
（资料来源：稲継裕昭『公務員給与序説』有斐閣、2005 年、189 頁）

国有企业，例如学校、警察局、乡镇政府、铁路、国有工厂等。此外，许多男性都有被征兵入伍的经历，从而在军旅生涯中被纳入了该体制。

从结论而言，这种制度是日本式雇佣的起源。在这种制度中，俸给不是由职务工作内容决定，而是由组织内对应的等级决定。

作为身份象征的俸给

"官吏"是一种被天皇赐予的身份地位。《大日本帝国宪法》第10 条规定，天皇有权任命文官和武官，并规定其俸给。官吏服务法规、高等官官等俸给令、判任官官等俸给令、文官任用令等皆由敕令规定。

政府官吏的级别越高，俸给差距越大。在 1886 年的俸给表中可以看到，各省厅大臣和陆海军大将的年俸是 6000 日元，而判任官十等（警部补、看守补等）的月俸只有 12 日元（见表 4-2）。[1]

然而，对于在私营企业工作的一般人来讲，12 日元仍然是一笔不菲的收入。根据第三版《日本帝国统计年鉴》，1882 年男性日工劳动者日平均收入为 0.22 日元，一个月工作 27 天收入仅为 5.9 日元。棉纺女工的工资则更低，平均日薪只有 0.16 日元，工作 27 天平均月薪 4.3 日元。稻继裕昭将这种现象描述为"敕任官一个月赚了日工六年的工资"。[2]

同时，相对于只能赚取日薪的劳动者，政府官吏每个月都可以领取薪水，享受收入稳定的特权。1871 年出生的历史学家喜田贞吉回忆 19 世纪 80 年代的情景时，这样描述道："在我上中学那个时代，能够拿月薪可是一件不得了的事情。无论是生病休息，还是星期天放假，甚至是在夏天的高温休假期间，都可以领到这笔钱，这是一笔令日工和农民羡慕不已的收入。有了这笔可观的收入，就能够享受来自世人的尊敬，成为大家羡慕的对象。"[3]

在政府录取任用官吏的过程中，学历成为评判的重要标准。武官系

---

① 内閣記録局編前掲『明治職官沿革表』別冊付録六四一七八頁。明治 19 年（1886）12 月 31 日制定的官阶俸给表。小池和男在《战前日本军队的薪俸》（「戦前日本の軍のサラリー」）中记录了 1890 年陆军俸给令中规定的陆军俸给，同年武官的俸给在《明治職官沿革表》（『明治職官沿革表』）別冊附録第 285 页之后也有记录，高等官的俸给与 1886 年几乎持平。判任官级别的官吏，一般而言，武官俸给比文官要低一些，但士官住在军营里，享受免费食宿。

② 稲継前掲『公務員給与序説』一〇頁。

③ 喜田貞吉『還暦記念六十年回顧』私家版、一九三三年。天野郁夫『学歴の社会史』新潮社、一九九二年、四八頁より重引。

表 4-2　1886 年（明治 19 年）的俸给

判任技术官月俸				判任官月俸			高等官年俸				俸给表
下	中	上	等级	下	上	等级				等级	
六拾圆	七拾圆	八拾圆	一等技术员	六拾圆	七拾五圆	一等	各省大臣 六千圆	内阁总理大臣 九千六百圆			勅
五拾圆	六拾圆	七拾圆	二等技术员		五拾圆	二等	下 四千五百圆	上 五千圆		一等	任
四拾五圆	五拾圆	五拾五圆	三等技术员		四拾五圆	三等	三千五百圆	四千圆		二等	官
四拾圆	四拾五圆	五拾圆	四等技术员		四拾圆	四等	下	中	上		奏
三拾五圆	四拾圆	四拾五圆	五等技术员		三拾五圆	五等	贰千六百圆	贰千八百圆	三千圆	一等	
三拾圆	三拾五圆	四拾圆	六等技术员		三拾圆	六等	贰千圆	贰千贰百圆	贰千四百圆	二等	
贰拾五圆	三拾圆	三拾五圆	七等技术员		贰拾五圆	七等	一千四百圆	一千六百圆	一千八百圆	三等	任
贰拾圆	贰拾五圆	三拾圆	八等技术员		贰拾圆	八等	一千圆	一千百圆	一千贰百圆	四等	
拾五圆	贰拾圆	贰拾五圆	九等技术员		拾五圆	九等	七百圆	八百圆	九百圆	五等	官
拾贰圆	拾五圆	拾八圆	十等技术员		拾贰圆	十等	四百圆	五百圆	六百圆	六等	

（资料来源：内阁记录局编『明治职官沿革表』别册付録『官等·俸给』64 页）

统的话，要求必须有陆军士官学校或海军兵学校的教育背景；文官系统的话，要求必须毕业于文部大臣认证的教育机构。

1887 年开始在录用高等官时，实施见习文官考试制度，帝国大学法学部和文学部的毕业生可以免试。虽然，免试特权随着 1893 年高等文官考试的实施而被废除，但在这之后，完成文部大臣认证的高等教育的人员也可以免试。

于是，判任官只需通过普通文官考试便可任用，中学毕业生可以免试。因此，高等教育毕业生出任高等官、中等教育毕业生出任判任官成为惯例。

结果，学历差异体现为官阶和俸给的差异。喜田贞吉在回忆 19 世纪 80 年代的中学时光时，这样写道：

> 拿最低一级工资的当属小学教员，当时德岛县普通师范学校毕业生的起薪是 6 日元……成为中学老师后通常是 15 日元至 30 日元，拥有法学学士学位的某位校长的月薪为 60 日元，高等师范学校毕业的某位副校长的月薪为 40 日元……当时我自己仅靠 1 日元 50 钱就能维持一个月的生活，所以校长的月薪一个月足足可以养活 40 个人，副校长则可以养活三十六七个人。县令① 就更不得了，月俸整整有 250 日元……人们对高收入者很敬仰，因此，他们很有威信。②

---

① 1871 年废藩置县设置的县级最高行政长官，相当于今天各都道府县的"知事"。——译者注
② 天野前揭『学歴の社会史』四八—四九頁より重引。

对照喜田提到的工资金额和 1886 年的俸给表可以看出，高等师范学校毕业的中学副校长属于奏任官六等（相当于陆军少尉），大学毕业的校长属于奏任官五等（相当于中尉），县令（县知事）属于敕任官二等（相当于少将）。如果将师范学校毕业的小学教员的月薪 6 日元折合成今天的月薪 18 万日元的话，按照这一比例计算，那么校长的月薪为 180 万日元，县令的月俸则为 750 万日元。

据 1892 年成为福井县知事的牧野伸显回忆，当地百姓会跪在地上恭迎知事，"当走在东京山手地区的住宅区时，看到的那些显眼的高档住宅几乎都是政府官吏的"。[①] 这种情形在民间私营企业涌现的大正时期有所改变，但明治时期政府官吏的威信还是很高的。

当时私营产业还没有发展起来，能够保证收入稳定的仅限于政府官吏和教师等公务事业单位职位。在这种情况下，注重学历的公务事业单位的薪酬制度对社会产生了巨大的影响。

"任官补职" 原则

关于这种情况引发的激烈的学历竞争，笔者不做赘述。这里重要的问题是，政府官吏的俸给是一种身份工资，而不是职务工资。

政府官吏的职业特点是通过对天皇和政府的无限尽忠，换取等价的终身生活保障。换言之，政府官吏对"天皇陛下和天皇陛下的政府"有"与其身份等级相应的无限忠君爱国的服务义务"，"俸给是用来维持政府

---

① 水谷前揭『官僚の風貌』文庫版八一頁より重引。

官吏相应的地位和体面的"。① 他们对国家宣誓，许下"一生的承诺"，国家相应给予其终身生活保障。

由于政府官吏的工作特点是"无固定工作量"，所以他们不设定工作时间，而且明治初期政府机关的工作时间极短。各省厅机关的工作时间规定十分宽松，比如 1869 年（明治二年）规定，上午 10 点上班，下午 2 点下班，午休时间为 1 小时，每天实际工作时间只有 3 个小时。②

1871 年上班时间调整为上午 9 点至下午 3 点，1886 年调整为上午 9 点至下午 5 点。然而，夏季工作时间只到上午的惯例一直延续到昭和时代（1926~1989）。而且，实际情况是，做具体工作的判任官一般会按时到单位上班，高等官却往往 10 点钟才走进办公室。作为上司的高等官不在的话，很多工作无法开展，所以那些按时上班的判任官上午大部分时候是在"通过看报纸和聊天消磨时间"。③

官吏退休后能够从国家预算拨款中领取一份稳定的"退休金"④，相当于获得一份终身生活保障。退休金金额与官吏级别对应，军官和高级文官在退休后也能够维持有尊严的体面生活。

---

① 该解释是战前的标准法律解释，可参考美浓部達吉『日本行政法』上卷、有斐閣、一九三六年、六八三頁。人事院「戦前の公務員制度（官吏制度）」『平成 20 年度 年次報告書』第一篇第二部第一節 1。http://www.jinji.go.jp/hakusho/h20/032.html 二〇一九年六月四日アクセス。
② 鈴木淳「二つの時刻、三つの労働時間」橋本毅彦・栗山茂久編著『遅刻の誕生』三元社、二〇〇一年所収、一一六─一一八頁。
③ 同上論文一一八頁、水谷前揭『官僚の風貌』六六、六八頁。
④ 日文原文为"恩給"，相当于抚恤金、退休金。日本近代"恩给"制度，起源于明治维新后，政府为海军、陆军、官吏、警察、教员等国家公务职业者设立的"恩给"制度，1923 年将各个单独规定统一后颁布《恩给法》，规定了官吏在退休或死亡之后，国家根据官阶级别支付给本人或家属一定的金钱，以保障其生活稳定。二战后被公务员保险制度取代。——译者注

官阶越高，工作时间越短，俸给越高，退休金越高。这事实上违背了经济学原理。不过，官吏和军人本身并不从事经济活动。他们的俸给不是由生产带来的经济利润决定，而是由维持相应的身份地位和体面生活的标准决定。

而且，他们的俸给与职务工作不等值，俸给金额基本上是由官阶决定，而不是由他们从事的工作内容决定。

正如我们已经看到的政府官吏的俸给表，俸给是由官阶决定的。重要的是官阶级别，职务工作内容是次要的。因此，省厅次官、警视总监、大学校长等官员虽职务工作内容大相径庭，但都同样领取敕任官一等的俸给。

体现这一原则的典型是军队。海军少将，既可能在舰队司令部制定作战计划，也可能担任战舰舰长，即使其有自身擅长的领域，也只能根据上司的判断承担各种职务工作，但其基本俸给是由少将的身份决定的。[1]

这个原则被称为"任官补职"。[2] 也就是说，先任命官阶（任官），再分配职务工作（补职）。

直到今天，日本公务员的工资也是由官阶（号俸）和职务（级）综合决定的。"号俸"是指由工龄等因素决定的资格等级，"级"是指课长、组长、组员等官职。在军队里，"号俸"相当于少将等军阶，"级"

---

[1]　内閣記録局編前掲『明治職官沿革表』別冊付録五四—七八頁。明治 19 年 12 月 31 日制定的官阶俸给表显示，将官不会因职务工作不同出现俸给差异。佐官分为"步兵大佐""宪兵大佐""工兵大佐"等，俸给略有差异。尉官分为一等、二等，俸给也有差距。小池和男在《战前日本军队的薪俸》中将这种现象对应私营企业的职务工资和区间浮动工资进行分析，但这种对应分析是存在问题的。

[2]　人事院『平成 19 年度 年次報告書』「第 1 篇 人事行政」。http://www.jinji.go.jp/hakusho/h19/009.html　二〇一九年六月四日アクセス。

则对应舰长等职务工作岗位。与之相应的各种津贴总和构成了公务员的工资。

这一基本原则本身在每个国家的军队中都是通用的。在作为日本模板的德国、法国等国，其大陆型官僚体制中，俸给等级和职务岗位也是分开的。[1] 由此看来，这种俸给制度在军队和政府机关中并不少见。

如果一定要强调日本的特殊之处，那便是延续了 8 世纪律令制的官阶制度。[2]

在明治初期的太政官体制中，沿用了律令制的"正二位""从三位"等官阶（见表 4-3）。虽然在 1871 年（明治四年）被废除，但在 1877 年的官阶条例中再次被编入授勋等级，为官吏授勋时晋升相应官阶的做法，成为一种制度惯例。因此，官阶不仅决定俸给等级，而且还是身份地位的象征。

这些官阶与横向劳动力市场之间丝毫没有交集。各个国家的军队都

---

[1] 村松編著前掲『公務員人事改革』一五七、二一三頁。

[2] 在日本，据说从 8 世纪大宝令和养老令等律令制度创立之初，官僚制度逐渐完备开始，就是重官阶甚于官职。当时日本的效仿对象是中国唐朝，在唐朝的政治体系中，官职和官位也是两个序列。但是，在中国，决定官僚地位次序的是官职，官位（官阶）只是官职等级的指标。在日本则刚好相反，官位（官阶）决定官吏的等级次序，依据官位的等级，补缺授予官职。

日本的这种规则被日本史研究学者称为"官位相当制"（大隅清陽「官位相当制」『日本史大事典 2』平凡社、一九九三年）。在中国，朝廷有授予官吏实质性官职的政治权力；而在日本，掌握强大实权的是豪族，天皇只能通过给士族授予官位的形式来确定官吏的等级序列。江户时代天皇彻底失去了实权，但形式上依然保留了天皇授予官位的惯例，并一直延续到明治维新后的官僚体制。

不过，正如本书所讲，俸给等级和职务工作分离并非日本官僚制的特例。而且，即使 8 世纪日本官僚制异于中国官僚制，也缺乏证据证明其与 19 世纪以来日本官僚制之间具有连续性。因此，类似的观点尚需进一步论证，应当谨慎避免一味鼓吹"日本特殊论"。

表 4-3　1870 年（明治三年）的官制

		神祇官	宣教使		太政官	舍人局
敕任	从一位				左右	
	正二位				大臣	
	从二位	伯			大纳言	
任	正三位		自神祇官兼之	长官	参议	
	从三位	大副		次官	大辨	
	正四位	少副			中辨	
	从四位	大佑	判官		少辨	
奏任	正五位	权大佑	大博士 权判官			
	从五位	少佑	权大博士		大史	
任	正六位	权少佑	中博士		权大史	
	从六位	大史	权中博士		少史	长助
判	正七位	权大史	少博士 大主典		权少史	
	从七位	少史	权少博士 权大主典			权助
	正八位	权少史	大讲义生 少主典		主记	
	从八位	史生	中讲义生 权少主典		官掌	大舍人
任	正九位	官掌	少讲义生 史生			权大舍人
	从九位					
			使部			直丁 小舍人

（资料来源：内阁记录局编『明治职官沿革表』别册付录『官等·俸给』6 页）

被要求绝对忠诚，军人之间不可能形成横向劳动力市场。一名军人在部队中，除了不断晋升之外，别无他途。

与此同时，日本的另一个特点是，这些军队和政府机关的制度深刻影响了民间私营企业。正如后面将要介绍的，日本企业和政府机关一样，有一套十分发达的通过等级决定工资的资格制度。

金字塔结构

政府的官僚制度造就了少数人位于顶端的金字塔结构。根据第 54 版《日本帝国统计年鉴》的记载，1935 年各省厅文官中，敕任官 1609 人，奏任官 1.3985 万人，判任官 12.0098 万人。与之相对的，非正式雇员 35.8880 万人，占文官总数的 73.6%。高等官（敕任官、奏任官）人数只占整体的 3.1%，但俸给却占到 12.7%。[1]

战前的协管、勤杂、委托雇员是指政府机关一线业务部门雇用的非正式职员。[2] 一般而言，协管是协助辅佐官吏的事务性工作人员，勤杂是公务办公现场的体力劳动者，委托雇员是为填补官吏人员不足而临时雇用的工作人员。

文官任用令规定了高等官和判任官的身份地位，而协管、勤杂、委托雇员则只是通过签订私法合同被政府机关聘用的工作人员，根据政府机关工作量的增减变化随时面临裁员，俸给也没有统一的标准，各省厅机关在预算范围内按照内部规定支付。行政史研究者川手摄曾这样形

---

① 内閣統計局編『第五四回 日本帝国統計年鑑』東京統計協会、一九三五年、四〇八頁。
② 协管、勤杂是非正式公务员的原型，详见濱口桂一郎「非正規公務員問題の原点」『地方公務員月報』二〇一三年一二月号。

容:"协管和勤杂连'吏'都算不上，被丢弃在以天皇为中心的同心圆之外。"[1]

这些雇佣员工经常与作为下级职员的判任官，以及年轻的高等官做相似的工作。然而，当时政府机关内部的歧视十分露骨，许多设施在使用上都对高等官和其他人员做出明确区分，如食堂和废纸篓都有"高等官专用"的，高等官的办公桌上铺着绿色的桌布，甚至连只有一个入口的卫生间，内部也有高等官专用区和普通区的分别，前者被俗称为"裤管"。[2]

本书所要强调的正是这种官阶秩序对企业管理的影响。

这种影响首先从国有工厂开始。根据 1877 年的太政官令，海军省管辖的横须贺造船厂员工分为奏任官 4 等至 6 等和判任官 1 等至 17 等的技术岗官吏，以及不列入官阶序列的编外工人。[3] 另外，如上文所述，国有八幡制铁所从创建伊始，就形成了一个依据官阶排列的等级结构。

1921 年八幡制铁所的员工构成为"职员"1745 人，"职工"18249 人。"职员"中，高等官 101 人，判任官 303 人，"协管""勤杂""委托雇员"等 1341 人。位于"职员"之下的"职工"，包括了长期聘用的工人，以及临时聘用和试聘工人。招聘过程中非常看重学历，普通中学毕业及以上学历者会直接被认定为"职员"。[4]

这一制度同样出现在其他国有企业中。例如，1885 年国有铁路公司（国铁）引入了铁路局的官阶序列。各地车站站长与普通小学校长，二

---

① 川手前揭『戦後日本の公務員制度史』一六頁。
② 同上書一一頁。
③ 西成田豊『経営と労働の明治維新』吉川弘文館、二〇〇四年、一八一―一八二頁。
④ 菅山前揭『「就社」社会の誕生』九五、九六頁。

等、三等邮局局长职级相同，都是判任官。①

　　甚至工作时间根据身份分等级的做法也被复刻进了国有工厂。1872
年在海军管辖的造船厂和兵工厂，"官员"每天从早上 8 点到 12 点工作
4 个小时，而"工人"每天从早上 6 点到下午 4 点工作 10 个小时。②

　　明治时代的企业和工厂正处于现代化秩序的摸索期，规范化制度尚
未确立。为了打破这种混乱的局面，以政府机关的官僚体制作为模板的
构架被引入企业中。

延伸至私营企业的政府官制

　　进入明治时代后期，高级职员、下级职员、一线工人的三层结构，
不仅出现在国有企业，也出现在私营企业中。这三个级别的身份也被统
称为职员、准职员和工人 ③。④

———————————

① 关于国铁的身份制度，详见禹宗杬『「身分の取引」と日本の雇用慣行』日本経済評論
　 社、二〇〇三年、第一章第一節。
② 鈴木前掲「二つの時刻、三つの労働時間」一一四、一一五頁。仅为夏季工作时长。
③ 日文为"社員""準社員""職工"。日文中"社員"一词已经普遍在汉语中使用，指日
　 本公司的上班族，即从事白领工作的办公职员，而非从事体力劳动的蓝领工人。但在日
　 文中，"社員"一词的词义在变化，一开始是指和工人相对的办公职员，后经过战后民主
　 化运动、蓝领工人劳工运动，"社員"成了包括一线工人、下级职员、高级职员在内的公
　 司全体正式员工的代名词。这部分内容取"社員"一词的早期意思，即与工人相对的办
　 公职员，译作"职员"。——译者注
④ 氏原正治郎「戦後労働市場の変貌」『日本労働協会雑誌』一九五九年五月号、氏原正治
　 郎『日本の労使関係』東京大学出版会、一九六八年所収。
　 三层结构的分类可以说是比较简略的。在政府机关里，作为事务办公职员的"協管"比
　 作为体力劳动者的"勤雑"级别高。在私营企业里，雇员和领班比工人级别高。如果把
　 他们视为一个独立的阶层，那么就不是三层结构，而是四层结构。而且，很难判断私营
　 企业里的"准职员"究竟相当于政府机关里的判任官，还是"協管"。在第二章也提到
　 了相同的问题，即法国的"士官"是否能看成一个独立的"中级干部"阶层。氏原正治
　 郎提出了"职员、准职员、工人、外包雇工"（社員、準社員、工員、組夫）的四层结
　 构，笔者在本书中将其简化为三层结构。

例如，三菱财团从 1919 年 3 月起，将职员分为"正式职员"和"准职员"。"正式职员"是指完成了高等教育，被三菱股份公司总公司聘用的人员，1919 年以前被称为"总公司职员"①。②"准职员"是指完成了中等教育，从事绘图、电气、会计和总务后勤等工作的下级职员，他们由各分公司聘用，1919 年以前被称为"单位限定雇员"③。④ 当然，在他们之下，还有现场作业的一线工人。

三菱员工的薪水是由与工作内容无关的"职衔"和"等级"决定的。

表 4-4 是三菱自 1917 年 1 月起执行的《员工晋级内部条例》中的等级表。显而易见，这和政府机关的俸给表很像。"职衔"分为"管事""理事""赞事""主事""事务 / 技师""事务助理 / 技师助理"，并各自有内部分级。⑤

在之后的历史中，这种制度体系也被二战后日本的大企业所继承。

表 4-5 是 1978 年小西六相机公司的人事部经理介绍的任职资格制度，可见与政府机关的员工分级形式基本相同。显而易见，企业在采用"资格等级"制度的同时，保留了政府机关的"任官补职"原则。将大学

---

① 日文原文为"本社使用人"。——译者注
② 有很多工程师正式职员是从准职员晋升。详见吉田幸司·冈室博之「戦前期ホワイトカラーの昇進・選抜過程」『経営史学』第五〇巻第四号、二〇一六年、八頁。なお市原博「三菱鉱業の技術系職員·現場職員の人的資源形成」『三菱史料館論集』第一三号、二〇一二年。
③ 日文原文为"場所限備員"。——译者注
④ 中西洋『日本近代化の基礎過程』下巻、東京大学出版会、二〇〇三年、四六三頁の図参照。
⑤ 在 1919 年 9 月的修订中，规定该等级表和职衔适用于"正式职员"，同时规定"授予新入职的职员事务助理、技师助理的职衔"。详见『三菱社誌』第二六巻四九一七頁。復刻版は三菱社誌刊行会編『三菱社誌』第三〇巻、東京大学出版会、一九八一年。

表4-4　三菱公司的俸给（1917）

等级＼衔职	管事	理事	赞事	主事	事务技师	事务助理技师助理
一等	八〇〇	六〇〇	五〇〇	四〇〇	三〇〇	一五〇
二等	七〇〇	五〇〇	四五〇	三六〇	二八〇	一四〇
三等	六〇〇	四〇〇	四〇〇	三三〇	二六〇	一三〇
四等	五〇〇		三五〇	三〇〇	二四〇	一二〇
五等			三〇〇	二七五	二二〇	一一〇
六等			二六〇	二五〇	二〇〇	一〇〇
七等			二三〇	二二五	一九〇	九〇
八等			二〇〇	二二〇	一八〇	八五
九等				一七五	一七〇	八〇
十等				一五〇	一六〇	七五
十一等				一三五	一五〇	七〇
十二等				一二〇	一四〇	六五
十三等					一三〇	六〇
十四等					一二〇	五五
十五等					一一〇	五〇
十六等					一〇〇	四五
十七等					九〇	四〇
十八等					八五	三六
十九等					八〇	三三
二十等					七五	二八
二十一等					七〇	二五
二十二等					六五	二二
二十三等					六〇	二〇
二十四等					五五	
二十五等					五〇	

（资料来源：『三菱社誌』第 23 卷 3189 頁）

表 4-5　小西六相机公司的"资格制度"

职务等级	职衔系列	资 格 等 级		
		不同职衔任职资格范围	等　级	初任资格
	部　长 部次长 （同等职务）	参　与 ～ 副 参 事	参　与	
			参　事	
			副 参 事	
	课　长 课次长 （同等职务）	参　事 ～ 候补主事	主　事	
			候补主事	
11 级别 10 9 8 7	股　长 （同等职务）	副 参 事 ～ 候补主管	主　管	
			候补主管	
	组　长 组长代理 （同等职务）	主　事 ～ 职员1级	主　务	
			职员1级	大学毕业 A以上
6 5 4	一　般	候补主事 ～ 职员4级	职员2级	大学毕业B 短期大学毕业A
			职员3级	短期大学毕业B 高中毕业
			职员4级	初中毕业

（资料来源：雇用振興協会編『高齢・高学歴時代の能力開発』日本経営者団体連盟弘報部、1978 年、101 頁）

毕业、高中毕业、初中毕业等不同的学历进一步细分，从而确定员工入职时的初任等级。

　　这种做法在二战后被称为"资格制度"。小西六公司的表中标明了"不同职衔任职资格范围"，即适合某一工作岗位的资格范围，也就是职务和级别的对应关系，比如，连队长对应大佐，中队长对应大尉。

二战后经济界人士也通过与军队体系类比来理解这套资格制度。从 1988 年开始担任日经联常务理事的成濑健生（1933 年生）曾在 2010 年这样讲道：“军队的俸给是由军衔决定的，而不是由工作任务中承担的职责决定的。所谓‘任职资格’也是如此，具体而言，就是由资格等级决定薪水的制度。……同样是军舰‘舰长’，但驱逐舰舰长、战舰舰长、航空母舰舰长的任职资格是不一样的。潜水艇和驱逐舰的舰长由少尉或中尉级别担任就可以，而大和号（日本在太平洋战争中的最大战列舰）的舰长必须是大将或元帅级别。”[1]

很少能见到像日本这样的，在私营企业里广泛存在与职务工作内容不相关的内部身份等级的情况。调查对比了英国 EE 电信公司和日本日立制作所的罗纳德·多尔指出：[2]

> ……英国 EE 电信公司，不区分各种资格（ranks，例如“大尉”）和职务（functions，例如“中队长”）。（课长、领班等）所有头衔都代表了一定的职务工作。但是，日立对二者做出明确切割，从而使得职务工作内容不变而任职资格定期提升的晋升制度成为可能。

多尔进一步分析了日本式制度带来的心理影响。

即便是在英国，士兵们也要接受心智和体能检测后才能入伍，然后在所属的部队进行训练，并不是说在社会上接受过职业训练就可以被军

---

[1] 成瀬健生「『新日プロ』の起源と背景」八代充史・梅崎修・島西智輝・南雲智映・牛島利明編『『新時代の「日本的経営」』オーラルヒストリー』慶應義塾大学出版会、二〇一五年、第一章、八五頁。
[2] 下文内容参考ドーア前掲『イギリスの工場・日本の工場』文庫版上卷一〇七、四五八、四五九頁。

队雇用。既然如此，"隶属哪个部队（corps）要比具体做什么（trade）更重要"。因此，在英国，军队里也普遍存在战友亲情和家族情谊，士兵在部队中的受尊敬程度与服役时间成正比。

多尔指出，认为日本式经营管理模式是日本文化特有产物的观点是错误的，"日立公司与英国的事物绝非毫无相似之处，只不过与它相似的是英国军队、政府机关的组织架构"。然而，"日本的独特之处在于，将这套在大多数西方国家只适用于军队和政府机关的组织模式运用在了经济产业领域"。

多尔并没有研究日本企业和政府机关的历史，只是凭借主观推论指出了二者的相似之处。然而，不得不说他的直觉是正确的。

根据学历和资历排序

那么，在这样的资格制度体系中，如何决定晋升呢？

举个例子，让我们看看石川岛重工（1945 年之前的"石川岛造船厂"）战前采用的"晋升资格表"（见表 4-6）。这是 1960 年该公司劳动部次长在日经联的出版物上公开发表的。

据这位劳动部次长称，这一"旧条例"一直沿用至 1948 年，在二战后劳工运动提出"消除歧视"的要求下才最终被废除。换言之，我们可以通过这份 20 世纪 40 年代的材料，推测战前的企业内部情况。

从中不难看出，升职的依据是学历和工龄，规定十分详细。

在石川岛重工，企业内部员工资格最低的一个级别是"雇员"[①]，小学、

---

① 日文原文为"傭雇員"。——译者注

表 4-6　石川岛重工的晋升资格①（1948 年以前）

晋升权衡基准表（旧规定）

申请资格	工作年数	申请年度年龄	学历	昭和23年12月1日晋升标准	工作年数	申请年度年龄	学历	昭和23年晋升标准（草案）
雇员		16	高等小学	昭和22年以前		16	高等小学	昭和22年以前
		16	小学	昭和20年以前		16	新制中学	昭和23年以前
准职员	2年以上	25	准专以上	昭和20年以前	2年以上	25	准专以上	昭和20年以前
	3年以上	25	甲实①	昭和17年以前	3年以上	25	甲实	昭和17年以前
	4年以上	27	乙实		4年以上	27	乙实	
	5年以上	30	高小		5年以上	30	高小	
职员	准职员2年以上	26	私专以上	昭和18年以前	准职员2年以上	25	大专	昭和21年以前
	准职员2年以上	28	准专夜专	昭和17年以前	准职员2年以上	28	准专	昭和17年以前
	准职员3年以上	29	甲实	昭和12年以前	准职员3年以上	29	甲实	昭和12年以前
	准职员3年以上	31	乙实		准职员3年以上	31	乙实	
	准职员5年以上	35	高小		准职员5年以上	35	高小	

---

① 日文为"甲実""乙実"，是"甲種実業学校""乙種実業学校"的简称。实业学校为日本的旧制职业技术中等学校，日本在 1872 年公布学制，可分为农业学校、工业学校、商业学校、商船学校等。其中，农业学校、商业学校、商船学校分为"甲实"和"乙实"，入学年龄、资格以及学时有所不同。——译者注

申请资格	工作年数	申请年度年龄	学历	昭和23年12月1日晋升标准	工作年数	申请年度年龄	学历	昭和23年晋升标准（草案）
候补主事	3年以上	32	官大	昭和16年以前	3年以上	33	大学	昭和15年以前
	3年以上	33	私大（A）	昭和15年以前				
	3年以上	34	私大（B）	昭和14年以前				
	4年以上	35	官专	昭和12年以前				
	5年以上	37	私专	昭和10年以前	5年以上	36	大专	昭和11年以前
	5年以上	37	准专	昭和7年以前	5年以上	37	准专	昭和7年以前
	6年以上	38	甲实	昭和4年以前	6年以上	38	甲实	昭和4年以前
	6年以上	41	乙实		6年以上	41	乙实	
	7年以上	45	高小		7年以上	45	高小	

（资料来源：日経連弘報部『資格制度の考え方と実際』日本経営者団体連盟弘報部、1960年、121頁）

高等小学①毕业的年满十六岁者可以应聘（申请）。该标准于1948年（昭和23年）12月1日被废除，如果按照这个日期计算的话，那么，1945年之前的小学毕业生，以及1947年之前的高等小学毕业生都可以应聘。

---

① 简称"高等科"或"高小"，是明治维新至战前存在的后期初等教育和前期中等教育机构，相当于现在的初中一年级和二年级。——译者注

在"雇员"之上的一个级别是"准职员"。小学毕业生不能直接应聘。高等小学毕业，以"雇员"的身份工作五年以上才可以申请晋升成为"准职员"，但到这个时候申请人的年龄一般已经达到 30 岁，而如果是准职业学校以上的学历毕业，工作两年后，就可以晋升。甲类实业学校毕业生必须工作三年以上，乙类实业学校毕业生必须工作四年以上。

大学毕业生则无须经历"准职员"这一级别，毕业后经过一年实习，便可成为"职员"。在此基础上，根据官立大学、私立大学 A、私立大学 B、官立专科学校等毕业院校的不同决定晋升差别（表 4-7）。

表 4-7　石川岛重工的晋升资格②

申请资格	工作年数	申请年度年龄	学历	昭和 23 年 12 月 1 日晋升标准	工作年数	申请年度年龄	学历	昭和 23 年晋升标准（草案）
主事	候补主事 3 年以上	35	官大	昭和 13 年以前	候补主事 3 年以上	36	大学	昭和 12 年以前
	候补主事 3 年以上	36	私大（A）	昭和 12 年以前	候补主事 3 年以上			
	候补主事 3 年以上	38	私大（B）	昭和 11 年以前	候补主事 3 年以上			
	候补主事 4 年以上	37	官专	昭和 8 年以前	候补主事 4 年以上	40	大专	昭和 7 年以前
	候补主事 5 年以上	40	私专	昭和 5 年以前	候补主事 5 年以上			
	候补主事 6 年以上	44	准专		候补主事 6 年以上	44	准专	
	候补主事 6 年以上	44	甲实	大正 11 年以前	候补主事 6 年以上	44	甲实	
	候补主事 7 年以上	48	乙实		候补主事 7 年以上	48	乙实	

申请资格	工作年数	申请年度年龄	学历	昭和23年12月1日晋升标准	工作年数	申请年度年龄	学历	昭和23年晋升标准（草案）
参事	主事6年以上	41	官大	昭和7年以前	主事6年以上	42	大学	昭和6年以前
	主事6年以上	42	私大（A）	昭和6年以前	主事6年以上			
	主事6年以上	43	私大（B）	昭和5年以前	主事6年以上			
	主事6年以上	43	官专	昭和2年以前	主事6年以上			
	主事7年以上	47	私专	大正12年以前	主事7年以上	47	大专	大正14年以前
	主事7年以上	52	准专		主事7年以上	52	准专	
	主事7年以上	52	甲实	大正13年以前	主事7年以上	52	甲实	大正13年以前
	主事7年以上	56	乙实以下		主事7年以上	56	乙实以下	
理事	参事5年以上	47	官大	大正15年以前	参事6年以上	50	大学	大正12年以前
	参事5年以上	50	私大（A）	大正12年以前				
	参事5年以上	51	私大（B）	大正11年以前				
	参事5年以上	51	官专	大正8年以前				
	参事7年以上	56	私专	大正3年以前	参事6年以上	55	大专	大正4年以前
	参事9年以上	60	准专以下	大正3年以前	参事9年以上	60	准专以下	

（资料来源：日経連弘報部『資格制度の考え方と実際』122 頁）

在石川岛重工这样一个非精英的世界中，学历和工龄依然是决定员工晋升的标准。即使是五年制"高等女学校"（相当于男子中学）的毕业生，也要以"雇员"的身份工作七年，如果是高等小学毕业生的话，必须要工作十年，才能晋升为"女性准职员"。在那些不限学历的部门，成为保安必须要以"巡视"的身份工作八年，成为车间主任必须以"主任助理"的身份工作三年（见表4-8）。

车间主任负责监督一线工人的生产工作。再往下级别的工人在表中

表4-8 石川岛重工非精英的晋升资格

申请资格	工作年数	申请年度年龄	学历	昭和23年12月1日晋升标准	工作年数	申请年度年龄	学历	昭和23年晋升标准（草案）
保安	巡视8年以上				巡视8年以上			
女性准职员	7年以上		5年制高女	昭和14年以前	7年以上		5年制高女	昭和14年以前
	10年以上		高小	昭和10年以前	10年以上		高小	昭和10年以前
技术员（车间主任）	候补技术员（主任助理）3年以上				候补技术员（主任助理）3年以上			
定期录用资格		大学 官专 私专 初中	实习1年后为职员 实习1年后为准职员 雇员			大学 大专 初中 新制中学	实习1年后为职员 实习1年后为准职员 雇员 实习雇员1年	

（资料来源：日经连弘报部『資格制度の考え方と実際』123页）

体现不出任何信息。按照公司劳动部次长的说法，可知"一等技工""二等技工"是简单仿照军队"一等兵""二等兵"的职级来划分设定的。[1]

有一种观点认为，私立大学毕业生在起薪方面的定位低于帝国大学毕业生的原因在于，1918 年大学令颁布之前，私立大学规定的学习时间比帝国大学短。[2] 还有研究指出，大型制造企业往往比百货公司和批发商更看重员工的学历。[3] 有鉴于此，不能用石川岛重工的例子以偏概全，更不能以此来解释二战后日本企业的整体情况。

但是，正如第二章引用的全日本管理组织联合会 1977 年的研究报告所指出的："一般的晋升路线是——22 岁大学毕业入职，32 岁左右当股长，五年后 37 岁左右当课长，八年后 45 岁左右当部长。"同时，"行业差异和企业规模差异的影响极小。就调查对象东京证券交易所第一部的上市企业而言，这是一种远超个别企业的普遍现象"。

这种年龄与职级的对应关系，和石川岛重工的内部规定类似。虽然没有证据表明这些规定是具有普遍代表性的，但恐怕也不能断言它们是针对特殊公司的特殊规定。

而且，这样的资格制度是各个公司独立引入的，公司之间不兼容。长年在某家企业工作晋升至参事二级的年功业绩在其他企业却一文不值。因此，员工自然不会再去其他企业求职。

---

① 大堀照司「石川島重工における資格制度の実際」日経連弘報部『資格制度の考え方と実際』日本経営者団体連盟弘報部、一九六〇年、九八頁。
② 若林幸男「1920—30 年代三井物産における職員層の蓄積とキャリアパスデザインに関する一考察」『明治大学社会科学研究所紀要』第五三巻一号、二〇一四年。八幡制鉄所等一部分旧制国有企业中普遍存在起薪差异。
③ 藤村聡「戦前期企業·官営工場における従業員の学歴分布」『国民経済雑誌』二一〇巻二号、二〇一四年を参照。

政府机关是民间私营企业的模板

那么，日本企业为什么要引入这种政府机关式的制度呢？

有一种观点认为，日本大型企业的雇佣惯例起源于三井越后屋等江户时期的大型商业机构。但也有一些学者认为，明治时代的日本大企业很可能是以中央政府机关为模板的。[1] 然而，目前为止，这些观点都只是零星见于各处，缺少对政府机关和民间私营企业之间如何相互影响的研究。[2]

石川岛重工原本是海军省管辖的国有石川岛造船厂，1876 年转让给民间私营企业。三菱也是由政府主管的国有长崎造船厂改制为私营企业的。不仅是石川岛和三菱，日本的采矿和制造业都是以转让改制的国有官办企业为基础发展起来的。

国有企业在被转让给民间私营企业之前，一直沿袭政府机关内部的三层结构和官阶制度。改制后，作为收购方的民间私营企业也在调整过程中继承了这种官僚体制。

例如，日本水泥公司成立于 1883 年，是在大藏省土木宿舍建筑局 1872 年创建的国有水泥厂转让改制的基础上发展起来的。这家公司虽然于 1913 年 6 月修改了公司章程，但在此之前，就存在由职员、月薪雇员、日薪雇员组成的三层结构。[3]

当时，社会上普遍存在一种"官尊民卑"的思想，政府机关和国有

---

① 事例见小池前揭『日本産業社会の「神話」』一〇六頁。
② 野村正實『日本的雇用慣行』ミネルヴァ書房、二〇〇七年、七三頁。该书认为国有企业在改制为私营企业后，"国家官僚组织的运作方式决定并影响民间私营企业经营秩序的可能性很大"。但是，除了指出与政府机构制度的相似性之外，书中并未进行更详细的探讨。
③ 宇佐美卓三「日本セメントにおける資格制度の実際」日経連弘報部前揭『資格制度の考え方と実際』所収、六六頁。

官办企业备受尊崇。据 1895 年入职三井银行的池田成彬回忆，甚至当时被称为"商界泰斗"的涩泽荣一也是这样一种状态，"有很强的'官尊民卑'思想，每当政府工作人员应邀出席银行举办的宴会时，他都会双手过膝鞠躬致敬"。[1]

此外，官民之间的工资差距也很大。据后来成为住友财阀总裁的小仓正恒回忆，他从东京帝国大学法学部毕业后，曾为内务省官员，1899年 24 岁的他在前辈的邀请下进入住友工作，工资从年薪 1200 日元降至月薪 35 日元。[2] 另外，1906 年发表的小说《哥儿》中的主人公在松山任初中教师时的月薪为 40 日元，但辞职成为东京铁路公司的技术员后，月薪降至 25 日元。

在当时的社会中，这不仅仅是工资的降低。根据上面提到的 1886年的官阶俸给表，小仓相当于从奏任官四等降至奏任官六等，而"哥儿"相当于从判任官四等降至判任技术官七等。

按照军队军衔职级来讲的话，小仓相当于从大尉降级为少尉。另外，据小仓回忆，当时住友银行的员工都还穿着和服围裙，仿佛身在江户时代的店铺中，几乎看不到穿西装的员工。

在这种情况下，私营企业开始与政府机关争夺帝国大学毕业的人才。池田成彬回忆，当时三井公司的老板中上川彦次郎认为"银行职员应该是社会上层人士，应该拥有与政府官吏同样的社会地位"，"希望大量招聘优

---

[1] 池田成彬『私の人生観』文芸春秋新社、一九五一年、四七頁。野村正實『学歴主義と労働社会——高度成長と自営業の衰退がもたらしたもの』ミネルヴァ書房、二〇〇四年、一二五頁より重引。

[2] 水谷前掲『官僚の風貌』八三頁。

秀的大学毕业生，不断提高工资，以此打破'官尊民卑'的社会观念"。[①]

中上川的话，可以理解为将以维护等级尊严为基准来决定具体薪金的身份俸给制应用到银行职员身上。[②]企业在与政府机关争夺人力资源的过程中，也采用了身份工资的基本原则。

1891 年，中上川成为三井银行的理事。据池田介绍，当时三井银行员工的薪水在民间是史无前例的高薪，"董事 300 日元至 350 日元，下面的经理 150 日元，小地方分行的行长 40 日元左右"。[③]对照 1886 年的官阶俸给表，可以看出：三井银行的董事相当于敕任官二等（陆军少将），经理相当于奏任官二等（中佐）[④]，分行行长相当于奏任官六等（少尉）。不难推测，薪水金额参考了同学历、同年龄官吏的俸给。

这样做的不仅是三井，当时几乎所有的财阀企业都向接受过高等教育的大学毕业生提供了与政府机关相同的起薪。

1931 年，经济杂志《实业之日本》对明治后期就业的财经界人士的学历和起薪进行了调查。结果显示，1907 年（明治 40 年）前后，进入大藏省工作的帝国大学法学部和东京高等商业学校（今天的一桥大学）毕业生的起薪金额，与进入三井银行、三菱合资公司等企业工作的员工相同，都是 40 日元。[⑤]这大概是因为三井和三菱公司在招聘员工时，是

① 池田成彬述『財界回顧』世界の日本社、一九四九年、四七頁。野村前掲『学歴主義と労働社会』一二六頁より重引。
② 明治时期官吏的俸给是根据身份高低来决定金额多少的，基准是能否维持与其身份相适应的尊严和体面。中上川的话可以理解为将这种思路应用到了银行职员身上。——译者注
③ 池田前掲『財界回顧』四七頁。野村前掲『学歴主義と労働社会』一二六頁より重引。
④ 据前文表 4-2，经理应对应奏任官三等（少佐），疑与原文有误。——编者注
⑤ 起薪为 40 日元的人有：1908 年（明治 41 年）帝国大学法学部毕业后进入大藏省专利局的松本弘造，同年东京高等商业学校毕业后进入三菱银行的鹿村美久，1905 年（明治 38 年）帝国大学法学部毕业后进入三菱合资公司的加藤恭平。详见岩瀬彰『「月給 100 円サラリーマン」の時代』講談社、二〇〇六年、ちくま文庫版二〇一七年、文庫版一八二、一八三頁。

以通过高等文官考试的政府官吏的起薪作为参考的。

同时，从上面提到的官阶俸给表中还可以看出，在等级相同的情况下，技术判任官的月薪比文职判任官高 5 日元至 10 日元。依照此例，在大财阀企业中，技术型大学毕业生的起薪高于文科大学毕业生，工科职业院校毕业生的起薪也高于商科职业院校的毕业生。[①]

对 1902 年末东京帝国大学毕业生的跟踪调查显示，法学部毕业生中，有 25.6% 成为行政官吏，20.6% 成为司法官吏，11.9% 攻读研究生课程，7.7% 成为律师，12.3% 成为"银行或公司职员"。[②] 从这个比例可以清楚地看出，进入政府机关工作成为接受过高等教育的大学毕业生的首选。不难想象，各大私营企业在与政府机关争夺人才的过程中，纷纷建立起与政府机关类似的组织结构体系，提供与公务员相同的薪资待遇。

这意味着形成了一种与市场经济和职务工作内容无关的决定员工工资的机制，因为企业职员工资职级参照的是政府机关。官吏和军人的俸给，与职务工作、经济利润无关，主要由学历和工龄决定。各大私营企业在与政府机关争夺人才的过程中，无法避免地受到了影响。

军队型世界观的影响

此外，日本企业原本就倾向于将薪酬金额的差异视为一种内部等

---

① 野村前揭『日本的雇用慣行』二四、二五頁。野村以 20 世纪 30 年代的王子造纸公司为例进行了分析。王子造纸公司是三井财阀旗下产业。关于日本文科、理科的区别，以及政府机关官僚体制对文理分科的影响，详见隐岐さや香『文系と理系はなぜ分かれたのか』星海社新書、二〇一八年、一〇〇—一一〇頁。
② 福井康貴『歷史のなかの大卒労働市場』勁草書房、二〇一六年、一六頁。

级。研究三井物产公司的若林幸男展示了 1903 年三井物产的一份按薪水排序的职员名录。[1]

这份职员录的特点是，不管职务工作具体是什么，员工都是按照薪水从高到低排名。这可能是因为日本没有按照职业划分组建工会的历史传统，所以并不执着于工作的内容。还有一个原因恐怕是工资金额一直被看作上司对员工的一种评价。

当时，企业组织也尚未固化。在现实的企业管理中，员工的加薪、升职，都是由企业经营管理者斟酌决定的。[2] 因此，与工龄无关的升职提拔现象屡见不鲜。1903 年三井物产公司的职员名录也是按工资高低顺序排名，与工龄无关。

在这种情况下，拿到手的工资数额就等同于上司的评价，并以此构成企业组织内部的等级秩序。1905 年入职三井物产公司的伊藤与三郎（后升任常务董事），在 1976 年时回忆自己刚入职的情形：

> 在我们那个时代，不同于现在，员工人数比较少，想要晋升基本都要靠上司提拔。哪怕是月薪多 1 日元，员工的等级排名也会因此改变。于是，不为了钱本身，而是为了追求等级排名，大家都拼命工作希望加薪，哪怕是 1 日元、2 日元。公司里有一份特别职员名录，只在董事和负责人手中，是一份按照月薪排序的名单。排名不按传统的姓氏假名顺序，而是将月薪高的员工名字写在最上方。[3]

---

① 若林幸男『三井物産人事政策史 1876—1931 年』ミネルヴァ書房、二〇〇七年、一六二頁。
② 野村前揭『日本的雇用慣行』二四八頁。
③ 日本経営史研究所『回顧録』一九七六年、一五三頁。若林前揭『三井物産人事政策史 1876—1931 年』一六二頁より重引。

这意味着公司已经形成了不论工作内容，只按薪酬排序的意识。于是，引入政府机关的官阶制就顺理成章了。只需给依薪水数额排名的"特殊职员名录"添加等级即可。

而且，当时的人们在讨论企业组织和教育时，往往会借助军队的制度框架来理解。比如在部队，受过高等教育的是军官，受过中等教育的是士官，受过初等教育的是士兵。

再如，曾任文部大臣的榎本武扬于 1889 年在东京职工学校（东京工业大学前身）的毕业典礼上致辞表示："工厂组织中分厂长、车间主任、工人三级 ①，正如军队中分将、校、卒三级。"他认为，培养相当于军官的"厂长"应在"工科专业大学"，培养相当于士官的"车间主任"应当是"东京职工学校的主要任务"。②

在企业中也能发现类似的比喻。在 1916 年三井物产公司负责人会议上，总公司人事课长将"接受过高等教育的人"比作公司的"军官"，提出"商战如同兵战，士官和士兵应当让位于军官"。1914 年，三井物产公司的常务董事用"实战""战斗员"等术语描述了大学毕业生的人事安排。③

类似的例子还有很多。战前在三井物产工作的人会把"商业学校毕业生"比作"严厉的军曹"或"老兵"，把"大学毕业生"比作"即将成为见习军官的二等兵"。若林幸男指出，这种等级秩序意识"很可能

① 日文原文分别为"工师""职工长""职工"。——译者注
② 東京工業大学『東京工業大学六十年史』東京工業大学、一九四〇年、六七頁。市原博「『学歴身分』制度の再検討」若林幸男編『学歴と格差の経営史』日本経済評論社、二〇一八年所収、二八五頁より重引。
③ 若林前掲『三井物産人事政策史 1876 — 1931 年』一六九、一七八頁より重引。

是当时的一种普遍认知"。①

　　换言之，当时的商界人士普遍具有两种等级秩序意识。一是将与工作内容无关的工资金额视为员工的企业内部等级排名，二是按学历划分出类似军队中"军官""士官""士兵"的等级秩序。在这两种意识的影响下，政府机关和军队的资格等级制度很自然地渗透到企业中。

"身份歧视"形成的阶层秩序

　　根据学历划分职员、准职员和工人的三层结构，很快在制造业大企业中推广开来。

　　在 20 世纪 30 年代的日立制作所工厂内，全体员工被分为白领"职员"和蓝领"工人"。同时，白领"职员"又分为由高级事务员和高级技术人员构成的"高级职员"，以及由低级事务员和低级技术人员构成的"雇员"。1932 年至 1938 年聘用的职员中，有 98% 是高等院校的毕业生，有 85% 的实习生和雇员是职业学校的毕业生。②

　　工厂的一线工人则不被视为日立的"职员"。截至 20 世纪 10 年代，日本依然存在很多工头承包工程后招募工人的承包制做法，企业不直接聘用工人。即使是实施直接聘用制度后，通常的做法也是先以日工的身

---

① 若林前揭『三井物産人事政策史 1876—1931 年』一七〇頁。若林将这种等级秩序意识归纳为"大学、高等专科学校毕业生＝军官，商业学校毕业生＝士兵"，但后者的正确对应该是"士官"。回忆内容引自矢野成典『商社マン今昔物語』東洋経済新報社、一九八二年、一〇—一一頁、若林前揭『三井物産人事政策史 1876—1931 年』一七〇—一七一頁より重引。
② 菅山前揭『「就社」社会の誕生』一七六頁。

份招聘，做得好的话，再转成正式雇佣工人。[1] 工人们就如同政府机关的编外工作人员一样。

正如八幡制铁所一样，日立制作所的人事调动也非常频繁，看不出工人自身有任何工种或行业意识。在 1920 年至 1933 年的日立工厂，全部员工基本都会在不超过七年的时间里经历一次人事调动，完全没有形成英国那种按工种职业划分的跨企业的行业工资标准。[2]

职员和官吏同样领取年薪、月薪，工作时间同样没有严格的要求。工人则按日计酬，也没有关于加薪的明文规定。日立制作所的工人作业以 5 人到 6 人为一组进行，组长可以每天领取定额日薪，而组内工人则要根据工作量和出勤时间计算收入。每年会有两次加薪，但与 20 世纪 20 年代美国工人的情况一样，加薪的名额、机会完全掌握在厂长和工头手中。[3]

这种情况不是只出现在日立公司，而是普遍存在的。据王子造纸公司的劳务经理[4] 回忆，"工人是否去上司家帮忙砍柴、清扫烟囱，决定了上司是否器重提拔他，进而直接导致不同员工之间的工资差距。这种事很常见"。[5]

1957 年，王子造纸公司的工会会员在回忆战前的情景时这样讲道：

过去公司里简直对职员奉若神明。他们上班不需要打卡，根本

---

① 菅山前揭『「就社」社会の誕生』一七八頁。
② 同上書五二、一七八頁。
③ 同上書一七九頁。
④ 负责人力资源管理的领导。——译者注
⑤ 田中博秀「連続インタビュー 日本型雇用慣行を築いた人達＝その三 元・十條製紙副社長田中慎一郎氏に聞く（1）」『日本労働協会雑誌』第二八九号、一九八三年、四三頁。石田光男「十條製紙の職務給の変遷（上）」『評論・社会科学』第四四号、一九九二年、四四頁より重引。

也不知道他们什么时间上下班，当时我们这些年轻工人甚至连他们的面都没见过。我们不时还会被工头吩咐去职员家里帮忙，心不甘情不愿地给人干活，包括砍柴、清扫烟囱、除雪等。被公司职员在私人生活里当作用人一样使唤是常有的事。干完 12 个小时的夜班，还要去当用人，真是可气啊！稍稍顶嘴表达一下不满，马上就会有怒吼："明天不要来上班了！"[1]

在王子造纸公司，学历和身份等级的对应关系也非常明确，大正时期之后，随着各种学科专业学校在社会中得到发展，这种对应关系便更加显著。工商管理领域的专家间宏根据 1930 年文部省实业学务局的调查计算出的数据显示，当时大学毕业生和高等专科学校毕业生中有 92% 的人成为公司职员，而普通小学毕业生中只有 0.5% 的人成为公司职员。[2]

在日立制作所日立工厂工作的三种不同身份的员工之间，收入差距很大。菅山真次分析了 1936 年职员的工资收入，得出结论：职员享受年功资历工资，在工作 20 年至 24 年的情况下，工资是那些工作未满 4 年的人的三倍。但是，公立大学毕业的高级职员和职业学校毕业的下级职员的工资也存在差距。分年龄层将二者与包含奖金和住房补贴在内的工人的平均年收入对比后可以发现，25 岁至 29 岁公立大学毕业的高级职员年收入是同年龄层工人的 3.5 倍，40 岁至 44 岁时差距高达 6.15 倍。同样，25 岁至 29 岁职业学校毕业的下级职员年收入是同年龄层工人的

① 王子製紙労働組合『王子製紙労働組合運動史』王子製紙労働組合、一九五七年、七三頁。野村前掲『日本的雇用慣行』一八八——一八九頁より重引。
② 間宏『日本労務管理史研究』御茶の水書房、一九七八年、一九七一——一九八頁。

1.7 倍，40 岁至 44 岁时差距高达 4.41 倍。公司租给职员的单位宿舍被称为"官舍"[1]，而位置偏远的工人宿舍被称为"工人大杂院"[2]。[3]

当然，职员是极少数的特权阶层。1935 年的王子造纸公司，准雇员以上职员的比例只有 12.5%，正式职员的比例只有 5.5%。虽然也有工人晋升为准雇员的情况，但只占工人总数的 6%。[4]

职员和工人甚至连使用的大门、食堂、厕所都是不同的。战后的 1946 年 1 月，日立制作所日立工厂工会提出"废除歧视待遇"的要求，包括取消对职员随意迟到早退的许可，向工人开放图书室，取消对工人上下班时的搜身检查等。[5]

人们已经意识到这种尊卑有别的等级秩序是由学历决定的。日立制作所的一名工人回忆年轻时所处的战前时代说道：

> 当看到一个已经谢顶的中老年工人被一个年轻实习生吹毛求疵时，我仿佛看到了自己。是的，上过学的人就是高人一等。一想到这些，我内心更多感受到的不是自己没出息，而是咽不下这口气。[6]

这种等级秩序被当时的人们视为"身份地位"的象征。人们也意识到这是一种政府机关的官僚等级秩序。八幡制铁所的工厂课长曾在 1926

---

① 日文原文为"役宅"。——译者注
② 日文原文为"職工長屋"。——译者注
③ 菅山前揭『「就社」社会の誕生』一七七、一八〇、一八一頁。
④ 数字根据石田前揭「十條製紙の職務給の変遷（上）」四六頁的表计算得出。但工厂厂长以下的数字中不包括干部董事。
⑤ 野村前揭『日本的雇用慣行』三四、三五頁。
⑥ 菅山前揭『「就社」社会の誕生』一八〇頁より重引。

年 6 月 1 日的内部刊物《黑金》上写道:"认为工人比职员身份低下,是因为思想还受到官尊民卑意识和蔑视劳动观念的桎梏。但这种认识并非只存在于八幡制铁所,而是作为一种风气已长久弥漫在我国社会中。"[1]

然而,工人之间也有一种等级秩序。对他们而言,没有规律有序的涨薪,也没有职员那样的资格等级,日薪金额多少完全由上司的心情决定。但是,不断努力工作,讨得上司欢心的话,就能加薪,因此日薪金额象征着雇主对工人的人事评定。由此,如同上文提到 1903 年的三井物产公司一样,以日薪金额为标准对工人进行企业内部排名,形成了工人之间的等级秩序。

调查战前八幡制铁所记录的森建资分析指出,工人除非加薪,否则日薪将不会有变化,但是工作内容与场所却经常改变。因此,行业工种并没有成为他们的身份象征,日薪金额"如同后背上的号码牌,成为工人的标识。制铁所就像给每个人都分了一个号码牌一样,通过给每个工人特定的日薪来进行管理"。[2]

---

[1]　野村前揭『日本的雇用慣行』六頁より重引。

[2]　国有八幡制铁所在 1900 年起草职工条例时,将工人定为 30 个等级,按等级支付日薪。然而,最终方案中取消了工人的等级,只确定了不同阶段的工资表。详见森建资「官営八幡製鉄所の賃金管理」(1)『経済学論集』七一卷四号、二〇〇六年、二四一二六頁。另外,1943 年修订制度之前的王子造纸公司将工人分为一级至四级四个等级,但公司方面主张"等级并非为了决定日薪而设定,反而是根据日薪决定等级"。这被认为是三井物产公司按薪水高低给职员排名,与由等级决定俸给的政府机关式资格制度之间的中间形态。在 1943 年的制度修订中,作为消除工人歧视的一环,将其修改成与职员相同的资格等级制度,设"三级工人""二级工人""一级工人""高级工人"。详见石田前揭「十條製紙の職務給の変遷(上)」三九頁。

明治 6 年(1873)横須贺造船厂月薪工人的工资体系中出现了与泥瓦匠这一职业类似的等级工资,这很可能代表了一种跨企业的行业工资。的确,很可能是企业考虑到当时工人的流动性,根据受劳动力市场影响的工资行情设定了企业内工资等级。但是,正如文中提到的,菅山真次认为没有形成按行业工种划分的统一的工资标准。如果是这样,那么上述工人的工资等级可能也只是某个企业的一种内部等级秩序。在本书中,笔者难以判断。详见木下前揭『日本人の賃金』六七頁。

此外，经济学家禹宗杬指出，工人群体内部也存在"领导层"、"定期雇佣"和"临时雇佣"三层结构。在横须贺造船厂、八幡制铁所、国有铁路公司等国有企业，"领导层"工人与政府官吏享受同样标准的待遇，"定期雇佣"工人往往会排挤"临时雇佣"工人，以保证自身的地位。[①] 就身份地位而言，他们不可能成为官吏，但由于位于三层结构的上层，尽管是编外人员，依然可以被视为实际地位相当于判任官的特殊"协管"。

上述显性或隐性的等级差异，成为在二战后的日本，将伴随着资格等级的所谓"员工平等"制度一直贯彻到底层工人，并将非正式员工与妇女排除在外的这一惯例的基础。

与英国和美国的差异

战前日本对工人的歧视很严重，但企业具有三层结构的现象并非日本独有。

如第二章所述，第一次世界大战前美国工人的处境也很糟糕。对他们拥有生杀予夺之权的高级职员，是一种高高在上的存在。

按照美国劳动史学家桑福德·雅各比的说法，在第一次世界大战前的美国，年薪制和月薪制的高级职员"享受绅士待遇"。他们的身份地位是有保障的，"截至 20 世纪 10 年代，美国法院的司法解释都认为支付月薪和年薪，就是雇主默认签订了不能在受雇期间随意解聘俸给制员工的合同的证据"。与一线工人可以轻易被解雇形成对比的是，高级职员

---

① 禹宗杬「日本の労働者にとっての会社」榎·小野塚編著前掲『労務管理の生成と終焉』日本経済評論社所収、三二三—三二四、三三七—三三八頁。

即使犯了错误，处罚也不过就是被调到闲职上去。①

　　劳动史研究者二村一夫指出，英国公司内部的阶层歧视也很严重。他认为战前日本企业的那种阶层歧视，"很可能与工厂制度一样，都是移植自西方的惯例"。② 隅谷三喜男指出，由于工人无法享受长期雇佣和年功资历工资制度，战前日本的劳动力市场和劳资关系"与西欧社会非常相似"。③

　　当然，日本企业的等级秩序中也包含了不同于英美国家的元素。那就是与职务工作内容无关的内部等级，以及对学历的重视。对日英两国企业进行对比研究的多尔指出，英国企业内部也存在三层结构，但日本企业更加注重学历教育背景。④

　　即使到了多尔开展调查的 1969 年，在英国企业内部，技能资格依然比学历教育背景更重要。在他调查的英国 EE 电信公司的 167 名高管和高级工程师中，大学毕业生只有 24%，全日制专业技术学校毕业生只有 10%。其余的人或是上过职业专科夜校的，或是取得了会计、技术等行业协会颁发的资格证书的。

　　多尔指出，当时英国企业晋升高管的重要条件"不是学历，而是出身"。比学历更重要的考核标准在于是否具备上流社会典雅而高贵的行为举止与言谈措辞。

　　1958 年多尔对英国企业的抽样调查结果显示，200 名一流企业的高

①　ジャコービイ前掲『雇用官僚制』三二五頁。
②　二村一夫「戦後社会の起点における労働組合運動」坂野潤治・宮地正人・高村直助・安田浩・渡辺治編『戦後改革と現代社会の形成』岩波書店、一九九四年、五九頁。
③　隅谷三喜男『日本賃労働の史的研究』御茶の水書房、一九七六年、五四頁。
④　以下内容见ドーア前掲『イギリスの工場・日本の工場』文庫版上巻六六、六七頁。

管干部中，大学毕业者只有 24%；在所有企业主中，学历为大学毕业者只占 21%。多尔分析这一现象指出："这种情况与企业高管大部分都有大学文凭的日本形成鲜明对比。"[1]

在第一次世界大战之后的美国，企业开始引入职务说明，雇佣方式也发生了变化。正如将在第五章中描述的那样，为了避免招聘到不能胜任本职工作的人，1923 年联邦公务员招聘系统开始引入职务说明和职务工资。[2] 以此为契机，政府机关和私营企业聘用员工的标准从"是否是绅士"转变为是否具备相应的工作能力和专业学位。

但是在现代日本，引入对工作岗位的描述与分析并不顺利。无论是行业协会颁发的技能资格证书，还是上流社会的优雅举止，这些都毫无用处。在这种情况下，学历成为唯一的指标，而重视学历的做法始于政府机关。

然而在日本，学历并不具有证明专业能力的学位的含义。各企业内部根据学历和工龄，决定员工的职业培训与晋升。"XX 大学毕业生"并非工作能力的证明，只是被当成一种"身份"标签。

下面，让我们来看一段日立制作所一位负责劳务的高级职员的回忆，这是他于 1933 年与参加社会主义劳工运动的年轻工人之间的谈话。谈话中提到的"日专校"是原为日立公司工人培训中心的"日立工业专修学校"，这些年轻工人都是"日专校"的毕业生：

---

① ドーア前掲『学歴社会 新しい文明病』八二頁。ドーア前掲『イギリスの工場・日本の工場』同時代ライブラリー版上巻六七頁。
② 村松編著前掲『公務員人事改革』二〇、二一頁。

……谈话之间，我渐渐了解了他们的故事。他们毕业之后开始做设计工作，在最初的日子里，同样的工作，他们往往比那些大学毕业生和专科学校毕业生做得更好。有些人说在小学的时候曾和现在那些大学生同校就读，自己的成绩比那些人还要好。然而，日专校的毕业生一辈子只能当工人，专科学校以上级别院校的毕业生从一入职便是级别更高的职员，公司里的身份歧视很严重。其中一个人说道："如果有钱的话，我也会继续读大学的。我读了河上肇的《贫困物语》，深刻感受到社会矛盾，于是开始关心左翼运动，并积极投身其中……"[1]

　　在日本企业中，学位和工作内容没有关联。因此，他们有机会和大学毕业生做同样的工作，并意识到自己能力的优势。然而，待遇的差距只能归结为学历造成的"身份歧视"。

　　在日本，学历的功能与其他社会略有不同。在英国，强调学历是一种精英主义（meritocracy）的证明，推翻了之前强调出身、阶层的贵族主义。学历教育与身份阶级是对立的。

　　然而，就日本而言，武士阶级早早退出了历史舞台。[2] 学历转化为身份地位的评价指标，这一点在某种意义上可以视为日本诸多矛盾现象的大背景。

　　如第一章所述，劳动经济学家氏原正治郎于 1954 年提出日本劳动

---

[1]　菅山前揭『「就社」社会の誕生』二〇〇頁より重引。
[2]　明治初期出现了由藩士提拔成的"维新官僚"与通过考试选拔的"学士官僚"之间的对立，但这种代表身份与学历对立的历史比较短，且规模不大。详见清水唯一朗『近代日本の官僚』中公新书、二〇一三年。

力市场具有二重结构。之后，1959 年氏原进一步指出日本大企业内部存在"职员"、"准职员"和"工人"的三层"经营身份秩序"，他认为：

> ……日本的劳动力市场首先是一个由不同的从业者群体和不同学历的群体构成的劳动力市场。当然，在任何国家，受教育程度都是决定一个人能力和素质的主要因素，因此劳动力市场或多或少都具有这种性质。但是，对学历的重视以非常明确的形式成为普遍存在的惯例，并在制度化之后构建身份阶级，这恰恰是日本所特有的。[①]

氏原并没有论述这种身份等级秩序的起源，也没有将日本的企业内部等级秩序与其他国家进行比较。但是，将与学历的紧密捆绑定位为"日本特色"的结论恐怕是不容置疑的。

不过，需要注意的一点是，长期雇佣和年功资历工资制度并没有在工人阶层中实行。今天，政府机关式的年功资历晋升现象已经非常普遍了，但在战前，这只出现在职员阶层。换言之，"员工平等"原本就是不存在的。

在阿贝格伦和氏原指出日本企业内部存在三层结构的 20 世纪 50 年代，战前的企业内部身份等级制度还残留着很深的影响。那么，之后发生了什么样的转变？"员工平等"如何形成？应届毕业生批量招聘、定期人事调动等一系列惯例又是如何形成的？关于这些问题，将在下面的章节中进行探讨。

---

① 氏原前揭「戦後労働市場の変貌」氏原前揭『日本の労使関係』所収、七五頁。

惯例的形成

第五章　要点

· 应届毕业生批量招聘、定期人事调动、定年退职制度、大房间集体办公、人事考课等企业行为，都可以从明治时代的政府机关和军队中找到源头。

· 出现这种扩散影响的时代背景，是明治时期人才匮乏，受过教育的人不多。

· 日本学校扮演的角色是向企业推荐高素质人才的介绍人。在其他国家，这一职责则主要由行业工会和学位文凭承担。

· 德国也出现过政府机关运作方式影响企业制度的历史。但是在德国，存在民间行业工会组织，以及旨在提高办公职员地位的劳工运动，因此形成了不同于日本的形式。

军队和政府机关存在与职务工作内容不相关的俸给工资等级，这一特征并非日本独有。[①] 但是，正如第二章所提到的，德国和法国的官僚制不具备应届毕业生批量招聘、定期人事调动、大房间集体办公等特征。

那么，日本的这些特征从何而来呢？从结论来说，这与日本实现现代化的方式有关。

现代德国的官僚制和高等教育

日本官吏的考试任用制度始于 1887 年颁布的《文官考试录用及实习规则》[②]，该制度是参照普鲁士建立的。这一制度将文官考试分为高等考试（任用高等官）和普通考试（任用判任官），将通过高等考试的人认定为准录用候选人，将通过普通考试的人认定为实习候选人，政府机关各部门根据本单位需要任用。经过三年的业务训练后，准录用候选人正式被任命为奏任官，实习候选人被任命为判任官。[③] 设立考试任用制度的目的在于避免任人唯亲，实现任人唯贤。

确实，日本的官僚制与德国有很多相似之处。例如，在德国，官吏的俸给也不是凭借劳动合同，而是通过对国家持续地尽忠奉献换取。因此，工资不是付出劳动的等价报酬，而是保障官吏体面生活与独立性的

---

① 本章内容将站在"官僚制移植"的视角，对所介绍的各项研究中提到的事实进行整合，进而将日本与德国进行比较。无论是从本章内容，还是全书内容而言，以如此形式对个别事实进行综合归纳，并提出整体"社会规则"的研究，在笔者管见范围之内，尚未发现。
② 日文原文为"文官試驗試補及見習規則"。——译者注
③ 清水唯一朗『政党と官僚の近代』藤原書店、二〇〇七年、二六頁。

身份工资，退职之后可以继续领取。而且，在德国的官僚制体系中，也存在不以职务工作内容划分的俸给等级，同时存在按照高等教育、中等教育、义务教育划分的阶层秩序。[1]

然而，当时的德国和日本，尽管制度上有相似之处，但社会条件存在差异，最主要的一点在于接受过高等教育的人数不同。

在 19 世纪上半叶的普鲁士，大学毕业生已经供过于求。1820 年高级官吏岗位总数为 598 个，与之相对的大学毕业生总数为 3144 人（其中法学部毕业生为 938 人）。在之后的 1831 年，高级官吏岗位总数减少至 476 个，大学毕业生人数增加到 6160 人（其中法学部毕业生为 1628 人）。[2]

另外，在当时的普鲁士，从一名学生奋斗到能够领取高级官吏俸给的时间被延长了。普鲁士 1846 年制定的相关制度如下。

首先，至少要在大学学习三年的古典语言、现代语言、历史、数学、经济学、工学等课程，然后在法院当实习生，参加第二次司法考试，经过高级法院考核合格后，再通过由省级行政长官主持的口试，才能成为行政见习法官（Referendar）。在此基础上，在当地经过各种案件审判的实践积累，取得省级行政长官开具的实习证明和内务部、财政部部长的同意，提交关于审判案例的论文，通过由笔试和口试组成的国家考试，才能成为行政见习陪审法官（Assessor）。但是，原则上，见习官吏是没有工资的，能否成为带薪岗位的参事官，则由工作业绩和能

---

① 村松前揭『公務員人事改革』一五四——五九頁。
② 野村耕一「官吏資格の制度と機能」望田編前揭『近代ドイツ「資格社会」の制度と機能』所收、四四頁。

力决定。[1]

而且，1866 年普鲁士不断吞并周边的城邦，并收编这些城邦的官吏，造成官吏过剩，1869 年一度暂停招录新官吏。20 世纪初，普鲁士录用一般行政官吏实习生的平均年龄为 29.5 岁，其晋升至参事官的平均年龄为 40.2 岁。[2]

也就是说，一个人要想成为高级官吏，约 40 岁之前必须依靠某种手段维持生计。除非出生于资本家或贵族家庭，再或者娶了资本家的女儿为妻，否则很难。1876 年至 1900 年威斯特法伦省的高级官吏中，父亲是大地主的有 29%，是高级官吏的有 30%，是企业家的有 12%，是军官的有 6%，是中级官吏、教师等社会中间阶层以下的只有不超过10%。[3]

正如在第二章中提到的，德国的官僚制规定在官吏职位出现空缺时采用公开招聘的方式补缺录用，不采取批量招聘应届毕业生的做法。考虑到上述情况，便可理解为什么德国只能采取在岗位出现空缺时才招聘新人的做法了。

批量招聘应届毕业生做法的起源

但是，和同时代的德国相比，明治时代的日本，接受过高等教育的人才储备不足。1886 年，即制定文官录用考试制度的前一年，帝国大学

---

[1] 野村耕一「官吏資格の制度と機能」望田編前掲『近代ドイツ「資格社会」の制度と機能』所収、二一、二二頁。
[2] 同上論文二四、三四頁。
[3] 同上論文三四、二八頁。

的毕业生总共只有 46 名，其中法学部毕业生只有 11 名。1894 年日清战争① 爆发时，法学部毕业生也只有 77 名。②

与此同时，为应对日益增长的行政工作需求，政府各部门迫切需要补充人力资源。因此，大学毕业生受到优待。帝国大学法学部、文学部的毕业生，被认为是行政学相关的专业学习者，拥有免试特权。特别监督学校（私立学校）的毕业生则需要考试合格后，才可以被录用。③

而且，想要尽快填补人力资源空缺的各政府部门，相比考试合格者，更愿意录用那些拥有免试特权的帝国大学毕业生。因为，考试每年只举行一次，而无须参加考试的帝国大学毕业生可以随时招录。④

于是，各政府部门在优先录用拥有免试特权的帝国大学毕业生的同时，对通过考试获得录用资格的人的需求便减少了。1891 年，政府各部门大量招录帝国大学毕业生，对通过考试招聘用人的需求为零，考试随之被中止。⑤ 实际上，当时已经形成了帝国大学的学生一毕业，就直接免试上岗的局面。

此外，行政实习生享受奏任官待遇，即使在试用期，也可以拿到金额相当可观的年俸。因此，帝国大学毕业生中也有一些人是为了快速赚钱而从政为官的。⑥ 可以说，这种情况与同时代的德国完全不同。

由于录用考试无法发挥功能，1893 年政府颁布了文官任用令以完善

---

① 即中日甲午战争。——译者注
② 水野前掲『官僚の風貌』一一一頁。
③ 清水前掲『政党と官僚の近代』二七頁。
④ 清水唯一朗「明治日本の官僚リクルートメント」『法学研究』第八二巻二号、二〇〇九年、一九九—二〇〇頁。
⑤ 同上論文一九九頁。
⑥ 清水前掲『政党と官僚の近代』三七、五八頁。

制度。该任用令的主旨是废除帝国大学毕业生的免试特权，规定他们必须参加高等文官考试。

但命令同时规定，高等文官考试合格后，可直接担任奏任官，不必经历实习生的试用期。对于苦于人才不足的政府各部门来说，三年的试用期太长，他们希望尽快录用人员开展工作。[1]

政府各部门一如既往地招录帝国大学毕业生，录用后再让他们参加考试。优秀的大学生在 7 月份毕业的同时即被录用，在 11 月份高等文官考试之前的时间里，事实上在休假备考。[2]

这便是批量招聘应届毕业生做法的开端。可以说，这一现象出现的背景是行政事务工作不断增加，而大学毕业生人才不足。

正因为如此，在现代日本，并非只有富人或贵族才能成为高级官吏。不问出身，任何人都可能考上帝国大学，仅从这种可能性而言，明治时期的日本社会要比同时代的德国更加平等。[3]

但是，帝国大学毕业生一旦进入政府机关"当官"，便成为特权阶层。因此，可以说，日本社会中的"学历"发挥了欧洲社会中"身份"的作用，且强化了这种功能。

---

① 清水前揭『政党と官僚の近代』四六、四二頁。
② 但是，进入 20 世纪 10 年代，形成了应届毕业生先被录用并在假期后参加考试的"第一等级"（first class），以及考试合格后才被录用的"第二等级"（second class）。详见清水前揭「明治日本の官僚リクルートメント」二一〇一二一四頁。
③ 根据竹内洋对第一高等学校（当时毕业生能考上东京帝国大学的热门高中）学生家庭背景的分析，1886 年士族家庭出身者占 60.9%，1910 年骤减至 27.1%。另外，在 1910 年至 1913 年学生家长的职业中，官吏占 8.9%，公司职员、银行职员占 8.1%，专业技术职业者占 18.6%，自营工商业者占 19.2%，农林水产业者占 16.7%，军人占 2.0%，地主、议员占 1.3%，蓝领、店员占 0.4%，无业者占 6.1%，死亡者占 3.4%，不详、难以分类者占 15.3%。详见竹内洋『学歴貴族の栄光と挫折』中央公論新社、一九九九年、一七三、一七七頁。

年功资历晋升与定期人事调动

同时，现代日本的政府机关也存在着其他的惯例——年功资历晋升与定期人事调动。

行政学家川手摄指出，当根据工龄晋升的做法成为一种惯例后，政府以此为契机，于 1886 年颁布《高等官官等俸给令》。[1] 该法令规定，在同一官阶上连续工作不满五年者，不得晋升高一级官阶。

在之前一年，即 1885 年，官吏人数已达到 10 万人，官吏俸给支出在国家预算中的占比高达 28%。因此，1886 年进行了大规模的行政裁员，官吏人数被削减到 5.5 万人左右。其中，被大规模削减的是那些临时聘用的非正式公务员，而判任官和高等官的人数却持续增长。[2] 降低官吏的俸给支出是当时政府面临的主要课题，限制高等官的晋升被认为是其中的一个重要环节。

另外，虽然川手没有提到，但 1874 年的《陆军武官晋级条例》第四条规定了"职级最低服役年限"[3]，即必须在现级军衔上连续服役一定年限，才能晋升高一级军衔（见表 5-1）。[4] 在某一级军衔上连续服役的年限被称为"停年"。海军也有类似的制度。一般认为，是由于武官有了这样的规定，所以文官也效仿并遵守这一制度。

之后，《高等官官等俸给令》中关于职级最低工作年限的规定，又经历了例如放宽到三年之类的数次修改，1895 年 9 月修订为两年。该年

---

① 川手前揭『戰後日本の公務員制度史』一一、一二頁。
② 清水前揭『政党と官僚の近代』五二、五三頁。
③ 日文原文为"実役停年"。——译者注
④ 「陸軍武官進級条例」明治七年一一月一八日、陸軍省達布四四八号。内閣官報局『法令全書』明治七年版所収。

表 5-1 《陆军武官晋级条例》关于"职级最低服役年限"的规定

军衔	职级最低服务年限	
	平时	战时
大将		
中将	身经百战	
少将	三年	一年半
大佐	二年	一年
中佐	二年	一年
少佐	三年	一年半
大尉	四年	二年
中尉	二年	一年
少尉	二年	一年
曹长	二年	一年
军曹	一年	半年
伍长	一年	半年
一等兵卒	一年	半年
二等兵卒	一年	半年

（资料来源：内閣官報局『法令全書』一八七四（明治七年）年版、一〇〇六頁）

4 月日本取得日清战争的胜利，随着殖民地的扩张，行政版图不断扩大，政府官吏人数也不断增加。之前一年，即 1894 年，是帝国大学毕业生参加高等文官考试的第一年，但考试遭到帝国大学学生的抵制，他们要求恢复免试特权。政府为了让他们参加 11 月的考试，不得不实行改善待遇的政策。因此，当时晋升限制期缩短为两年。[1]

---

① 清水唯一朗对当时的时代背景进行了分析。关于官吏数量的增加，详见清水前揭『政党と官僚の近代』五二頁。

然而，这造成了意想不到的结果。简言之，这种做法逐渐成为一套惯例——高等文官考试合格者进入政府机关后，在每隔两年调动岗位的同时得到提拔晋升。

原本该条例只是规定晋升所需的最低工作年限，并未规定两年后一定得到晋升。但是，此后"高文组"逐渐形成了固定的晋升模式，即每两年调任一次不同的岗位，晋升一个官阶，入职十年后，成为奏任官一等（如果是武官，则为大佐），就任课长级官职。川手指出："'高文组'每任职两年便可晋升的职业发展模式就此确立。"①

从本质上来讲，这可以说是确立了一种根据年功资历决定晋升和加薪的制度。对于官吏来说，官阶晋升，俸给将随之提高。在这种每两年晋升一次的薪资递增模式里，通过不断增加的俸给金额可以描绘出年功资历的上升曲线。同时，这种晋升模式强化了一种趋势，即为了提高官阶，必须有在不同岗位任职的经历。

此外，由于这些晋升条件的限制，大学毕业后选择立即进入政府机关工作，进入官吏内部晋升体系，无疑是最佳方案。因为，如果在年龄较大时就任低级官阶的职务，晋升时就会受到年龄限制。此外，如第四章所述，1899 年规定了担任敕任官也必须通过高等文官考试，实质上等于就此关闭了官僚体制外的人员中途调入并担任高级官吏的通道。

于是，如第二章所述，大量招聘应届毕业生，很容易导致定期的人事调动。原因在于，为了给每年四月份入职的新员工一个岗位，必须对

---

① 川手前揭『戦後日本の公務員制度史』一二頁。川手在书中提出，《明治 27 年敕令 123 号》修改的《高等官官等俸给令》规定了两年时间，而根据清水唯一朗对此的解释，正确的法律依据应该是《明治 28 年敕令 123 号》（9 月 21 日颁布）。

目前在该岗位上工作的员工进行大规模调整，再加上每两年提拔一次的晋升模式，很容易出现大量的人事调动。

虽然应届毕业生批量招聘与定期人事调动之间的关系已经隐约可见，但缺少相关实证研究。对丰田汽车公司的调查分析，是为数不多的实证研究之一。该项研究表明，定期批量招聘与定期人事调动的确立有大约 20 年的时间差。[1] 这或许可以理解为，单位组织在开始定期批量招聘的 20 年后，不得不开始采取定期进行人事调动的做法。

一般认为，中央机关开始实行定期人事调动制度是在 1900 年前后。这距离文官考试制度开始大约过了 20 年，当年帝国大学的毕业生作为"学士官僚"被录用后已经晋升为干部级别的高官。[2] 20 世纪 10 年代，学士官僚群体晋升至各部门的最高级别领导时，这套惯例已基本确立。

这套做法很可能已经蔓延到私营企业。在第四章中已经讲到，石川岛重工规定了晋升所必需的工作服务年限，而正如第六章和第七章将要介绍的那样，有不少企业都引入了每连续工作两年至三年，便提升资格等级的晋升制度。

二战后，《高等官官等俸给令》被废除，但职业官僚每两年调动并晋升的惯例却被保留下来。20 世纪 20 年代之前，旧制大学规定学生每年 9 月入学，7 月毕业，所以战前政府机关的人事调动在 6 月、7 月非常频繁，时至今日，公务员的人事调动也是每年 7 月最多。一旦组织机

---

[1] 辻勝次「戦後トヨタにおける人事異動の定期化過程」『立命館産業社会論集』第四七巻三号、二〇一一年、七三、七四頁。

[2] 依据清水唯一朗先生的分析。

构内形成一种惯例，即使它失去了原有的基础和依据，也将具有一定的连续性。

明确职务工作内容的美国和普鲁士

如此看来，日本与其他国家的官僚制度存在差异。

美国联邦政府也对录用官吏时的"走后门"现象颇为困扰。65% 的早期联邦政府公务员都是大地主或大企业家等富裕阶层出身。[1]

在社会公众越来越多的批判下，政府采取的措施是引入职务分析，明确工作内容和责任，试图以此阻止没有工作能力的人通过"走后门"被录用。

这一原则在 19 世纪 80 年代开始被采用，并通过 1923 年的《职务分类法》正式被确立为制度。每个岗位对应相应的工作职责，出现岗位空缺时，从机关内部或外部招聘，根据公开考试成绩和职业生涯积累的业绩择优录用。原则上同工同酬，工作业绩不达标者，予以辞退。[2]

作为日本参考对象的德国和法国，则采取通过考试选拔具备出任高级官僚资质人才的做法，实行官僚体系内部的人员升迁制度。因此，直到今天，两国政府机关和民间私营企业之间的人才流动也不如美国那般活跃。但是，通过考试之后的任职和晋升，要根据职位空缺和公开招聘

---

① 村松編著前揭『公務員人事改革』二〇頁。
② 村松編著前揭『公務員人事改革』第二章。正、副主管官员等是政治任用职务，虽然在卡特政府时期，从公务员与职务工作内容的固定关系上建立起一种灵活的、培养领导人才的"高级行政人员管理服务"（SES）考核机制，但是即使通过 SES，也有很多人不愿意接受岗位调动去从事非本专业的工作。2017 年时 SES 职员在机关单位之间的流动率仅为 11%。详见同书第 40 页。

的情况决定，不存在定期的人事调动。[①] 如前所述，19 世纪上半叶的普鲁士，大学毕业生和考试合格者的人数远远超过政府机关的岗位空缺数量，这些人足以填补岗位空缺。

另外，普鲁士的君主还要求官僚们必须是所担任职务相关领域的专家。这来源于普鲁士君主与官僚对立的历史。

普鲁士的官僚职位长期被贵族占据，滥用职权获取利益的现象屡禁不止。统治普鲁士的霍亨索伦家族有一条家训——"官吏越多，盗贼越多"。18 世纪的普鲁士王室不信任官僚，在官僚中安插间谍。间谍将监视情况汇总成勤务报告书向国王汇报，内容涵盖官吏的政绩、对国库税收的贡献度、职务工作能力、岗位工作完成时效等。同时，为了防止官吏之间结党或官吏个人独断专行，所有的行政公务活动都被记录在案。[②]

18 世纪普鲁士引入官吏任用考试制度的目的与日本一样，都是为了避免有人在官吏录用过程中徇私舞弊。[③] 但官僚制与王权之间的紧张关系，恰恰推动了官僚机构的专业化，以及职务、权限的明确化与制度书面化。研究德国历史的学者上山安敏指出，这种紧张关系的有无直接导致了普鲁士和日本官僚制之间的差异。[④]

截至 19 世纪末，德国官僚阶层的文牍主义和对职务工作的专业能力要求，已成为社会的某种共同认知。马克斯·韦伯将官僚定位为"专家"的代表，在叹息文牍主义的同时，也指出"官僚在明确划定专业领

---

① 村松编著前揭『公務員人事改革』第四、五章。
② 上山前揭『ドイツ官僚制成立論』二二、二三七、二三八頁。
③ 同上書二四〇頁。
④ 同上書第一章第三節。但是，上山在此强调日本官僚制的特点在于职务工作内容不明确、传统价值体系残留、去人格化不彻底等。可以说，上山的观点继承了丸山真男的问题意识，指出了日本现代化的不彻底性。

域的事务中","发挥了真正的价值"。[①]

现行的《德意志联邦共和国基本法》第 33 条第 2 项明确规定，官吏的任用和晋升应根据"职业技能"（fachlichen Leistung）进行考量。[②]《联邦通行事务规则》（GGO）规定公务人员必须在起草的文件上签署本人姓名，并明确各级公务人员的职务工作内容和责任范围。[③] 然而，这些可能不仅仅是法律层面的规定，更多的是一种在历史发展过程中形成的惯例。

包括日本在内的所有国家都有一个共同点，即为了避免任人唯亲，建立了一套通过考试任用官吏的制度。但是，由于各个国家不同的社会历史背景，最终形成的官僚制形式各有不同。

"大房间"集体办公的起源

日本有着不同于美国、德国的历史背景，职务工作范围不明确，导致政府机构内出现了"大房间"集体办公。

从物理意义上的"大房间"来说，日本官僚从一开始就没有私人办公空间。1872 年担任大藏省邮政局翻译的高桥是清曾回忆道："当时，长官、课长和职员都在一个大房间里一起办公。"[④]

---

① マックス・ウエーバー、中村貞二ほか訳「新秩序ドイツの議会と政府」『政治論集 2』みすず書房、一九八二年、三八四頁。山口和人「ドイツ公務員制度の諸問題」『レファレンス』七六四号、二〇一四年九月号、八頁より重引。
② Grundgesetz für die Bundesrepublik Deutschland, Art. 33, http: // www.fitweb.or.jp/~nkgw/dgg/ 二〇一九年六月四日アクセス。
③ 第一一、一七条。邦訳は古賀豪「ドイツ連邦政府の事務手続」『外国の立法』二一四号、二〇〇二年に所収。
④ 水谷前掲『官僚の風貌』七〇頁。

但是，相比物理空间，更值得注意的问题是"课"级别以下的职务工作没有明确分工。

　　在明治时代的日本，政府的行政组织框架是被赶造出来的。政府各部门匆忙之间相继成立，在此之后，各单位管辖的行政事务才通过法律条文的形式明确下来。

　　而且，各部门的设立通告也极其含糊，如"银行课 负责章办诸银行相关事务""翻译课 负责章办外国相关一切文书"（1879年《大藏省通告》）。[①] 如此看来，日本不同于引入职务分析的美国和君主要求职务工作明确化的普鲁士，这种规定导致一线官吏扩大解释权成为可能。

　　而且，在各部门的设立通告中只规定了哪个"课"负责什么工作，并没有规定每名公务人员的具体工作内容和责任范围。

　　时至今日，这一现象也基本没有改变。行政学专家大森弥分析指出，在日本的官僚体制中"关于负责处理的工作内容只规定到课级部门"，"通常情况下，一个课都在一个房间里办公"。[②] 也就是说，办公区域只划分到课级。不同的课级单位分别在不同的房间办公，而同一个课级单位在一个内部没有隔断的大房间里集体办公。

　　所谓建筑是会将使用者的意图转化为可见形式的事物。因此，即便假设明治初期的建筑物都是没有内部隔间的，但如果有一种需要确保每个人拥有单独办公空间的意识，建筑物也应该会被设计建造成内有单独房间的结构。然而时至今日，日本政府机关和企业依然是在以

---

① 「大蔵省達」（明治一二年一二月一六日各局課）。赤木須留喜『〈官制〉の形成』日本評論社、一九九一年所収、一二一頁より重引。
② 大森前掲『官のシステム』一三九、一四二頁。

"课""室"为单位的大房间内集体办公，这无疑折射出一种意识——工作内容只需明确到"课""室"级部门即可（见图5-1）。

同时，这也意味着"课"这一级部门与上级行政长官分离，成为一个独立的办公区域。虽然上文提到的高桥是清的回忆中表明"长官、课长和职员都在一个大房间里一起办公"，但在之后的政府各部委机关里，课长和职员被安排在一个大房间里一起工作，而行政长官却被分离开，在独立的办公室里办公。

大森指出，以大房间为单位的"课"成为一个独立王国，"课长如同一国一城之领主般"。每个"课"都有自己管辖的法律和监管的行业。因此，"就负责处理的业务工作而言，不妨认为部委机关的各个课实际上正是日本政府本身"。而且，"课是具体行政活动单位，局和部是协调单位"。[1] 各部委机关可以看作拥有许多独立大房间的"课"组成的"联邦"，"日本政府并不是一个独立单位，而是一个由各部委机关组成的'部委机关联邦'"。[2]

也就是说，在以"课"和"室"为单位的大房间集体办公原则中，每个办公职员的工作内容没有明确的界定。这也是"课"作为独立的"一国一城"的权力得以保留的体现，其背景在于日本社会不存在类似普鲁士君主和美国社会舆论那样的、可以对政府机构形成监督的反制权力。如果探寻日本"大房间原则"渊源的话，比起明治初期的建筑结构，以上这种紧张关系的有无，才恰恰是问题的关键。

---

[1] 日本政府机关的行政层级通常为省＞局＞部＞课＞股＞班，日本的"省"相当于中国的"部委"，因此日文原文中的"省庁"本书译为"部委机关"。——译者注
[2] 大森前揭『官のシステム』一三九、一四二頁。

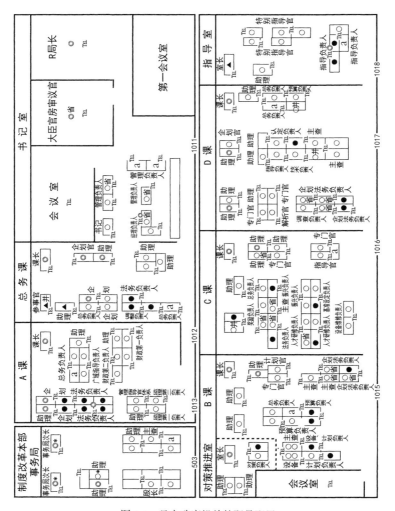

图 5-1　日本政府机关的职员配置

注：21世纪初期的"K省R局"。◎代表职业组；○代表非职业组；▲代表非职业组的高级职员；

● 代表来自地方自治体的借调职员；"a"代表兼职助理；"省"代表同省其他局的职员，以及局内身

兼多种职务者；* 代表在本单位从事本职工作的职员；TEL 代表电话。

（资料来源：大森彌『官のシステム』東京大学出版会、2006 年、56 頁）

对考试成绩的重视

那么，如果每个人的职务工作内容不明确，决定晋升的标准是什么呢？

从结论来说，战前决定政府机关官吏晋升的标准是工龄和成绩。如前文所述，通过高等文官考试的"高文组"每两年经历一次调动晋升。而能够晋升到多高的官阶，取决于通过高等文官考试的名次，以及大学时代的成绩。

政治学家水谷三公在 1999 年的著作中谈道：

> ……一位按照一般正统路线升迁上来的内政官员，在喝茶闲聊之际，谈起了仕途升迁的话题。他简单直率地告诉我："就是看成绩啊！在校期间的和公务员考试的成绩。"二战后的大藏省也确实如此，公务员考试成绩在 100 名以外的人很难被录用，想要日后升任高官，成绩最好在前 10 名。
>
> 从昭和四十年代到五十年代，大藏省在招聘时也采用了"割青苗"的做法。……关于人才筛选的标准，一位曾任大藏省秘书课课长助理的官员证实："就是看学籍成绩册上获得'优'的数量。尤其是东京大学法学部成绩评价的'优'，非常具有权威性，我在校期间每个学期平均只能拿到两个。因此，那些'优'拿到两位数的学生，即使没有招聘环节第二次考试的成绩（公务员考试的最终结果），也可以轻松通过。"①

---

① 水谷前揭『官僚の風貌』一三八——一三九頁。

水谷为了确认这一情况，对 1912 年至 1918 年高等文官考试成绩前七十名和后七十名官吏的仕途履历进行了追踪调查。结果发现，升至敕任官级别官吏（中央机关的局长、长官、地方自治体政府知事等）的，前七十名约占 60%，后七十名约占 20%。[1] 虽然高等文官考试的成绩并不代表一切，但无疑对仕途发展有很大的影响。

这种重视考试成绩的传统，不仅体现在招聘与晋升环节，而且深深地浸透到日常生活中。政治学家神岛二郎在分析战前的东京帝国大学时指出，"谁都不会忘记自己的成绩，也许正因如此，校友会名簿经常按照成绩名次排序，提供了确认成绩的手段"。[2]

不过，重视成绩的传统来自明治中期的政策法规。1889 年的内阁训令规定，根据大学毕业考试的分数确定实习期的俸给金额。[3]

具体来说，录用为实习生的帝国大学毕业生，毕业考试平均成绩 85 分以上的，年俸 600 日元；80 分至 84 分的，年俸 550 日元；71 分至 79 分的，年俸 500 日元；70 分以下的，年俸 450 日元。

因为当时法学部毕业生有免试特权，所以采取了参考大学期间考试成绩确定年俸这样一种替代方案。虽然这项措施很快就被废除，但很可能由此形成了按照考试分数排序晋升的惯例。

年俸限定在 500 日元至 600 日元的这一薪金行情，似乎起源于 1878 年的一起事件。这一年，东京帝国大学的毕业生被录用为助理法官

---

① 同上書一四三頁。
② 神島二郎『近代日本の精神構造』岩波書店、一九六一年、一〇四頁。
③ 「帝国大学卒業者ヲ試補ニ採用ノ際俸給額ノ件」明治二二年七月、内閣訓令二三。海軍大臣官房『海軍制度沿革』巻四、一九三九年、九〇一頁。

时，起薪是每月 25 日元。薪金之低引发了在校生的愤怒，学生们决定如果俸给不涨的话，下一年就去私营企业工作，于是政府承诺将起薪提升为每月 45 日元。[1] 参照当时的俸给表来看，这一金额已经不是判任官三等，而是判任官一等的工资水平。[2]

而且，如第四章所述，明治末期私营企业向政府机关看齐，将起薪的标准设定为月薪 40 日元。具有讽刺意味的是，1878 年东京帝国大学在校生拒做公务员事件引发政府机关调整的工资金额，直接决定了大学毕业生起薪的市场行情。

陆海军的"考课表"

武官系统也有重视考试成绩的倾向。

在陆军的职级晋升中，首先要看一名军官在陆军士官学校的毕业成绩排名，其次看他是否毕业于陆军大学校[3]。因为陆军大学校需要获得他本人担任中尉、少尉时期长官的推荐，方可报考入学。是否完成陆军大学校的学业及其成绩是决定能否晋升少佐的重要条件。晋升少佐时看的是在陆军士官学校同期生中的毕业成绩排名，排名构成晋升将官的次序。有实证研究表明，70% 以上毕业于陆军大学校的军官能晋升

---

① 竹内添加了 1877 年的官阶月俸表。详见竹内前揭『学歴貴族の栄光と挫折』六四頁。
② 在 1886 年的俸给表中，奏任官六等的年俸为 400 日元至 600 日元，这一范围包含 1889 年政绩考核造成的俸给差距。因此，不能直接断定俸给差完全是由官阶差造成的。如果是官阶差造成的俸给差，那么，这种差距相当于对判任官二等至五等的月俸差的补贴。
③ 明治时期日本陆军设置培养参谋军官的本科教育机构，陆军士官学校毕业后担任陆军士官一定时间，积累一定军事实务经验的年轻军官可报考陆军大学校。海军方面与之相当的学校为"海军大学校"。——译者注

为将官。[1]

因此，即使在军队中，学业成绩的重要性也经常被强调。前文提到的神岛二郎作为陆军少尉参加了太平洋战争中菲律宾战场的战斗，他回忆称："在战场上，军校内的等级意识体现得（比东京帝国大学）更为明显。'恩赐组'（由天皇御赐军刀的陆军士官学校优秀毕业生）本来就总是享受等级所带来的差别待遇，这种差别还贯穿了从指挥和报告的优先顺序到会议座次等各个方面，让人愈发印象深刻。"[2]

但是，就武官而言，不仅考试成绩，就连个人综合评价也被制度化。这就是"考课（考科）"制度。

军人的晋升考核，陆军称为"考科"，海军称为"考课"。1875 年陆军颁布的《陆军武官考科表及其宗旨》规定了"考科表"，1890 年海军颁布的《武官考课表规则》规定了"考课表"。"考课（考科）表"规定应对晋升候选人进行综合评价并打分，在此基础上给定五个等级的评语，并且附上上级意见。[3]

下面是当时海军人事内部条例中关于"人事评定"一项的规定，从中可以反映出，和实务业绩相比，海军更加重视军官是否具备对任何工作岗位都能应对自如的潜力。[4]

---

[1]　石田京吾・濱田秀「旧日本軍における人事評価制度」『防衛研究所紀要』第九卷第一号（二〇〇六年九月）五八頁。
[2]　神島前揭『近代日本の精神構造』一〇四頁。
[3]　关于考科表和考课表的规定与实施，详见石田・濱田前揭「旧日本軍における人事評価制度」および海軍大臣官房前揭『海軍制度沿革』第六篇第二章第一節。
[4]　各科少佐、大尉适用的考课规定。详见石田・濱田前揭「旧日本軍における人事評価制度」の「資料 1」七六—七七頁より重引。

（二）人事评定

五、人事评定就品行、技能、勤务、体质四方面进行，最为注重人格操守，重用至诚、忠诚之士。

六、品行评定依据以下诸点考查

1. 人格（根据对军人精神的领会程度来评价）

2. 性格（根据刚毅、坚忍、果断、敏捷等军人必备资质来评价）

3. 思想、信仰

4. 服从、协调

5. 言语、态度

6. 兴趣、嗜好

七、技能评定依据以下诸点考查

1. 智力（根据理解力、观察力、判断力、想象力的优劣来评价）

2. 见识

3. 本领

4. 学识

5. 经验

6. 执行力

八、关于实务评定，根据勤务之勤勉及成绩之优秀程度来考查

九、体质评定依据以下诸点考查

1. 健康及体力

2. 视力、听力

3. 身体适应性

在战前的陆军和海军中，可以领兵带队的军官，都有制作以上考课（考科）表的经验。根据经济学家远藤公嗣的研究，自 1937 年 10 月开始，曾对私企人事评定发表过意见的全日本管理组织联合会常务理事等人的著作，已经开始使用"考课""考课表"等词语。[1]

甚至更早之前，三菱合资公司于 1916 年 10 月制定的《用人晋升内部条例》就明确了上级对员工"考核"的规定。如第四章所述，三菱公司在内部设定了资格等级，并以此决定工资。考核规定，"课长主管及厂长领工应对下属的性格、技能、勤务等方面综合考查，于下述日期前向所属部门的常务董事提出晋升申请"，并要求 6 月份晋升员工须在 3 月末之前提交审查结果，12 月份晋升员工须在 9 月末之前提交审查结果。[2]

三菱内部晋升条例规定的考核项目包括了"性格""技能""勤务"，与海军人事内部条例"人事评定"的名目有共通性。三菱是从海军长崎造船厂发展而来的企业，很可能在这一时期已经深受海军内部"考课"制度的影响。

就这样，截至明治时代中期，这一系列规定在政府机关和军队中已然形成。这些惯例的形成虽然有日本近代化进程为大背景，但很多惯例都是从临时措施和应对突发事件的紧急方案发展而来。然而，就如同铁

---

[1] 遠藤前揭『日本の人事査定』一二四頁。但是，远藤忽略了一个事实，即日本陆军和海军从明治初期就已经开始制定"考科表"和"考课表"。在远藤看来，"考课"一词在中国典籍中的意思是评判官吏的政绩，日本古代律令制也曾使用该词。同时，他将现代日本的人事考核制度定位为源自 20 世纪 20 年代美国的做法——"古代中国、古代日本的官吏'考课'制度与起源于美国的现代日本人事考核制度完全无关"（第 125 页）。尽管如此，在明治维新之后，旧日本军队便已经开始使用"考课"一词，因此有必要再次考察这种影响存在的可能性。

[2] 前揭『三菱社誌』第二三卷、三一九〇頁。

轨一旦铺好就决定了之后的铁道路线一样，这些惯例深刻地影响了整个日本社会。

陆海军的"停年"规定

设定"定年"，也可以说是政府机关和军队对私营企业的影响之一。这是战前被称为"停年"的制度，二战后国家人事院在文件中使用"定年"的表述之后，"定年"这一词语才开始普及。[1]

最早出现"停年"一词的法令是 1874 年的《陆军武官晋级条例》。[2]如前文所述，这一制度规定了军官在晋升时必须在现有军衔上连续服役的最低年限，即所谓的"职级最低服役年限"。例如，在晋升更高军衔之前，少尉必须有两年的现职经历，少佐必须有三年的现职经历。

与之相对应的，陆军和海军也设了到一定年龄必须退役的规定。1875 年的海军退隐令在涉及"海军武官和乘舰官吏"的条文中规定，对"超过服役年限和年龄者"支付"退役费"[3]，官阶不同则退役年龄不同。具体而言，大将 65 岁，中将 60 岁，少将 55 岁，大佐 50 岁，中佐以下45 岁。翌年，即 1876 年颁布的陆军恩给令也规定了不同官阶军官退役的"年龄定限"。[4]

进而在 1890 年，政府制定了官吏恩给法令。在任 15 年以上的官吏，若因伤病、保留官阶免除现职或超 60 岁而退职，国家会根据其在官工

---

① 野村前揭『日本的雇用慣行』一一〇頁。
② 天沼寧「定年·停年」『大妻女子大学文学部紀要』第一四号、一九八二年、七三頁。
③ 日文原文为"退隐料"。——译者注
④ 荻原勝『定年制の歴史』日本労働協会、一九八四年、二一六頁。

作年限和退职时的俸给，为其发放终身退休金①。同年，还规定在职满15年，年龄满60周岁的公立学校教职员工和市町村立小学教员，享有领取"终身退职金"②的权利。③

但是，在关于文官的规定中，只明确了领取退休金的权利④，并没有说到某一年龄就强制解雇。本来"天皇的官吏"就是终身职位，在二战后1981年修订国家公务员法之前，官吏都没有明文的"定年"制度⑤，只有通过退职鼓励的方式劝导官吏自愿辞职的惯例。⑥ 不过，司法官吏在任职时有年龄限制，帝国大学内部也对教授设置了"停年"制度，但文官不设置"定年"。20世纪30年代前半期，作为官僚制改革的一环，政府曾试图为文官设置"停年"制度，但最终没有实现。⑦

陆军和海军的规定与文官规定有所不同，军队要求不同军衔的军人达到一定年龄必须退役。退役年龄比现在的退休年龄要低，1876年的陆军恩给令规定中尉、少尉的退役年龄为45岁，士官和士兵为35岁。之所以这样规定，是因为一般认为，军人对体能有要求，不同于文官。

然而，这一规定以另一种方式影响到了军队下辖的国有工厂，形成一种对达到一定年龄的工人强制解雇的制度。

---

① 日文原文为"終身恩給"。——译者注
② 日文原文为"終身退隠料"。——译者注
③ 天沼寧「定年・停年」『大妻女子大学文学部紀要』第一四号、一九八二年、六一八頁。
④ 日文原文为"恩給受給権"。——译者注
⑤ 即前文所述之"定年退职"制度。——译者注
⑥ 人事院「国家公務員における定年制度の経緯等」。https://www.jinji.go.jp/kenkyukai/koureikikenkyukai/h19_01/shiryou/ h19_01_shiryou10.pdf 二〇一九年六月四日アクセス。
⑦ 川手撰「昭和戦前期の官吏制度改革構想」『都市問題』二〇一五年七月号、九八一一〇二頁。但是，天沼在《定年・停年》一文的第78页中引用了1933年平凡社《大百科事典》关于"停限年齢"一词的解释。该解释对陆军武官服役令中的相关内容进行了说明："与'停年'同义，即要求官吏退职的年龄"。由此可以推测，按照领取退休金的年龄退职的做法已形成惯例。

据研究定年退职制度历史的学者荻原胜说，企业设置"停年"的做法源自 1887 年海军火药制造厂的工人规定。当时规定"年满 55 周岁的工人，'停年'解除服役"。在此规定中，原本表示晋升时限制"职级最低服役年限"的术语"停年"一词意思发生变化，变为强制退职的"年龄限制"。1889 年，横须贺海军兵工厂也颁布了《雇佣工人解雇条例》，规定年满 50 周岁的工人应当提交"解除雇佣关系申请"。[①]

但是，这些制度也规定了掌握熟练技术，以及身体强壮者可以延迟退职。在海军退隐令和陆军恩给令中也可以找到几乎完全相同的规定，因此这被认为是模仿军队的规定。

1896 年的《海军正式工人条例》将这些个别工厂的规定适用范围扩大到所有海军兵工厂。条例规定："录用正式工人的年龄是满 21 周岁，不满 45 周岁，最高工作年龄是 55 周岁。具备特殊技能者可工作至 60 周岁。"之后，1904 年的《海军工人规则》和 1911 年的《海军工务规则》也都沿袭了类似的规定。[②]

蔓延到私营企业的"停年"制度

类似的规定蔓延到了其他国有工厂和私营企业。松山纺织株式会

---

① 荻原前揭『定年制の歴史』一、二頁。笔者多处引用荻原书中内容，但荻原书中只记录了事实关系，并没有讨论制度之间的相似性和相互影响。关于战前定年制的探讨，还可参考野村前揭『日本の雇用慣行』第 2 章，隅谷三喜男「定年制の形成と終身雇用」『年報・日本の労使関係』日本労働協会、一九八〇年，等等。但是，这些研究都没有谈及来自陆海军的影响。同时，关于退职金的研究，可参考山崎清『日本の退職金制度』日本労働協会、一九八八年、第一章；野村前揭『日本的雇用慣行』二六九—二七〇頁。但其中也只是描述了战前的事实关系，也没有论及来自陆海军方面的制度影响。
② 荻原前揭『定年制の歴史』八——一一頁。

社[①]于 1894 年、八幡制铁所于 1907 年分别颁布了各自的《工人规则》，其中都包含了相同的内容：解雇满 50 周岁或 55 周岁的工人，技能过硬等特殊情况下允许延长聘用年数。[②]

从大正时代到昭和时代，强制解雇规定的对象从工人扩展到办公职员。1916 年横滨正金银行的内部条例规定，"记录员年满 60 周岁时，无特殊情况，应当退职"。1917 年三菱合资公司规定，"本公司员工在职最高年龄为 55 周岁"，"但如公司方面认为有继续聘用的必要，可责令其留任"。1926 年三井银行的《勤务定限年龄规则》也有着几乎相同的规定。[③]

从文本中可以清楚地看出，尽管在细节上存在差异，但对员工达到一定年龄时的强制解雇，以及只允许被选中的个别人继续在岗的模式是共通的。虽然这些都是各企业颁布的内部规定，但很可能都是以《海军正式工人条例》为基础衍生出来。

另外，1897 年三菱长崎造船厂的《工人救护办法》，根据工人职务岗位（班长、组长等）设定等级，根据等级设定不同的退职年龄，支付工人"退职金"。[④] 这被认为是模仿了军队恩给法令中关于不同级别对应不同退役年龄的规定，实质上成为退职金的起源。

1916 年的横滨正金银行和 1922 年的安田生命保险公司也都引入了根据年龄解雇员工的规定，以及"慰劳金"和退职金制度。另外，也有一些企业，比如稻田染料工厂，和海陆军一样，按照工人资格等级设定

[①] 日文"株式会社"的意思是"股份有限公司"，因在中文语境中介绍日本股份有限公司时已经普遍直接使用"株式会社"一词，故保留。——译者注
[②] 荻原前揭『定年制の歴史』一一一三頁。
[③] 同上書四一一四五頁。
[④] 同上書一二頁。

不同的退职年龄，"5 级以上者 60 周岁，6 级以下者 55 周岁"。[1]

企业引入这种定年制度是为了排除老龄劳动力。最初企业机构毫无章法地扩大组织规模，只是强制个别高龄员工退职，但随着组织机构的进一步扩大，有必要将强制高龄员工退职的做法制度化。

例如，《住友银行史》一书提到，1914 年制定停年规定的原因，是"组织规模逐渐庞大，人事运作方面须实施停年制度"。此外，《东京瓦斯七十年史》一书也指出，东京瓦斯株式会社以 1927 年的金融危机为契机，开始实施"员工停年制度"。[2] 正如第四章所述，三菱公司于 1917 年制定定年退职制度，这也是引入政府机关内部等级制的年份。

不过，社会保障史研究专家宫地克典也指出，此时"停年"制度的引入也有某种社会保障政策的意味。

1931 年在东京瓦斯株式会社主导引入停年制的桂皋曾提到，设立停年制的目的是"保持企业效率"和"实现企业的一部分社会责任"。桂皋认为停年制"与堪称本国特有的退职金制度相得益彰，是产业社会化的重要方策"，是让企业承担支付员工退职金的责任。事实上，桂皋主持确定的东京瓦斯株式会社的员工退职金金额之高，在当时的私营企业中是前所未有的。而且，桂皋本人在二战后也担任了政府社会保障制度审议会委员。[3]

简言之，定年制不仅可以砍掉已成为企业包袱的中老年员工，"保持企业效率"，而且也是为老年员工提供退职金钱保障的"企业的社会责

① 荻原前揭『定年制の歴史』四二、五五頁。
② 同上書四四、九四頁。
③ 宫地克典「戦前期日本における定年制再考」『經濟學雜誌』第一一五巻第三号、二〇一五年。引用は桂皋「工業労働者の停年制度に関する一考察（上）」『社会政策時報』一二一号、一九三〇年、六六頁。宫地前揭論文二八九、二九〇頁より重引。

任"。"停年制"最初源自军队系统颁布的恩给令，与发放退职金是一体的。如果这样看，那么可以想见，二者的结合在当时是很自然的。

定年制从"保持企业效率"和"承担企业的社会责任"两方面展开。昭和恐慌时期①，日本银行、芝浦制作所、福岛纺织株式会社纷纷将强制退职年龄下调了 5 岁，强行解雇中老年劳动者。由于全球性经济危机带来的大萧条影响，出现了大量的解雇和劳资纠纷，政府于 1935 年制定了《退职准备金及退职补助法》②，进一步扩展和确立了"定年制"。根据 1932 年全国产业团体联合会的调查，162 家企业中有 71 家都实施了这一制度，同年内务省社会事务局调查显示，336 家工厂中有 140 家实施了这一制度。③

征兵对战前的人来说是一种共同记忆。因此，在这样的社会中，"定限年龄"④和曾为军队用语的"现役"一样，是很容易被社会接受的概念。

如第三章所述，美国禁止性别和年龄歧视，以年龄为由解雇员工是违法行为。但是，即使在美国，警察、消防员、航空交通管制员、军人等行业都认可录用时限制年龄和到一定年龄退休的规定。⑤从这个意义而言，多尔关于日本企业与军队类似的观点，在解释"定年制"的广泛应用这个问题上也是适用的。

---

① 1927 年前后，此时日本发生了经济危机。——译者注
② 日文原文为"退職積立金及退職手当法"。——译者注
③ 荻原前揭『定年制の歴史』九四、一〇二、一〇三、一〇七頁。
④ 强制退职的年龄。——译者注
⑤ プレイヤー前揭『アメリカ雇用差別禁止法』一二八、一三〇頁。

"社员"的称呼

此外，称呼业务工作人员为"社员"①的习惯也可以用来说明政府机关对私营企业的影响。

"社员"一词在明治 10 年至 20 年（1877~1887）就已经存在了。但是，当时并非指业务工作人员，而是指出资者。即使在今天的日本法律中，"社员"一词也是出资者的意思。

语义发生变化的契机是 1890 年政府颁布的敕令《出纳官吏身份担保金缴纳文件》。②颁布这一敕令的目的是防止挪用公款，要求处理一定金额以上现金和物品的公务人员预先缴纳身份担保金。

当时政府规定一旦发生官吏遗失现金等事故，官吏本人有向国家进行赔偿的义务。这一制度的起源可以追溯至法兰西帝国时代的会计法，明治政府在法国顾问的指导下将这一制度纳入进一步完善的会计法中。这一制度规定赔付的范围很广，涵盖从具体的物品赔偿到身份担保金的缴纳。③

这种身份担保金制度首先扩展到了国有企业。1893 年，递信省制定《出纳官吏身份担保金处理办法》，在日本国有铁路施行。④此外，在 19

---

① 这里的"社员"取该词在现代日语语境下的含义，指在某一公司上班的全体正式雇佣员工，其中包括了职员和工人，但不包括临时工、兼职工等非正式雇佣劳动者。在现代日本社会中，"社员"身份很大程度上意味着可以享受年功序列、终身雇佣等制度保障的稳定职业身份，与中文语境中的"编制"类似，但是是专指企业的正式雇佣员工身份。——译者注
② 「納官吏身元保証金納付ノ件」明治二三年一月二〇日勒令第四号。内閣官報局『法令全書』明治二三年所収。
③ 甲斐素直「会計事務職員の弁償責任と不法行為責任の関係」『会計検査研究』第九号、一九九四年。
④ 日本国有鉄道『日本国有鉄道百年史』年表、成山堂書店、一九九七年。

世纪 90 年代，高级职员向企业缴纳不到年收入两倍的身份担保金的义务在私营企业中普及开来。[1]

有人认为这种做法可能就是职员被称为"社员"的由来。[2] 当时是股份制公司诞生初期，很多公司在章程中明文规定经营管理者必须持有一定数量的股份，以降低投资者的投资风险。公司会统一管理和使用从员工那里征收来的身份担保金。[3] 由此一来，向企业缴存身份担保金的做法便等同于成为企业经营投资者。

江户时代的商铺也有雇员缴纳身份担保金的传统。此外，今天的欧美企业也存在高管干部向企业出资占股分红的股份制度。但值得注意的是，现代日本的身份担保金制度起源于政府机关和国有企业。

大学是招聘应届毕业生的"介绍人"

1900 年前后，政府机关招聘应届毕业生的做法，逐渐被推广到私营企业。

有研究表明，企业开始招聘应届毕业生的做法始于 1895 年的日本邮船公司和三井公司。[4] 八幡制铁所在 1897 年，也就是开工的当年，便开始聘用帝国大学毕业生作为工程技术人员，次年开始招聘帝国大学毕

---

① 金子前揭『日本の賃金を歴史から考える』四〇頁。但是，在明治时期的八幡制铁所，工人偷盗事件时有发生，因此规定从工人工资中扣除身份担保金（退职时返还）。从这个意义上讲，交纳身份担保金不仅限于高级职员。详见長島修「創立時官営八幡製鐵所における下級補助員に関する一考察」『立命館大学人文科学研究所紀要』九三号、二〇〇九年、一七二頁。

② 金子前揭『日本の賃金を歴史から考える』四〇頁。

③ 关于三井物产公司的身份担保金制度，详见山藤竜太郎「三井物産の人材採用システムと学校教育システムの変遷」若林前揭『学歴と格差の経営史』所収、一八四—一八六頁。

④ 竹内前揭『日本のメリトクラシー』一六二頁。

业生作为行政办公人员。[1] 20 世纪最初十年，招聘应届毕业生的做法在大型财阀企业中已经非常普遍。这一做法在第一次世界大战的经济繁荣时期被推广至中等规模的企业。

然而，很难想象企业方面是因为期待应届毕业生在大学学习到的知识对工作有用而聘用他们的。在那之前的时代，一般都是从零培养那些 14 岁左右具备一定读写能力的人。对于会计等职业要求的"专业工作能力"，企业一般会聘用商科学校毕业生担任下级职员，而大学毕业生在帝国大学法学部、文学部学习到的知识很少用得到。[2]

1905 年的《现代就业指南》这样写道：

> 进入银行等企业后，若说起在学校里学到的东西，便会意识到反而是学校里不重视的东西在公司里更重要，那些曾经苦心学习的国际公法、合同法等专业知识几乎用不到。作为一名上班族，每天的工作要求包括算数记账要又快又准，写字要又快又工整，书信文笔要好，等等……这些工作，根本不需要高中毕业，专门学习财会的人就完全可以做得非常好了。不过，仅仅是做财会工作，薪水就可以拿到 15 日元左右的岗位在中小型商家中可能会有，但终归不是中等规模以上的银行或公司。[3]

那么，企业究竟对大学有什么期待呢？恐怕恰恰是大学对人的智力

---

① 菅山前揭『「就社」社会の誕生』九八、九九頁。
② 天野前揭『学歴の社会史』二六〇頁。
③ 『現代就職案内』（『成功』第六卷第一号附録、一九〇五年一月）二〇、二一頁。天野前揭『学歴の社会史』二六五—二六六頁より重引。

水平、品行操守等信息的筛选作用。

今天的情况依然如此。企业在招聘时获取到的应聘者个人信息非常有限，但是，对所有的应聘者进行单独考试和面试，将是一件费时费力，成本极高的事。

于是，企业审查应聘者的依据是应聘者的履历、学位、成绩以及熟悉应聘者之人的推荐等事先经过筛选的信息。今天的欧美企业，会综合查看应聘者的研究生学位、外语考试等级、在其他企业的工作经历、公共职业培训机构的进修证书和技能资格证明等。在 20 世纪的英国，民间行业协会颁发的会计师执照、工会认证的熟练工证明等，起到了同样的作用。

但是，在明治时代的日本，资格证明制度没有完全确立，来自熟人的推荐起到了很大的作用。在明治时代中期的企业招聘过程中，这类介绍、找熟人或担保人的做法是很常见的。[1]

大学的角色也正是从"走后门招聘"这一环节开始的。很多明治时代的大学毕业生都是经过熟人或有影响力的人推荐入职的，而大学教授恰恰也是这些介绍人的构成人群。研究大学毕业生劳动力市场历史的福井康贵考察了这种情况，并描述如下。[2]

1904 年出版的《大商店公司银行知名工厂 企业制度招聘待遇规定》[3] 一书，将 43 家企业列为调查对象。其中有 18 家企业在招聘应届毕

---

① 天野前揭『学歴の社会史』二六〇頁。
② 以下内容见福井康貴『歴史のなかの大卒労働市場』勁草書房、二〇一六年、一八一一二二頁。另外，截至明治时代末期，在政府机关于文官考试前录用帝国大学毕业生的过程中，教授进行斡旋是一种常态。详见清水前揭「明治日本の官僚リクルートメント」二一三頁。
③ 日文原文为『大商店会社銀行著名工場 家憲店則雇人採用待遇法』。——译者注

业生时，明文要求须有"名望信用之人"或公司相关人士的介绍推荐。

因此，当时的大学生都会利用同乡会、同学会等人脉资源网络寻找介绍人。大学就是这样的网络之一，能够获得教授的推荐是非常有说服力的。据说，截至明治中期，许多庆应义塾的毕业生都是在福泽谕吉[①]的介绍下找到了好工作。

教授的个人推荐，学校的信用、对接受并完成高等教育学习者的评价等因素共同存在。

上述 1904 年出版的书提到了明治火灾保险运输株式会社这家公司，"之所以该公司有很多来自庆应义塾的毕业生，是因为其社长阿部曾就读于庆应义塾"。书中同样介绍了三井物产公司的情况，"被免试录用的都是毕业于帝国大学、高等商业学校、庆应义塾的学生，当有声望高的人推荐他们时，公司会根据岗位空缺情况进行招聘并录用"。

由此可以说，这种推荐与担保是一种介于社会信任名牌大学和熟人介绍工作之间的中间状态。另外，从以上文字描述可知似乎在 1904 年，虽然名为应届毕业生招聘，但实质依然是企业岗位出现空缺产生的补录招聘。

从人才不足到批量招聘应届毕业生

当时，接受过高等教育的大学毕业生寥寥无几，争夺人才的竞争十分激烈。根据政府颁布的大学令，1920 年庆应义塾、早稻田、明治、法

---

① 福泽谕吉（1835~1901），日本近代著名教育家。他于明治初年创办庆应义塾，培养了大量人才。该校后成为大学，即今日的庆应义塾大学。——编者注

政、中央、日本、国学院、同志社等十所学校被批准、认证为大学。在此之前，每年的大学毕业生只有不超过 2000 人。

此外，受到一战的影响，日本迎来了经济繁荣的局面，企业迅速扩张，爆发了对完成高等教育学业人才的争夺战。在此期间，形成了每年4 月份批量招聘应届毕业生的惯例。

1918 年，三井物产公司人事课在录用东京高等商业学校的毕业生时规定，"即使毕业期是 4 月或 6 月，大抵应于当年之初或前一年年末确定拟录用人选"，同时还规定"当年毕业季无法立即聘用上岗之大学生，应当年内定，作为来年毕业者入职"。在此基础上，公司人事课要求各部门尽早告知下一年部门所需人员。[1]

明治末期，一些帝国大学的学生在校期间就通过了每年 11 月举行的高等文官考试，得到政府各部委机关的内定。1910 年在校期间通过考试的河合良成（后来出任农林省次官、厚生大臣）被教授推荐去住友公司就职，但他以通过考试为由拒绝。[2]

此外，如上文所述，政府各部委机关先聘用帝国大学的应届毕业生上岗，再让他们参加高等文官考试，这在当时已经成为一种普遍做法。三井物产公司这种毕业前一年没有"预订"就无法聘用的招聘规定，很可能也是受到了以上情况的影响。

根据若林幸男的调查，截至 1916 年，三井物产公司为录用员工设置了一年的实习期，毕业生的正式聘用通知书是在这一年之内逐次发放给个人的。但是 1917 年实习期缩短为三个月，正式聘用通知书逐渐集

---

① 若林前揭『三井物産人事政策史 1876 — 1931 年』一五四、一五五頁より重引。

② 清水前揭「明治日本の官僚リクルートメント」二一三頁。

中到 7 月和 8 月发放。这意味着上岗实习逐渐集中到四月份。从这一时期开始，招聘方式由出现岗位空缺后随时不定期招聘，转变为应届毕业生批量招聘。[①]

当时刚好是 1918 年大学令颁布前后，高等教育机构的毕业时间也统一为每年 3 月。在大学令颁布之后，截至 1920 年，随着帝国大学完成毕业时间的更改，所有的高等教育机构毕业时间都由原来的 7 月改为 3 月。于是，这一时期被认为是完成高等教育学业的毕业生 4 月 1 日入职上岗惯例的发端。另外，如上所述，这一时期也是政府机关的资格制度和定年退职制度开始向私营企业渗透的时期。

从注重成绩到注重"品行"

最初，企业重视的高等教育机构提供的信息是应聘者毕业时的成绩。如前文所述，政府机关重视毕业考试成绩的做法影响到了私营企业。1907 年来到东京帝国大学担任事务员工作的野间清治（后来创立讲谈社）回忆道：

> ……当时，毕业考试的分数决定了一个学生能去大藏省还是内务省。某机关还规定成绩不达到 75 分以上不予录取。在企业中也有以分数为录用基准的倾向。
>
> 当时曾听到这样的传言——学生们为了请教授推荐工作，都去拜访一位热心肠且出了名关照学生的教授。方便起见，他们将分数

---

① 若林前揭『三井物産人事政策史 1876 — 1931 年』一五五頁。

写在自己的名片上。教授会直接回绝那些 70 分以下的学生，说"见面也没用"。①

如上所述，曾经有一段时间政府机关会根据成绩确定大学毕业生的起薪。企业也受到影响。一位 1900 年入职三井物产公司的人自豪地回忆，因为成绩好，所以他的起薪比一个帝国大学法学部毕业的同期生多了 5 日元。② 这种金额差距反映在政府机关的官吏身上，则意味着被任命高一级的官阶。

1908 年的八幡制铁所会在只查看长崎高等商业学校寄来的简历和成绩单，而完全未与应届毕业生面试接触的情况下决定录用人选。③ 这足以说明，当时的企业在很大程度上依赖学校提供的信息进行人事筛选。

三井物产公司一直在增加对应届毕业生的招聘，于 1912 年成立了人事课，将之前由庶务课管辖的人事工作独立出来。但是，面对这样一个全体员工已经超过 1000 人的企业，最初的人事课只有 6 名兼职工作人员。④ 鉴于从众多应聘者中选拔人才工作量之巨大，由具备人才选拔实战经验与成果的学校提供的成绩和推荐，就成了重要参考信息。

但是，从 20 世纪 20 年代开始，相比成绩和推荐，企业逐渐更加重视对"品行"的考查。企业在招聘时明确要求应聘者具有中等以上的成绩，然后在应聘者提交申请的基础上通过面试进行选拔。对此，福井康

---

① 野間清治『私の半生・修養雑話』野間教育研究所、一九九九年、一七五、一七六頁。福井前掲『歴史のなかの大卒労働市場』三〇一三一頁より重引。
② 岩瀬前掲『「月給 100 円サラリーマン」の時代』一八二頁。
③ 菅山前掲『「就社」社会の誕生』一〇九頁。
④ 若林前掲「1920 —30 年代三井物産における職員層の蓄積とキャリアパスデザインの一考察」一二四頁。

贵列举了以下原因。

首先，经过大正时代的教育改革，学校成绩不再是分数，而是"优""良""合格"等等级。因此，无法再通过具体的分数进行评价。其次，企业通过应届毕业生的实际工作情况发现，成绩优秀者未必在业务领域总能胜任。[1]

然而，最大的背景原因恐怕是，政府颁布大学令使得以前的私立专科学校获批升格成为"大学"，大学和大学毕业生的数量迅速增加。以大学毕业生人数为例，截至 1919 年还不到 2000 人，1924 年却超过6000 人，1927 年超过 8000 人，1930 年突破 10000 人。

如此一来，大学成绩和推荐能发挥的筛选功能随之降低。这和之前毕业生人数有限，介绍推荐停留在同质人群内部交际圈的时代相比，发生了质的变化。因此，企业愈发重视通过面试考查学生的品行操守，以此来进行筛选。

学校推荐的制度化

20 世纪 20 年代，大学毕业生人数增加，就业市场不再是明治时代的卖方市场。领取月薪的职员阶层在扩大，"带盒饭上班的小职员""salary man"（工薪族）等略带嘲讽的称呼开始出现。

然而，学校的介绍与推荐仍在继续。学校方面成立了专门的职业介绍部门，将向企业推荐、介绍毕业生的职能制度化。企业与特定学校建立信赖合作关系，把推荐学生的工作委托给学校。学校根据成绩等因素

---

[1]　以下内容见福井前揭『歴史のなかの大卒労働市場』三六、三八、四五頁。

综合选拔推荐生。

原本从明治时代开始，企业对学校就抱有一定的期望，即和颁发保证专业能力的学位证书相比，企业更看重的是学校对学生品行的考查筛选。因此，也可以认为是学校方面通过将推荐工作制度化以提升人才筛选机能，来应对 1920 年之后的就业市场变化。

尤其是对于新兴的私立大学而言，毕业生的就业情况直接影响着学校的运营管理。因此，如何安置学生就业是一个重要课题。早稻田大学于 1921 年设立了临时人事工作办事处，后转为常设部门，又于 1925 年将其升格为人事课。明治大学也于 1924 年设立了人事课，由有一定社会影响力的教授和校理事组成就业委员会。毕业生遇到就业困难时，大学校方就加大就业推荐、斡旋的力度。1931 年东京帝国大学成立就业调查委员会，1939 年庆应义塾大学成立就业课。[1]

这一趋势不仅出现在大学，也影响了培养下级技术人员、办公职员的中学和职业学校。[2]

内务省中央职业介绍事务局（后来先后成为内务省社会事务局社会部、厚生省社会事务局、厚生省职业部）于 1927 年进行了一项调查。有 109 家总资产超过 1000 万日元的企业参与此项调查，其中有 44% 的企业定期招聘毕业生，而在银行、信托、保险等行业这个比例高达 77%。同年，采矿行业实行定期招聘应届毕业生的企业仅有 23%，但在 1935 年的调查中，这一比例也提升至 63%。企业委托指定的学校推荐

---

① 福井前揭『歴史のなかの大卒労働市場』六八頁。
② 过程详见菅山前揭『「就社」社会の誕生』第二章。

成绩优秀的学生，对其进行面试，以"德、智、体"为标准进行选拔。[1]

福井康贵根据内务省中央职业介绍事务局及其后续机构的调查，计算出了学校推荐占最终确定录用总数的比例。1934 年大学毕业生中这一比例为 74.8%，职业专科学校毕业生中这一比例为 78.5%，职业高中毕业生中这一比例为 85.9%。之后各级别学校的这一比例稳步上升，一直持续到 1939 年。[2]

从这样的发展过程可以看出，日本学校一贯发挥的功能就是保障劳动者的素质。学校长期观察并推荐可信赖的学生给企业，企业则可以削减选拔人才的成本。可以说，推荐制度起始于熟人介绍，最终以学校系统推荐的形式正式确立。同时，这也成为企业内部晋升时的参考标准。

即使高等教育对生产力的影响不明确，但其作为能力指标（信号灯）的功能在经济学中被称为"信号理论"。这种影响确实普遍存在于东西方社会中。

但是，在日本，学校推荐制度之所以能够取得上述发展，主要原因还包括企业方面没有设置与职务工作内容对应的学位要求，以及行业工会提供资格证明的机制不健全。另外，日本政府统一学校课程表也是背景之一。

桑福德·雅各比指出，对于 20 世纪上半叶的美国雇主而言，在没有可靠、确定信息的情况下长期聘用应届毕业生是一件"匪夷所思"的事。其中一个原因是美国各州、各学区之间的教育制度不尽相同，无法对毕业生的才能进行统一的对比考核。当时的美国企业若要长期聘用劳

---

① 菅山前揭『「就社」社会の誕生』一二七、一二八頁。
② 福井前揭『歴史のなかの大卒労働市場』七五頁。

动者，必须经过一定试用期的考查。长期聘用只会出现在雇主或车间主管对雇员进行"慎重且长时间的选拔"之后。[1]

高等教育市场的局限

20 世纪 20 年代末至 30 年代初，大学毕业生的就业形势恶化。1929 年小津安二郎有一部反映此情况的电影《我毕业了，但……》上映。就业形势恶化一方面是由于经济不景气，更主要的原因在于大学毕业生人数激增，供过于求。[2] 通过当时大学毕业生人数和就业者人数变化关系的示意图，可以看出就业者人数（企业招聘人数）并没有减少，反而是毕业生供过于求造成了就业困难（见图 5-2）。

进入 20 世纪 30 年代后，截至 1937 年日中战争带来的"战时经济景气"拉动扩大内需之前，包括职业学校在内的高等教育机构入学人数达到顶峰。[3] 在战前的社会结构中，社会无法吸纳如此之多的接受过高等教育的毕业生。

在以政府机关和企业的三层结构为前提的情况下，这是一种必然现象。如第四章所述，1921 年八幡制铁所的员工为高等官 101 名，判任官 303 人，"协管""勤杂"等 1341 名，工人 18249 名。假设大学毕业生都会成为高等官，按学历保持三层结构的话，每增加一名大学毕业

---

[1] ジャコービィ前掲『雇用官僚制』一三頁。
[2] 藤井信幸「両大戦間日本における高等教育卒業者の就職機会」『早稲田大学紀要』二三号、一九九一年、一〇九頁。
[3] 文部省『日本の成長と教育』一九六二年、第二章第二節五「高等教育の拡大」。http://www.mext.go.jp/b_menu/hakusho/html/hpad196201/hpad196201_2_014.html 二〇一九年六月四日アクセス。

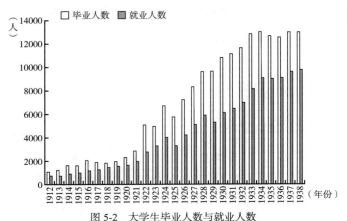

图 5-2　大学生毕业人数与就业人数

（资料来源：福井康貴『歴史のなかの大卒労働市場』勁草書房、2016 年、45 頁）

生，同时必须增加 16 名中等教育机构毕业生和 182 名初等教育机构毕业生。

也就是说，只要这种三层结构不变，金字塔的最上层永远存在上限。根据 1920 年的人口普查，依靠国家俸禄生活者不到 160 万人，仅为全国就业人口的 5.7%。[1] 值得一提的是，在上述八幡制铁所的人员构成中，高等官和判任官占 2.0%，包含"协管""勤杂"在内的员工则占 8.8%。

八幡制铁所的工人比较多，将其员工构成比例视为社会典型确实有不恰当之处。但即便如此，据估计在 1929 年，领取俸禄的公务员、私营企业员工以及医生等专业技术工作者的人数总和也不足当时就业总人

---

① 高橋正樹「『社会的表象としてのサラリーマン』の登場」『大原社会問題研究所雑誌』五一一号、二〇〇一年、二〇頁。

口的 7%。[1] 考虑到 1930 年从事第一产业的人员约占 50%，可以说 7%
已经非常多了。

在第四章中曾经提到，氏原正治郎将根据学历划分的三层结构评价
为"日本特色"。他根据内务省社会事务局的资料推算，1931 年中等教
育入学率约为 31%，大学、高等职业学校毕业生人数约是小学毕业生总
人数的 3%，而大学毕业生人数仅占小学毕业生总人数的 0.8%。换言之，
"在昭和初期，每年所有的小学毕业生中，每 3~4 人中有一个可以成为
中层管理干部。在劳动市场上，每 300~1000 人中才出一个领导层干部
的候选人"。而"即使在这个时候，社会上依然存在认为知识分子过剩
的声音"。[2]

事实上，认为接受过高等教育的毕业生过多的观点很早以前便已经
出现。在 1916 年的三井物产公司负责人会议上，总公司负责人将"受
过高等教育的人"视为"将校"，提出如下主张：

> ……本公司将校多而士卒少，阶级上下失其衡，当今后留意，
> 以图调和。至于多录甲种级别之商科毕业生，致企业头部过大之
> 弊，不可不避。[3]

也就是说，大学毕业的"将校"过多，企业组织"头部大"，"士卒"
不足。为维持组织平衡，应当增加中等教育及以下学历的员工。

---

① 岩瀬前揭『「月給 100 円サラリーマン」の時代』二八頁。
② 氏原前揭「戦後労働市場の変貌」七九頁。
③ 若林前揭『三井物産人事政策史 1876 － 1931 年』一六九－一七〇頁より重引。

实际上，20 世纪 20 年代中后期，随着大学毕业生人数的增加，出现了学历越高，企业的录用率（录用人数 / 申请应聘人数）越低的倾向。

图 5-3 是福井康贵根据内务省中央职业介绍事务局和其后续机构的数据制作的，从中可以看出录用率最低的恰恰是大学毕业生，最高的却是旧制中等学校毕业生①。而且，即使 1937 年以后，在军需经济景气的刺激下，就业形势有所好转，旧制中等学校毕业生（高中毕业生）的应聘录用率仍然高于大学毕业生，并在不断拉开差距。

高学历人群就业率低被认为是 20 世纪 20 年代至 30 年代的一个社会问题。1930 年的就业指南曾这样描述："最令人担忧的事情，是知识分子由于就业困难，不断大量涌入自由劳动者人群中……他们的思想极端左倾，诅咒社会，向无知的自由劳动者灌输社会主义思想，有煽动暴乱的风险。作为解决失业问题的对策，如何警惕、防范这种情况是应当最迫切考虑的。"②

不过，高学历者就业难和社会主义势力抬头之间并没有事实性的关联证据。上述文章中还写道："据说，仅在东京市内，投入自由劳动者群体的中等以上学历者就达到了 300 人。"但这也仅仅是一个模糊的数字，而且也只有区区 300 人。

这样的表述，与其当作事实描述，不如将其视为一种对既有社会

---

① "旧制中等学校"包括"旧制中学校""高等女学校""实业学校"。1948 年学制改革后，大部分"旧制中等学校"都成为"高等学校"，也就是"高中"，所以此处"旧制中等学校毕业生"相当于"高中毕业生"。——译者注
② 井上好一『大学專門学校卒業者 就職問題の解決』新建社、一九三〇年、八二頁。福井前揭『歴史のなかの大卒労働市場』七二頁より重引。

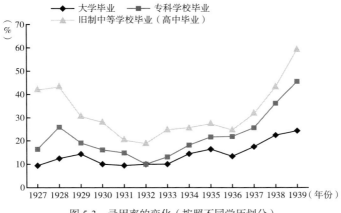

图 5-3　录用率的变化（按照不同学历划分）

（资料来源：福井康贵『歴史のなかの大卒労働市場』勁草書房、2016 年、77 頁）

秩序动摇的不安与焦虑。氏原正治郎深刻地描绘了当时的这种时代论调："知识分子阶层的失业问题，单从数量而言，其实是少之又少的，但不得不将其作为一个不同于一般失业现象的特殊社会问题来看待，其中重要原因无非是知识分子阶层人数过剩与社会秩序本身的存立紧密相关。"[1]

日本社会已经建立了一个不按职业，只根据学历高低来划分等级的结构。然而，在这种结构中，就业率随着完成高等教育人数的增加而下降。这种困境，正如氏原正治郎所讲，是与"社会秩序本身的存立紧密相关"的问题。

在二战后经济高速增长时期，升学率提高到与战前不可同日而语的

---

① 　氏原前揭「戦後労働市場の変貌」七七頁。

水平，战前企业中的三层结构也被迫发生改变。相关内容将在第七章进行探讨。

启用女性办公职员

为了维持这种三层结构，女性办公职员成为事务性工作的"士官"。进入 20 世纪 20 年代，由于打字机和计算器的普及，女性办公职员的数量有所增加。

若林幸男在 1921 年三井物产公司负责人会议记录中发现了下面的对话：

A：在机械的事务性工作上尝试启用女性职员也是一种方法。

B：在木材部门采用了店限雇（限定雇佣当地员工）的人事招聘做法，虽然加薪速度很慢，但成本依然在增加。如果销售额也如以往那样不断增长的话不会有什么问题，但当需要不时地节约成本的时候，就需要培养并配置满足于一生收入固定不变的员工了。

C：虽然公司认为无须支付给某些员工 100 日元以上的薪资，但却不得不让这些员工与其他员工一起升职加薪的情况是存在的。

B：但这正是我们公司能够吸引人才的原因。

D：如果是妇女的话，应该可以接受收入固定不变；男性有上进心，而且满怀加薪的希望努力工作，因此难以接受（收入固定不变）。[1]

---

① 若林前揭『三井物产人事政策史 1876 — 1931 年』二〇〇頁より重引。

三井公司之所以能够招揽到人才，是因为即使员工的工作能力并不匹配高薪，也会得到统一加薪的机会；即使是一线部门招聘的下级职员，也能够期待加薪。如此一来，就不能废除政府机关式的年功资历工资制度。但是，如果持续这样做，企业又无法承受经济停滞时开支的增加。因此，企业不得不招聘那些"一辈子满足于固定不变收入"的人。最有代表性的就是女性办公职员。这便是上述对话的主要内容。

然而，日本企业没有按照固定的职务工资雇用员工的制度。因此，这些女性办公职员往往在加薪之前就被辞退了。

1934 年三井银行开始聘用女性临时雇员，根据当时的规定，从事杂务工作的临时雇员，其定年辞退年龄为 20 岁。1938 年开始聘用享受正式员工待遇的女性办公职员，但定年辞退年龄仍仅为 22 岁。[①]

至于女性工人，虽不享受一般职员根据年功资历加薪的待遇，但也没有这么低的定年辞退年龄。[②] 不过，明确年轻女性职员定年退职制度的企业是少数，更多的女性职员似乎都是在所谓公司惯例或非正式规定下被劝退的。

女性办公职员，相当于企业中的"士官"，即完成中等教育的"非职业组"下级职员。1937 年大阪府社会事务部的《职业妇女调查报告》显示，76.7% 的女性办公职员都毕业于女子高中之类的中等教育机构。

---

① 同上書二〇一頁。
② 全国産業団体聯合会事務局編『我国に於ける労務者退職手当制度の現状』全国産業団体聯合会事務局、一九三二年。根据这项 1932 年全国产业团体联合会的调查可知，162 家企业中有 71 家都实施了"停年"制度，一般规定男性的退职年龄为 55 岁或 50 岁，女性的退职年龄为 50 岁。详见宫地前揭「戦前期日本における定年制再考」二八五頁。

工龄不满 5 年的有 81.8%，不满 3 年的有 53%。①

对于企业来说，和那些在步入中老年之前要不断涨薪的男性职员相比，女性职员是相当"节省经费"的。出于这个原因，下级职员，尤其是打字员等岗位，男性很快被女性取代。

战前的中等教育是男女分校的，高等教育原则上只向男性开放。但是，1918 年北海道大学开始接收女性"选课生"②。以此为开端，京都帝国大学、东京帝国大学、早稻田大学等纷纷开始接收女性"旁听生"。1923 年之后，同志社大学、九州帝国大学、东京文理科大学、广岛文理科大学等大学都允许女性以"正式生"身份入学。③

因此，虽然人数不多，但女性逐渐开始接受高等教育。然而，企业却拒绝聘用女性大学生。1936 年内务省社会事务局的一项调查询问了资产 1000 万日元以上大企业在当年招聘新员工的情况，发现"大学本科及以上学历"的 2292 人中仅有 2 名女性，"职业专科及以上学历"的 2097 人中有 16 名女性。④

从 20 世纪 10 年代到 20 年代，以打字员为代表的下级职员岗位开始大量招聘女性，其原因就是女性工资低。这一现象在美国和其他国家也出现过，并非日本独有。但是，这种现象是在对男性实施年功资历工资制度的同时，伴随着对年轻女性实施定年退职制度的背景出现的，这可以说是日本特有的一种变体。

---

① 野村前掲『日本的雇用慣行』三一頁。
② "选课生"属于非正式学生，即只选修一部分课程。——译者注
③ 野村前掲『日本的雇用慣行』八三、八四頁。
④ 同上書二六頁。

与德国的不同

进一步而言，存在于政府机关和军队的惯例对民间产生深远的影响，也并非日本独有的现象。

例如，法语"cadre"一词，原本是军官学校称呼"军官"的词，后指私营企业的高管干部。[1] 此外，员工性格要素评价方法原本是美国卡内基科学研究所于 1916 年设计的，第一次世界大战时期被美军出于快速培养、选拔陆军军官的目的而采用。之后这套评价方法的简化版被引入私营企业和联邦政府公务员的工作评定中。[2]

在现代化进程中，政府机关和军队的制度对民间造成深远影响的例子并非日本独有，而是一种普遍现象。但是，就是否存在可以对冲政府机关制度的社会传统，以及政府机关制度自身的特点是否决定了之后的社会发展轨迹？这一角度而言，在与日本对比的国家中，德国就显得耐人寻味。

与日本同样作为后发现代化国家的德国，政府机关的官僚制同样影响到了企业。历史学家于尔根·科卡（Jurgen Kocka）指出："德国的官僚制化先于工业化。因此，官僚制的结构、过程、价值观极大地引领并影响了德国工业化的进程和特征。这一点与英国和美国形成了鲜明的对比。"[3]

普鲁士的官僚制要求官吏抱着无限忠诚为国家服务，与此同时保障

① 葉山前揭『フランスの経済エリート』序文 i 頁。
② 遠藤前揭『日本の人事査定』一一六—一一八頁。20 世紀 60 年代韩国也通过军队系统引进了美国发达的管理制度，同时影响到民间私营企业的内部培训。详见安熙卓「韓国企業の人材形成の新たな展開」『経営学論集』第二五卷四号、二〇一五年、二頁。
③ コッカ前揭『工業化・組織化・官僚制』一〇九頁。

官吏享受高额俸禄和退休金。即使是邮政员和警察等下级官吏也有很高的威信，这些也成为受欢迎的职业。同时，在德国，采矿和道路建设等重要行业均由国企运营。据科卡推算，1890 年前后，德国政府职员占社会总人口的比例约是英国的两倍。[①]

而且，德国大企业的董事会成员有很多都是退役军官和国家官僚。西门子公司的创始人就曾在柏林的军事技术学校接受训练，创业前曾在军队中服役 15 年，是军工厂一名技术类军官。科卡认为西门子公司的规章制度和层级指挥系统都带有官僚制的深刻烙印，他指出："这是接受了在工业外部发展形成的传统组织模式的结果。"[②]

此外，同日本的"现役""停年""课长"等术语的使用情况一样，德国政府机关和军队的许多用语也都被工商业界借鉴使用。

在 19 世纪末至 20 世纪的德国大企业中，存在由"高级职员"（Beamte）、"下级职员"（Angestellte）和"工人"（Arbeiter）组成的三层结构。德语"Beamte"一词的本义是"国家官吏"，企业职员则被称为"私营部门官吏"（Privatbeamte）。[③] 科卡指出，德国的事务性办公职员和工程技术人员都将自己视为"私营部门官吏"，这在美国人和英国人看来是难以理解的。[④]

根据科卡的说法，西门子公司职员在公司内的地位"在许多方面类似于公务员"，他们非常重视年功资历。对于企业而言，强调忠诚

---

① コッカ前掲『工業化・組織化・官僚制』一〇九、一一〇頁。
② 同上書一一一頁。
③ 田中洋子『ドイツ企業社会の形成と変容』ミネルヴァ書房、二〇〇一年、一六六―一六八頁。但是，正如田中指出的，将各种非高级职员统称为"Angestellte"，是从 20 世纪以后开始的。
④ コッカ前掲『工業化・組織化・官僚制』一一七頁。

度的意义在于"这一国家要求官吏具备的精神气质直接关系着企业管理层的利益"。企业有很多办公职员岗位和管理岗位，要求只有大学毕业生才能担任，而且在招聘、薪酬和晋升等方面都有一定的明文规定，这些做法都"和政府机关非常类似"。另外，直到 19 世纪中叶，德语"工程师"一词都是"工兵部队中的军事技术人员"的意思。①

　　不过，德国和日本之间的相似之处仅此而已。简而言之，德国和日本的共同点在于官僚制的确立先于工业化发展，且官僚制都对工商业界产生了很大影响。但是，就发挥这种影响力的官僚制本身的性质而言，德国和日本却大相径庭。

　　科卡在定义官僚制时，沿用了韦伯的定义，即"以遵循一定形式的聘用、俸给、年金、晋升、专业培训与分工，以及明确的权限、文牍主义、上下级科层秩序为特征"。② 其中，"专业培训与分工、明确的权限、文牍主义"是德国官僚制尤为明显的特征，而日本官僚制却未必具备这些特征。

　　因此，科卡认为官僚制对工商业界的影响也主要体现在"专业培训与分工、明确的权限、文牍主义"三方面。根据科卡的说法，西门子公司的员工按照工业、商业专业教育资格的标准录用，能够完成"高度专业化和程序化的工作"。工厂生产以书面化、标准化的程序进行，销售部门和一线办事处也按照"总部制定的非常详细的规则开展工作"。③

　　科卡认为德国在这种官僚制的影响下，20 世纪初以来职务工作内容

---

① コッカ前掲『工業化・組織化・官僚制』七九、八七、一一二、一一四頁。
② 同上書一〇五頁。相关内容另见ウェーバー前掲「新秩序ドイツの議会と政府」三五〇頁。
③ 同上書一一三、一一四頁。

不断细分和明确化，其结果和泰勒主义十分相似，而德国的这一切都发生在泰勒主义从美国进入德国之前。此外，在德国，工科大学和工业专业学校的发展完善也与这种专业化同步进行。[1]

这一过程与日本不同。虽然一般认为日本企业也有很多受到官僚制影响而形成的惯例，但那是指批量招聘应届毕业生、大房间集体办公和定期人事调动。虽同样受到官僚制的影响，但日本和德国的官僚制本身存在差异。

行业工会组织的存在

此外，与日本不同的是德国社会根深蒂固的职业技能资格传统，以及工程师和办公职员的社会意识。

像克虏伯这样的现代制造业大企业，使用了传统学徒训练无法掌握的技术。因此克虏伯建立了工厂内部学徒制，让工人学习现代技术，优秀者可获得企业内部颁布的资格认证。[2]

然而在德国，不受企业局限的，各职业、各行业内部的学徒制根深蒂固。相较于从头培训新工人，企业方面也更愿意雇用接受过学徒训练的人，比如，经常会将经过培训的锁匠转为钳床工。各个企业之所以创建各自的培训制度，某种程度上也是因为有学徒经验的人不多，以及手艺好的学徒工留岗率不高。

另外，在德国，社会机构颁发的资格证明比某一企业颁发的资格证

---

① コッカ前掲『工業化・組織化・官僚制』八四、一一四頁。
② 关于德国企业内部资格和职业资格的形成过程，详见田中洋子「大企業における資格制度とその機能」望田編前掲『近代ドイツ＝資格社会の展開』所収、二三一四三頁。

明受认可度更高。在这种情况下，企业致力于让社会认可企业内部资格与传统职业资格具有同等含金量。

20 世纪初至 20 年代，整合各个企业资格认证的工作推广开来，统一了职业规则和培训时长。结果，1938 年国民教育部部长颁布政令，承认企业提供的资格认证与传统的手工业者考核认证具有同等效力。

这一趋势的背景在于，传统手工业为了适应现代化发展，对从业资格进行规范化整合。1935 年开始实行资格认证制度，逐渐形成全国统一的认证标准，完善了关于考试的专门规定，1937 年实现了学徒训练和考试的正规化。

于是，开具技能资格证明不再是个别高级工匠或行业工会的习惯性做法，而是成为统一且规范的现代化资格认证制度。在这个转变过程中，手工业行会和企业并非完全对立，双方也会联合组成考试委员会。如此一来，在双方的努力下，最终形成了公共的工业技能资格认证制度，以及校内学习、企业实践的"双元制职业培训"制度。

同时，技术人员发起的旨在提高工业技术地位的运动，也促进了职业培训和资格认证的统一。[①] 德国的技术人员组建了各种职业协会，开展各种劳工运动来提高自身的地位。其中之一便是充实培训工业技术的专业教育机构，让社会认可其毕业证书等同于专业能力资格证明。

当时他们的竞争对手是只经过企业内培训后便成为技术员或绘图员的下级职员。因此，技术人员试图推动工科大学和工业专科学校的专业化和精细化，使自身与企业内部培训的熟练工区分开来，从而提高自身

---

① 以下内容见コッカ前揭『工業化・組織化・官僚制』八二—八九頁。

的地位。

成立于 1884 年的德国工程师协会将完成中等职业技术教育视为拥有会员资格的前提条件。在这些运动过程中，形成了德语"工程师"的概念，即接受过理论化职业教育的技术人员，而非工厂的熟练技术工人。类似的情况也发生在事务性办公职员群体中，他们与企业内部培养的会计员、订货员竞争，建立起了自己的职业集团。

如第三章所述，德国职业教育和技能资格认证并非行会传统的延续，而是手工业者和职业技术人员发动劳工运动争取的结果，是由此产生并固定下来的、统一的现代性制度，并以与美国不同的路径、方式，实现了职业工作的明确化和细分化，形成了跨企业的行业劳动力市场。

因此，即使在克虏伯那样注重企业内部培训的公司，跨企业的职业培训和职业阶层也有很强的影响力。根据田中洋子的调查，19 世纪末克虏伯公司的高级技术人员中，有一些人的例子很显眼。这些人原本身份地位就比较高——他们先在学校里接受相关技术专业的高等教育，应聘入职之后 20 多岁就开始被提拔为厂长、研究所所长等。大部分绘图员、记录员、技术员等下级职员也都有在其他公司工作的经历，或者曾在学徒期后受雇，即使是中间跳槽来的员工，在薪资方面也不会有劣势。[①]

劳工运动的影响

德国的工程师和办公职员发起旨在提高地位的劳工运动，不仅仅是为了与企业内部培养的熟练技术工人、下级职员竞争。他们开展的白

---

① 田中前揭『ドイツ企業社会の形成と変容』一八一——九〇頁。

领职员劳工运动也起到对抗蓝领工人劳工运动，彰显办公职员独立性的作用。

如第三章所述，与"工程师"的概念形成过程相同，"下级职员"这一概念也是在劳工运动过程中形成的。原本"下级职员"一词是指受雇者，即政府机关以私法合同雇用的不同于"国家官吏"（Beamte）的事务职员。[①] 他们不同于领取日薪的"工人"，大多领取月薪，所以在日语中有时也被翻译为"月薪族"[②]。[③]

到 19 世纪 80 年代为止，各个企业不同岗位的下级职员都没有采取过共同的行动或加入共同的组织。在 19 世纪末的克虏伯公司，记录员、绘图员、监工和仓库管理员等岗位的定位，要么是"高级职员"，要么是"工人"。[④]

但是，随着蓝领工人劳工运动的增多，各个行业的下级职员开始组织有别于蓝领工人的联合行动。通过这样做，他们努力使自身的待遇和工人相比更加接近官吏。

标志性组织是 1881 年成立的德国私营部门官吏协会（Deutscher Privatbeamten-Verein）。[⑤] 该协会囊括了工程师、会计、事务员和银行职员等各种岗位的办公职员，旨在实现这些职员退职后依靠保险获得的

---

① 公务员中的下级职员"Angestellte"和工人中的"Arbeiter"，都受雇于政府，与政府属私法中的雇佣关系，但适用的劳动合同不同。可以说，这类似于战前日本政府机关中的"协管""勤杂"。德国联邦政府及各市镇从 2005 年 10 月开始，各州从 2006 年 11 月开始，将二者的劳动合同统一，不再差别对待。详见村松前揭『公务员人事改革』一九五页。
② 即中文语境中的"工薪族"。——译者注
③ ジークフリート・クラカウアー、神崎巌訳『サラリーマン』法政大学出版局、一九七九年。
④ 田中前揭『ドイツ企業社会の形成と変容』一六八頁。
⑤ 关于下级职员开展的劳工运动的形成与发展，详见コッカ前揭『工業化・組織化・官僚制』一二一一一二五頁。

年金与官吏享受的国家发放的退职金持平。因为根据俾斯麦主导的社会保险制度，年收入在一定金额以下的下级职员与工人享受的养老年金相同。他们不满这一点，要求享有单独的年金保险。

在他们的努力推动下，1911年政府颁布了《职员保险法》。政府和政党由于忌惮蓝领工人劳工运动的崛起，出于拉拢下级职员的目的，通过了该法案。于是，在这一白领职员劳工运动的抗争过程中，"下级职员"的阶层形成并确立。

法国"高管干部"阶层的形成过程也是如此。"高管干部"一词最初也是军队用语，正如第三章所述，20世纪30年代以后各种职业的办公职员和技术人员联合发起劳工运动，形成了"高管干部"这一社会阶层。他们享有作为高管干部阶层特有的年金保险和全国劳动工会。

此外，如第三章所述，美国经历了20世纪60年代的民权运动之后，废除歧视的规定已经定型，企业不能再随意进行考核评估。因此，私营企业从美国陆军学习的人员考评方法在20世纪70年代之后就被废除了。[1]

在英国也有一些经营者将企业视同军队。1836年在曼彻斯特近郊开办铸造厂的詹姆斯·内史密斯（James Nasmyth）称他最欣赏的工厂领班为"车间中尉"。他无视行业工会颁发的技能资格认证，只注重在企业内部对雇员开展技能培训。任何社会都有一些企业家，梦想建立一个听命于自己的军队式的企业。不过，在英国，跨企业的行业工会力量很强大，所以这种尝试并没有推广开来。[2]

---

① 遠藤前掲『日本の人事査定』一四二——一四九頁。
② 小野塚前掲『クラフト的規制の起源』一八四、一八五頁。

在现代化进程中，军队和政府机关的制度影响民间私营企业的例子
比比皆是。但是，在德国、法国、美国和英国，由于跨企业的蓝领工人
劳工运动、白领职员劳工运动和民权运动等相关运动的影响，在这方面
产生了与日本不同的发展轨迹。

日本并非没有出现过类似法国和德国的白领职员劳工运动。1919 年，
"工薪族联盟"（Salay Men Union, SMU）成立，1927 年试图与社会大
众党联合制定工薪族保护法。[①] 因为如前文所述，20 世纪 20 年代，接受
过高等、中等教育的职员的地位十分低下，下级职员的生活非常困苦。

然而，据推算，1926 年 SMU 的组织率仅为全部工薪族的 1% 左
右。[②] 而且，他们主张与蓝领工人劳工运动实行无差别的联合。于是，
日本政府在镇压社会主义工人劳工运动的同时，也打压了 SMU 的活动。
日本的白领职员劳工运动发展进程由此与德国形成了鲜明的对比。

造成这种情况的一个原因可能是日本的蓝领工人劳工运动不如德国
那般高涨。正因为如此，白领职员劳工运动区别蓝领工人劳工运动的意
识不够强，政府也就没有理由去拉拢白领职员来对抗蓝领工人了。

没有形成大规模的白领职员劳工运动，成为二战后日本办公职员与
工人同属企业内部工会的前提条件。在第六章将会谈到，由此产生的企
业内部工会，一直呼吁消除办公职员和工人之间的歧视性待遇。可以如
此理解——这为将原本局限在官吏和办公职员阶层的惯例推广到包括一
线工人在内的所有"社员"身上做了准备，而这恰恰是日本与其他国家
的不同之处。

---

① 关于 SMU，详见高橋前揭「『社会的表象としてのサラリーマン』の登場」。
② 同上論文二二頁。

民主化与"员工平等"

第六章　要点

· 在从战时全面战争体制①过渡到战后民主化的过程中，大企业开辟了"员工平等"的道路，其背景是战争带来的高度团结感和战败后生活疾苦的均质化。

· 战后劳工运动确立了根据年龄和家庭成员人数决定基本生活工资的规则。

· 然而，战前的三层结构并没有轻易崩塌。而且，基本生活工资和工龄长短没有关联性。虽然在劳资谈判中，工龄越来越受到重视，但"日本式雇佣"的真正确立是进入经济高速增长期之后的事情。

· 从 20 世纪 50 年代中期开始，大企业和中小企业的"二重结构"受到关注。这被认为是大企业的"员工平等"在一定程度上达成之后，大企业与中小企业之间的差距进一步凸显的体现。

· 20 世纪 50 年代中后期，社会保障制度也根据这种二重结构实现了制度化，形成了以"企业（职场）"和"村落（地域）"为基本单位的制度。

· 直到 20 世纪 60 年代前中期，政府和工商业界都试图通过引入职务工资、全面的社会保障以及跨企业的横向劳动力市场进行改革。但是，企业经营者反对引入跨企业的横向规则。

---

① 日文原文为"総力戦体制"，即"全面战争体制""总体战体制""战争总动员体制"。
——译者注

爱国心与"消除歧视"

战争给雇佣方式带来了两个重要的影响。[1] 一是劳动力短缺和战时体制消除了收入差距。二是民族主义的高涨和与之相应的对身份歧视的批判。

这两者都为战后实现"员工平等"奠定了基础。首先，笔者将从前者——劳动力短缺和战时体制的影响进行说明。

战争带来的军需产业热导致劳动力短缺。工人的工资得以提高，在待遇不佳的企业里工作的工人出现了离职跳槽的趋势。

企业因此被迫改善工人的待遇。1943 年 4 月王子造纸公司在改善工人待遇时，指出当时的背景是"中国事变[2] 以来劳动力短缺，离职者累增，企业苦于如何补充新劳动力"。[3]

与此同时，越来越多的观点认为应当鼓励办公职员和一线工人团结一致共同提高生产。1940 年 10 月，政府企划院制定的《勤劳新体制确立要纲原案》主张企业应当成为经营者、职员、工人一体的"生产经营体"，主张"不问身份、工种如何"都应当充分发挥能力。[4] 此外，大日

---

① 本章内容参照现有的研究，考察了"员工平等"与年功资历工资、"能力"考核等制度的形成、发展过程。以往关于战后劳工运动和工资制度的研究有很多，但在笔者的了解范围内尚未发现全面且综合性的研究成果。另外，关于经济审议会的一系列报告，相关研究中首次从教育的角度展开讨论的是乾彰夫的《日本的教育与企业社会》(『日本の教育と企業社会』)，之后有藤道夫与滨口桂一郎分别从社会保障层面、岗位型雇佣转换层面展开讨论。然而，关于企业经营者以新制度侵害经营管理权为由进行对抗的事实，至今尚未有研究关注。

② 即"七七事变"。——译者注

③ 田中慎一郎『戦前労務管理の実態』日本労働協会、一九八四年、四六一頁。公司内部书面请示书的内容。

④ 岡崎哲二「戦時計画経済と企業」東京大学社会科学研究所編『現代日本社会 4 歴史的前提』東京大学出版会、一九九一年所収、三八六—三九一頁。引用も同論文より重引。

本产业报国会在 1941 年 11 月出版了向领取日薪为主的工人们介绍已采用月薪工资制企业的宣传册。[①]

在这种情况下，日立制作所的日立工厂于 1939 年 1 月将"職工"的名称改为"工員"[②]。[③] 1943 年 4 月，王子造纸公司也将"職工"的名称改为"工員"，规定了高级工人享受月薪制待遇，将从工人向办公职员晋升的规则明确制度化。[④]

然而，如第三章所述，战时全面战争体制的直接影响是有限的。即使改变对工人的称呼，工厂一线的实际情况也没有发生太大的变化。真正引入大日本产业报国会提倡的工人月薪制的企业也寥寥无几。[⑤]

实际上，战争的主要影响体现在通货膨胀带来的均质化和民族主义兴起所产生的命运共同体意识。这导致了对企业内部身份歧视的批判，这种批判成为战争的第二个影响。

战争导致的工资上涨，以及通货膨胀造成的金融资产缩水，使工人的地位相对提高。社会上充斥着对西方"自由主义"的批判和"奢

---

① 兵藤前揭『労働の戦後史』上卷二五頁。
② 日文"職工""工員"都是"工人"的意思。中文"职工"一词，狭义指工人，但广义通常指企事业单位、机关以工资收入为主要生活来源的劳动者、工作人员，即"上班族""工薪族"，对应日文语境中的"俸給生活者""サラリーマン"。因此，日文"職工"一词只能对应中文"职工"一词的狭义解释，为避免歧义，本书日文"職工"翻译为"工人"。——译者注
③ 菅山前揭『「就社」社会の誕生』一八二頁。
④ 田中前揭『戦前労務管理の実態』四六一一四六四頁。但是，虽然名为"月薪制"，其实质只是将日薪工资按月发放的"日薪月结制"。
  王子造纸公司制度改革的核心是对工人实施资历认证和定年退职制度，设置了高级工人、一级工人、二级工人、三级工人的资格等级，明确规定了晋升的最短和最高年限。高级工人享受"办公职员同等待遇"，相当于准军官地位。同时，对工人实行 60 岁定年退职制度，强制工头退休，为年轻工人晋升创造可能。这些改革举措可以视为二战后工人职级资格制度的前身。
⑤ 兵藤前揭『労働の戦後史』上卷二八頁。

侈品是敌人"的口号，批判"资本主义"和旧特权阶级的风潮高涨。

以房地产和股票收入为生的批评家清泽洌，在战时日记中记录了对当时状况的不满。他感叹雇工工资的上涨，写道："我们（知识分子）的收入越来越少，而工人的收入却涨到天上去了。"战争期间"雇女佣是奢侈的"这种批判使他不得不担忧——"大战的结果就是，资本主义不得不改变形态"。①

民族主义的兴起、对特权阶层的批判，加上战争期间的总动员，催生了消除歧视的愿景。王子造纸公司的劳务部负责人回忆 1943 年 4 月改善工人待遇的背景时，这样讲道：

> 中国事变以来，兵役法扩大了兵役义务的范围，职员和工人同样都要服兵役，而且生活物资实施配给制，所有国民无一例外地被迫在贫困中度日。在皇国勤劳观基础上形成的新产业劳动体制下，平等思想高扬，让人感到对工人的身份歧视是不合时宜的陈旧观念。②

战争也影响了战后的劳资抗争。在始于 1945 年 9 月《读卖新闻》的一场讨论中，高学历的干部职员带头主张废除"身份制"。参与其中的一位政经部次长指出自己"参加读卖争论的出发点"源自战争经历。他回忆道，在九州采访特攻队基地时他发现，年轻的特攻队队员住宿在农舍，而军官们则"占据了军营最好的地方"。③

---

① 清沢洌『暗黒日記』岩波文庫、一九六〇年、三一八—三一九、四四、一三五页。
② 田中前揭『戦前労務管理の実態』四六三页。
③ 宮本太郎『回想の読壳争議』新日本出版社、一九九四年、八四、八二页。

一位海军航空兵士官飞行员二战后回忆说:"在战场上,士官宿舍和军官宿舍,最过分的时候,相隔四五公里。""没有一个军官会来看看自己的部下如何生活,每天打仗吃什么东西。""偶尔我有事汇报,来到四公里外的军官宿舍,就会见到那些两三天前刚刚毕业过来的黄口孺子模样的家伙,只因是中尉大人,便能够像模像样地喝着(在敌人战场缴获的)黑方威士忌,而我们那边连掺杂着防腐剂的劣质啤酒都还没送到呢。"① 在这些关于战争经历的回忆中,有很多反映出对既存体制的质疑,这些成为加速实现战后民主化的诱因。②

战争还催生出了对经营者和管理者的批判意识。物资会优先配给当时的军工厂,如果经营人员和管理人员挪用这些物资,便可以非法获得巨额利润。据当时被调动到"H制作所"的一位女学生回忆:

> 虽然每天的报纸都在不断报道日本胜利的消息,但在工厂一线工作的人们经常在交谈时说,"如果用这样的东西都能打赢,那可真是活见鬼了"。无论制造飞机机身骨架的铸造工厂声称产量有多高,只有工厂的一线工人最清楚其中有多少不合格的次品。也正是他们知道出现这些不合格次品的原因,不仅仅在于当时日本资源匮乏,还在于上司挪用原材料,以及由此编造的各种谎言。③

战争经历与战后民主化之间的关系很少被明确提及。但是,如同后

---

① 加藤寛一郎『零戦の秘術』講談社文庫、一九九五年、三二〇、三二一頁。坂井三郎の回忆。
② 小熊英二『〈民主〉と〈愛国〉』新曜社、二〇〇二年、第一章参照。
③ 武田清子「工場に見た嘘と貝殻の人間像」『芽』一九五三年八月号、四〇頁。

文将要提到的，在战后劳资抗争中有很多具体要求，如废除"身份制"、追究企业高管干部的战争责任、"产业复兴"等都间接反映出工人对企业高管贪污腐败导致生产效率下降、国家利益受损的愤怒。战后的劳工运动就是在这样的背景下展开的。

以企业为单位的混合型工会的兴起

战败后的 1945 年 10 月，占领军发布了一系列指令，鼓励组建工会。以此为契机，各地迅速成立了工会，工会数量大大增加。1945 年 9 月时还只有两个工会，会员 1077 人，1949 年 6 月时工会增加到 3.4688 万个，会员达到 665.5483 万人，估计组织率高达 55.8%。[①]

1947 年 8 月，东京大学社会科学研究所对工会进行了大规模调查。结果发现，大多数调查对象都是以企业公司或事业机关为单位组建的工会，而且 80.7% 都是工人和职员共同构成的混合型工会。[②]

当时的日本共产党和日本工会总同盟对此十分困惑。在欧美国家，蓝领工人组成的行业工会是主流，其中一般不包括办公职员。战前日本的劳工运动并不活跃，1931 年组织率最高时为 7.9%，但主要是以组建按行业或职业划分的工会为目标。

因此，1946 年 1 月，日本工会总同盟扩大中央筹备委员会批评以企业为单位组建囊括所有员工的工会的行为十分"不明智"。[③] 但是，劳

---

① 二村一夫「戦後社会の起点における労働組合運動」坂野潤治・宮地正人・高村直助・安田浩・渡辺治編『戦後改革と現代社会の形成』岩波書店、一九九四年、四一、六七頁。
② 大河内一男編『労働組合の生成と組織』東京大学出版会、一九五六年、九二頁。
③ 兵藤前掲『労働の戦後史』上巻四二頁。

工运动的发展倾向并没有因此改变。

那么，为什么战后日本的工会是由办公职员和工人共同构成，而且是以企业公司或事业机关为单位组建形成的呢？战争期间的产业报国会是以企业为单位的全体员工组织，战争经历所带来的影响已经被指出，但产业报国会直接化身为工会的具体事例尚不得而知。[①]

为什么是以企业为单位形成的混合型工会呢？劳动史研究专家兵藤钊、二村一夫等认为，日本没有欧洲那种以职业工种为单位组建行业工会的传统。[②] 同时也有人指出，拥有战前工会运动经验的工人较少，区别职员和工人，分开组建工会的做法没有普及。东京大学社会科学研究所的调查也显示，在组建工会过程中发挥核心作用的人当中，有参加劳工运动经验的只有 9.9%。[③]

此外，二村指出当时社会正处于从战争走向战败的时期，企业成为生活中的重要场所。由于战争期间实行物资配给制，企业作为物资和粮食配给渠道而变得重要。战后的粮食短缺，反而强化了这种趋势。二村从日本钢管公司川崎制铁所的工会史中找到了对 1946 年 5 月的一段描述：

> 5 月 17 日召开工会大会，动员川铁所有组织部门发挥职能，成

---

① 西成田豊「日本的劳使関係の史的展開（下）」『一橋論叢』第一一四卷六号、一九九五年、一九頁。
② 兵藤前揭『労働の戦後史』上卷四三頁、二村前揭「戦後社会の起点における労働組合運動」五一一五六頁。二村指出职员在劳工运动中受到压抑的采矿业和造船业，成立了不少以职业工种划分的工会组织，并以此作为旁证说明以企业为单位建立工会的背景在于战前参与过劳工运动的工人人数较少。
③ 大河内編前揭『労働組合の生成と組織』二六頁。

立了食品危机突破委员会，以确保解决员工的吃饭问题……这个委员会的目的就是尽一切努力解决所有员工的温饱问题，方法是通过与厚生课合作，购入食品，管理配给。具体执行方案是由厚生课课长保管购入的物资，在与委员会协议的基础上分发物资。……首先从制盐开始，在征得所长的许可后，以各支部为单位开始制盐。战败后，公司的职能都停滞了，于是人们组队抽取海水，利用公司的燃料制盐，以换取食物。为了提高生产积极性，会给产量多的支部增加食品配给。①

在这里，企业俨然成为一个生活共同体。据说日本钢管公司川崎制铁所向所有员工开放了企业名下拥有的土地，用于种植蔬菜、白薯，还把焦炭等公司自有产品提供给员工。

在战败后的一段时期，城市里的工业被摧毁，人们纷纷疏散到农村，投靠在那里有食物的亲戚。二村指出："在焦土化的城市里滞留的，是在乡下没有农舍田地的人们。对他们而言，企业是最后的栖身之所。"这便是以企业为单位的混合型工会形成的大背景。②

消除歧视与"社员"身份

更有影响力的是战争期间日趋高涨的消除歧视的呼声、民族主义以及日益加剧的生活艰辛。

---

① 二村前掲「戦後社会の起点における労働組合運動」五七頁より重引。
② 同上論文五七頁。

在 1947 年东京大学社会科学研究所开展的调查中，成为调查对象的工会给出了之所以组成混合型工会的几个理由，最多的回答是"办公职员和工人都是员工"，"办公职员和工人在本质上是一样的，都是劳动者"。①

战败后，工会不仅提出经济方面的要求，而且要求消除身份歧视。例如，设置通用的出入大门，向工人开放办公职员的专用设施，办公职员和工人一样按时上下班，工人享受与办公职员同样的薪资待遇和休假规定等。②

这些主张与认为应当组建办公职员和工人一体化工会的想法结合在一起。经济学家大河内一男对东京大学社会科学研究所开展的调查进行了归纳，他指出："'混合型工会'的理念完全是工会'废除身份制'这一平等思想的产物。"③

同时，从战争末期开始，人们就主张消除"身份歧视"，建立科学的生产体制，认为这将有助于扩大生产和产业复兴。④ 在东京大学社会科学研究所的调查中，有很多工会将"为了产业复兴"作为组建混合型工会的理由。某工会的回答是，如果不能做到办公职员和工人一体化，"不能将脑力、体力劳动统合为一体，那么就不能产生应有的生产效率"。⑤

对"产业复兴"的热情与民族主义紧密结合。1946 年 10 月，电力行业的工会组织"电产协"⑥的一位委员，向企业管理层提出要求，主张

---

① 大河内编前揭『労働組合の生成と組織』九三頁。
② 二村前揭「戦後社会の起点における労働組合運動」五九頁。
③ 大河内编前揭『労働組合の生成と組織』一三頁。
④ 小熊前揭『〈民主〉と〈愛国〉』第二章参照。
⑤ 大河内编前揭『労働組合の生成と組織』九三、九五頁。
⑥ "日本电气产业劳动组合"的简称。——译者注

企业应支付足以维持员工基本生计的工资。他说道：

> 让我们成为乞丐的话，还怎么实现产业复兴呢？我们是真正的爱国者，真心想重建我们热爱的国家日本。为此，我们必须先吃饱饭，然后投入生产。如何拯救我们的祖国呢？我认为必须要养活我们这些救国的原动力。……我们死了，如何重建日本？你们必须想清楚这一点。如果你们真的有爱国心，就应该做出正确的判断。[1]

由此可见，维持生计、产业复兴，已经与"爱国心"融为一体。

关于当时生活的艰辛，邮政工人工会"全递"[2]委员长宝树文彦深有感触。1920 年出生的宝树文彦，于 1946 年 1 月退伍复员，开始在邮局工作。当时的月薪是 75 日元，而黑市上一升大米（1.8 公升）价格是 65 日元。他说："这点钱不能养活母亲和妹妹。"于是，他在邮局工作的同时，经常骑自行车远到千叶县去收购花生，回来在黑市上倒卖，他说："直到昭和 21 年（1946）3 月，我一直在阿美横丁[3]经营着一家黑市店铺。"[4]

在这种情况下，企业经营管理者不得不适当满足工人的诉求。日本钢管公司的劳务部负责人折井日向（后来成为公司董事）在回忆战败后不久的情景时说道：

---

[1] 河西宏祐『電産型賃金の世界』早稲田大学出版部、一九九九年、二三〇頁より交渉議事録を重引。

[2] "全递信劳动组合"的简称。——译者注

[3] 日文原文为"アメ屋横丁"，是位于东京都台东区的集市。第二次世界大战之后，这里是贩卖美军物资的黑市，今天已经发展成为综合性商业街。——译者注

[4] 宝树文彦『証言 戦後労働運動史』東海大学出版会、二〇〇三年、六、七頁。

……在劳资谈判的会议座席上，工会方面厉声怒斥我们："你们看看工人食堂，没有大米吃的日子已经好几天了。一点味道也没有的大酱汤，搭配上四五个红薯饭团，就吃这些东西，怎么能进行产业复兴的重体力劳动？物价一个劲儿地涨，甚至连配给物资的价格也公然翻至两三倍，每天连买十分之一升大米的钱都没有。"但当时我们也同样吃不上像样的食物，也正因为如此，我们能够感同身受地理解这种饥肠度日之苦，所以企业经营方的姿态总是刻意保持被动。[①]

　　由此不难看出，办公职员和工人面对同样的生活艰辛，团结一体感油然而生，推动了混合型工会的建立。在东京大学社会科学研究所的调查中，关于混合型工会形成原因的回答包括"办公职员和工人的待遇都一样恶劣"和"办公职员已经没落为工人阶级"。[②]

　　战前的办公职员属于特权阶层，与工人之间的收入差距非常大。由此可知，在战前的劳工运动中自然难以形成混合型工会。以企业为单位的混合型工会并非源自日本的文化传统，而是在战败和战后办公职员阶层没落的背景下诞生的。

　　另外，办公职员中有很多人对企业的未来发展深感不安，对在战败后的社会混乱中无能力制定发展方针的经营管理高层持批判态度。这些情绪通常与推动民主化、参与企业管理、追究战争责任等要求结合在

---

① 折井日向『労務管理二十年』東洋経済新報社、一九七三年、五頁。
② 大河内編前掲『労働組合の生成と組織』九四頁。

一起。

例如，千代田生命保险公司工会要求公司在任命干部时，需添加以下条件："不限学历和年龄，对经营管理抱有积极性的人"，"理解工会运动并具有高尚品格的人"。国有铁路公司工会筹备委员会提出的要求包括"清理无能或反对民主主义的干部""反对学阀干预垄断晋升""清洗东京大学法学部派阀"等。[①] 在战前的企业中，存在一些无能但凭借学历晋升至经营高管职位的干部，这种战前的企业秩序受到了年轻办公职员的强烈批判。

在战败后的动荡中，这种批判与对生活的诉求混合在一起。战败后，在日立制作所的日立工厂里充满了对企业高层的"隆隆责难之声"，包括高管干部的贪污腐败、对个别员工优先配给物资、"基于人情的升职加薪"、"军国主义式工人培训"等问题。于是，工会在 1946 年 1 月提出的要求包括"取消歧视性待遇"、"肃清企业高管干部队伍"、"工资翻倍"以及"建立八小时工作制"等。[②]

作为"取消歧视性待遇"要求的象征便是"社员"这一称谓。

1947 年 4 月王子造纸公司工会联合会向中央经营协议会提交《撤废身份制度提案》，内容如下：

    1. 撤销"办公职员""工人"在称呼以及其他方面的差别性待遇，统一称呼为"社员"。

    2. 取消将员工分为职员，准职员，雇员，高级工人，一、二、

---

① 二村前揭「戰後社会の起点における労働組合運動」六四頁。
② 菅山前揭『「就社」社会の誕生』一九三、一九四頁。

三级工人的等级制度[1]。

　　3. 不设置任何身份等级制度。[2]

　　战前的"社员"是享有特权的职员阶层。战后的劳工运动起始于要
求每个员工都成为"社员"的诉求。

　　日立制作所也于 1947 年 1 月签署了一项劳资协议,"废除公司工人
身份,赋予其新员工身份"。[3] 这些要求通常与日薪制工人主张享受办公
职员同等月薪的要求一并被提出。

　　经济学家远藤公嗣指出:"不按照岗位工种和学历设置身份等级的企
业内部平等待遇,正是日本劳动者理解的战后民主主义。"[4] 这种"战后
民主主义"以一种诉求——所有员工都成为"社员",工人和大学毕业
的高管干部享受同样的待遇——的形式体现。

由年龄和家庭人数决定的基本生活工资

　　但是,不得不说的是,企业的三层结构、办公职员的弹性工作时间、
工人按日发薪、办公职员按月发薪等做法,并不是战前日本的特例。

　　正如我们在第二章中了解到的,按照美国劳动法规的逻辑,因为
工人按时间单位出售劳动力,所以工作时间是固定的,以日薪和周薪
的形式领取工资是很常见的,而且加班时可以领取加班费。与之相对

---

① 日文原文为"社員、準社員、雇員、上級工員、一、二、三級工員制度"。——译者注
② 十條製紙労働組合『組合史』、一九六一年、一四九——一五〇頁。石田前揭「十條製紙の
　 職務給の変遷(上)」六三頁より重引。
③ 菅山前揭『「就社」社会の誕生』一九六頁。
④ 遠藤前揭『日本の人事査定』二七五頁。

的，高级职员的工作劳动不以时间单位衡量成果，因此出勤时间灵活，领取月薪或年薪工资。这是工资支付原则上的差异，未必就是"身份歧视"。

但是，对于日本工人来说，之所以将办公职员的按月领薪和上下班时间自由视为一种对自己的歧视，是因为他们将其与那些同为公司员工，进出时却要走不同的大门等不合理的歧视性规定看作一回事。

那么，如果取消了办公职员和工人的区别，应当按什么标准确定工资呢？战败后的劳工运动主张工资的金额应当能够维持生计，由年龄和家庭受抚养人数决定。这也被称为"基本生活工资"。

1946 年 10 月，电力行业工会"电产协"提出要求，"消除基于资格、阶级制度、学历、性别等差异的工资不平等现象"。[1] "电产协"计算出成年人所必需的卡路里，基于此制定了被称为"电产型工资"的电力行业工资体系。

"电产型工资"的最大特点是工资金额的约七成是由工人年龄和抚养家属人数决定的。换言之，就是应当给有家庭的中老年劳动者支付高工资。

如图6-1所示，"电产协"要求建立的工资体系，还包括了能力工资、全勤工资以及各种补贴。但是，这部分的比例很小，按年龄确定的本人工资和按家庭人数确定的家庭工资占比较高。

这种"电产型工资"作为一种代表性的薪资诉求，在战败后被各地工会推崇效仿，其社会背景是当时的通货膨胀与生活疾苦。在二战后民

---

① 東京大学社会科学研究所『電産十月闘争（一九四六年）——戦後初期労働争議資料』東京大学社会科学研究所資料第九集、一九七九年、二五五頁。

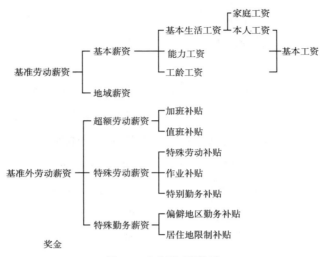

图 6-1　电产型工资体系

（资料来源：遠藤公嗣『日本の人事査定』ミネルヴァ書房、1999 年、226 頁）

众饥肠辘辘的生活中，以购买可以供家人糊口的食物的金钱标准来确定工资金额，被认为是一种再合理不过的要求。

基本生活工资的构想本身也是战争期间政府提出的。为了应对战时通货膨胀造成的生活贫苦，1943 年 3 月内阁审批通过了《工资对策纲要》，确立了"根据年龄和工龄确定工资金额的基本工资制度"，以保障"劳动者生活的一惯性"。[1] 尽管有薪资体制的管控，但从 1940 年起，企业被允许向员工发放家庭补贴，且因为当时人们重视家庭而被认为是公平合理的。

然而，很难说基本生活工资制度就是在这一时期扎根定型的。虽然

---

①　兵藤前揭『労働の戦後史』上巻二六頁。

家庭补贴在战争时期已经普及，但基本徘徊在实际工资的 1/10 左右，很少有超过两成的。[①] 正是通过战后的劳工运动，基本生活工资才得以真正大范围落实。

一位于 1949 年入职四国机械工业公司（后为住友机械工业公司）的劳务部负责人回忆起这种工资制度普及所带来的影响时，说道：

> 公司社长大约只有四十七八岁，但社长的司机 60 岁左右，已超过定年退职的年龄。司机的薪水比社长还高。这都是年龄决定的工资。职务工资体现不出差别。[②]

从生存所必需的卡路里的角度而言，社长的家人和司机的家人是不应该有任何差别的。吃饱肚子、生存下来是战败后的首要任务。因此，不论能力或职务如何，以生存为标准决定工资金额被人们认为是理所当然的。

当然，这位劳务部负责人的回忆在真实性上需要稍打折扣。实际上，工资差距并没有完全消除。例如，在日本国有铁路公司，即使在日本战败之后的初期，最高级岗位和最低级岗位员工的工资差距也有大约 6 倍之多。[③] 但无论如何，和战前相比，办公职员和一线工人之间的工资差距缩小了，基本生活工资制度得到普及是不争的事实。

---

① 笹島芳雄「日本の賃金制度」明治学院大学『経済研究』第一四五号、二〇一二年、三七頁。
② C.O.E.オーラル・政策研究プロジェクト「兵頭傳 オーラル・ヒストリー」政策研究大学院大学、二〇〇三年。久本憲夫「労働者の『身分』について」『日本労働研究雑誌』五六二号、二〇〇七年、五九頁より重引。
③ 禹前掲『「身分の取引」と日本の雇用慣行』一四六頁。

这样的工资体系应该被称为"年龄平等"的产物。不过，它也确实让一线工人的工资更接近年功资历型办公职员的工资水平。

事实上，设计"电产型工资"的电力行业工会"电产协"的干部中，有很多是战前京都帝国大学法学部和东北帝国大学工学部等名校毕业的办公职员和工程师。在这些高学历的职员之中，人到中年时收入即可支撑整个家庭的年功资历型工资从战前就已经普及了。

然而，战前工人的工资并非高到一个男性可以维持全家人生计的程度。经济学家野村正实指出，仅靠男性工资足以养活一家人的想法，是由高学历工会干部通过"电产型工资"的形式推广开来的。[①]

之所以会出现这种现象，是因为战后的日本工会是办公职员和工人共同组成的混合型工会。在德国和法国，办公职员组建了独立的工会，要求享受比工人更好的待遇。但是，在日本，办公职员工会势力弱小，而且战败后，办公职员和工人同样面临生活上的贫困。在这种情况下，混合型工会和基本生活工资制度得到推广，工人的待遇逐渐接近办公职员。

部队经历的影响

在理解战后劳工运动之前，还有一个必须知晓的情况，那就是部队经历的影响。

许多参加战后劳工运动的人都是有部队服役经历的复员军人。自身也是复员军人的宝树文彦回忆起 1946 年 5 月参加在帝国剧场召开的邮

---

① 野村前揭『雇用不安』七九頁。

政工人工会"全递"成立大会的情景时，说道：

> 走进（帝国剧场）后，看到聚集在那里的人们的装束，我感到
> 非常惊讶。因为他们都是要么戴着军帽，要么背着军用帆布背包，
> 要么腰间挂着军用水壶，要么踩着军靴，要么穿着陆军军装或海军
> 水兵服，甚至还能看到穿着空军高级飞行员服装的人。[1]

之所以有很多人穿军装，不仅因为物资短缺，还因为军装被认为是
一种正式礼服。据宝树文彦讲，邮政工人中有西装的人"出于对成立大
会的尊重，打好领带，穿着整齐地出席"，而"我们这些部队出身的年
轻人也没有西装，便穿着军装去了"。

当时的这些工人对军队和爱国主义抱有很矛盾的感情。如上文所
述，"电产协"的委员们以"爱国心"和"产业复兴"为口号，向企业提
出落实基本生活工资的要求。但同时他们又在控诉："是谁让我们在战争
中坚守爱国主义的空话？讲什么'爱国心''爱国心'，把国民推进万劫
不复的深渊！"[2]战争期间的口号和行为，成为他们既爱又恨的对象，深
深地嵌入内心。

因此，当时的劳工运动，在高举反对战争、坚守和平主义旗帜的同
时，却在很多方面微妙地表现出军队的行为方式和作风。战前的马克思
主义者荒畑寒村，战后不久成为关东金属冶炼公司工会第一任主席，他
回忆："我访问了很多工厂。在品川最大的工厂访问时发现，工人们列

---

[1]　宝树前揭『証言 戦後労働運動史』一三、一四頁。
[2]　河西前揭『電産型賃金の世界』二三〇頁。

队整齐，步调一致，领队者一声号令'向主席致敬！'，工人们便一齐鞠躬。"[1]

以这种方式深深植根于工人阶层的军队"惯习"，在"电产型工资"的确立过程中也留下了烙印。这种痕迹突出表现在人事考课的项目上。

如前所述，"电产型工资"以由年龄决定的个人工资和由家庭人数决定的家庭工资为中心。不过，虽然所占比例很低，但也有一部分"能力工资"。于是，按照1946年10月工会方面的要求，能力工资将根据"个人技术、能力、经验、学识等"综合评定考核。[2]

这四个项目与第五章介绍的海军考课表的考核项目非常相似。在海军的考课评价中，"技能"一项包括"（1）智力，（2）见识，（3）本领，（4）学识，（5）经验，（6）执行力"。

不清楚当时的工会为何要求用这些评估项目来衡量"能力"。当时的一位工会干部晚年回忆说："只有概念性的想法，但没有任何具体的考核方法。"[3] 对这一过程进行调查的远藤公嗣也表示，在残存的资料中"没有关于这些定义和衡量方法的说明"。[4]

不过，当时的人们如果在陆或海军中有过带兵经历的话，就一定会有按规定填写考课（考科）表的经验。尤其是接受过高等教育的大学生，由于战争期间干部人才不足，他们经常会被任命为预备军官。他们很多人战后复员或加入工会，或成为企业劳务部负责人。

---

① 荒畑勝三『寒村自伝』論争社、一九六〇年。岩波文庫版（一九七五年）下巻三四五頁。
② 遠藤前揭『日本の人事査定』二三九頁。在最初讨论阶段，曾将"学历"设定为基准，并非"学识"，而在提出要求的阶段，将"学历"改为"学识"。
③ 田中正夫的回忆，详见河西前揭『電産型賃金の世界』一三二頁。
④ 遠藤前揭『日本の人事査定』二三三頁。

远藤并没有论及来自日本军队影响存在的可能性，但他提出了美国陆军人员考评方法的影响。[1]

如第五章所述，评价个人性格的一套方法，在第一次世界大战期间被美国陆军采用，用于选拔将校级军官要员。1920 年，日本心理学家将这种评价方法作为美军将校军官考评方法介绍到日本，在产业效率研究所的研究人员中进一步推广开来。

到了 1946 年 10 月，在战前就曾介绍过美国人员考评法的全日本管理组织联合会常务理事，出版发行了一本名为《美国文官效率评定法》的小册子。在劳资双方就确立"电产型工资"制度谈判的过程中，当时的相关人士参考了这本刚刚出版不久的书。

但是，这是 1947 年春天的事情，而 1946 年 10 月工会就已经提出了要求，能力工资将"根据个人技术、能力、经验、学识等综合评定考核"。这一要求从何而来不得而知。当时的日本企业尚未建立体系化的人事考课和审查制度，仍处于摸索中。很有可能是在各种影响的综合作用下，日本军方、美国军方的考课方式体现在了战后日本企业的人事考核项目上。

最初这种通过考核确定的能力工资的比例很小。但是，正如后面所要讲到的，在企业经营管理层的反攻下，能力工资的占比不断提高。

无论如何，在经历了战争和民主化之后，一个秩序确立起来，那就是平等对待全体"员工"，根据年龄和家庭人数确定工资，对"能

---

[1] 遠藤前揭『日本の人事査定』一一九一一二三、一二九、二六二頁。田中正夫在证言中指出这是以《美国文官效率评定法》为参考，但他也提到可能是参考了"在日美国空军使用的效率评定法"。

力"的考核也涵盖其中，但比例很小。如此一来，全体"员工"领取年功资历工资的日本式雇佣方式经历过战争，在民主化的过程中初步准备完成。

日本式的"明确的规则"

然而，战败后建立的秩序与再之后的日本式雇佣方式尚有不同之处。

区别之一便是对工龄的重视程度。事实上，在"电产型工资"体系中，重点是年龄和家庭人数，工龄的权重并不大。

经济学家西成田丰指出，在 1946 年，男性和女性的工资都是随着年龄的增长而增加，与工龄无关（见图 6-2）。[①] 此外，在战败后的一段时间里，和受到战败重创的大工厂相比，灵活度高、体量较小的中小型工厂，军需转民用和复工等都很快，开工率和工资都很高，大、小企业间的工资差距趋于消除。[②] 因此可以说，在每个人都挣扎在生存边缘的状态下，不论企业规模大小，都倾向于实施以年龄决定工资的基本生活工资制度。

这一情况也影响了政府的统计方式。1946 年 6 月的《工资调查报告：厚生省临时工工资调查》只调查了年龄与工资之间的关系，并没有关于工龄的数据。西成田认为，在政府官方的工资调查中，重视工龄的做法

[①]　西成田前揭「日本的劳使关系の史的展开（下）」一七、一八頁。

[②]　根据 1946 年 11 月大阪商工会议所的调查资料，30 人至 99 人规模中小企业的工资水平是 200 人以上规模的大工厂的 1.51 倍。详见橋本健二『「格差」の戦後史』河出書房新社、二〇〇九年、七四、七五頁。

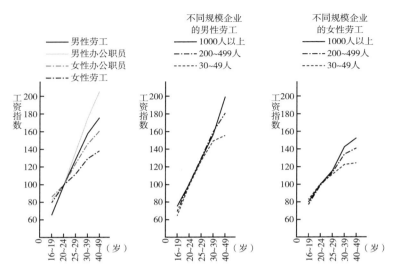

图 6-2　不同年龄的工资（1946 年，20~24 岁 =100）

注：对 233971 名工业生产工人开展的调查。不包括 50 岁以上的工人。

资料名称：中央労働学園『賃金調査報告－厚生省臨時勤労者給与調査－』1946 年 6 月调查。

（资料来源：西成田豊「日本的労使関係の史的展開（下）」『一橋論叢』第 114 卷 6 号、1995 年、18 頁）

始于 20 世纪 50 年代。[①]

　　这种趋势甚至在 1965 年仍然存在。西成田根据当年的《工资结构基本统计调查》绘制了图 6-3，从中可以看出男性办公职员即使在同一家企业连续工作的时间不满一年，其工资也会随着年龄的增长同步增加。但是，女性劳工被排除在基本生活工资体系之外，同样作为男性办公职员，连续工作不到 1 年和连续工作 20 年至 29 年的工资也有 30%

<hr />

① 　西成田前揭「日本的労使関係の史的展開（下）」一七、一八頁。

的差距。① 不过，那些连续工作时间不满一年，工资却基本可以随年龄增长不断增加的男性办公职员的工资变化曲线，充分展现了战后基本生活工资制度的特点。

不重视工龄，这一点有别于之后形成的日本式雇佣模式。这也牵涉到工会与企业管理层之间的权力关系。

工资由经营管理者和工人协商确定。总体而言，经营者总想扩大管理层裁量权的范围。在某些情况下，经营管理者会想给予他们中意的员工优厚的待遇。

对此，工人方面试图尽可能地限制管理层的裁量权。有效的方法就

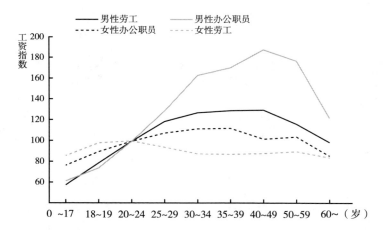

图6-3　年龄与工资的对应变化（1965年，制造业，连续工作时间不满一年）

注：20~24岁对应工资指数100。

资料名称：労働大臣官房労働統計調査部『賃金構造基本統計調査報告』1965年、第1卷。

（资料来源：西成田豊「日本的労使関係の史的展開（下）」17頁）

---

① 西成田前揭「日本的労使関係の史的展開（下）」二三頁。

是将制度规则明确化。例如像美国劳工运动所主张的那样，要求明确职务说明和考核评估标准，就可防止种族歧视和性别歧视。

战败后，日本工会并未向企业提出明确职务说明的要求。但是，年龄和家庭人数作为客观指标，是管理层的裁量权无法改变的。这两项指标与连续工龄无关，对于有过跳槽离职等中断职业生涯经历的员工来说，非常友好，甚至成为一个跨企业的通行指标。

重视年龄的做法体现在，欧美国家工会也曾要求企业经营管理层采取保留"优先聘用权"等形式的举措。总之，当时日本的劳工运动也试图制约管理层的裁量权，引入明确的规则。

当时的劳工运动制约管理层裁量权的意愿不仅存在而且较为强烈。战败后不久劳资双方达成的许多协议，在涉及招聘、解雇、升迁、奖惩等诸多问题时，都加入了资方必须征求工会同意的规定。在一线工厂，工会的权力很大，比如，在 1953 年劳资纷争之前的日产汽车公司，日产工会（全自日产分会）有权决定工资、晋升、生产线速度、职务工作分配等。[①]

即使站在今天来看，似乎也有些矫枉过正了。然而，这也正是对战前企业经营者和工头近乎独裁式管理的强烈反扑。

例如，在战前的煤矿，矿工工资通常取决于开采量。但是，如果被安排在产量好的矿上，开采量就容易上涨，而一旦被安排在危险的矿段工作，就很难保证开采量。在战前，谁被安排去哪个矿段，是由部门经理以上的管理层决定的。他们正是高管职员和工厂领班等权力的源头，

---

① アンドルー・ゴードン「職場の争奪」アンドルー・ゴードン編、中村政則監訳『歴史としての戦後日本』下巻、みすず書房、二〇〇一年所収、三七〇頁。

也是工人仇恨的对象。

对此，战后工会试图建立规范化的职场规则。三井三池煤矿工会职场委员会掌握了在矿段工人分配、根据开采量确定工资细则、矿井安全保障等方面的发言权。[1] 工会方面解释这样做的目的在于"纠正对我们的单方面剥削行为。工人提供正常的劳动是理所当然的，并非拒绝企业合理性工作安排，也并非消极怠工"。[2] 正如我们在第三章中讲到的，这种工人对职场规则的掌控在其他国家也是如此。

在劳动研究中，将排除了管理层恣意妄为的职场秩序称为"明确的规则"[3]。战败后，日本劳工运动在人事、晋升、安全管理、工资等方面都力求建立"明确的规则"。可以说，明确人事考核细则，根据年龄和家庭结构确定基本生活工资都是其中的具体做法。基本生活工资制度既能体现出缩小办公职员和工人之间差距的所谓"员工平等"，同时也是跨企业层面上的"年龄平等"。

持续存在的三层结构

然而，企业里旧有的三层结构并未轻易消失。即使所有员工的称呼被统一为"社员"，即使实行基本生活工资制度的趋势被不断强化，但三层结构的秩序本身依然存在。

---

[1] 关于三池煤矿工会试图建立的规范化职场规则，详见平井陽一『三池争議』ミネルヴァ書房、二〇〇〇年、第二章、第四章。

[2] 1957 年的解释，详见内山光雄「職場闘争と労働組合の主体強化」『月刊労働問題』二七九号、一九八〇年一〇月、八九頁。ゴードン前掲「職場の争奪」三七二、三七三頁より重引。

[3] 日文原文为"紛れのないルール"。——译者注

例如，在 1947 年 1 月，日立制作所的经营管理层宣布"废除工人身份"。但是，随后企业方在其提案中构建的新秩序却是以"职能"来区分员工。具体而言，首先将工作分为"脑力劳动"和"体力劳动"，之后将脑力劳动进一步分为"企划"和"执行"。这相当于维持了之前的三层结构，因此工会方面表示抗议，指责经营管理层的这种做法"带有浓厚的身份等级歧视色彩，令人难以接受"。①

同样的情况也发生在了王子造纸公司。1947 年 4 月，工会联合会要求"将所有员工一律称为'社员'"，但企业方面却坚持"职能制度"。这种职能制度首先将全体员工分为"业务员"和"生产员"，再将业务员分为"事务员"和"现务员"。最终企业方面的提议实现了，但在谈判过程中，工会方面极力要求"应该防止身份等级制度死灰复燃"。②

从 1949 年开始，企业经营方的反弹变得十分明显。1949 年 2 月，作为 GHQ③ 顾问的约瑟夫·道奇来到日本，在他的建议下，取消了对重要产业的各种补贴。这一政策遏制了当时的通货膨胀，但导致通货紧缩，经济衰退，各大企业纷纷开始裁员。从 1949 年到 1950 年，各公司通报的裁员人数占员工总数的比例为：东芝 21%，日本电气 35%，日立制作所 17%，日产汽车 23%，丰田汽车 21%。④

此外，1949 年 6 月工会法被修订，战败后签订的许多劳资谈判协

---

① 菅山前揭『「就社」社会の誕生』一九六、一九七頁。"体力劳动"也分为"直接作业"和"间接作业"，相当于工人和工厂领班（工头）的分别。
② 石田前揭「十條製紙の職務給の変遷（上）」六三、六四頁。
③ 驻日盟军总司令部。——译者注
④ 野村前揭『日本的雇用慣行』一〇二—一〇三頁。

议宣告作废。企业经营者要求恢复"经营管理权",旨在夺回资方在人事、晋升、解雇等方面的决定权。

在这样的背景下,20 世纪 40 年代末至 50 年代发生了一系列大规模的抗议和罢工。1949 年 4 月入职丰田汽车公司的上坂冬子回忆起 1950 年抗争时的情景:

> 在员工食堂,每个人只能领到三个蒸红薯。在这样的时代,一旦失业,人们的不安是难以想象的。在"合理化方案"公布的同时,来自铸造厂和锻造厂穿着藏蓝色工作服的工人们,如海潮般怒吼着冲向了二楼办公室。很多人爬上正门玄关处种植的松树,一边挥舞着红旗,一边唱着国际歌,以此声援正在二楼办公室进行的劳资谈判。据说,工会方在谈判接近高潮时,冷不丁地把桌子上的烟灰缸扔向管理层,大喊:"同意还是不同意?"不用说,这是二战期间攻陷新加坡的山下奉文大将逼迫英军司令帕西瓦尔投降时说的台词。[1]

然而,经历了一系列的劳资抗争之后,以办公职员为首的背叛者组成了第二工会,第一工会被孤立,并最终失败。[2] 至此,在面对战败后艰辛生活的过程中团结起来的办公职员和工人,随着通货膨胀的消除而宣告决裂,这也充分暴露了混合型工会的弱点。

---

[1]　上坂冬子「文庫版あとがき」上坂冬子『職場の群像』中公文庫版、一九八一年、二〇九頁。

[2]　这一概括出自二村前揭「戦後社会の起点における労働組合運動」七一頁。

如此一来，随着经营管理层重新夺回人事权，制度也开始向旧秩序回归。

例如，日立制作所在 1950 年 11 月引入了职群制度[1]，将所有员工的工作分为三大类——企划工作、执行工作、直接业务工作，并添加了驾驶、包装等间接业务工作，以及医疗、烹饪等特殊工作。1958 年，日立制作所的劳务部部长曾表示："在大家一般的理解中，做企划工作的员工相当于过去的职员，做执行工作的员工相当于准职员，然后是从事一线体力劳动的工人。"[2]

此外，1953 年 4 月，八幡制铁所引入了"职分"制度，将职务工作分为事务工作、技术工作、作业工作。虽然存在通过积累连续工龄和工作业绩等实现晋升的可能性，但是工人晋升为办公职员的道路实际上是被堵死了。[3] 接到公司提案的工会成员们完全没有思想准备，高呼这是"身份等级制度死灰复燃"。[4]

这种旧秩序的回归，还伴随着职级资格制度的复活。日经联对 1958 年全国 1053 家企业的调查结果显示，3000 人以上规模的大企业占全部企业总数的 47%，其中有超过 60% 的大企业都采用了职级资格制度。[5]

---

[1] 职务工作分类制度。——译者注

[2] 野村前揭『日本的雇用慣行』一九〇、一九一頁。引用は「トップ・マネジメントの語る昇進制度の問題点」『労務研究』一九五八年一〇月号、一九頁。野村前揭『日本的雇用慣行』一九一頁より重引。

[3] 兵藤前揭『労働の戦後史』上巻一五九頁。渡辺治「高度成長と企業社会」渡辺治編著『高度成長と企業社会』吉川弘文館、二〇〇四年所収、五五頁。

[4] 八幡製鉄労働組合『八幡製鉄労働運動史』中巻、八幡製鉄労働組合、一九五九年。禹宗杬「戦後における資格給の形成」『大原社会問題研究所雑誌』第六八八号、二〇一六年、一七頁より重引。

[5] 日経連前揭『資格制度の考え方と実際』四頁。

根据关西经营者协会 1955 年的调查，61 家会员企业中有 34 家设立了职级资格制度，其中 19 家企业对办公职员和工人的资格等级做出了明确区分。[1]

这一时期恢复的职级资格制度，似乎很多都是在战前制度的基础上修订而成。

例如，在日本战败后劳工运动的影响下，石川岛重工于 1948 年废除了"身份制度"。但是企业方面坚持认为不能无视"长久以来形成的惯例"，并于 1949 年 12 月采用了新的职级资格制度。[2] 1953 年在此基础上进一步修订，晋升规则如表 6-1 所示。从中不难看出，基本框架和战前的制度并没有太大区别。

表 6-1　石川岛重工的职级资格制度（1953）

资格	学历	年龄	现任资格年数	毕业年数
参事			副参事 3 年以上	
副参事	大学		主事 3 年以上	
	大专		主事 4 年以上	
主事	大学	36	候补主事 3 年以上	14 年以上
	大专	40	候补主事 4 年以上	19 年以上
	准专	44	候补主事 6 年以上	
	高中　甲实	44	候补主事 6 年以上	28 年以上
	乙实	49	候补主事 7 年以上	

---

① 久本憲夫『企業内労使関係と人材形成』有斐閣、一九九八年、六一頁。
② 大堀前揭「石川島重工における資格制度の実際」一〇〇頁。

资格	学历	年龄	现任资格年数	毕业年数
候补主事	大学	33	事务员 技术员 3 年以上	11 年以上
	大专	36	事务员 技术员 5 年以上	15 年以上
	准专	37	事务员 技术员 5 年以上	19 年以上
	高中　甲实	38	事务员 技术员 6 年以上	22 年以上
	乙实	42	事务员 技术员 6 年以上	
	中学　高小	46	事务员 技术员 7 年以上	
事务员 技术员	大学		候补事务员 候补技术员 1 年以上	2 年以上
	大专	25	候补事务员 候补技术员 2 年以上	3 年以上
	准专	28	候补事务员 候补技术员 2 年以上	8 年以上
	高中　甲实	29	候补事务员 候补技术员 3 年以上	13 年以上

资格	学历	年龄	现任资格年数	毕业年数
事务员 技术员	乙实	32	候补事务员 候补技术员 3年以上	
	中学　高小	36	候补事务员 候补技术员 5年以上	
候补事务员 候补技术员	准专	25	雇员2年以上	5年以上
	高中　甲实	25	雇员3年以上	8年以上
	乙实	28	雇员4年以上	
	中学　高小	31	雇员5年以上	

（资料来源：日経連弘報部編『資格制度の考え方と実際』125頁）

　　然而，工人们一方面要求废除身份歧视，一方面想提升资格，得到晋升。这就如同，人们一边批判学历歧视，一边又崇拜名校毕业生。

　　例如，"电产协"一度废除了职级资格制度，但很快又恢复了。而且，"电产协"干部藤川义太郎指出，恢复"资格、等级制度"是工会的要求。藤川义太郎说道：

　　　　在当时的身份与资格体系中，技术序列分为工程师、助理工程师、技术员、助理技术员，事务序列分为主任、助理主任、文书、助理文书。这些一度都被废除了，按职位排序的考勤名册等也都按照日文假名顺重新排序了。但大约过了一年，就又恢复原样了。因为，工人们还是希望被赋予一定的"资格"。

　　　　……一位资深工人对我说："毕竟，我们拼命工作，是为了能拥有更高一级的身份地位，'资格'被废除后，我们感觉好像一下子失去了目标。"[1]

日立制作所劳务部部长也证实道："和直接业务职位相比，执行职位更好，执行职位则一定要晋升到企划职位。感觉一旦成功晋升至企划职位，就可以做红豆饭[2]庆祝了。"[3] 由此可见，工人心中的旧秩序意识根深蒂固。

事实上，石川岛重工的工会也在 1949 年提议"废除身份制度，实行资格制度"。[4] 如此一来，就连工人们都特别看重资格的提升，那么，包括很多大学毕业的办公职员在内的企业内工会组织提出恢复注重学历与年功资历的职级资格制度，似乎也很自然。

于是，在这一摇摆回归的旧秩序中，战前以来身份等级制度中存在的歧视色彩依然十分浓厚。根据 1957 年 9 月劳动省开展的《工资制度特别调查》，同时对工人和办公职员实行月薪工资制的企业只占全部调查对象 1570 家企业的 24.9%，支付形态不同的企业超过了50%。[5] 总之，在经过了战争和战败后，企业内的三层结构并没有轻易瓦解。

---

① 河西宏祐『聞書・電産の群像』平原社、一九九二年、二二七頁。
② 红豆饭是一种日本传统餐食。日本人有在节日等喜庆时候煮食红豆饭的习俗。——译者注
③ 前掲「トップ・マネジメントの語る昇進制度の問題点」。野村前掲『日本的雇用慣行』一九一頁より重引。
④ 同时，该工会提议"资格不影响工资"。详见大堀前掲「石川島重工における資格制度の実際」一〇〇頁。
⑤ 久本前掲『企業内労使関係と人材形成』六二、六三頁。

推广至工人的职级资格制度

然而，战前的秩序也并未完全恢复。毕竟经过了战争和民主化运动的洗礼，民众对公平的追求没有轻易消散。

以采用了政府机关科层制的国铁为例。1941 年的国铁，奏任官占0.4%，判任官占 15%（包括享受判任官待遇的铁路司机），编外雇员占44%，临时工占 41%。[1] 战后 1946 年，二级官（奏任官改名而来）占0.6%，三级官（判任官）占 31%，编外雇员占 64%，实习雇员（临时工）占 3%。[2]

也就是说，虽然企业内部维持了三层结构，但整体向上提高了一个档次，更趋于平等化。虽然结构本身没有改变，但对工人个体来说，是一个很大的变化。

在 20 世纪 40 年代至 50 年代的一系列重大劳资抗争中，企业经营管理层重新获得了战败后失去的经营管理权。但是，长期的劳资抗争往往导致停工数月，甚至一年，给企业造成了巨大损失。很多时候，职场当中依旧残留着敌对意识，劳务负责人往往有过痛苦的经历。

经历了这个过程之后，1963 年日经联第 16 届总会的大会文件中这样写道："战后十八年以来，劳资双方都经历了很多。劳资间的阶级对立感、过度的政治斗争以及对工会的偏见等给劳资关系，乃至社会秩序带来了诸多混乱，这些都是我们亲身经历过的。"[3]

---

① 这里 1941 年各项数据相加之和大于 100%，可能是各项均为约数。——编者注
② 禹前揭『「身分の取引」と日本の雇用慣行』一四五、一四六頁。
③ 木下武男「企業主義的統合と労働運動」渡辺編著前掲『高度成長と企業社会』所収、一三一頁より重引。

经过一系列重大劳资抗争，企业经营管理层吸取了教训，选择与工会妥协。不轻易解雇工人、定期加薪等做法逐渐固定下来。这实际上意味着将战前仅限于办公职员可以享受到的长期雇佣和年功资历工资特权扩大到一线工人。

而且，20 世纪 50 年代引入的职级资格制度也与战前有着不同的特征，即一线工人也被赋予了许多不同等级的职级资格。

在战前，只有作为企业"社员"的办公职员才被赋予职级资格，工人是没有的。而且，1919 年三菱公司的员工晋级规定表明，"正式职员"有职务名称（"管事""主事"等），但"准职员"只有工资金额和等级，没有职务名称。[①]

但是，正如第四章所提到的，战前工人也习惯将他们的工资视为职级划分的标准。因此，战前企业的惯例也是按照工资给工人分级，如"一级工人""二级工人"等。

尽管如此，在战前的大部分企业中，没有工人向办公职员晋升的通道。这也是战后劳工运动要求废除职级资格制度的原因。

但是，20 世纪 50 年代引入的职级资格制度有所不同。在这一时期的职级资格规定中，有一些正如八幡制铁所 1953 年确立的"职分"制度那样，完全不对蓝领工人的"作业员"身份赋予职级资格。[②] 但也有不少在形式上，或实质上，赋予工人和办公职员同等的职级资格，意味着工人也可以晋升成为办公职员。

日本轻金属公司在 1953 年引入的职级资格制度，如图 6-4 所示。

---

① 前揭『三菱社誌』二六卷四九一九頁。
② 禹前揭「戦後における資格給の形成」一八頁。

这表明传统的工人"工务员"和传统的办公职员"事务员""技术员"同样被赋予了职级资格。而且，在规章制度上，明确了工人晋升为"参事"的可能性。

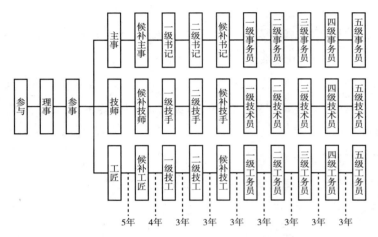

图 6-4　日本轻金属公司在 1953 年引入的职级资格制度
（资料来源：日経連弘報部編『資格制度の考え方と実際』145 頁）

　　不过，按照图中晋升所需的工龄时间计算，作为"五级工务员"被雇用的人从入职到晋升至"参事"需要约 30 年。而且，根据普遍的就业规则，认定"初任资格"时特别强调"尊重学历"的原则。一般而言，15 岁（初中毕业）入职认定为五级，18 岁（高中毕业）入职认定为四级，22 岁（大学毕业）入职认定为二级。[①] 因此，实际上，工人晋升至管理层干部的可能性极低，而大学毕业生在这一点上拥有压倒性

①　牧内正志「日本軽金属における資格制度の実際」日経連弘報部編前掲『資格制度の考え方と実際』所収、一四五頁。

优势。

不过即便如此，与战前的制度相比，工人和办公职员哪怕只是在形式上获得了平等的资格，也已经是很大的变化了。而且，战前办公职员根据年功资历晋职加薪，这一特权开始推及工人阶级。

日本轻金属公司的职级资格制度，根据1960年9月的劳资协议修订版中的修改来看，明确了"事务员"和"技术员"两个序列。企业资方在与以工人为中心的工会达成的协议中，废除了"工务员"序列，将其与"技术员"合并为一个序列。

从这个意义而言，与其说是引入了职级资格制度，不如说是以引入新制度的形式，进一步切实推动了"员工平等"理念的实现。1960年日本轻金属公司的劳务部负责人曾表示："如果能用一套合适的职级资格名称来表示这两个序列，我们很想将其统一成一个序列。"[1] 如第七章所述，将全体员工统一视为"社员"，并赋予其职级资格的制度在60年代中后期实现了。

将工龄视为一种"能力"

在这种情况下，对工龄的重视程度越来越高。

经营管理层重新审视战后的基本生活工资制度，试图通过人事考核确定工资。然而，工人方面则非常反感战前企业的随意考核和因强调学历而造成的不公待遇。

---

① 三个序列合并为两个序列的过程参考同页内容。详见牧内前揭「日本軽金属における資格制度の実際」一四四頁。

于是，工龄成为双方达成妥协的平衡点。因为，相对于年龄和家庭人数而言，工龄对企业更有意义，它意味着工作熟练度。对于工人来说，工龄是一个资方不能随意改变的指标，同时也是实现同战前办公职员一样享受年功资历工资的一种手段。

工龄在资方与劳方的冲突谈判中成为妥协点的经过，可以通过日本国铁确定工资体系的过程看到。

1947 年 4 月，经过谈判，劳资双方得出了最终妥协结论，日本国铁、邮政等公职工人的工资体系确定下来，如图 6-5 所示。基本工资由三部分构成：年龄决定的本人工资、家庭人数决定的家庭工资以及能力评估决定的能力工资。[①] 这与"电产型工资"的构成基本相同，但能力工资的权重增大了。

于是，关于如何考核评定"能力"出现了争议。"能力"是通过受教育程度来衡量，还是通过工人积累的经验和熟练度来衡量，成为讨论的焦点。

1947 年 8 月，日本国铁在职务评估工作代表会议上呈交提案，建议考查侧重"（1）教育,（2）经验,（3）创造力与灵巧程度"。[②] 对"教育"和"创造力"的评价高的话，无非意味着给高学历的员工支付高额

[①] 更准确地讲，在工会方面的各政府机关联合斗争委员会于 1947 年 1 月发布的提案中，"能力工资"和"经验工资"共同构成了正文图 6-5 中所指的能力工资。也就是说，工会方面要求的"电产型工资"包含了由学识技能决定的"能力工资"和由连续工作年数决定的"工龄工资"。4 月，双方最终在举行劳资谈判的公共团体职员待遇改善委员会会议上达成一致，如图 6-5 所示。详见禹前揭『「身分の取引」と日本の雇用慣行』一四二—一四四页。

[②] 严格来讲，这并不是针对能力评价基准，而是针对伴随着引入职务工资制度而来的职务评价基准的谈判。但是，这里为了说明将工龄解读为"能力"的经过，特简化了谈判本身的过程。详见禹前揭『「身分の取引」と日本の雇用慣行』一五二页。

图 6-5　公共团体职员待遇改善委员会的提案（1947 年 4 月）

（资料来源：禹宗杬『「身分の取引」と日本の雇用慣行』日本経済評論社、2003 年、145 頁）

工资。

　　但是，工人方面提出应侧重"（1）经验,（2）培训,（3）努力"，即"（1）需要达到何种程度的技术熟练度,（2）工作能够独当一面需要多少时间,（3）达到最高级别需要多大程度的努力"。[1] 简而言之，劳方主张评价体系应当侧重于更有利于中老年工人的"经验"和"努力"。

　　劳资谈判进展缓慢，很难达成一致意见。虽然工资体系本身也有变更，但在此过程中，劳方一直坚持将工龄纳入评价范围。工龄和"工作经验"一样，都是有利于中老年一线工人的指标。

　　1948 年 11 月，国铁工会提出"能力与工龄成正比"的观点。该观点认为，如果将技能熟练度视为一种能力，那么，这种能力就等同于工龄。研究这一谈判过程的禹宗杬评价说："之所以将工龄解释成一种能力，是因为只有如此，蓝领工人才能和白领职员一样享受年功资历工资。"[2]

　　本来，基本生活工资制度是民众面对战败后生活艰辛的对策，同时

①　禹前揭『「身分の取引」と日本の雇用慣行』一五二頁。

②　同上書一六六頁。

也是将作为办公职员特权的年功资历工资扩展至工人阶层的一种形式。可以这样来理解，当企业经营管理层进行反扑时，工人方面试图通过坚持将工龄作为能力评价的指标，来维持基本生活工资制度的正常实施。

同时，这也契合了职级资格制度的回归。禹宗杬表示，当时国铁将工龄加入考核项目，也算是对"战前判任官的录用资格标准——学历 +工龄"这一制度的一种应用。[①] 换言之，强调工龄的做法对于熟悉战前政府机关科层秩序的劳资双方来说，都是比较容易接受的。

"同工同酬"和"工作经验年限"

在这种情况下，1952 年日产汽车公司工会同时提出了"同工同酬"原则和将"工作经验年限"纳入考核范围的要求。这一过程值得注意。

1952 年夏，作为汽车产业行业工会的"全日本汽车产业劳动工会"[②]提出了关于工资的三项原则。其中，第二项原则明确要求同工同酬——"不能以年龄小、家庭人数少为由压低工资""不能以性别、国籍以及其他原因为由差别化发放工资"。而且，在第三项原则中规定"该原则应当作为整个汽车行业的共同原则，不仅限于某家企业"。[③]

正如本章后面将要描述的，战败后占领军鼓励企业实施职务工资制度，同工同酬的原则在一定程度上逐渐为人所知，日本的工会也出现了借鉴这一原则的倾向。

---

① 禹前揭『「身分の取引」と日本の雇用慣行』一五九頁。
② 日文原文为"全日本自動車産業労働組合"，简称"全自"。——译者注
③ 三原则原文详见吉田誠『査定規制と労使関係の変容』大学教育出版、二〇〇七年、一〇一一頁。木下对"全自"的三原则做出这样的评价："这和'电产型工资'相比，是愿景更高远的工资原则。"详见木下前揭『日本人の賃金』一四七頁。

然而，尽管如此，在 1952 年 9 月的日产汽车公司要求涨工资的劳资抗争中，工会提出，员工之间的工资差距应由可以根据"工作经验年限"衡量的技能熟练度决定。而且，这里的"工作经验年限"默认考虑到了年龄和家庭人数情况。工会提出，对于工作经验不满一年的"非熟练工"，应当"保障足够其本人独身生活的工资"，对于有八年工作经验的"中级熟练工"，应当"保障足够维持其本人、妻子和一名子女最低生活标准的工资"。①

　　换言之，日产工会（全自日产分会）在坚持同工同酬的同时，要求按照根据工人年龄增长和家庭人数增多增加工资金额的模式设定"工作经验年限"。为什么会出现这样一个看似矛盾的要求呢？

　　事实上，在"全自"的工资三原则中，第一项原则是"不论技能熟练度如何，也不论在哪家企业从事何种工作，只要是在职场上工作，就应当确保劳动者在实际工作的七小时中获得足够维持体面生活，抚养家人，且能够持续工作的工资"。也就是说，虽然第二项和第三项原则要求建立跨企业的同工同酬工资制度，但第一项原则明确要求建立基本生活工资制度。

　　虽然脱离了战败后的通货膨胀，但民众的生活依然贫苦。尽管当时日本民众知道美国的劳工运动要求实现同工同酬，但如果将同工同酬制度机械地照搬到日本，则有可能拉低全体员工的工资水平。因此，作为首要原则，不得不规定工资金额必须足以维持劳动者的基本生计。

　　于是，同工同酬和基本生活工资这两项原则的折中点便是"工作经

---

① 　吉田前揭『査定規制と労使関係の変容』七二頁。

验年限"。"全自"的第二项原则在排除性别、国籍、年龄等歧视的同时，也承认由不同的"劳动强度"、"工作难度"和"技能熟练度"而导致的工资差距。"工作经验年限"被认为能够反映工人劳动技能的熟练程度。①

将"工作经验年限"纳入考核体系中，充分反映了一线蓝领工人的心声。在 1952 年 11 月的内部刊物《全汽车》上，记录了一段白领（Ａ）和蓝领（Ｂ）之间的职场讨论：

> Ａ：这次关于涨工资，工资差距的依据只有"工作经验年限"，真是令人担心啊。技能熟练度差异、能力发挥差距等也都是应当考虑的要素啊……
>
> Ｂ：由于你刚从学校里出来，可能还不太懂！日出日落是一天，三百六十五天是一年，这种简单的事不能算作经验。工作期间会有寒冷的时候、炎热的时候、遭遇空袭的时候、险些割断手的时候，甚至是被指派做不想做的事情，而又不得不咬紧牙关面对的时候。是的，这才是经验。就是在这样的每一天中磨炼技能，发挥能力。……如果你对经验还不了解的话，不妨用身体去切实感受吧。②

然而，当时的日本企业并不像之后那样均质化。日产公司工会使用"工作经验年限"这个词来代替"工作年限"，似乎是因为有很多工人是

---

① 吉田前揭『査定規制と労使関係の変容』第三章。

② 「職場討論の中から（静岡支部）」『全自動車』第一四七号、一九五二年一一月五日。吉田前揭『査定規制と労使関係の変容』七〇—七一頁より重引。

从其他公司离职后进入日产的，并且还考虑了那些因服兵役导致工作年头较短的人。

经济学家吉田诚调查研究了 1952 年日产汽车劳资双方的谈判过程，发现了铸造加工工人职场委员会保存的一份记录有 17 名工人提议的意见书。根据其中记录，17 人中的 11 人有之前在其他公司工作的经历。而且，其中还有人说："就是因为复员晚了，导致和那些没服过兵役的人，以及早早复员的人的工资有很大差距。"①

根据吉田的说法，如何将服兵役时间、在学时间以及在其他公司工作的时间折算为"工作经验年限"，在日产公司工会内部意见也并不统一。② 如上文所述，"全自"的第三项原则中"不仅限于某家企业"的要求应当同样适用于第一项和第二项原则，即第一、二项原则应"跨越企业屏障"，适用于所有企业。这也反映出当时汽车产业工人跨企业流动的现象比现在更多。

尽管存在这些曲折波动，但战败后注重年龄的基本生活工资，越来越接近强调工龄的年功资历工资。在第八章中将会谈到，实际上，21 世纪日本正式员工 ③ 的工资体系依然在沿用 20 世纪 50 年代的基本框架。不过，随着时间的推移，由考核评价决定的能力工资的权重越来越大，进而业绩成果等其他项目的比重逐渐超过了工龄。尽管如此，这一工资体系的原型，在 20 世纪 50 年代便已经几乎固定。

换言之，战后的年功资历工资制度是在多重因素影响下形成的。首

---

① 吉田前揭『査定規制と労使関係の変容』四三、四六頁。
② 同上書七二頁。
③ 日文原文为"正社員"。——译者注

先，战前办公职员的年功型俸给是理想目标。紧接着，战后劳工运动争取实现的基本生活工资开启了按年龄计算工资的方式。然后，经历了经营管理层的反扑和工人阶层的抗争，双方妥协，最终形成了将工龄纳入能力评价的年功资历工资制度。

年功资历工资体系的内部与外部

但是，顾名思义，年功资历工资不同于由年龄决定的基本生活工资，工作年限（工龄）是指在某一特定企业连续工作的年数。自 20 世纪 50 年代以来，非正式员工，尤其是女性，被排除在年功资历工资体系之外。

西成田丰的统计表明了这一点。1946 年，男性和女性的工资都随着年龄的增长而提高。但是，到了 1954 年，男性的工资随着年龄和工龄的增长而增加，而女性的工资不再随着年龄的增长而增加。

也许是这一情况的反映，进入 20 世纪 50 年代以来，政府的工资调查开始强调工龄。西成田丰根据 1954 年劳动省的《不同职业工种工资实际调查与个人工资调查结果报告书》绘制了车工（男性）和纺织工（女性）的工资情况图，如图 6-6。[①] 对比可见，男性工人的工资随着年龄和工龄的增长而增加。对于女性工人来说，工资则只受工龄的影响，不随着年龄的增长而增加。

也就是说，男性车工的工资中保留有由年龄决定的基本生活工资的成分，同时工龄的影响也很大。然而，女性纺织工则被排除在基本生活

---

① 西成田前揭「日本的劳使関係の史的展开（下）」二〇頁。

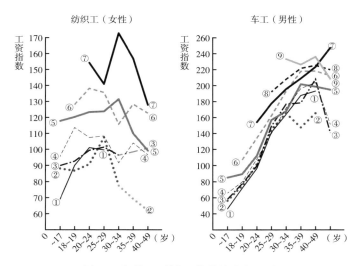

图 6-6　年龄、工龄与工资的关系（1954）

注：①经验年限或工作年限不满 6 个月；②6 个月以上未满 1 年；③1 年以上未满 2 年；④2 年以上未满 3 年；⑤3 年以上未满 5 年；⑥5 年以上未满 10 年；⑦10 年以上未满 15 年；⑧15 年以上未满 20 年；⑨20 年以上未满 30 年。图中设定 20 岁至 24 岁，经验年限或工作年限 1 年以上未满 2 年者的工资指数为 100。

资料名称：労働省労働統計調査部『職種別等賃金実・個人別賃金調査結果報告書』1954 年、第 2 卷、第 4 卷より作成。

（资料来源：西成田豊「日本的労使関係の史的展開（下）」20 頁）

工资体系之外，工资并没有随着年龄的增长而增加。但是，女性往往领取计件工资，因此，工龄决定了同一企业内工人的工作技能熟练度。对她们而言，工资随着工龄的增长而增加。

如上文所述，1946 年"电产协"主张"废除基于性别歧视的工资不平等制度"。但是，当时也确实出现了这样一些情况，如某工会在确定秘书的工资时存在性别差异，某工会主席甚至声称："女性比男性工资低，这难道不是日本的社会共识吗？"① 如前文所述，"电产型工资"是以男性主要承担挣钱养家责任的家庭形态为前提的。

现在回想一下第四章介绍过的阿贝格伦的调查。在阿贝格伦调查的1955年的日本大企业中，三层结构仍然很牢固。但是，长期雇佣和年功资历工资制度已经惠及工人阶层，工人的工资随着工龄的增长而增加。与此同时，女性被排除在这种"一生的承诺"之外。

战前，长期雇佣和年功资历工资制度并不适用于工人。阿贝格伦调查发现战后的企业秩序在这方面与战前有很大不同。但是，就企业内部三层结构残留痕迹明显这一点而言，和经济高速增长之后的日本式雇佣也不尽相同。此外，在决定工资的因素中，连续工作时间（工龄）的权重之高，也有别于战败后的基本生活工资制度。

简而言之，阿贝格伦看到的是1955年时日本企业的一个缩影。当时处于一个过渡状态，即在保留战前三层结构的同时，"员工平等"现象大面积扩散。

二重结构论的出现

不过，此时实现这种"员工平等"的主要是大企业。如前文所述，在战败后的一段时期，中小企业的复工率和工资甚至有高过大工厂的趋势。然而，到了20世纪50年代，这种情况便一去不复返了，由企业规模导致的工资差距逐渐扩大。

---

① 塩沢美代子『ひたむきに生きて』創元社、一九八〇年、一六六頁。

其实，由企业规模造成的工资差距在战前已存在。[①] 但是，这一现象成为社会问题备受关注，是从 20 世纪 50 年代中后期开始的。

如第二章所述，由企业规模造成的工资差距在美国和欧洲并不是一个重要话题，因为由职务和工种造成的工资差距更加受到关注。

而且，在战前的日本社会，这个话题也很少被谈及。原因之一在于，虽然战前大企业和中小企业之间确实存在工资差距，但大企业内部的办公职员和一线工人之间的工资差距问题更加凸显。

但在战后的日本，办公职员和一线工人加入了混合型工会，工会在企业内部一定程度上实现了"员工平等"。但是，企业内工会无权就不同企业之间的工资差距进行交涉。于是，在这样的背景下，大企业和中小企业之间的工资差距，从 20 世纪 50 年代中期开始逐渐被人们意识到。

这种现象用学术语言来表示，就是"二重结构论"。如第一章所述，这一词取自 1957 年的《经济白皮书》，将"现代化大企业"和"立足于前现代劳资关系的小企业、家族经营的微型企业、农业"之间的关系，定位为"相当于一个国家中同时存在发达国家和发展中国家的二重结构"。

同时，在第一章中曾谈到，1957 年的《经济白皮书》提出了劳动力市场、大企业和中小企业的"二重结构封闭性"。正如第一章中提到的，劳动力市场的二重结构论是经济学家氏原正治郎提出的学说。

但是，氏原的想法与当时的二重结构论者相同。他认为这种二重结构的出现是由于日本没有实现现代化。他的观点可以简要归纳如下。

---

① 尾高煌之助『二重構造の日本的展開』岩波書店、一九八四年参照。

根据氏原的说法，大企业内部存在一个"年功资历性职场秩序"，即工资随着工龄的增长而增加。员工一旦离职，便相当于"放弃多年来争取到的既得权益"，因此大企业的劳动力市场具有很强的封闭性。[1] 那么，为什么工资会随着工龄的增长而增加呢？

氏原认为，日本的制造业在标准化作业方面没有进步，工人受教育程度低。因此，一个出身于农民或商人家庭，没有工业生产制造从业经历的劳动者，只能通过不断体验去记住每家企业不同的作业方法和机械操作流程。由于这种"感觉""窍门"没有实现标准化，虽然在某家特定企业里与工龄形成正比增长，但不适用于其他企业。工资随着工龄的增长而增加的年功资历秩序由此确立。[2]

因此，氏原认为，如果工人受教育程度提高，生产制造流程更加专业化、标准化，这一"惯习"就会改变。他指出："工业技术发展滞后，致使生产操作技术无法实现标准化和普及化……工作技能只能在某一企业内部通用。"与此同时，他也表达了一种类似对现代化的希望："但是，这种带有局限性的关于技术熟练度的特殊特征，也必将随着科技水平的复杂化和生产过程的专业标准化逐步改变。"[3]

此外，氏原还认为，这一问题症结的前因是日本社会中自营业和农业的比重过大，持续为工业生产部门提供低学历，且技术不熟练的过剩劳动人口。这是当时二重结构论的代表性观点，即认为问题将随着现代

---

① 氏原前揭「労働市場の模型」氏原前揭『日本労働問題研究』四一九頁。
② 氏原正治郎「大工場労働者の性格」氏原前揭『日本労働問題研究』所収、三六七一三六九頁。这种关于企业特殊熟练工的观点与扩大内部劳动力市场的理论一致，详见ドーリンジャー、ピオーレ前揭『内部労働市場とマンパワー分析』一七頁。
③ 同上書三六八頁。氏原也指出日本没有同业工会的传统（第405页），但其主要观点是日本的劳动力市场没有职业封闭性，是以农业、自营业无限提供剩余劳动力为前提条件的。

化的进一步实现而得到解决。[1]

然而，以现在的眼光来看，当时的二重结构论不仅对现代化期望过高，而且完全没有认清日本社会的实际情况。氏原的理论适用于工资仅随工作年限（工龄）的增长而增加的女性纺织工，而对于随着年龄和工作年限（工龄）的增长不断增加的年功资历工资，则无法通过氏原的经济分析解读。

而且，稍后将会证明氏原的分析多少有些过于简单了。

"地域型"和"残余型"的形成

在现实中，情况刚好相反，现代化与制度化恰恰是通过事后对二重结构的追认与强化展开的，其中之一便是社会保障制度。

从结论而言，日本的社会保障制度首先始于覆盖大企业员工的制度，之后覆盖中小企业等其他经济生产部门的制度才逐渐确立。因此，

---

[1]　总体而言，氏原倾向于将比较新的制度也定位为非现代化身份制度的残留。例如，氏原将大企业工厂中设有三级工人、二级工人和一级工人的资格等级，规定工人需通过工龄和业绩选拔晋升的这种制度定位为"身份制度"（详见氏原前揭「大工場労働者の性格」三七八頁）。但是，如前文所述，王子造纸公司在工人中引入这种资格等级制度始于1943年，目的是实现工人晋升的制度化。因此，氏原眼中的旧时代身份制度，其实是在他开展调查的这一时期新出现的。

另外，氏原还将向劳动者支付抚养家人所需的基本生活工资不适用于女性的这一情况定位为"再现农村家庭制度的父权家长式劳务管理原则"（详见氏原正治郎「日本農村と労働市場」氏原前揭『日本労働問題研究』所収、四五一頁）。但是，仅靠男人的工资养家糊口的想法，与全家都要外出劳作的"农村家庭制度"有着本质的不同。可见，氏原并没有将父权制视为现代化的一种形态。

简而言之，氏原抱有一种很强烈的倾向，即他认为长期雇佣和年功资历制度是陈旧的，是现代化进程中的滞后。而且，他还认为，日本企业内之所以出现学历三重结构，也是劳动者的技能熟练度依赖在个别企业积累的工作经验的结果（详见氏原前揭「日本農村と労働市場」四三四頁）。

它强化了"大企业正式员工"和"其他人"之间的分化。

可以说，日本的社会保障制度起源于政府官吏的"退休金"制度，但通常认为具体起源于 1905 年钟渊纺织公司成立的钟渊共济合作社。[①]该组织将全体员工纳为会员，利用会员交纳的会费、公司提供的补助金以及相关人士的捐款，为会员提供灾害、伤病抚恤金和退职后的养老金。

1907 年，以国有企业国铁的工人为对象，成立了帝国铁路厅救济合作社。救济合作社强制全体工人加入，并收取保险费，政府提供保险费总额 2/3 的补助金。国铁的办公职员属于国家官吏，可以享受政府发放的"退休金"。因此，成立救济合作社的目的之一在于缩小办公职员与一线工人之间的差距。

大正时代出现了很多这样的互助组织，1922 年政府以颁布健康保险法的形式对其进行了事后追认。政府规定以在适用工厂法和矿业法的单位工作的工人，以及年收入在 1200 日元以下的办公职员为对象，规模在 300 人以上的单位必须成立健康保险合作社，规模更小的企业单位则由政府负责管理相关事务，而不适用工厂法和矿业法的小企业未被任何制度涵盖。

这意味着大企业被要求成立合作社，有困难的中型企业由政府负责，小企业不在健康保险法涵盖范围之内。农民和自营业者从一开始便不在讨论范围之内。成为被保险对象的人只占 1930 年就业人口的 6%

---

① 关于战前的社会保障制度，详见池田敬正『日本における社会福祉のあゆみ』法律文化社、一九九四年、一五五——六一頁。

左右。[①]

很多观点认为该制度是参考德国保障制度制定而成。钟渊共济合作社被认为是依照德国重工企业克虏伯的共济信用社建立的。[②] 而且，也有人形容德国和日本都是从以"职场"[③] 为单位设置的保险制度出发进行制度建构的。[④]

然而，如第三章所述，许多德国的疾病保险信用社都是以行业工种划分，跨企业建立起来的。虽然也有像克虏伯这样以企业为单位建立疾病保险信用社的，但很难说是主流现象。政府只追认了民间的疾病保险信用社。

然而，日本的"职场"是以企业为单位的。大企业分别成立本单位的保险合作社，中型企业受政府管控，小企业、自营业、农户成为体制的残余。由此一来，残余部分便制度化地形成了。

在 1957 年的《经济白皮书》中，把这部分比作"发展中国家"，其中包括自营业者和雇佣劳动者。由于涉及行业五花八门，所以共同的类型特征只能用"现代大企业的残余"来概括了。

国民健康保险制度的建立正是为了覆盖这一残余部分。国民健康保险制度设立于 1938 年，其核心理念"国民皆有保险"模仿了"国民皆兵"的理念。但是，它是以地域为单位建立的保险合作社。

1938 年负责起草国民健康保险制度草案的内务省官员川村秀文说：

---

① 池田敬正『日本における社会福祉のあゆみ』法律文化社、一九九四年、一五七頁。
② 同上書一五五頁。关于克虏伯的疾病、年金信用社，详见田中前揭『ドイツ企業社会の形成と変容』第六章。
③ 日文原文为"職域"。——译者注
④ 広井前揭『日本の社会保障』三九頁など。

"全体国民健康保险的构想在任何国家都是前所未有的。"据川村讲，他们调查了其他国家的相关制度，并未找到可供参考的信息。于是，他们想到，"在日本农村，乡土团结作为家庭制度和封建制度的产物，依然有很强的影响力，乡邻互助的优良传统流传至今。在国家和地方公共团体的监督引导下，以乡土团结为基础划分地域，建立地域疾病保险信用社"。[1]

但是，认为日本的国民健康保险制度"在任何国家都是前所未有的"，这未免有些夸张。德国在俾斯麦时期，市镇（Gemeinde）一级政府将没有被任何医疗保险覆盖的人群列为强制参保人，为其提供医疗保险。不过，由于已有的医疗保险体系十分发达，市镇政府提供的医疗保险规模不大，1911 年便被废止。[2] 因此，从结果来看，也还是可以认为日本的国民健康保险制度在其他国家是比较罕见的。

简而言之，日本健康保险合作社首先是以大企业，其次是以地域为单位建立的。如第一章所述，研究社会保障制度的学者广井良典分析这一现象时指出："日本的制度是建立在'企业（职场）'和'村落（地域）'这两个作为日本社会基本单位的归属集团的基础上的。"

不过，如此语境下的"企业（职场）"和"村落（地域）"更像是通过现代化政策创造出来的一种类型，而不是传统存在的实体。此时，"村落（地域）"代表"企业（职场）"残余人群的集合，而非一个特定的实体。由此，甚至可以说，社会保障制度是把将"企业（职场）"和

---

① 川村秀文「国保法制定の思い出」厚生省保険局・社会保険庁医療保険部監修『医療保険半世紀の記録』社会保険法規研究会、一九七四年所収、二三八、二三九頁。

② 土田前掲『ドイツ医療保険制度の成立』二二三頁。

"村落（地域）"视为构成日本社会基本单位的这一传统制度化的产物。

这种形式与年金制度几乎一样。1944 年颁布的厚生年金法，适用对象是小企业员工以外的雇佣劳动者，而 1959 年制定的国民年金制度覆盖了剩余的部分国民。根据当时厚生省官员的回忆，最初的大纲是采取"国民年金覆盖全体国民"的原则，但由于大藏省的强烈反对，于是将国民年金的受益对象改为"仅为现有制度的未适用者"。[①] 1958 年，国民年金便已成为基础年金，但时至今日，国民年金与厚生年金领取者领取金额的差距依然很大。

1938 年设立的国民健康保险制度随着日本战败而瓦解；1951 年市町村政府开始征收"国民健康保险税"，以稳定资金源；1958 年国民健康保险制度以市町村政府管理运营的方式得以恢复。因为当地居民组建的健康保险合作社经常收不到保险费，所以市町村政府作为运营管理者，将保险费以税收的方式征收。

一位参与制定国民健康保险税的厚生省官员回忆说："'保险费'一词对日本人而言，感觉有很强的随意性，因此以'税'的名义征收可以大大加强征收效果，这是当时的共识。"[②] 残余的人们仅仅是居住生活在同一地域，即使他们因此而聚集在一起，也不具备"村落（地域）"的实体性。

由于国民健康保险的设定是以农村乡邻互助意识为前提的，所以从

---

① 小山進次郎「国民年金制度創設の舞台裏」日本国民年金協会広報部編『国民年金二十年秘史』日本国民年金協会、一九八〇年所収、四九頁。作为社会保障制度审议会成员的平田富太郎曾愤怒地表示："新制度是胡乱设立的。"详见ジョン・C・キャンベル、三浦文夫・坂田周一監訳『日本政府と高齢化社会』中央法規、一九九五年、一〇五頁。
② 山本正淑「国保財政再建時代の回顧」厚生省保険局・社会保険庁医療保険部監修前掲『医療保険半世紀の記録』所収、二七〇頁。

一开始就被认为"很难在大城市里实施"。[1] 至于那些既没有受雇于大企业，也并不住在农村的人，便成为所谓残余中的残余。

为了覆盖这些人，政府于 1938 年建立了针对不同职业者的特别国民保险，但适用范围并不够广。即使在国民健康保险由市町村政府负责运营管理后，也很少在 50 万以上人口的城市实施。以东京都特别行政区开始实施为契机，其他城市纷纷模仿施行，这是 1959 年之后的事情了。[2]

如此一来，"大企业型""地方型""残余型"三种类型通过 20 世纪 50 年代中后期的二重构造论和社会保障制度表现出来并制度化。也可以说，由于战后民主化和劳工运动，长期雇佣和年功资历工资制度得以从大企业扩散推广，这些类型也就随之形成了。

占领军和职务工资

不过，对于经营管理方来说，长期雇佣和年功资历工资的推广是一种负担。在经济真正实现高速增长之前，企业的资金也并不充裕。

因此，在 20 世纪 50 年代至 60 年代前中期，日经联提倡改变日本企业的雇佣惯例，采用同工同酬的职务工资制度。当时的政府也表态支持，开始探讨如何改革社会保障制度。

这些讨论启示了日本社会走上不同发展道路的可能性。本章以下内容将对这种可能性进行检验。

---

① 川村前揭「国保法制定の思い出」二三九頁。
② 土田前揭「戦後の日独医療保険政策の比較」一〇頁。

在战前，美国企业对工作岗位进行描述分析的做法已经很普及，但当时并未被介绍到日本。[1] 将对工作岗位的描述分析和职务工资制度介绍到日本的是占领军。

1946 年 7 月，劳工咨询委员会（Labor Advisory Committee）应 GHQ 邀请来日本视察劳动状况。之后，委员会发布报告指出"基于年龄、性别和婚姻状况而有所差异的工资制度在经济上是不健康的，对相关被雇佣人员是不公平的"，并建议应基于"职务评价的健全原则"，"在明确工作职务的必要义务及责任的基础上建立工资制度"。[2] 1947 年 4 月世界工会联合会日本调查团来到日本考察，其结论报告中的观点也基本一致。

在美国被奉为楷模的风潮下，职务工资导向在日本也普及开来。1946 年 11 月，日本政府经济安定本部公布了《工资支付方法相关基本政策方案》，倡导"工资应符合为履行职责和完成工作而支付的原则"。[3] 同月，作为占领军改革的一环，公务员开始实行职务工资制度，引入职务分析，明确岗位工作内容，并于次年 10 月实施国家公务员法，宣布实施职务等级制度。

企业界对此表示欢迎。这既因为崇拜美国制度先进性是当时的风潮，又因为引入职务工资制度有助于抑制中老年员工不断增加的工资。如第二章所述，在同工同酬的职务工资体系下，工资不会随着工龄或年

---

① 遠藤前揭『日本の人事査定』一二六—一二七頁。
② 総評・中立労連編『職務給／その理論と闘争』労働旬報社、一九六六年、三〇頁。幸田浩文「戦後わが国にみる賃金体系合理化の史的展開（1）」『経営論集』第五六号、二〇〇二年、八一頁より重引。
③ 中山伊知郎編『賃金基本給調査』東洋経済新報社、一九五六年、五四六頁。幸田前揭「戦後わが国にみる賃金体系合理化の史的展開（1）」八一頁より重引。

龄的增长而增加。当时的工会普遍要求实施随着年龄的增长而增加的基本生活工资,而职务工资被视为一种可以与其对抗的工资制度。

1947 年 6 月,在东京急行电铁公司的关于加薪的劳资抗争中,公司方面提议实施职务工资,并于次月开始实施。日经联在 1949 年的工资白皮书中,批评基本生活工资制度"不科学",并表示:"基本生活工资应当被职务工资取代,因为后者的依据是通过科学的工作岗位分析得出的工作客观性价值,以及对劳动者做出的正确的能力评估。"同一年,十条(王子)造纸、东邦瓦斯、日本轻金属、川崎电工等企业都引入了职务工资。[1]

但是,工会方面反对职务工资。这是因为在职务工资体系下,不仅中老年工人的工资会下降,而且办公职员作为脑力工作者会被高度器重,从而导致其与一线工人的工资差距进一步拉大。实际上,战败后的日本国铁于 1948 年 4 月引入职务工资制度,最高职级和最低职级之间的工资差距压缩到 6 倍左右,但如果完全按照公司方面提出的新方案,那么差距很明显会扩大到 10 倍左右。[2]

另外,日本工会是以企业为单位组成的混合型工会。一旦引入职务工资制度,则必须要确定哪些职务工作是高工资,哪些职务工作是低工资。这对于机械工工会或是会计工会等由相同职业劳动者组成的工会还好说,而对于日本这样的由办公职员和一线工人共同组成的混合型工会,这样做很可能导致工会分裂。

在 1952 年的日产汽车公司,工会试图引入"同工同酬"的原则,

---

① 幸田前揭「戦後わが国にみる賃金体系合理化の史的展開 (1)」八二—八四頁。
② 禹前揭『「身分の取引」と日本の雇用慣行』一四六—一四七頁。

但工会内部并未统合处理好不同工种之间的工资待遇差距，且要求以"工龄"来确定工资。[1] 1951 年劳动省妇女少年局出版《关于男女同工同酬》一书，其中经济学家藤本武写道，"我经常去工会，一旦遇到关于职务评定的问题，工会内部就争论不休"，"工人之间会发生争执"。[2]

未能普及的职务工资

此外，同工同酬原则并没有得到所有工人的支持。

几年之后，罗纳德·多尔在 1969 年的日英比较调查中设计了一个问题："在做同样工作的情况下，你认为工龄长的人应该比工龄短的人领取更高的工资吗？"回答"否"的英国人有 67%，而日本人只有 18%。[3]

20 世纪 50 年代的企业经营管理层出于削减中老年员工工资的目的，提倡实行职务工资制度。工会虽然肯定同工同酬的原则，但反对管理层提出的职务工资制度。

1955 年，日经联发布了名为《职务工资研究》的报告书，主张"职务工资的本质是同工同酬这一现代化工资原则"。[4] 针对这一情况，1952 年 12 月，"总评"[5] 发布《争取最低工资制大众讨论资料》，批判日

---

[1] 吉田前揭『査定規制と労使関係の変容』七八頁。
[2] 労働省婦人少年局『男女同一労働同一賃金について』、一九五一年、八二頁。吉田前揭『査定規制と労使関係の変容』八二頁より重引。
[3] ドーア前揭『イギリスの工場・日本の工場』文庫版下巻三二—三三頁。
[4] 日本経営者団体連盟編『職務給の研究』日本経営者団体連盟弘報部、一九五五年、七頁。
[5] "日本労働工会総评议会"的简称。日本各产业工会的全国性中央组织，也是全日本最大的工会组织，成立于 1950 年，初期在占领军的控制下具有反共色彩，后逐渐发展成为工人劳工运动的核心组织，成为左翼革新党社会党的主要支持团体，1989 年正式解散。——译者注

经联"煞有介事地提倡同工同酬的工资原则，其实是在偷换概念，想强行引入职务考核，从而以极端的差别等级工资制度来抹杀能够保障劳动者生存的基本生活工资制度"。[1]

但实际上，职务工资并未普及开来。根据劳动省 1951 年的《工资构成调查》，30 人以上规模、采用职务工资制度的企业，在所有产业中只有 9.4%，在制造业中只有 7.2%。[2] 其原因不仅在于来自工会的反对，还在于职务分析本身也很难。

其实，时至今日也是如此，想将在笼统的合作关系中完成的工作进行明确的岗位职责分割，并非易事。这需要针对每个环节的工作，分析其内容、难度、职责和完成工作必要的知识和技能，然后确定相应的劳动报酬。这是一项费时费力的工作，而且很容易在企业内部引起摩擦。

自 20 世纪 20 年代起，美国政府开始对职务工作进行分析，并出版了详细的职务辞典。在接受 GHQ 的建议后，日本政府也研究了美国劳工部的资料，并于 1948 年开始按行业分类进行职务分析。成果是 1953 年编纂的《职业辞典》，其中收录了约 3.4 万个职业名称，以及职业分类表。[3]

但是，在战后引入职务工资时，日本企业各自依据的标准不同，很多职务分析也都是临时性的。1955 年，日经联发布了名为《职务工资研究》的报告书，其中也承认此前日本引入职务工资制度的做法存在

---

① 総評「最低賃金制獲得闘争大衆討議資料」、一九五二年一二月二六日付。日経連前掲『職務給の研究』巻末資料六六頁より重引。
② 日経連前掲『職務給の研究』四四頁。
③ 中島寧綱『職業安定行政史』第五章「昭和時代（2）戦後占領期」。http://shokugyo-kyokai.or.jp/shiryou/gyouseishi/05-3.html 二〇一九年六月四日アクセス。

问题——"职务分析、评估、定级时的方法不严谨,只是强行与工资挂钩"。[1] 如此一来,工会方面的抗议也就顺理成章了。

如第三章所述,美国的钢铁制造企业于 20 世纪 30 年代引入的职务工资也是各公司分别引入,公司之间标准不互通,工资标准不明确,因此导致了工人的强烈不满。可以说,日本在 20 世纪 50 年代引入的职务工资制度还停留在那个阶段。

向西方社会看齐的政府

不过,日经联方面也理解这些问题。1955 年的《职务工资研究》报告书指出,在设定职务工资的过程中,"劳资双方的民主谈判"是必不可少的,而且,应当同时整合"社会保障制度""跨企业横向劳动力市场""职业教育和劳动技能培训"等多个方面。[2]

如第二章所述,在职务工资体系中,中老年员工的工资有所下降。在美国,原则上没有职务工作做时你就会被解雇。为此,像欧洲国家那样,面向有家人需要养的中老年工人发放育儿补贴,并安排公共住宅是有效的解决方案。此外,还可以通过确立职业培训体系、技能资格认证制度以及不同行业和职业的标准合同工资,构建跨企业的横向劳动力市场。

在不具备以上条件的情况下,如果单纯引入职务工资制度,一旦进入住房和教育费用高昂的阶段,家庭生计将难以维持,被解雇的工人将

---

① 日経連前掲『職務給の研究』三九頁。
② 同上書七五—七九頁。优先聘用权和临时解雇等"合理的劳动惯例"也被列为必要事项。

难以实现再就业。当时的日经联是明白这一点的。

于是，当时的日本政府也考虑出台了一系列政策。如政府经济审议会 1960 年编纂的《国民收入倍增计划》、1963 年编纂的《经济发展中人力资源开发的课题与对策》。

在 1960 年的《国民收入倍增计划》中，政府主张企业的劳务管理应当"超越招聘企业的封闭性，贯彻同工同酬的原则，促进劳动力的顺畅流动，工会以行业或区域为单位划分"，并且应在"修正年功序列工资制度"的同时，完善公共年金制度，引入"向所有家庭统一提供育儿补贴的制度"。此外，政府还主张"缩短工作时间""建立职业培训制度"，提高生活保障基准，扩大"医疗救助、住房救助、教育救助"的覆盖范围，修建公共租赁住房等。[1]

1963 年的《经济发展中人力资源开发的课题与对策》进一步扩充了这条路线。这一时期的经济审议会，有主张消除二重结构的经济学家参加，如有泽广巳、东畑精一、氏原正治郎等。被誉为女性管理工作先驱者，曾在康奈尔大学学习劳资关系理论，当时 31 岁的影山裕子，也是委员会成员之一。[2]

这份报告也提出应当构建跨企业的横向劳动力市场，充实职业教育和技能资格制度，统筹厚生年金和国民年金，建设公共住房，提高生活

---

[1] 経済審議会編『国民所得倍増計画』大蔵省印刷局、一九六〇年、三三、三七、六二頁。在审议会成员名单中，可以在计量部看到东畑精一和有泽广巳的名字，详见 231 页。

[2] 审议会成员一览详见経済審議会編『経済発展における人的能力開発の課題と対策』大蔵省印刷局、一九六三年、三四五—三四七頁。其中第 345 页的"氏家正治郎 東京大学助教授"应该是"氏原"笔误。在这份报告中，关于劳动力流动的分析，以大企业劳动力市场的封闭性为代表的观点均来自氏原。关于影山裕子，可参考小熊英二『1968』新曜社、二〇〇九年、下巻九五九頁。

保障基准等，尤其是"育儿补贴制度规定以职务工资的形式发放薪水，而抚养家庭（儿童）所必需的经费则通过非工资的其他体系覆盖"。经济审议会将此项制度明确评价为"有助于中老年人劳动力流动"。此外，报告中还设置了"妇女劳动力的利用"一节，主张"应确立不分性别，根据个人能力和资质开展聘用、分配、培训、晋升的人事政策"。[①]

该报告还提出，应由"国家等企业以外的第三方机构"将职务分析标准化，而不是企业各自引入单独的职务工资。因为如果职务工作的评价标准在各个企业之间不统一，就无法形成跨企业的劳动力流动。该报告特别强调了这一点：

> 长期以来，年功资历工资制度阻碍了劳动力流动，而且在调动、利用企业内人力资源方面也带来了各种问题。预计未来将引入职务工资制度，以取代年功资历工资制度。目前已经有部分企业正在实施。因此，职业工种和技能资格的标准化、客观化必不可少。为此，加入职务分析、岗位描述是行之有效的方法，而核心岗位的职务分析应当由超然于任何所有制企业之外的第三方机构进行。[②]

如前文所述，氏原正治郎的观点认为，大企业之所以有年功资历制度，是因为劳动技能没有实现跨越企业的标准化。因此，可以说，经济审议会的这份报告，集中体现了这些经济学家的观点。

---

① 経済審議会編前掲『経済発展における人的能力開発の課題と対策』一三二、二六三、三二〇、三二一頁。
② 同上書五〇頁。

该报告还高度评价了美国的劳工运动。理由在于"工会创造了一个基础,在这个基础上,所有员工的招聘和解聘都只能遵循职务岗位要求等具体的人事政策规定,消除了'走后门'和领导根据好恶评价员工等现象,同工同酬的原则经过多年斗争得以确立"。"美国企业的职务岗位评估之所以能够实现,是以强大的工会主导下的集体谈判制度的发展为背景的"。[①]

但是,日本的劳工运动是以企业为单位的工会组织发起的,不可能按照美国劳工运动的方向发展。对于这一点,该报告的执笔者们十分清楚。如此一来,"能够脱离个别企业的立场,站在形成统一的职务要件最有利立场的只有政府。在必要时,政府应当就统一的标准发表意见"。将来,在职务工资和"同工同酬"的原则下,以实现"行业工资标准化"为目标,"需要形成一套同一产业内劳资双方谈判的标准化流程"。[②]

在这些政府举措的同时,日经联于 1964 年在事务局内部设立了职务分析中心,并向美国派遣研究团队。日经联在 1962 年的报告书中,提倡首先从大企业开始引入职务工资制度,然后推进形成"企业间共通的职务工作标准"和"横向一致的工资率",最终实现"全国性标准化"的目标。[③]

由此可见,当时的日本政府和日经联倡导建立横向劳动力市场和扩充社会保障制度相结合的一揽子政策。如果这样的一系列政策得以实

① 経済審議会編前掲『経済発展における人的能力開発の課題と対策』一二二頁。
② 同上書一二五、一二七頁。
③ 日本経営者団体連盟編『賃金管理近代化の基本方向——年功賃金から職務給へ』一九六二年、三六、三七頁。石田光男『賃金の社会科学』中央経済社、一九九〇年、四三頁より重引。

现，那么日本社会很可能成为类似第二章中提到的西欧社会的样子。那样的话，雇佣、社会保障、教育的形式将发生变化，以行业工会为基础的社会民主主义政党将应运而生，政治形态也可能会发生巨变。

然而，日本的经营者和民众并不接受社会朝这种方向发展。

不喜欢横向标准的企业

经济审议会发布的《国民收入倍增计划》和《人力资源开发报告》遭到工人工会和教师工会的猛烈批评。

究其原因，这些报告提倡以引入职务工资制度为代表的"现代化管理秩序"，使用了许多当时不为人知的词语，如"高级人才、人力资源、教育投资"等。于是，有人开始批评说，这就是在削减中老年员工的工资，培养适合资本主义的人才。

很难说这些批评意见是在真正理解了政府一揽子政策的含义之后提出的。不过，对当时的人们而言，理解集雇佣、教育、社会保障等为一体的政策体系本来就不是一件容易的事情。因此，在没有充分了解报告全貌的情况下，社会上似乎出现了反对"教育投资"等关键词的倾向。

而且，日本官僚本身也不愿意接受职务分析和职务工资。日本在占领军的领导下，为进行公务员制度改革而设立人事院，启动了公务员职务分析工作。然而，很明显，一旦引入基于职务工作能力要求的聘用制度，会给通过高等文官考试的"高文组"官僚晋升造成障碍。

因此，中央政府各省厅部委对职务分析工作并不配合，以拖延提交职务说明的形式进行抵抗。在 20 世纪 40 年代末之前，公务员制度改革已经名存实亡了。结果，按照学历和工作年限（工龄）设定等级发放工资的体制得以维持，只是建立了一个在形式上增加"职务等级"的制度。[1]

此外，《国民收入倍增计划》所倡导的一揽子政策也遭到了大藏省和企业界的反对。[2]

继承了经济审议会报告的精神，中央儿童福祉审议会于 1964 年提出家庭自有第一个孩子开始即可在无收入限制的条件下领取育儿补贴的方案。关于这部分资金，企业劳动者由企业主承担，自营业者由国库承担。

但是，这意味着增加政府和企业的负担，大藏省和企业界纷纷反对。1971 年，育儿补贴制度终于建立，但最终方案却是从第三个孩子开始支付补贴，而且有家庭收入限制。如此一来，一个能够弥补因职务工资制度而导致的中老年职工工资下降的保障体系也就无法建立。

而且，政府并没有采取大力发展公共住宅的方针。相反，在经济高速增长的情况下，为了进一步刺激经济发展，大肆鼓励民众买房。1966年出台《住宅建设规划法》和《劳动者住宅协会法》，充分体现了政府重视个人购房的这样一种态度转变。

此外，企业的经营管理者普遍认为，引入职务工资制度不仅存在技术性难度，而且会阻碍自由的人事调动。1963 年，日本通运公司副社长批判引入职务工资制度的做法，他指出，"很难确定各个岗位需要负责的

---

① 关于这一过程，详见川手前揭『戦後日本の公務員制度史』第二、第三章。
② 以下关于育儿补贴和住房政策的内容，详见後藤道夫「日本型社会保障の構造」渡辺治編『高度成長と企業社会』吉川弘文館、二〇〇四年所收、一九九—二〇三頁。

单位工作量……即使决定了，在经营要求面前，也没有任何实际利益"，
"企业应具有机动性，往往需要根据业务量的增减，向个别业务领域做出
倾斜"。①

　　同时，也有人指出，经营管理者们不接受职务工资还有另一个原
因，即一旦形成了跨企业的横向基准，经营管理权便会受到制约。曾任
日经联劳政第一部管理课课长的藤田至孝解释职务工资制度无法普及的
原因时，这样说道：

　　　　（建立职务工资）是 GHQ 的指导意见,（日经联）也成立了职
　　务分析中心，也有不少企业开展了对职务工作的分析和评估，但职
　　务工资制度始终无法在日本社会扎根，其原因正是企业认为这将带
　　来跨企业的横向工资标准。这意味着工资社会化、劳资关系社会化
　　以及企业外化②，而日本劳资关系的基础、决定日本式工资的源头在
　　于各个企业不同，企业拥有内部标准，以企业为单位。因此，跨企
　　业的横向工资标准是与之相悖的。③

　　经济审议会的报告主张实现政府主导的职务分析、行业标准工资以
及以行业为单位的劳资谈判等。对于经营管理者来说，这些意味着政府
和工会的力量变强，很可能会束缚企业经营者。

---

① 入江卯男「賃金管理の日本的基盤」『経営者』日本経営者団体連盟、一九六三年九月
　　号。兵藤前揭『労働の戦後史』上卷一七〇頁より重引。
② 本来属于企业内部的关系外部化。——译者注
③ 藤田至孝「能力主義管理研究会がめざしたもの」八代充史・梅崎修・島西智輝・南雲
　　智映・牛島利明編『能力主義管理研究会オーラルヒストリー』慶應義塾大学出版会、
　　二〇一〇年所収、三六頁。

日本的经营者们曾一度称赞职务工资和跨企业的横向劳动力市场。然而，其动机却是削减中老年劳动者的工资，进一步说是方便解雇他们。不过，跨企业的横向劳动力市场一旦真正形成，任何一家企业都不可能内部单独决定职务工作内容和工资标准。因此，当企业方面认识到这一点时，经营者们便对职务工资制度十分警惕。

在这种情况下，企业主只有以长期雇佣和年功资历工资为代价，与企业工会妥协，才能维持其在企业内的决策权。正如第三章所述，即使在美国，经营管理者也是高举"经营自由"的旗帜，抵制政府和工会提倡的职务分析和职务工资制度。日本的企业经营者们也有类似的举动。

如此一来，职务工资的引入和与之相关的一揽子政策便被束之高阁，取而代之的是以长期雇佣和年功资历工资为代价，与企业工会妥协的产物"日本式劳资关系"。于是，在经济高速增长的过程中，传统的三层结构发生变化，逐渐形成了日本式雇佣方式。这一演变进程将是下一章讨论的主题。

第七章

经济高速增长与"学历"

第七章　要点

· 升学率的提高使得中学毕业生就业者人数减少，传统的三层结构难以维持。

· 企业试图维持传统的结构，要求政府普及实业教育，但也无法阻止升学率的飙升。

· 战后劳工运动导致长期雇佣这种雇佣方式逐渐确立、普及，因此招聘更加谨慎。在应届毕业生批量招聘中，企业能够从学校获取信息。这种批量招聘应届毕业生的做法已经扩展到对一线工人的招聘中。

· 初中毕业生短缺，高中毕业生被分配至工人岗位，大学毕业生也开始入职销售岗位。这带来了离职率升高、学生运动兴起等社会不安因素。

· 企业苦于这一系列变化，于是取消三层结构，让每个员工都成为"社员"；引入职能资格制度，以"能力"为基准考核全体员工，并赋予相应的"资格"。

· 职能资格制度是战前政府机关及军队所采用的那一套制度体系的延伸，人事干部们也明白这一点。

战败后的日本劳工运动批判一切形式的歧视，追求"员工平等"。[①]
然而，即使经历过战败后的民主化改革和劳工运动，截至 20 世纪 50 年
代，战前的三层结构秩序依然根深蒂固。

那么，是什么打破了三层结构秩序，确立了"员工平等"的原则
呢？从结论而言，是经济高速增长后提高的升学率。

教育改革的冲击

那么，为什么高学历的普及破坏了三层结构呢？原因在于，在日本
的企业秩序中，工作内容和学位没有必然联系。

如第二章所述，即使是现在，很多国家的企业中依然存在高级职
员、下级职员和一线工人的三层结构。这就是决策者、事务性工作者和
体力劳动者的三层结构，分别要求员工具有与工作内容对应的资格、学
位和专业能力。

因此，如第二章所述，美国的职务说明中会写明类似这样的必要条
件，"必备资格——会计学专业学院毕业学位。但以下工作经验可代替学
历——三年以上簿记或客户结算工作经验"。

在这种情况下，即使社会呈现高学历化，三层结构也很难瓦解。因

[①] 本章内容介绍了在经济高速增长带来社会的高学历化之后，日本企业为了保住"学历决
定身份的秩序"和"经营管理权"，放弃三层结构，最终产生"员工平等"的过程。对本
章内容最有启发性的研究是本田由纪『若者と仕事』東京大学出版会、二〇〇五年、
第二章。本田在参考仓内史郎和西川忠相关研究的基础上，指出伴随着高中学历的蓝领
工人增多出现的企业内摩擦是推广职能资格制度的背景，可谓真知灼见。但本田并未注
意到同样作为其背景的日本企业工作内容与专业能力的分离现象，以及职能资格制度与
战前企业秩序之间的关系。同时，本田也忽略了日本企业正是由于重视学历而放弃三层
结构的因果关系。

为情况只会变成：下级职员的任职条件由原来的两年制短期大学提高至四年制大学本科学士学位，高级职员的任职条件由原来的学士学位提高至硕士或博士学位。

不过，事实上，在 20 世纪后半叶的美国，大学毕业生去应聘以前被认为属于高中毕业生的职位，成为非豁免下级职员的情况有所增加。[①] 在职务工资体系下，相同工作的工资不会因为受雇者的学位提高而增加。

然而，在日本，没有这种学位和工作内容的对应关系。日本的惯例是，高级职员要求高等教育机构毕业，下级职员要求中等教育机构毕业，一线工人要求义务教育机构毕业。而且，在日本企业里，工资由学历和年龄决定，与工作内容无关。

在这样的企业秩序下，相同的工作，雇佣高学历者将导致工资成本的提高。于是，社会整体的升学率提升后，高等教育毕业生人数增多，金字塔形的三层结构就无法维持。正如我们在第五章中讲到的，这个问题在战前被形容为"'将校'过剩，'士卒'不足"。

此外，就日本而言，战后的教育改革造成了很大的影响。

战前日本的教育制度受到西欧的影响。总体而言，西欧国家是阶级社会，有高等教育精英化的倾向。在战前的日本，也只有小学是义务教育，通过考试选拔的学生才能升入中学。同时，高等专科学校和大学只是极少数人接受教育的地方。

阿贝格伦在 1958 年时指出："战前的教育制度与企业招聘机制十分契

---

① 1972 年美国的一篇论文中记载了 20 世纪 70 年代初，由于升学率上升，纽约市城市银行开始雇佣大学毕业生的经过。详见遠藤前揭『日本の人事査定』一九二頁。

合。"① 战前不同学历的三层结构之所以能够成立，是因为战前接受中等和高等教育的人数是有限的。

　　战后，日本参照美国的教育制度进行了改革。美国的教育不同于植根于阶级制的西欧，其目的在于普遍提高人民的教育程度。于是，战后日本的初中成为义务制，高中成为申请人无须参加考试即可入学的中等教育机构。而且，被认定为大学的教育机构数量大幅增加，实现了高等教育的大众化。

　　如此一来，民众在反抗学历决定身份秩序的同时，也试图让自己的孩子拥有高学历。高中入学率，1950 年为 42.5%，1955 年为 51.5%，1965 年为 70.7%，1975 年为 91.9%（见图 7-1）。战败后不久，无须考

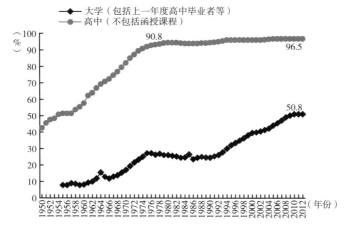

图 7-1　高中、大学的入学率

资料名称：文部科学省「学校基本調查」より国土交通省作成。

（资料来源：『国土交通白書』2013）

───────────────

①　アベグレン前掲『日本の経営』五七頁。

试的高中又恢复了入学考试制度，但入学率的攀升并没有停止。

入学率的攀升动摇了日本的企业秩序。1964 年，日本钢管公司人事部考查负责人针对不断攀升的入学率表示："这给企业的学历管理带来了根本性的危机。"[1] 那么，这种危机究竟是什么呢？

学历限制效应

阿贝格伦在 1955 年调查日本企业之际，就发现存在一个明显的由不同学历构成的三层结构。他所调查的企业在招聘一线工人时限定学历为"初中毕业生"，"不得高于新制初中毕业"。[2]

高中入学率的直线上升给这个秩序带来了危机。企业对此的第一反应是固执地坚持只聘用为数不多的新制初中毕业生。

教育学家仓内史郎等人，在 1962 年和 1963 年，以代表性的制造业企业和企事业单位为对象，调查了关于一线工人招聘的情况。结果发现，与急速提升的高中入学率相比，企业聘用的高中毕业生的人数并没有怎么增加，只能看到面向"初中毕业生或高中毕业生"的招聘在增多。而且，大企业只招聘初中毕业生的倾向十分明显。[3] 也就是说，大企业继续只聘用初中毕业生，而中小企业则被迫聘用高中毕

---

[1]　西川忠「ブルーカラーの昇進問題」『労務研究』第一七卷二号、一九六四年二月号、一四頁。

[2]　采取将所聘用的临时工和实习工限定为初中毕业生的方针。详见アベグレン前揭『日本の経営』五〇、五二頁。

[3]　根据 1962 年对 200 家企业、1963 年对 247 家企业的抽样调查，1962 年"只聘用初中毕业生"的企业，1000 人以下的企业中有 53%，1000 人以上的企业中有 66%；1963 年 1000 人以下的企业中有 25%，1000 人以上的企业中有 38%。详见倉内史郎「技術革新と技能労働力の給源」『労務研究』第一六卷六号、一九六三年六月号、一五頁。

业生。

进行这项调查的仓内表示："对于企业来说，聘用初中毕业生（接受过义务教育的毕业生）作为一线工人，已经成为企业长久以来坚守的一项制度，他们成为构成企业体制的一部分。"但是，随着应届初中毕业生人数迅速减少，"尽管是'不得已'，但也只能聘用高中毕业生作为一线工人"。[1]

劳动史研究专家菅山真次也指出了同样的倾向。根据 1961 年经济企划厅的《应届生雇佣调查报告》可知，在京滨、中京、阪神[2] 等地拥有 5000 名以上员工的大型制造业企业中，1960 年定期招聘的高中毕业生工人人数为 0。与之相对的，在员工人数为 1000 人至 4999 人的制造业企业中，招聘高中毕业生工人比例为 23.3%，在员工人数在 999 人以下的企业中，这一比例高达 32.6%，说明中小企业不得不依赖高中毕业生。[3]

在阿贝格伦的调查中，1955 年大型制造业企业已经饱受初中毕业生人数下降的困扰。企业方面采取的对策，是向当时高中入学率依然较低的"九州某农业地区"的职业介绍所派遣办公职员，招聘那里的初中毕业生。由于大城市高中的优秀学生都考上大学了，所以就连招聘高中学历的下级职员，也只得选择去地方高中。[4]

像阿贝格伦调查中那样的大企业，虽然需要付出一定的努力和成

---

① 倉内前揭「技術革新と技能労働力の給源」一五、一六頁。
② 即前文的"三大都市圈"。——编者注
③ 数字根据图表计算得出，菅山评价一些优质企业从"限制学历"变得"比较自由"，笔者认为优质企业以下的企业出于"无奈"才做出类似选择的可能性比较大。详见菅山前揭『「就社」社会の誕生』四二九頁、四三〇頁。
④ アベグレン前揭『日本の経営』四八、五一頁。

本，但最终还能招聘到适合企业三层结构的应届初中毕业生。因此，大企业便会倾向于坚持"只聘用初中毕业生"的做法。

从经济学和教育学的常识来看，受教育程度比较高的人被企业排斥是很奇怪的现象。尤其是当时生产现场的技术不断革新，传统的基于手工作业经验的"直觉"和"窍门"逐渐不再奏效，具备阅读机械说明书能力的高中毕业生工人本应具有更大的优势。教育社会学家本田由纪指出，对企业而言，能够大量招聘到和应届初中毕业生相比，知识、能力、水准更高，更为成熟的应届高中毕业生，本应该是求之不得的，但日本的现实却并非如此。[①]

在职务工资体系下，如果工作相同，无论劳动者的学历再高，年龄再大，工资也不会改变。在这样的社会中，劳动者学历的提升是受欢迎的。而且，在战前的日本，劳动者的工资基本都是计件工资。

然而，日本战败后，经历了劳工运动和民主化改革，结果除了临时工等非正式雇佣劳动者，包括一线工人在内所有"社员"的工资都随着学历和工龄的增长而提高。因此，如果雇用年龄较大的高学历者作为一线工人的话，即使同样做工人的工作，工资成本也会增加。在这种情况下，可以说，学历限制效应起了作用，企业更喜欢聘用 15 岁的初中毕业生，而不是 18 岁的高中毕业生。

在任何社会中，企业都是在一定条件下追求利润并理性行事的。但是，如工资的决定方式等既定条件会受到社会惯例的影响，因此，企业的理性行为是因社会而异的。

---

① 本田前揭『若者と仕事』五四頁。

政府的限制升学措施

面对这样的情况，企业采取的第二项对策就是要求政府限制升学率。在经济高速增长的过程中，大型制造业企业希望聘用接受过实业教育的中、下级技术人员，而对普通高中毕业生的需求则十分有限。

1940 年，旧制中学的入学率只有不超过 7%，即使包括高等女学校等各种初中教育机构在内，也只有 25%。[①] 1955 年，新制高中入学率超过 50%。为了维护战前以来的企业秩序，政府必须限制升学率，倡导实业教育。

日经联在 1956 年和 1957 年分别发表了《关于适应新时代要求技术教育的意见》《关于振兴科学技术教育的意见》。内容包括扩充培养下级技术人员和现场监督员的工业技术高中，在义务教育中推行理科教育和职业教育，以及实现中等教育的双轨化（建立职业专科学校）等。[②]

政府方面也对此做出了回应。在 1958 年公布的中小学学习指导纲要中，将"职业、家政科"重组为"技术、家政科"。1960 年的《国民收入倍增计划》则明确提出："昭和 45 年（1970）普通课程学生人数和职业课程学生人数将由现在的 6∶4 调整为 5∶5。"[③]

在这样的社会背景下，文部省于 1960 年制定了一项基本方针，即在公立高中新设 60% 左右的工科课程，在私立高中新设 35% 左右的工

① 文部科学省「戦後半世紀の教育の発展とその課題」。http://www.mext.go.jp/b_menu/shingi/old_chukyo/old_chukyo_index/toushin/attach/1309725.htm 二〇一九年六月五日アクセス。
② 汐見稔幸「企業社会と教育」坂野ほか編前掲『戦後改革と現代社会の形成』、一九九四年所収、二九五頁。
③ 経済審議会前掲『国民所得倍増計画』一三八頁。

科课程，同时增设农业课程和商业课程的学期。① 1962 年设立五年制的工业高等专科学校。各地纷纷新建职业学校，在富山县确立的普通高中和职业高中比例为 3 ∶ 7 的"三·七体制"一时之间广为人知。②

正如我们在第六章中提到的，当时的日经联和政府提出要引入职务工资，实现跨企业横向劳动力市场的转换。一揽子政策还包括了完善社会保障制度，加强职业培训和职业教育。换言之，加强实业教育也是其中一部分。

在德国等国家中，跨企业的、以职业为单位形成的横向劳动力市场和社会保障制度已经完善。但与此同时，高等教育的入学资格仅限于那些通过大学入学一般资格考试（德国的 abitur，法国的 baccalauréat）的人。他们作为少数精英，可以免费接受高等教育。大多数人在接受职业教育和培训后，将会成为工人。

可以说，当时经济审议会的报告是以西欧国家的一揽子政策为原型提出的系统性建议。但是，该报告被解读为试图回归战前日本的双轨型教育体制，也有无可奈何的成分。尤其是当时社会正处于保守派政客在不断发表歧视大众言论的同时，宣传限制升学率政策的情况下。

民众的反应

这些政府和企业界的动向引发了激烈的批评。

---

① 飯田浩之「新制高等学校の理念と実際」門脇厚司・飯田浩之編『高等学校の社会史』東信堂、一九九二年所収、三八、三九頁。
② 西本勝美「企業社会の成立と教育の競争構造」渡辺編前掲『高度成長と企業社会』所収、一六七頁。

对当时的民众而言，让孩子不断升学是一个梦想，任何压制这种愿望的行为都是不可原谅的。孩子们满怀上学热情的表现正是父母这种期望的反映。1965 年出版的教育类书籍，记载了熊本县一名女初中生的话：

> 我想上英语选修课，但老师不让我选，说是只有继续读高中的人才能选。哪怕让我在走廊旁听也行，但无论怎么央求，老师就是不同意。不甘心，我好不甘心，如果能重新活一次的话，我也想去上高中。至少我不想让我的孩子今后再有这样的遗憾。[1]

对于这个学生来说，学习英语恐怕不是为了从事使用英语的工作。战前以来，在日本社会中，学历与工作能力无关，却是决定社会地位的指标。[2] 学习英语和升学考入高中，是脱离被歧视的社会阶层的象征。

当时的教师和家长强烈反对政府的教育政策，要求增设普通高中。

---

[1]　村松喬『進学のあらし』毎日新聞社、一九六五年、一一五頁。

[2]　本田由紀『教育の職業的意義』ちくま新書、二〇〇九年。本田由纪评价战前日本的企业秩序更加体现出"学历和工作之间的明确对应关系"（第 80 页）。作为旁证，本田指出 1953 年 8 月由文部省和日经联进行的一项调查发现，在全部拥有高等教育学历的受雇者中，"工作与所学专业不符者"的比例只有 11.6%（第 82 页）。
然而，正如本书所描述的，即使在战前的日本，除了理工科之外，也很难说一个人在高等教育阶段所学的专业一定与工作内容相关。正如本田也在注释中指出的那样，文部省和日经联的这项调查，将"企业、事业单位中，预期将来成为高管干部的实习生""政府机关中，通过了公务员考试并被录用的公务员"都分类成"专业与工作对口"，而且调查单位又是"企业、事业单位，政府机关，公共团体"。（文部省『職場の学歴の現在と将来——職場における学歴構成の調査報告書第一部』、一九六一年、一五四頁）在 1953 年，战前型秩序依然存在，当时完成高等教育学习的人被视为高管干部候补，因此不能用他们的情况来说明专业和工作是否对口。而且，截至 1953 年的高等教育是由以理工科和教育学为中心的国立大学，以及培养专业技术人才的旧制高等专科学校为多数构成的，这一点不容忽视。

标志性事件是以"不让 15 岁的春天哭泣"为口号的"全员升入高中运动"。在日教组①、母亲大会②、总评等组织开展各种社会运动的背景下，1962 年 4 月，"高中全员入学问题全国协议会"成立，并获得了广泛支持。

"全员升入高中"这样的口号，不禁使人想起战后工会要求将所有员工统称为"社员"的呼声。但是，借用第六章引述的远藤公嗣的话来说，这正可谓是"日本劳动者理解的战后民主主义"。

在这样的背景下，提倡扩充职业教育的 1963 年经济审议会报告遭到了强烈的批评。教育学家乾彰夫评价这份报告称："它是 20 世纪 60 年代末以来主导日本社会的'偏差值'竞争性教育体制的出发点。"③ 这份报告并没有被解读成包含了横向劳动力市场和社会保障制度改革的一揽子政策，而被认为是限制增设普通高中，激化升学考试竞争的罪魁祸首。

在社会如此强烈的升学意愿下，工业技术高中等学校很难招收到优秀的学生。甚至在宣传"三·七体制"的富山县，企业录用新员工后的评价也是"表现良好"的是普通高中毕业生，"表现不好"的是工科和商科高中的毕业生。④

结果，大企业也逐渐不得不聘用应届高中毕业生作为工人。1964

---

① "日本教职员工会"的简称，日文全称为"日本教職員組合"，成立于 1947 年，是日本最大的教职员工会组织，成员由全日本公私立大中小学校教职员工组成，是日本著名的左翼组织。——译者注
② 全称为"日本母亲大会"，女性运动团体，成立于 1955 年，开展反对核武器的和平运动，以及和保护儿童生命安全、教育问题相关的各种活动。——译者注
③ 乾前揭『日本の教育と企業社会』三八頁。
④ 西本前揭「企業社会の成立と教育の競争構造」一七四頁。

年，日本钢管公司人事部考查负责人表示："企业招聘了大量高中学历的工人，但这并非技术革新的结果，事实情况是工人劳动力的来源只有高中毕业生。"[1]

然而，民众期待着只要拥有高中学历就可以取得战前办公职员的地位。教育学家大田尧指出，"当时很多人对新制高中的印象是参照旧制高中得出的"，"甚至有些新制高中成立之际，还订制了象征着旧制高中的白线学生帽"。[2]

一名高中毕业后成为质检工的 19 岁女子，在 1969 年劳动省妇女少年局举办的题为"青少年工作者生活创作"的征文中写道：

> 在一个高中毕业的女生会成为办公职员，或被认为理当成为办公职员的社会里，我却成了一名工人。我对此深感抵触的原因难道只是虚荣心作祟吗！"你在哪里工作啊？""我在松下电器上班。""坐办公室，多好啊！""啊，其实吧……嗯……"这是我和邻居之间的对话，后面的话我无论如何也接不下去了。"不，我是工人"这句话，怎么也说不出口。[3]

战前，接受过中等教育的人成为下级职员是理所当然的，其地位有别于工人、女工。对于经济高速增长时期的父母一代人来讲，这是一种理所当然的常识，而年轻一代人也很难摆脱这种思维惯性。

---

① 西川前揭「ブルーカラーの昇進問題」一四頁。
② 大田堯『戦後日本教育史』岩波書店、一九七八年、一四四頁。
③ 労働省婦人少年局編「働く青少年の生活文」一九六九年版、二一七、二一八頁。本田前揭『若者と仕事』六五頁より重引。

扩大学校推荐

企业方面的应对，使这种情况变得更糟。

时至今日也是如此，日本企业在招聘时，往往对员工可能从事何种工作不做任何说明。上述那位 19 岁的女质检工也是在被聘用后才得知将从事一线工人的工作，她在震惊之余写道："吃惊到一点都记不得之后还对我讲了什么。"

1964 年 2 月，兵库县中小企业劳资中心对西日本地区即将就业的初中三年级学生和高中三年级学生进行了调查，其中内定岗位工种"不明"的比例分别为：初三男生 56.1%，初三女生 62.0%，高三男生 52.9%，高三女生 32.2%。不仅如此，在进行调查的毕业前夕，有近四成的学生只知道就业单位的名字和地址，对行业工种和企业规模一无所知。[①] 也就是说，虽然确定了工作，但他们对自己将在什么样的企业里做什么样的工作完全没有概念。

这种现象的背景是，学生就业以学校推荐的形式进行。在此次调查中，就业单位"由自己找"的初中生只有 19.8%，高中生只有 29.1%。最多的情况是"由老师推荐"，初中生有 34.3%，高中生有 43.4%。还

---

① 胁坂明「新規学卒者の労働市場」玉井金五・久本憲夫編著『高度成長のなかの社会政策』ミネルヴァ書房、二○○四年所収、七三、七六頁。但是，其中八幡制铁所的例子值得注意："截至 20 世纪 60 年代前中期，高中毕业技工的招聘与录用是分职业工种进行的。应届毕业生像白纸一样被录用，入职后才确定岗位和工种的做法据说是从 20 世纪 60 年代中后期才开始的。"（详见乾前揭『日本の教育と企業社会』一五八頁）目前尚不清楚这究竟是八幡制铁所的特例（以较早且系统地开始招聘高中毕业生而闻名），还是普遍现象。据推测，很有可能是高中入学率比较低时，高中毕业的技术工人被当作中专毕业生，因此会在入职前明确职务工作内容，但随着高中毕业学历工人的增加，这种做法便被取消了。

有一些是通过"家人""亲戚朋友""友人前辈"等的推荐入职的。[1]

正如我们在第五章中所提到的,在日本,从战前开始,由学校向企业推荐学生的就业形式一直发挥着保证劳动者质量(qualification)的功能。由于技能资格制度和行业工会组织不健全,在校教师对学生长期观察获取到的信息备受重视。

然而,战前通过这种学校推荐招聘的人员主要限于办公职员。战前的工人虽然也包括了一部分年轻的实习工,但一般来说,都是在企业承包方有一定人脉关系,或者在工厂工作一段时间后没有问题的人才会被聘用为正式工人。

换句话说,工人的聘用并不像职员那样严格筛选,其背景在于战前解雇工人是一件非常简单的事。对于企业而言,如果解雇很容易,就没有必要在招聘时费时费力地进行严格审查。

但战后,情况发生了变化。经历了战后民主化改革和劳工运动,企业不能像以前一样轻易解雇工人。如此一来,企业不得不在招聘时严格筛选。

这种变化在阿贝格伦观察到的 1955 年的日本企业中清晰可见。他观察到的日本企业并不解雇初中毕业的工人,而是对他们进行调动换岗。因此,即使是初中毕业的工人,也从招聘时起便接受严格的审查。

在阿贝格伦观察到的日本企业中,大学毕业的高级职员和高中毕业的下级职员是一定要有学校推荐才可以被聘用的,没有推荐的个人则被拒之门外。关于工人,企业委托全国各地的公共职业介绍所,从

---

[1]　脇坂前揭「新規学卒者の労働市場」七六頁。

农村出身的初中毕业生中"耗时费力地"挑选"性格稳重"的合适人选。[1]

一般化的应届毕业生批量招聘

事实上，战后职业介绍所会与初中教师合作，向企业提供应聘者的相关信息。这种招聘体系的前提是 1949 年修订的就业保障法。

公共职业介绍所从 1921 年制定职业介绍法起步，1938 年被国有化，以实现军需产业劳动力的再配置。[2] 战后民主化改革之后，1947 年颁布的就业保障法规定了职业选择的自由，原则上禁止公共职业介绍所以外的机构开展劳动力供给输出业务。这是因为战前中介剥削工人、侵犯人权的情况屡见不鲜。不仅如此，为了杜绝战前纺织化纤企业从贫困地区招收女工的现象，规定公共职业介绍所不得开展跨地域的大范围职业介绍。

然而，大学和高中（旧制中学）对此表示抗议。这些学校在战前向全国企业推荐学生就业。但是，学校的职业介绍也被视为一种劳动力供给输出业务，没有劳动省大臣的许可，便不能再开展了。

根据 1949 年修订的法律，如果学校向劳动省大臣提交申请，便可开展职业介绍活动。而且，也可以面向全国进行职业介绍。对于不具备职业介绍经验和技巧的学校，还规定其可以选择通过与职业介绍所直接合作或分工合作的形式，开展与企业之间的沟通。

---

[1] アベグレン前掲『日本の経営』五一、五二頁。
[2] 职业介绍法的修订过程，详见乾前掲『日本の教育と企業社会』一四九——五二頁および菅山前掲『「就社」社会の誕生』第五章。

关于与职业介绍所合作的规定，对于缺乏职业介绍经验和技巧的新制中学来讲，是推广这一传统做法的契机。根据文部省 1952 年度的《产业教育调查报告》可知，不到 70% 的新制中学选择与职业介绍所直接合作，不到 30% 的新制中学选择与职业介绍所分工合作，各自承担一部分工作。[1]

此后，对新制中学应届毕业生进行批量招聘的做法迅速普及开来。战前，很多完成义务教育的人都是通过"走后门"就业的。1933 年 3 月，东京市高等小学男性毕业生的就业情况为，熟人和家人介绍占 60.6%，学校推荐占 26.5%，职业介绍所介绍仅占 12.9%。[2] 但是，战后职业介绍所和新制中学合作，一扫之前就业"走后门"的现象。

这意味着战前以办公职员阶层为中心的应届毕业生批量招聘的做法扩大到工人阶层，其背景是战后民主化使得长期雇佣制度的适用范围扩大到工人，增强了企业对工人严选录用的必要性。于是，战前在有限范围内适用的一系列惯例相互影响，扩大至全体员工。

除此之外，许多高中要么自己开展职业介绍活动，要么与职业介绍所合作。选择了这两条路，由于学校与企业建立起直接联系，学校就可以直接拿到企业的用人订单。1970 年，有 38.1% 的高中选择由学校自己向企业推荐，58.8% 的高中选择与职业介绍所合作。[3]

阿贝格伦指出，1955 年他调查的大型制造业企业选择了全国约 100 所高中作为定点校。同时，高中校长和教师们秉承"为优秀学生做好就

---

① 菅山前揭『「就社」社会の誕生』三五五、三五六頁。
② 乾前揭『日本の教育と企業社会』一五〇頁。
③ 同上書一五二頁。

业工作是学校的责任"这一理念，暑假期间走访各个企业，推荐介绍本校的学生。①

不过，尽管如此，工人层面的应届毕业生批量招聘也并非一下子普及开来。氏原正治郎和他的同事们调查了 1959 年进入千叶县临海地区的 9 家大企业。结果发现，学历为初中毕业的男性录用者中，应届毕业生只有 88 人，而有工作经历的跳槽者达到 418 人。氏原等人概括出企业的用人方针："对于办公职员岗位，在大学或高中生毕业季时招聘；对于'骨干工人'②岗位，在初中生毕业时招聘为实习工，或者在高中生高中工科课程结业时招聘；对于普通工人岗位，不论学历，随时招聘。"③

总体上可以看出，截至 1959 年，在企业维持战前三层结构的同时，被聘用为工人的初中应届毕业生的人数不断增加。但是，20 世纪 60 年代中期以后，在大企业的招聘过程中，批量招聘应届毕业生的做法成为主流。

劳动史研究者普遍认为日本的应届毕业生批量招聘和"终身雇佣"制度确立于 20 世纪 60 年代。确实，这种"惯习"从 60 年代开始在作为社会多数的一线工人中普及。

不过，日本民众深知，应届毕业生批量招聘、年功资历工资、终身雇佣等待遇是战前官吏和办公职员享受的特权。人民大众通过"全员升入高中运动""全员'社员'运动"等抗争，极大地扩大了特权的适用范围。也许这就是"日本劳动者理解的战后民主主义"。

---

① アベグレン前掲『日本の経営』四八、四九頁。
② 日文原文为"中幹工員"。——译者注
③ 氏原正治郎·高梨昌『日本労働市場分析』東京大学出版会、一九七一年、上巻四〇九頁。

大学毕业生人数急速增长

入学率的提高不仅发生在高中，也发生在大学。

战后，随着向新体制大学的过渡，许多师范学校和高等专科学校纷纷升格为大学。结果，大学的数量在 1953 年增加到 226 所。学生总数也从 1943 年旧制大学的 7.1737 万人增加到 1952 年四年制大学的 42.3528 万人，人数急速增长为原本的约 6 倍。[1]

这种情况动摇了长期以来将大学毕业生视为高级职员的企业秩序。在 1955 年进行企业调查的阿贝格伦指出："由于大学毕业生人数的增长，高级白领的职位变得越来越高不可攀，但学生方面和雇主方面的姿态与期待却不曾改变。"[2]

不过，这一时期，问题依然不大，因为大企业采取指定校推荐制度，只聘用几所固定的名牌大学推荐的毕业生。阿贝格伦写道："这导致了少数名牌大学的入学竞争变得异常激烈。"[3]

而且，虽然大学在数量上有所增加，但尚未发生质的变化。这是因为其中有很多是战前就已经是高等教育机构的师范专科学校转型成了教育师范类新制大学。[4] 截至 20 世纪 50 年代，四年制大学、短期大学的

---

[1] 文部省「新制大学の発足」『学制百年史』帝国地方行政学会、一九八一年所収。http://mext.go.jp/b_menu/hakusho/html/others/detail/1317752.htm　二〇一九年六月五日アクセス。

[2] アベグレン前掲『日本の経営』五八頁。

[3] 同上書五八頁。

[4] 文部省前掲「新制大学の発足」。由于 1943 年师范专科学校学生人数为 27.6422 万人，仅这部分学校升格成大学，人数就相当于 1952 年大学生增加总数的约 80%。除此之外，文部省指出，战败后民众归国、人口自然增长、战后被认可的女子升学、夜校升学等，都是导致学生人数增长的因素。因此，文部省认为 1952 年"大学、大学生人数未必比战前多，尤其是男生的比例可以说是越来越小了"。

入学率合计在 10% 左右，其中四年制大学的入学率只有 8% 左右，高等教育仍然停留在少数人受益的阶段。①

20 世纪 60 年代，情况发生了根本性变化。四年制大学的入学率，截至 1956 年还不到 8%，但在 1962 年达到 10.0% 之后，1970 年达到 17.1%，1975 年飙升至 27.2%。尤其是男生的比例在 1967 年超过了 20%，1975 年达到 41.0%。此外，由于大量婴儿潮一代人到了上大学的年纪，学生人数增加的速度超过了入学率提升的速度。

这种变化不仅体现在量上，而且还体现在质的层面。大学数量从 1955 年的 228 所增加到 1965 年的 317 所，进而从 1970 年的 382 所增加到 1975 年的 420 所。然而，在此期间，国立和公立大学仅仅增加了 9 所。增加的大部分都是新设的私立大学（见图 7-2）。

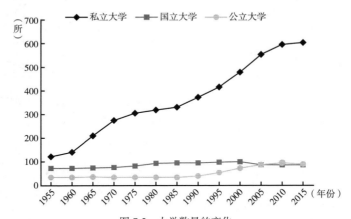

图 7-2 大学数量的变化

资料名称：文科省『文部科学統計要覧』平成 30 年版より作成。

---

① 文科省前揭「戦後半世紀の教育の発展とその課題」。

政府方面不仅限制国立和公立大学数量的增加，而且将重点置于培养企业界所需的理工科人才。1970年，77%的国立大学毕业生都是理学部、工学部、医学部、农学部以及教育师范学部的，而法学、经济学、商学、文学等学部的毕业生只有23%。[1]

然而，许多新成立的私立大学并不设理工科学部，因为理工科专业设备费用高昂。战前就已经存在的私立大学，因应民众想要继续接受高等教育的升学需求，也大大增加了招生人数，出现了在籍学生人数以万为单位的"猛犸大学"[2]。与国立大学相比，1970年68%的私立大学毕业生是法律、经济、商科和文学专业的学生。[3]

原本，在日本的雇佣惯例中，除了理工科和教育师范类学科之外，高等教育的内容与职务岗位工作要求的专业能力之间关系并不紧密。而1955年后人数激增的大学毕业生恰恰主要集中在这部分。

当然，企业方面也认为人数激增的大学毕业生存在水平参差不齐的问题。但是，日本没有根据工作内容明确要求应聘者专业学位的雇佣传统。因此，如果没有对所有大学毕业生一视同仁，企业很可能会被批评为搞学校歧视。

根据1957年劳动省的《工资制度特别调查》，雇佣员工在5000人以上的129家企业当中，按学校类型（国立、公立、私立）区别决定大学毕业生起薪的只有1家，同时，按所学专业区别决定起薪的只有4家。[4]

---

① 天野郁夫『高等教育の日本的構造』玉川大学出版部、一九八六年、一六二頁。
② 形容人数多、规模庞大的大学。——译者注
③ 天野郁夫『高等教育の日本的構造』玉川大学出版部、一九八六年、一六二頁。
④ 野村前掲『日本的雇用慣行』三九頁。

在战前，理工科专业毕业生的起薪比文科生高。在 1918 年的大学令颁布以前，帝国大学和私立大学的学习年限不同，因此起薪有差距，而这种差距此后几十年间一直存在。[1] 但是，这种由于毕业学校和所学专业导致的起薪差距早在战前就已经饱受争议。[2] 1940 年颁布的公司统制令统一了中学、大学等不同学历的起薪，最终消除了不同学校毕业生之间的起薪差距。

尽管如此，像石川岛重工这样的企业，还是在内部规定层面对官立大学[3] 和私立大学的毕业生在晋升上区别对待。而且，正如阿贝格伦看到的，20 世纪 50 年代的大企业采取指定校推荐制度，只聘用极少数大学推荐的学生，不接受除此之外的应聘。但是，随着升学竞争的白热化，社会开始愈发严格地审视大企业的指定校推荐制度。

在社会舆论的推动下，文部省于 1970 年启动了《应届毕业生招聘及就业情况等相关调查》。该调查"为纠正学历歧视的社会风气，以应届毕业生就业中的排他性指定校推荐制度为中心，掌握企业对学历评价的实际情况"。[4]

如此一来，企业方面难以公然继续指定校推荐制度。但即便如此，让激增的大学毕业生全部享有和过去同等的地位也是不可能的。

---

[1] 若林前揭「1920—30 年代三井物産における職員層の蓄積とキャリアパスデザインの一考察」。

[2] 竹内前揭『日本のメリトクラシー』八六、八八頁。

[3] 战前日本政府设立的专科大学，主要涉及医科、商科、工科、师范科等，地位仅次于帝国大学。——译者注

[4] 大臣官房調査統計課「新規学卒者の採用及び就業状況等に関する調査（速報）——指定校制をとる企業減少」『文部時報』一二一巻三号、八四頁。福井前揭『歴史のなかの大卒労働市場』八九頁より重引。

大学毕业生劳动力市场的转型

面对这样的情况，企业方面采取的应对措施是将大学毕业生分配到以前初中毕业生和高中毕业生的职务岗位上。

文部省的《学校基本调查》显示，1955 年从事"销售"工作的男性应届毕业生中，初中毕业生占 58%，高中毕业生占 38%，大学毕业生占 4%。然而，1970 年，从事"销售"工作的大学毕业生人数增加到 40%。相反，在 1955 年，法律、政治、商业和经济学部的大学毕业生从事"管理事务"工作的有 79.8%，但到了 1970 年，则下降到 53.1%。[①]

这种社会现实在心理上给大学生带来了诸多方面的影响。反应之一是 1968 年的学潮。

日本大学是当时开展学潮运动最激烈的大学之一。这所大学是一所私立大学，在经济高速增长时期招生规模迅速扩大，学生人数从 1955 年的 3 万人左右增加到 1968 年的 8.5 万人左右。1968 年 8 月，当时日本大学的一位教授说道：

> ……入职一流企业，成为国家公务员等都算下来，能够抓住那些值得骄傲的就业岗位的大学毕业生也只有 2 万人左右吧。而且，半数以上还得是那五六所一流大学的毕业生。
>
> ……许多我课堂上教过的学生，如果入职大企业宣传部的话，一定可以挥斥方遒，大显身手。但这些青年只能去当河滩碎石场的

---

① 天野前揭『高等教育の日本的構造』一六二、一六三頁。

翻斗车调度员，或者成为奔波于各个零售店的成衣推销员。去做这些工作根本用不着上大学，高中足够了……

而且，他们的父母家人都对他们抱有厚望，认为大学毕业后就能够像以前时代那样成为高级公务员或是一流企业的办公职员。身处父母炽热期待和灰色黯淡未来夹缝中的大学生们认为自己就是被送上传送带的小石子，他们歇斯底里地呐喊：

"只知道赚钱的大学，就是在骗我们的钱！老师也对我们置之不理！这样的大学，我们要砸碎它！……"①

在这样的文章里，对学生心理的推测成分可能有些过多。不过，当时确实有很多类似的观察。

例如，当时参加反越战运动，并与学生有很多交流的政治学家高畠通敏在 1969 年 1 月写道："今天的学生运动，对'资本型社会'，或者说更多的是对'管理型社会'燃起敌意的原因，可能在于一种出人头地的通道被封闭而产生的阶级仇恨。""这一点经常通过在学生的传单或演讲中出现的'我们一生只能是一个平凡的工薪族，或是区区士官'等表述体现出来。"②

1968 年，当时的骨干派全学联③委员长在《全学联在想什么》一书中表示，"我们所有人都是满怀期待升入大学的"。"但是，面对燃烧着

---

① 三浦朱門「日本大学よ甘えるなかれ」『中央公論』一九六八年八月号、二九三—二九四頁。
② 高畠通敏『『発展国型』学生運動の論理』『世界』一九六九年一月号、二四五頁。
③ 全称为"全日本学生自治会总联合"，成立于 1948 年，是日本全国大学学生自治会的联合组织，20 世纪五六十年代日本学生运动的主要领导机构。——译者注

激情与希望，放眼于现代世界的学生们，大学所给予的东西简直微不足道。""学生人数的激增，极大改变了学生的社会地位，大学毕业并不意味着能够在大企业找到工作。""我们有一种欲求，即在已经提到的社会地位的变化、精英意识与现实之间的决定性落差以及批量化培养的大学校园中，不断重新寻找作为人类的真实。今天的学生运动正是建立在要将这种欲求向民众传播的基础之上。""在这样的背景下，学生的不满和焦虑不断累积，无论是由什么契机引发的校园斗争，最终都将发展成为全体大学的学生运动。"①

分析学生运动并不是本书的中心主题。在本书的脉络中，很重要的一个事实是，过去高中毕业生的工作岗位逐渐被大学毕业生取代，当对学历的期待与社会现实出现落差时，社会的不安情绪便产生了。

对高学历的避忌和离职率的增加

低学历者的工作岗位被高学历者取代的现象在经济学和教育学上被称为"学历代替""代替雇佣"等。只要社会整体呈现高学历化的趋势，那么这种现象无论在东西方任何国家都会出现。因为在任何一个社会中，高度专业化的职业和管理业务的比例都是被限定的。

1951 年，美国社会学家赖特·米尔斯（Charles Mills）引用了事务经营者联合会的声明——"能够让大学毕业生群体十分满意的工作并不多，所以必须让他们在高中毕业生满意的工作，或者现在对于高中毕业

---

① 秋山勝行·青木忠『全学連は何を考えるか』自由国民社、一九六八年、一二二、一二五、一二六、一三七、一三八頁。

生来说还不太满意的工作中忍耐一下"。①

　　然而，这种现象经常被看成受教育程度低的人被受教育程度高的人剥夺了工作机会。在经济学家莱斯特·瑟罗（Lester Thurow）1975年提出的"工作竞争模型"（Job Competition Model）中，因为企业总是希望聘用培训费用低的员工，所以同样的工作，企业倾向于聘用受教育程度高的人，拒绝受教育程度低的人。此外，因为工资差距不是由学历决定，而是由工作内容决定的，所以即使社会整体呈现高学历化，工资差距也不会改变。因此，在美国，尽管从 1946 年到 1972年社会迅速高学历化普及，但学历造成的终生工资收入差距几乎没有变化。②

　　因此，高学历化催生了更高的高学历化。在美国，自 20 世纪 50年代以来，仅通过两年制学院、四年制大学的学习，无法入职专业岗位，无法从事管理、经营业务的人不断增加。尽管如此，由于有更高的学位就能入职这些理想的工作岗位，因此研究生入学率不断飙升（见表7-1）。

　　然而，在日本发生的情况却与美国不同。在日本，1960 年至 1975年，由学历造成的工资差距急剧缩小。然而，研究生入学率并没有提高，只有大学排名的秩序体系在不断强化。在招聘方面处于优势地位的大企业，有避忌高学历应聘者的倾向。

---

① C·ライト·ミルズ、杉政孝訳『ホワイト·カラー』東京創元社、一九五七年、二三〇頁。
② レスター·サロー、小池和男·脇坂明訳『不平等を生み出すもの』同文舘、一九八四年。关于美国和日本社会不同学历劳动者之间的工资差距，详见麻生·潮木編前掲『学歴効用論』一三八一一四二頁。

表 7-1　美国高等教育毕业生的职业构成（1960）

单位：%

	接受 1 年至 3 年的高等教育	接受 4 年及 4 年以上的高等教育	接受 5 年以上的高等教育
专业性、技术性	22.4	50.3	74.4
管理、经营性	11.9	15.5	9.1
事务、销售	34.5	12.6	8.0
其他	31.2	21.6	8.5
合计	100.0	100.0	100.0
占全部就业人口的比例	10.1	5.3	3.8

（资料来源：潮木守一「高等教育の国際比較」『教育社会学研究』26 号、1971 年、15 頁）

　　1975 年日本就业招聘中心面向上市企业和有实力的非上市企业合计 3507 家，开展了《企业关于学历的意见调查》。在大学学历员工占 50% 以上的企业中，5000 人以上的大企业有 7.7%，99 人以下的企业有 29.2%。在大学学历员工占比 10% 以下的企业中，5000 人以上的大企业有 35.9%，99 人以下的企业有 22.2%，100 人至 499 人的企业有 12.7%。[①] 由此不难看出，大企业方面雇佣更加低学历化。

　　当然，在初中学历和高中学历的一线工人比较多的大型制造业企业中，大学毕业生员工的比例往往相对偏低。但是，1977 年全日本管理组织联合会的报告书对这一调查结果进行了评论："（经济高速增长时期）年轻的大学本科毕业生极度短缺，中小企业几乎不可能聘用到他们，只有高学历应聘者是比较充裕的劳动力资源，因此，不管中小企业喜不喜

---

① 　人間能力開発センター前掲『高学歴化の進行と労務管理』五頁。

次，都不得不聘用高学历应聘者。"[1]

此外，日本企业在招聘时不会告知明确的岗位职务，应聘者经常会被分配到不符合自身期待的岗位，于是，会出现劳动者士气低下、离职率增高的情况。

如上文所述，希望成为办公职员的高中毕业生，经常不如愿地被分配到一线工厂工作。之前引用过的成为质检工的 19 岁女高中毕业生，她在听到邻居说"坐办公室，多好啊！"之后，描写自己无言以对的内心活动时，这样写道：

> "不，我是工人"这句话，怎么也说不出口。光想想这样的对话发生过多少次，就让我对工作失去了动力，心灰意冷。我们高中一起毕业的大约 100 名女生，都在各个企业找到了工作，但在一线工厂从事制造生产工作的，算上我一共就三个人。其中一个人早早就辞职了。[2]

据劳动省 1969 年公布的一项调查，1966 年 3 月毕业的应届高中毕业生在三年内的离职率，男生为 51.9%，女生为 54.1%。当时的日经联担心日本共产党的青年组织可能会渗透到心怀不满的青年工人中。[3]

确实，当时日本共产党的得票数和党员人数飙升，还爆发了学潮运动。然而，社会秩序中的不安感，往往作为一种与现实无关的、想象层

---

① 人間能力開発センター前掲『高学歴化の進行と労務管理』八頁。
② 本田前掲『若者と仕事』六五—六六頁より重引。
③ 同上書七一、七二頁。

面的"社会主义威胁"被大肆炒作。正如我们在第五章中提到的那样，20 世纪 20 年代，中等教育和高等教育毕业生相对过剩成为一个社会问题，舆论便将其与社会主义运动的威胁放在一起讨论。

另外，当时企业里出现的问题是，同样学历的员工，有的成为办公职员，有的成为一线工人。这种现象很容易引发员工对企业的怨恨和员工内部对立。

1965 年，钟表制造企业精工舍（今天的 SEIKO）人事负责人说："同时招聘的一批高中生（不分男女），有的被分配到办公部门，有的被分配到一线生产部门，这种现象不仅出现在我们公司，这今后将成为每个企业都必须认真面对的劳动管理课题。"[1] 对于一个习惯于学历决定身份秩序的社会来说，学历相同但"身份"不同，"身份"相同但学历不同，构成了一个严重的"社会问题"。

晋升迟缓和岗位不足

迅速高学历化还引发了一个现象，那就是晋升迟缓。

阿贝格伦在 1955 年的大型制造业企业中也发现了这个问题。日本企业，以拥有大学学历的办公职员全员都可以晋升至高管干部为前提，频繁进行人事调动。但是，随着大学毕业生人数的增加，同时由于战时军需产业的增产需求，企业增加了对办公职员的招聘。

阿贝格伦指出："由于这些因素，现在大多数日本大企业，工人和办

---

[1] 労働法令協会編『労務管理の実際』一九六五年。本田前掲『若者と仕事』七〇頁より重引。

公职员的人数比例不均衡，管理岗位和办公岗位职员过多。"日本企业增设了"课长代理、课长助理"等许多不必要的职位，但即便如此，"企业管理层职位的晋升速度非常迟缓"。[1]

事实上，这个问题也出现在战后的政府机关中。政府机关共济合作社联合会会长今井一男 1969 年时曾这样说过：

> ……因为战争中会有大量的人员被征召，昭和 15 年（1940）之后，每个省厅部委都开始翻倍招收候补干部。这些人很多都上了战场，并意外地活着回来了。可以说他们是被派到了战争中比较安全的地方，大概人数只减少了 10% 左右。于是，这些人回到机关后晋升受阻。为此，无奈之下，设置了部长、次长、参事官、审议官等奇怪的职务。为了晋升就要不断超越上边的人，以致上边的人不能一直占据着职位，必须要创建一些公共团体、社会组织。[2]

二战后，战前的"退职金"制度被取消了。如第五章所述，在 1981 年国家公务员法修订之前，没有定年退职制度，只有官吏自愿辞职的惯例。如此一来，在政府机关内"长期霸占职位"的倾向会有所增强，但当出现对组织不利的情况时，则只能强制这些官员"空降"[3]到一些公共团体、社会组织等机构去任职。这种情况是可以想象到的。

---

① アベグレン前掲『日本の経営』一一六、一一七頁。
② 「この人と 官僚論、共済組合連盟会長、今井一男氏 連載対談・松岡英夫〈六〉」『毎日新聞』一九六九年五月二六日付。大森前掲『官のシステム』一〇八―一〇九頁より重引。
③ 日文原文为"天下り"，指政府官员进入企业、社会团体等部门，即"旋转门"现象。——译者注

事实上，官吏晋升延迟的现象在战前就已经出现了。行政学专家水谷三公根据《内务省史》进行的一项调查显示，通过高等文官考试进入内务省的官员，晋升至敕任官的比例逐年下降。[1]

在明治初期的政府机关，高等文官考试开设时间并不长，作为机关内为数不多的"高文组"，通过高等文官考试的人大部分都能晋升至敕任官。但是，随着机关内"高文组"人数比例的增高，这种晋升状况便无法继续维持。除非机关组织规模扩大，或者调动到其他机关的敕任官岗位，否则"高文组"将无法维持过去的晋升速度。

然而，在战前的日本，接受过高等教育的人才很少。因此，和现在相比，这些人晋升至高级官员或高级职员的速度是比较快的。如第二章所述，在其他国家，企业高管的候补干部非常少，因此晋升速度往往很快。

经济学家小池和男就战前日本、战后日本以及其他国家的大学毕业生办公职员晋升的情况进行了比较，研究发现，"似乎只有战后日本大企业的晋升速度迟缓"。[2] 日本的经济学家们将这一现象评价为，"缓慢的选拔"激发了员工的竞争积极性，缔造了日本企业的强大实力。但是，似乎没有查明的是，晋升迟缓究竟是战后日本大企业为了达到这样的效果而有意为之，还是仅仅由于拥有大学本科学历的办公职员人数激增。

---

① 水谷前揭『官僚の風貌』一三七頁。
② 小池前揭『アメリカのホワイトカラー』一六九頁。但是，小池对战后日本大企业之外的情况止步于推测。战前日本大企业干部职员晋升速度的快慢，目前缺少实证分析。通过对三菱造船厂"正式员工"的职业履历分析可知，确实出现了晋升非常快的例子，但同时也有反例，详见吉田·岡室前揭「戦前期ホワイトカラーの昇進・選抜過程」。同时，只看该论文第 14、15 页的职业生涯图的话，1918 年入职的正式员工似乎确实比 1921 年的正式员工晋升快，因此很难一概而论。

无论如何，这就是日本式雇佣的结构性弱点。为了保证大学毕业的办公职员能够持续晋升，只得不断增设无意义的岗位，或者扩大组织规模，扩大组织规模又不得不招聘更多的毕业生。然而，当经济萧条来临时，将不得不压缩招聘新人的名额。如此一来，没有下属的高管干部人数将会增加。这种恶性循环成了日本企业的宿命。

"同等学历同等待遇"

通过以上分析不难看出，升学率的提升使维持旧秩序在许多方面变得不可能。

1964 年，日本钢管公司人事部考查负责人西川忠谈道，"作业工人只能从高中毕业生中招聘"，"因此，可以说，这给企业的学历管理带来了从根本上崩溃的危险"。[①]

解决这种困境，有一种选择，那便是在维持三层结构的同时，不断实现高学历化。为此，必须采取与员工签订以职务工作为基础的雇佣合同的方针。如此一来，需要明确职务工作对应的技能资格、熟练工证明、专业学位等，并以此决定员工的工资和晋升。

日本钢管公司人事部的西川也明白这一点，他曾这样说道：

……以美国的职务工资为例来说明。首先要有一项职务工作，然后设定工作对应的任职资格条件。寻找发现最符合任职资格条件要求的应聘者，也就明确了这项工作的工种和能力等级，即这究竟

① 西川前揭「ブルーカラーの昇進問題」一四頁。

是一份只有熟练工才可以胜任的工作，还是非熟练工也可以做。[①]

西川还明确指出："在欧美国家……熟练工、半熟练工、非熟练工分别对应了明确的能力等级。一名熟练工在任何单位都能享受作为熟练工的最低标准工资。"[②]

然而，西川提倡的是一种完全不同的方针，"如果要问，这样的能力等级在我国确立了吗？那么，很遗憾，除了学历之外，再无其他"。

这里所谓的学历，不是专业学位，而只是初中毕业、高中毕业、大学毕业等不同的教育阶段。

但是，正如我们在第一章中讲到的那样，日本人事部门的负责人们，时至今日依然认为越是能够通过高难度考试的人越具备更高的潜能。合格的员工被期待具有的能力包括"头脑灵光""踏实努力""处世精明"等一般能力。这些能力与职务工作没有直接关系，它们是一种潜能，是一种保证员工被分配到任何岗位工作都可以胜任的潜能。

西川提出的"能力即学历"的说法，也是从这一意义而言的。在此基础上，他从"同等学历同等待遇"的原则出发，提倡应当取消办公职员和工人的区别。西川说：

> 有必要将学历认定为一种能力等级标准，应当将"同等学历同等待遇"的原则置于蓝领和白领的分工体系中考虑。
> 区分蓝领和白领是欧美国家的做法，但在日本，两者在待遇

---

① 西川前揭「ブルーカラーの昇進問題」一七頁。
② 同上論文一六頁。

上应该没有区别。理由正如之前所述。如果把学历视为能力等级标准，那么相同学历的人，无论是工人，还是办公职员，都应当享受同样的待遇和晋升机会，工人和办公职员的对应关系应当在一定程度上实现制度同一化。……①

与欧美国家不同，在日本，没有学历以外的"能力等级"。如此一来，社会整体实现了高学历化，将转变为人人都能晋升至高级职员的制度，只能放弃三层结构。这就是西川"同等学历同等待遇"的原则。也就是说，放弃三层结构不是因为轻视学历，而恰恰是因为重视学历。

原本日本企业也有类似西方企业的三层结构，但那并非按照职务工作内容划分形成的秩序，而是根据学历划分形成的秩序。当三层结构与学历秩序不能共存时，便舍弃前者，优先后者。

西川的提议顺应了日本钢管公司的方针转换。战后，日本钢管公司依然以"可能会扰乱劳动秩序"为由，拒绝"废除办公职员与工人之间的身份差异"。但是，1964 年 1 月，在西川的论文即将发表之际，日本钢管公司为了应对"工人学历构成提升"的局面，宣布了"将全体员工都称呼为社员"的方针。②

这一方针也反映了工人的愿望。日本钢管公司 1963 年进行的员工

---

① 西川前揭「ブルーカラーの昇進問題」一六頁。本田前揭『若者と仕事』七五—七六頁也引用了西川的论文——"很讽刺的是，基于劳动者'潜在能力'形成的职能资格制度，其'潜在能力'的大致分类基准却又不得不参照学历"，本田将其视为"高中学历和大学学历之间的贫富差距"依然存在的旁证。但是，依笔者所见，本田的理解在逻辑上反了。西川提出的是正因为重视学历，才应当放弃三层结构。因此，职能资格制度的新道路才得以确立。

② 折井前揭『労務管理二十年』四〇頁。1964 年 1 月开始推行将全体员工称为"社员"的方针，西川的论文刊登在同年 2 月 1 日的『労務研究』上。

调查显示，有 73% 的工人（一般作业员）和 30% 的办公职员希望"废除办公职员与工人之间的不同称呼"，前者人数远远超过后者。[①]

其他企业也纷纷开展这种旨在实现"员工平等"的改革。1966年，八幡制铁所工会提出要求："彻底废除身份歧视，实现一元化员工管理制度"，"全体员工无差别享受基本生活工资制度。按学历确定起薪，全体员工无差别享受定期加薪制度"。[②] 1970 年，八幡制铁和富士制铁合并成立"新日铁"[③]之际，终于实现了"员工管理制度的一元化"。[④]

之所以在这时提出"按学历确定起薪"的方针，是因为随着高中毕业的工人人数增加，他们与同样高中毕业的办公职员之间的工资差距逐渐成为一个问题。也就是说，西川主张的"同等学历同等待遇"原则，打破了办公职员与工人的区别。

这表明工会也在考虑将学历，而非职务工作内容，视为企业内基本秩序。如果实施"按学历确定起薪"的做法，那么，高中毕业的办公职员和高中毕业的工人拿到的起薪相同，而初中毕业的工人和高中毕业的工人，即使身处相同的工作岗位，做同样的工作，工资金额也是不同的。

尽管如此，八幡制铁所工会还是选择了"同等学历同等待遇"原则，而非"同工同酬"原则。这也许无论是对于送孩子上高中的年轻工

---

① 折井前揭『労務管理二十年』四一、八八頁。
② 鉄鋼労連八幡製鉄労働組合「第四三回臨時大会議案書」一九六七年五月二八日。禹前揭「戦後における資格給の形成」一八頁より重引。
③ 全称为"新日本制铁公司"。——译者注
④ 兵藤前揭『労働の戦後史』上巻一八七頁。

人家庭，还是对于家有儿女的中老年工人来说，都是一个"更好"的选择。这可能也是"日本劳动者理解的战后民主主义"。

军队型资格制度

在这种"员工一体化管理"展开的同时，各个企业引入了职业技能资格制度。三层结构被打破后，这个制度将成为日本企业的新秩序。

在解释这个之前，我们先来确认一下资格制度。正如我们在第四章中讲到的，日本企业的一个特点是，"主事""参事"等资格与经理、课长、营业部长等职务各自独立存在。

在部队，"资格"就是大佐、少尉等军衔，"职务"就是空军司令、步兵小队长等官职。工作职务虽然会不时变动，由上级命令决定，但在职务岗位上的工作能力得到认可，则有可能晋升到更高的资格，并会安排与资格对应的职务。于是，他们的工资不是由职务决定，而是由资格决定。这就是资格制度的梗概。

此外，什么是"职能"呢？在 20 世纪 50 年代，为了引入职务工资制度，各企业开展了职务分析。当时，"职能"作为"职务执行能力"一词的缩写开始被使用，这似乎是"职能"一词的起源。1960 年，日经联教育部长在引入职务工资困难重重的情况下，表示："以位于职务层面和人员层面中间的职务执行能力为核心，保证经营秩序的努力从昭和 26 年（1951）前后已经开始不断尝试了。"[1]

然而，正如我们在第六章中讲到的，大约在 1950 年前后，为了保

---

[1] 中山三郎「総論」日経連弘報部編前掲『資格制度の考え方と実際』所収、三頁。

障高学历职员的地位，"职能"一词开始被频繁使用。到了 20 世纪 60 年代，"职能"一词似乎已经定型，而此时该词不单指学历，还包括了适应力、协调性等一般能力。

正如我们在第五章中提到的，战前的日本企业在大学毕业生的招聘面试中强调"人格""品行"。而且，战前陆军和海军在考课（考科）中看重的也是能够适应任何任务工作的潜能。可以说，在经济高速增长时期确立的"职能"一词的所指含义几乎与之完全相同。

换言之，职能资格制度，是一种根据是否具备适应任何职务工作的潜能决定企业内部等级的制度。这也是明治时代"任官补职"制度的延伸。不过，当时的工商业界在招聘时，注重工人的"人格""品行"，他们认为支付工资的对象是人，而不是工作，所以乐于称之为"以'人'为中心的等级秩序"。[1]

日本钢管公司是一家在 20 世纪 60 年代引入职能资格制度的企业。让我们从这个案例中看看职能资格制度的特点。

如前文所述，日本钢管公司从 1964 年开始，就采用了将所有员工称为"社员"的方针。但是，当时是将原来的工人称为"A 社员"，将原来的办公职员称为"B 社员"。直到 1966 年 4 月开始实行"基于能力主义的新社员制度"，这种区别才被废除，工人到办公职员的晋升路径被制度化。[2]

图 7-3 展示了这个"基于能力主义的新社员制度"中引入的职能资

---

① 入江遁男「新しい資格制度の考え方」『経営者』一九五七年六月号。兵藤前揭『労働の戦後史』上卷一六〇頁より重引。

② 折井前揭『労務管理二十年』四〇頁。

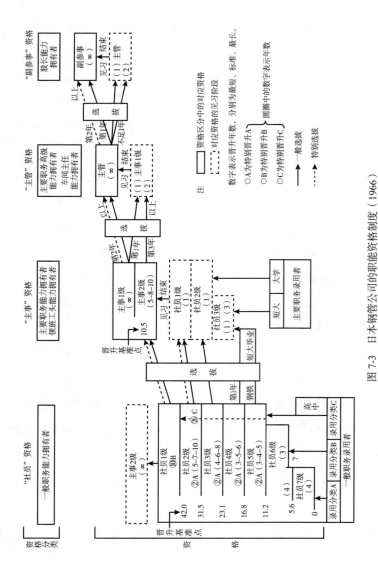

图 7-3 日本钢管公司的职能管资格制度（1966）

（资料来源：折井日向『劳务管理二十年』東洋経済新報社，1973 年，45 页）

格制度。

　　在这个制度体系中，员工的起点因学历而异。具体而言，员工入职时，大学毕业生从社员一级或二级开始，短期大学毕业生从社员三级开始，高中毕业生从社员五级开始，再往下的学历从社员六级或七级开始。大学毕业生实习期结束后马上升为主事二级，之后每两年一次选拔晋升。但是，没有达到高中毕业的社员五级以下的员工，恐怕工作到退休为止也只能晋升到主事二级（相当于旧制海军的特务少尉）。

　　而且，虽然所有员工都叫"社员"，但存在"管理职社员""主要职社员""监督职社员""一般职社员"的区别，分别有不同的工作能力要求。管理职社员要求"具备履行股长以上职务工作的能力"，主要职社员要求"具备履行事务和在技术方面进行企划、判断、整体管理等职务工作的能力"，监督职社员要求"具备履行厂长及车间主任等职务工作的能力，一般职社员要求"具备按照一定的业务处理标准完成作业的能力"（见图 **7-4**）。

　　这看似和战前的三层结构差不多。但是，这些分类是"基于职务工作执行能力的分类，而不是基于工作职务的分类"。①

　　于是，按照人事部西川所说的"同等学历同等待遇"的原则，同样是高中毕业的话，无论是办公职员，还是工人，初始任职资格都是"社员五级"。此外，在制度上进一步明确，无论是初中毕业、高中毕业，还是大学毕业，也无论是办公职员，还是工人，只要在分配的职务工作上体现出的业务"能力"得到认可，都可以晋升。

---

① 折井前揭『劳务管理二十年』四一頁。

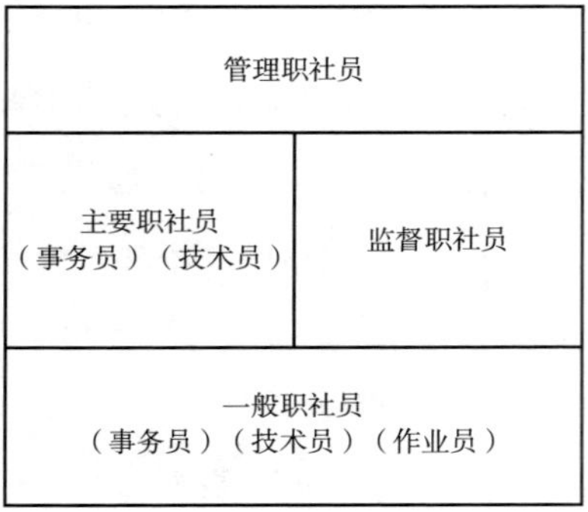

图 7-4　社员分类与工种分类

注:(　) 为按工种分类

(资料来源:折井日向『劳务管理二十年』41 頁)

战前，资格制度只在办公职员范围内适用。经历了战后民主化，到 20 世纪 50 年代，资格制度也扩展适用于一线工人。但是，办公职员和工人的资格序列多数情况下还是分开的。20 世纪 60 年代，随着社会的高学历化，所有员工被一视同仁为"社员"，员工序列被一元化资格等级制度统合。[①]

将战前适用于"社员"的制度扩大到一线工人。从这一意义而言，这也是一种消除歧视的做法。日本钢管公司的人事工作负责人在 2004 年时，曾这样讲道:

---

① 这一趋势并非直线型发展。由于社会高学历化造成高中学历员工人数增加，日本水泥公司于 1958 年废除了"职员和工人的区别"，引入统一的"职能资格制度"（日経連弘報部前揭『資格制度の考え方と実際』六九、七〇頁）。但是，在这套制度体系下，"资格序列本身由劳动者的工作决定。因此，资格与劳动者之间没有对应关系。即使是同一个人，如果所做的工作发生变化，资格序列也会随之改变，这种情况在本公司被称为'系统转换'"（同书第 77 页）。这是从战败后引入的职务工资、职务分析向 20 世纪 60 年代后半的职能资格制度过渡过程中的一种形态。这种资格制度体系整合的是按职务工作划分的"职级"（一级至七级），以及按"资格"划分的"六级事务员"和"六级特务员"两个序列（参考同书第 90 页）。

战前，资格制度只适用于白领，一线工人不具备资格。为确立将蓝领工人和白领职员置于相同考查方式下的一元资格制度，企业做出了很多努力，以各种形式消除身份歧视。[1]

如此一来，"员工平等"至少在形式上完成了。无论最初被分配什么工作，那些在给定的职务工作中满足管理层期望的人都将被提拔晋升。换言之，在经营业绩考核的无差别适用意义上，确实实现了"员工平等"。

日本钢管公司的劳务部负责人，后来成为公司董事的折井日向，将这种情况形容为"可以看到蓝天的劳务管理"。[2] 这句话也是当时八幡制铁所的口号。这种制度意味着，即使是只受过义务教育的二等兵，只要在完成给定任务中的能力得到认可，也可以成为一名军官。

劳动研究者对这一职能资格制度的评价存在分歧。肯定的评价认为这是一种公平的制度，开辟了一线工人晋升的道路，可以提高劳动者的工作积极性。否定的评价认为这一制度将导致工人的职业竞争和过度劳动，将工人变成对企业无限尽忠的"打工人"[3]。[4] 不得不说，这也许正是同一事实的两面吧。

无论认可哪种评价，职能资格制度由各个企业各自独立引入，彼此互不兼容。一名连续工作晋升至社员二级的工人，一旦从所在企业离

---

[1] C.O.E. オーラル・政策研究プロジェクト『奥田健二・オーラルヒストリー』政策研究大学院大学、二〇〇四年。久本前揭「身分格差の撤廃」六〇頁より重引。
[2] 折井前揭『労務管理二十年』四〇頁。
[3] 日文原文为"会社人間"。——译者注
[4] 持肯定评价的学者有石田光男、小池和夫，持否定评价的学者有远藤公嗣、野村正实、熊泽诚等。

职，之前所有积累都将归零。因此，这样一种资格制度的适用范围扩大到一线工人，正是使他们离职率下降的主要原因。

定期人事调动和女性定年退职制度

此外，引入这种制度之后不久，出现了另一个变化。那就是全公司范围内的定期人事调动。

1976 年，当职能资格制度在大企业中普及时，全日本管理组织联合会对 213 家企业进行了调查，结果显示 70% 的被调查企业将新入职的大学毕业生安排到销售或生产一线岗位。但是，如果让大学毕业生一直留在这些一线岗位上，他们的工作热情就会消减，因此许多企业采取了"调动轮岗制度"，在几年内将他们调到其他部门工作。[1]

于是，在过去没有交集的一线生产部门和事务办公部门之间出现了定期的调动轮岗。[2] 根据辻胜次对丰田汽车公司的研究，最初仅限于事务办公人员和技术人员等职员层面的定期人事调动，在 20 世纪 80 年代以后，逐渐扩大至一线生产部门，进而囊括了全公司所有员工。[3]

在战前，官吏和大企业职员会有定期晋升和调动的机会。但是，对工人而言，很多都是临时聘用，无法保障长期雇佣，也没有定期的晋升机会。办公职员和工人之间几乎没有任何人事交集。

---

[1] 人間能力開発センター前掲『高学歴化の進行と労務管理』四四頁。同時，根据该书第 56 页内容，42.9% 的企业将"调动轮岗制度"作为解决一线作业工人不足和劳动力高学历化的方案。

[2] 同上書五七頁。如果要将高学历者安排到一线工人的岗位上，"必须先取消在管理上对白领和蓝领的差别对待"。

[3] 参照辻前掲「戦後トヨタにおける人事異動の定期化過程」。

考虑到这一点，全公司范围内定期人事调动制度的确立标志着"员工平等"的最终实现。研究丰田公司的辻胜次指出，应届毕业生批量招聘制度确立于 20 世纪 60 年代，而约 20 年之后，全公司范围内定期人事调动制度确立，"人事调动的定期化是整合日本式雇佣相关各种制度和惯例的终点"。[1]

在背后支撑这一制度的，则是大多数由女性构成的高中毕业和短期大学毕业的事务职员。自 20 世纪 50 年代中后期以来，长期雇佣和年功资历工资制度逐渐普及，越来越多的企业明确规定了在女性涨薪之前便将其解雇的结婚退职制和性别定年制。

通过女性诉讼案件中披露的事例可知，1958 年住友水泥公司将女性的定年退职时间点设定为结婚或 35 岁，1966 年东急机关工业公司与工会协商确定引入定年制，将男性退职年龄设定为 55 岁，女性设定为 30 岁。[2] 无论哪种情况，都是将定期加薪视为一种负担，从制度上明确规定女性尽早退职。

以上两起关于女性定年制的诉讼案，都是原告方胜诉。然而，对女性职员的歧视远不止退职年龄方面的规定。1966 年的诉讼判决书写明了企业的内部规定：

> （公司在招聘办公职员之际）明确规定了男性职员和女性职员之间的差别。男性可以是大学毕业生或高中毕业生，女性原则上仅限高中毕业生。在聘用手续方面，男性由总公司聘用，女性则是由具

---

① 辻前揭「戦後トヨタにおける人事異動の定期化過程」七四頁。
② 濱口桂一郎『日本の雇用と中高年』ちくま新書、二〇一四年、二一四、二一九頁。

体业务部门在出现人员空缺时聘用。在录用后的身份方面，男性虽然从最低级的雇员开始做起，但之后可以逐级晋升为管理干部，可以调动轮岗至其他部门，而女性被认为只是在结婚前临时工作，所以规定女性不能晋升至雇员以上级别，也没有调动轮岗的机会。[1]

从以上描述可以看出，明治时代的"总公司职员"和"单位限定职员"的区别，以及中央机关录用官吏和地方机关聘用协管、勤杂之间的区别，变相反映在女性职员的地位和待遇上。

此外，大型电器制造商从 20 世纪 60 年代中期开始，逐渐引入面向中老年女性的兼职临时工岗位。恰好也是从 20 世纪 60 年代中期开始，女性按年龄划分的劳动力参与率开始呈现出一种 M 形曲线变化，即在结婚、生育、育儿期间一度下降，到中老年时再次上升。[2]

经营管理层掌握的"能力"考评

职能资格制度迅速普及。继 1966 年日本钢管公司之后，1967 年八幡制铁所和富士制铁所，1968 年三菱电机，1969 年松下电器、丰田汽车、三菱重工、三井造船，1970 年日产汽车等企业也相继引入了新的资格制度。[3]

八幡制铁所工会对 1967 年的新人事制度做出高度评价——"废除

---

① 東京地裁判決文一九六六年一二月二〇日。濱口『日本の雇用と中高年』二一五頁より重引。
② 兵藤前掲『労働の戦後史』上卷一九四頁。
③ 同上書一八四頁。

了身份等级制度，确立起以工作为中心的员工秩序"。禹宗杬认为这种评价的理由在于该制度赋予了一线工人身份资格，"将蓝领工人基本生活工资的涨薪方式与白领职员统一"。①

对于一线工人来说，这意味着可以享受到战前只有办公职员才能享有的待遇，实现了"员工平等"。但是，企业经营方则强调新制度基于"能力"确立秩序，这一点不同于战前时期。日经联教育部长表示："区别在于战前的资格是由学历和工龄决定的，战后的新资格主要是由能力决定的。"②

的确，20世纪60年代的职能资格制度是对根据"能力"考核结果进行晋升、加薪的制度化规定。与此同时，1946年的"电产型工资"中包含的"能力工资"在全部工资中的占比也在不断提高。

关东经营者协会在1954年的政策文件中，将"履行职务能力"解释为"对经营中价值生产活动的贡献度"。③ 同时，将其视为与在"经营权范围内"作为"人事考课"对象的"能力工资"相对应的存在。也就是说，"能力"不是不同企业之间通用的学位或技能资格，而是对某一特定企业的贡献度。

日经联在总结1969年报告书的座谈会讨论中，认为在新的"能力主义资格制度"体系下，"虽然包含了学历，也包含了工龄，但没有能力的人将无法晋升"。例如，对于那些"大学毕业却不具备大学生应有的

① 禹前揭「戦後における資格給の形成」二三、二四頁。
② 日経連弘報部『資格制度の考え方と実際』三頁。
③ 関東経営者協会「定期昇給制度に対する一考察」『経営者』一九五四年九月号。兵藤前揭『労働の戦後史』上巻一五八頁から重引。

能力，而只热衷于罢工"的人，他们的学历是"不能被视为能力"的。①

年龄、家庭构成、学历、工龄等信息是企业经营者无法随意更改的。但是，对员工"能力"的考核判定，则在经营裁量权范围内。就这一点而言，相比可能会约束限制企业经营的职务工资和技能资格，职能资格制度对经营管理者有利。

当然，企业界最初提倡引入职务工资的目的之一在于缩减中老年员工的工资。但这个目标也可以通过利用"能力"考评限制晋升和工资的方法实现，这样的话，就没有执着于引入职务工资的必要了。

此外，职能资格制度考评确定的终究只是企业内资格，而这种资格并不能够在企业之间横向通用。在一家企业内，资格无论有多高，也不能在其他企业使用。对企业经营者而言，这有利于避免内部培养的人才外流。

截至 20 世纪 60 年代前中期，政府和企业都提倡强化扩充工业学校，完善职业培训制度。但是，随着经济高速增长趋势的增强，企业越来越倾向于通过公司内部培训的方式培养人才。在这种情况下，尽管政府推出了技能评定制度，但企业方面反应平平。对日立制作所开展调查的罗纳德·多尔指出，一旦员工取得"全国范围内通用的资格"，将会出现人才外流现象，对此日立制作所十分警惕，因此对技能评定制度反应消极。②

---

① 日経連労務管理委員会・能力主義管理研究会合同会「能力主義管理をめぐって」八代・梅崎・島西・南雲・牛島前掲『能力主義管理研究会オーラルヒストリー』所収、三七五頁。1968 年 10 月 14 日の座談会則收录于日経連能力主義管理研究会前揭『能力主義管理』。

② ドーア前掲『イギリスの工場・日本の工場』文庫版上巻一〇〇頁。日立制作所对政府开展的技能评定考试反应消极，但又同意接受考试，对此多尔分析原因如下："企业做出判断的根据在于，如果让工人们看到企业因为害怕熟练技术工人跳槽、辞职，而不想让他们获得全国通用的技能资格的话，是很丢人的。"

结果，技术革新、工作流程标准化以及工人受教育程度的提高，都没有改变大企业劳动力市场的封闭性倾向。氏原正治郎在 20 世纪 50 年代预测的情况并没有发生。

此外，职能资格制度还有一个优点。那就是可以作为晋升迟缓问题的应对方案。

八幡制铁所人事部门负责人这样解释了 1967 年引入"新职务制度"的一个理由:"(从入职那年说)明明可以安排做课长，但是当时如果没有职位空缺的话，便可以先将资格提升至参事(课长级别)。"[1] 如果是在军队的话，虽然舰长的职位是有限的，但可以在军衔上晋升为大佐。

另外，在职能资格制度下，职务工作不受限定，因此调动轮岗很容易。这对经济高速增长时期的技术革新产生了积极影响。

随着经济高速增长，大企业纷纷建设新式工厂，合理化处理旧工厂。日本大企业从 20 世纪 50 年代大量裁员引发的劳资纠纷中吸取教训，试图采用重新分配岗位，而非直接解雇员工的方式来应对员工过剩。

例如，八幡制铁所在建设新式工厂君津制铁所时，进行了大规模的岗位重置，以致被形容为"民族大迁徙"。如果是按照职务工作聘用工人的话，调动换岗是很难进行的。八幡制铁所工会也配合了企业的做法，在 1966 年的定期大会议案中声明:"如果出现必要人员过剩的情况，那么，从终身雇佣制角度出发的，基于一定标准的扶持和调动换岗，我们将继续予以认可。"[2]

---

① 佐藤穣「新社員人事制度による給与・処遇管理」『労働法学研究会報』第八八二号。兵藤前掲『労働の戦後史』上巻一八六頁より重引。
② 八幡製鉄労組『第四二回定例大会議案書』、一九六六年。兵藤前掲『労働の戦後史』上巻一七二頁より重引。

于是，长期雇佣和调动换岗构成了利益交换关系。使之成为可能的，正是职能资格制度。在 1960 年日经联的报告书中，也可以看到这样的主张——"若想建立日本式的，以工作岗位调动重组为前提的终身雇佣制度，'资格制度'是必不可少的"。①

即使在需求波动剧烈的服务行业，这种调动换岗的灵活性也得到了高度评价。1963 年，日本通运公司副社长指出，在职务工资体系下，"在个别业务领域，难以实现基于业务量增减的灵活调动员工的机动性运营"，因此，建议"以职务执行能力为主要构成要素，逐步重构工资体系"。②

1955 年，"日本生产性本部"③ 成立，在其提倡的生产性三原则中，明确将调动换岗定位为避免解雇员工的手段——"官民协力，共同采取适当的措施，最大限度地通过调动换岗等方式防止失业"。④ 但是，直到 1960 年前后，仍然有很多围绕指定裁员的劳资争议。劳动史研究专家兵藤钊说："在现实中，终身雇佣作为一种惯例得以确立，是从 20 世纪 60 年代开始的。"⑤

① 前揭「討論 資格制度の運用をめぐって」日経連弘報部前揭『資格制度の考え方と実際』一九一頁。
② 入江前揭「賃金管理の日本的基盤」。兵藤前揭『労働の戦後史』上巻一七一頁より重引。
③ 日文原文为"日本生産性本部"，英文名为"Japan Productivity Center"，缩写为"JPC"，成立于 1955 年，是日本的民间组织，以全社会为服务对象，以提高劳动生产率为目的，主要从事经营管理的研究和教育，推动生产性运动，促进国际经营管理技术交流。——译者注
④ 濱口前揭『日本の雇用と中高年』六七頁より重引。
⑤ 兵藤前揭『労働の戦後史』上巻一七一頁。

提不出方针的工会

那么，面对职能资格制度，工人们做何反应呢？工人们的声音是多种多样的，不能一概而论。

不过，劳动史研究者们大体认为，日本工人并不完全对"能力"考评持否定态度。他们虽然强烈反对学历歧视，但对于考评自身作为劳动者的"能力"和"实力"的做法却是相当肯定的。

1966 年，一名 17 岁的钣金工人表达了对高中毕业学历工人的不满，他说道："我有不输给他们的技术和自信，但只有一个弱点，那就是学历……就算再有实力，初中毕业生也只能被看作初中毕业生。"①

而且，在日本的企业秩序中，甚至出现了大学毕业生、高中毕业生、初中毕业生干相同工作的情况。1969 年，一名在报社工作的非全日制高中毕业生 ② 这样写道："我很骄傲，因为我和高中毕业、大学毕业的同事做同样的工作，而且绝不输给他们。"③

如此一来，这些劳动者的声音就和企业经营方的主张微妙地重合在一起。日经联 1969 年的报告指出，在新的"能力主义资格制度"下，"学历、年龄、工龄都不再被单独视为'能力'"。④

劳动史研究专家二村一夫表示："日本工人发自内心的要求就是'要像对待普通人一样对待他们'。简言之，就是让他们能够作为企业优秀

---

① 「働く青少年の生活文」一九六六年版。本田前揭『若者と仕事』六四頁より重引。
② 日文原文为"定時制高校生"。相对于全日制高中学习，这是一种利用农闲、早晚和其他业余时间授课的教育学制。——译者注
③ 「働く青少年の生活文」一九六九年版。本田前揭『若者と仕事』六一頁より重引。
④ 日経連労務管理委員会·能力主義管理研究会合同会前揭「能力主義管理をめぐって」三七五頁。

员工的一分子被认可，让他们的能力和勤奋能够被公正地评价。"[1] 正如我们在第六章中提到的，1947 年的日本国铁工人要求将"努力"程度纳入评价范围。

在经济高速增长的情况下，年轻工人对年功资历工资制度积攒了强烈的不满。例如，在八幡制铁所于 1958 年建成的新式工厂户畑制作所里，年轻工人中间出现了这样的不满之声："生产同样的东西，我们比八幡（制铁所）更快，但为什么我们（的工资）却只是八幡那些老工人的几分之一！"[2] 如果考虑到这样的声音，工会也就不能坚持只由年龄决定的基本生活工资制度了。

日本的工会，同一组织内部有青年人、中老年人、非熟练技术工人、熟练技术工人、一线工人、办公职员等。他们的立场各不相同，在保证不分裂的情况下统一意见是很难的。

日本钢铁产业劳动工会等工会组织，很早就表现出与企业经营管理层合作以换取长期雇佣保障的姿态。但是，参加"总评"的左翼工会虽然反对职务工资制度，却认为有必要建立跨企业的横向行业工资标准，[3]因为他们学习了美国、德国的工会运动。

然而，根据当时的工会活动人士的说法，即使"直接引入外国的工资支付方法"——建立跨企业的行业工资标准，也不具备"民众将其作为展望而做出理解的条件"。如果阅读了石田光男总结的当时工会方面的讨论，你会发现大家想追求建立一种"不令工会分裂的工资制度"，

---

① 二村前揭「戦後社会の起点における労働組合運動」六〇頁。
② 「八幡製鉄の職務給を可能にしたもの」『労政時報』第一六九四号。兵藤前揭『労働の戦後史』上巻一六六頁より重引。
③ 石田前揭『賃金の社会科学』五六、五七頁。

但又认为这需要"耗时久远、认真充分的讨论"和"自下而上的民主讨论",于是最终"为实现大幅涨薪的统一和团结"成为最优先的选项。[①]

相比之下,以"能力"决定工资的职能资格制度更容易得到工人的青睐,因为"能力"一词是可以任意解释的。

1963 年 9 月,日本钢管公司在东京大学社会学研究室的协助下,进行了内部意见调查。在"工资评定时应当侧重什么"这一问题中,回答"年功资历"的人在所有年龄组中都很少,仅有 3.9%;回答"职务和能力"的以工龄较短的人为中心,仅有 8.2%;回答"以年功资历为主,综合考虑职务和能力"的以工龄较长的人为中心,达到 34.9%;回答"以职务和能力为主,综合考虑工龄"的人最多,达到 52.6%。[②]

或许年轻的工人和办公职员认为能够适应新科技的灵活性是"能力",所以选择"职务和能力";中老年工人认为经验就是"能力",所以选择"以年功资历为主,综合考虑职务和能力"。但是,大多数人选择了"以职务和能力为主,综合考虑工龄"。其中拥有大学学历的办公职员们应该是认为知识和学历就是"能力",所以做出了这样的选择吧。

"能力主义"可以有如此多样的解释,正因如此,才被广泛认同。于是,相比学历而言,更注重"企业内贡献度"的"员工平等"成为日本企业的新秩序。

这也造成了一种情况,正如多尔在比较日本和英国两国企业时所说的——"日立的铸造工人"会首先强调自己是"日立制作所的员工"。战前的工人不是"社员",无法做这样的自我介绍。只有在企业工会的劳

---

① 石田前揭『賃金の社会科学』五六、五八、六一頁より重引。
② 折井前揭『労務管理二十年』九〇頁の表 5—9 参照。

工运动影响下，实现了"员工平等"，那些彼此素未谋面的员工才能在万人规模的大企业里，形成同为"社员"的身份认同。可以说，这与德国和法国的办公职员发起白领职员劳工运动，创造自我身份认同的过程异曲同工。

如此一来，在 20 世纪 60 年代，一系列日本式雇佣的特征固定了下来。这些特征，是明治时期以来企业的惯例，在战时总动员、民主化、劳工运动、社会高学历化等的影响下，超越了三层结构，不断扩展而成。

"能力主义"和军队经历

1969 年，日经联发表了题为《能力主义管理——理论与实践》的报告书。这份由汇集了大企业人事负责人的"能力主义管理研究会"执笔撰写的报告，摒弃了日经联曾经提倡引入职务工资的理论，重新评价了长期雇佣和年功资历工资制度，称赞了职能资格制度。

该报告称"终身雇佣制度是企业与其员工之间恋爱结婚"，指出终身雇佣制和年功资历工资制具有"植入对企业的忠诚心""确保优秀劳动力队伍的稳定""实施长期的人才规划和培养计划"等优点。[1]

在此之外，这份报告还提倡"少数精英管理"的企业管理方式，主张"从对年功资历的尊重转向对能力的尊重"，以及"应当完全通过能力考核评估决定晋升"。[2] 实现的方法就是实行按照"能力"评价员工的

---

① 日経連能力主義管理研究会前揭『能力主義管理』八四、八五頁。
② 同上書九五頁。

职能资格制度。

如前文所述，职能资格制度类似军队制度。撰写这份报告的大企业人力资源负责人也很清楚这一点。报告末尾的附录中，记录了他们在匿名座谈会上的谈话：

> C：我认为我们的职能资格制度，与旧制陆军、海军的军衔等级制完全一样。少尉、中尉和大尉的军衔是体现职能的。
>
> D：这真正是以业绩产出为中心，以实际成绩为中心，并据此预估将来的成就，由此决定涨薪。即使是同一年从陆军士官学校，或海军兵学校毕业，十年后也会有人是中尉，有人是少佐。会有很多人毕业时间较晚，年龄较小，但军衔很高。
>
> E：而且，还会出现军衔同样是少尉，但有的人是中队长，有的人是大队长的情况。这完全是双轨制（资格和职务两条路径）。而且，无论是赋予少尉的资格，还是中队长的职务，都是基于能力主义晋升选拔。资格与职务的结合方式也是我们强调的宽泛型（大范围内各种职务之间的调动轮岗）。
>
> G：这和我们所要做的完全一样。
>
> D：这恐怕是因为我们这个研究会的大部分人都是海军兵学校出身的吧。[①]

当时 40 岁至 50 岁的男性，大都有过军队服役经历，参加过战争，

---

① 日経連労務管理委員会·能力主義管理研究会合同会前揭「能力主義管理をめぐって」三七五頁。

对军队制度非常熟悉。这一时期职能资格制度的迅速普及，部分原因可能是各企业的高管干部都有战时全面战争体制下的经历，对军队体系非常熟悉。

然而，他们忽略了重要的一点。在他们从军期间，战争使得军队组织规模急速膨胀，而且军官和士官大量战死，因此空缺的职位很多，那些被认为有能力的人很快就能得到提拔晋升。他们说的"十年后有人是中尉，有人是少佐""军衔同样是少尉，但有的人是中队长，有的人是大队长"等情况，只不过是战争时期的例外现象。

而且，这份报告发布于 1969 年，日本当年的 GNP 正以 10% 左右的速度急速增长。当时，即使"员工平等"的待遇扩大到一线工人，企业也完全可以应对工资成本的上涨。

但是，随着 1973 年石油危机的到来，这样的时代宣告结束，而扩大到一线工人的一系列"员工平等"待遇已经无法撤回。在此之后的时代，将"员工平等"限定于正式雇佣员工范围内的"新二重结构"开始显现。

从"一亿总中流"到"新二重结构"的转变

第八章 要点

· 大企业正式员工的批量扩招于 1974 年基本告一段落。同时，大学、短期大学的招生名额从这一时期开始也受到限制。因此，为了争夺不再增大的"蛋糕"，应试竞争变得更加激烈。

· 然而，20 世纪 70 年代中后期是社会贫富差距最小的时期。当时农民和自营业者并未大幅减少的临时性状况支撑了这一局面。

· 企业苦于"日本式雇佣"的重负，制定了严格的人事考课制度，在"员工平等"的框架之外，设计出外调、非正式雇佣、雇用女性等雇佣形态。

· 20 世纪 80 年代，正式员工和非正式员工构成的二重结构取代了传统的大企业和中小企业构成的二重结构，开始受到社会关注。

· 20 世纪 90 年代以来，虽然有提倡改革"日本式雇佣"、引入成果主义绩效薪酬制度的呼声，但企业整体的基本做法依然没有改变。日本的雇佣惯例在限定适用对象的同时，核心部分得以维持并延续下去。

Japan as Number One（日本第一）

经济高速增长改变了日本人的意识。[1] 在 NHK 电台舆论调查所的调查中，针对"日本人和西方人孰优孰劣"的问题，1951 年有 28% 的受访者回答"日本人优秀"，47% 的受访者回答"日本人逊色"。然而，这种情况在 1963 年发生了逆转，至 1968 年时，回答"日本人优秀"的比例上升到了 47%。[2]

欧美国家对日本的评价也发生了变化。1972 年，当时的劳动省事务次官宣称：

> 近年来关注日本的西方人普遍对日本在雇佣形式和工资制度方面的惯例表现出了兴趣。比如，彼得·德鲁克在《不连续的时代》一书中指出，英国和美国按照职业划分组建的工会不能充分适应基于新知识的技术和技能进步，而日本的终身雇佣制度能够保证企业内职务岗位调动的顺畅，并使持续的企业培训成为可能。他认为欧美企业应当向日本企业学习。同时，在赫尔曼·卡恩（Herman Kahn）、詹姆斯·阿贝格伦、罗伯特·吉兰（Robert Guillain）等人关于日本的论著中，都对同样的问题表现出了十分浓厚的兴趣，尽管他们的观点有些许差异。[3]

---

[1] 本章内容主要梳理了"员工平等"的量化扩大止步于 20 世纪 70 年代，在其适用范围被限定的过程中，"地方型""残余型"就业形式被沉淀下来的经过。最为启发笔者的研究是乾彰夫的《日本的教育与企业社会》一书，但是，乾彰夫对这一状况在 20 世纪 60 年代以前的历史，以及其与"新二重结构"的关联分析并不充分。

[2] NHK 放送世論調查所編『図説 戦後世論史』日本放送出版協会、一九七五年、第 Ⅸ 章。

[3] 経済協力開発機構・労働省訳編『OECD 対日労働報告書』日本労働協会、一九七二年所収、二頁。

这段文字是 1972 年《OECD 对日劳动报告书》日文版序言的一部分。这份报告对日本的雇佣惯例进行了如下评价。

"这意味着不仅可以确保劳动者对企业生产效率的关心，而且可以避免遭遇那些职业间存在严格壁垒的国家所经历的困境，以及作为阻碍技术进步的剩余劳动力问题，劳动者能够适应新的职业和作业方法。""日本式雇佣制度的另一个优势在于，实现了个人一生中收入与家庭支出不断增长之间的平衡，收入随孩子的数量和年龄同步增长。"[1]

但是，这份报告并非对日本全盘礼赞，同时也指出了日本大企业劳动力市场的封闭性、公共职业培训的缺乏以及大企业的雇佣惯例"在日本市场经济中并不普遍，而且这种制度并没有惠及现有企业中的全体劳动者"。[2] 不过，这样的国际性评价依然给日本政界和商界带来了自信。

日本政府的姿态也发生了变化。1967 年内阁决议通过的《雇佣对策基本计划》，还在提倡"建立以职业能力和工种为中心的现代化劳动力市场"。但是，1973 年 1 月内阁决议通过的《雇佣对策基本计划》却提出："我国以终身雇佣、年功序列工资制度以及企业内工会为特征的雇佣薪资传统，有利于培养适合企业发展的技术人员和熟练工人，同时也带来了稳定就业和劳动者生活的安定。从以上角度而言，值得充分肯定。"[3]

---

① 経済協力開発機構·労働省前揭『OECD 对日労働報告書』五頁。
② 同上書五、三二頁。
③ 後藤前揭「日本型社会保障の構造」二〇九、二一〇頁。

即使以 1973 年 10 月的石油危机为分界线，在经济高速增长结束之后，这种自信也没有动摇。相反，对日本式雇佣的评价更高了。

当石油危机引发失业风险时，政府给予企业一定补贴，利用日本的雇佣传统来避免裁员。具体做法是，1974 年制定雇佣保险法，用雇佣调整补助金充实停工补贴，支持员工向关联企业外调。[①]

工会方面也以稳定就业为优先选项，压制加薪的要求，进一步允许企业方面对工人的调动轮岗安排。1979 年，日经联会长大槻文平在新年致辞时表示，战胜石油危机是采取减量经营、提高生产力、抑制涨薪等措施的成果，"这背后是日本式的劳资传统，其中特别是具有劳资团结意识和命运共同体理念的企业工会在发挥作用"。[②]

20 世纪 70 年代也是"日本人论"盛行的时期。在一系列"日本人论"中，很多要么认为日本的企业经营和劳资关系基于"家族社会"[③]的逻辑，要么就是认同将农村的集团主义作为起源的文化论。然而，大多数这些所谓的"理论"，只不过是 20 世纪 60 年代以来，大企业里普及的雇佣惯例在日本历史中的投影。

量化扩张的终结

然而，日本式雇佣正在迎来量化扩张时代的终结。这体现在大企业的正式员工人数已经达到峰值。

---

① 兵藤前揭『労働の戦後史』下巻三五三—三五五頁。
② 木下武男「企業主義の統合と労働運動」渡辺編前揭『高度成長と企業社会』所収、一五一頁。
③ 日文原文为"イエ社会"。——译者注

1973 年末的石油危机后，大型制造业等产业纷纷进行了雇佣调整。规模在 500 人以上的大企业，雇佣员工总人数在 1974 年达到 926 万人的峰值，1978 年减少至 872 万人。之后，随着经济复苏，人数略有增加，但占所有企业雇佣员工总数的比例最高时也就是 1974 年的 30.6%，之后一直维持在 25% 至 30%。[①]

如第一章所述，劳动经济学家小池和男推算出了工资随着年龄增长而增长的"工资年龄同步增长组"的比例。同样，如第一章所述，当笔者进行与小池相同的计算时，发现 1982 年以后的"工资年龄同步增长组"人数约占工作人口的 27%，十分稳定。小池认为虽然 1982 年之前的变化情况不明，但在所有雇佣劳动者中"工资年龄同步增长组"的占比"在对比 1968 年之后的情况后，可以说只是呈现略有下降的趋势"。[②]

1982 年以前的政府统计没有区分正式员工和非正式员工，所以很难推算这以前的人数变化。在此，作为参考，我们来看一下丰田汽车公司从 1962 年到 1980 年雇佣人数的变化。

在经历了 1950 年的劳资大斗争后，丰田在 1953 年重新开始招聘应届毕业生。关于工人（"技能员"），丰田在 1962 年转为聘用高中毕业生，从 1963 年开始在农闲期聘用临时工。此外，准职员就是传统意义上的

---

① 西成田前揭「日本的劳使関係の史的展開（下）三〇頁の表参照。
② 小池前揭『仕事の経済学 第三版』八頁。对于《就业结构基本调查》中没有区分正式员工和非正式员工的 1982 年之前的情况，小池指出："如果使用'雇佣劳动者'这一宽松的分类概念，那么，从 1968 年以来的 45% 下降到 2002 年的 43%，几乎可以忽略不计。"即使可以通过劳动时间和劳动合同期限，推算 1982 年以前非正式雇佣劳动者的数量，但也正如神林承认的那样，很难全面掌握这一情况。详见神林前揭『正規の世界・非正規の世界』第 4 章。

临时工。从招聘人数的变化中，我们可以看出三个趋势（见图8-1）。①

第一，相当于传统办公职员的"事务员""技术员"等岗位的录用
人数，和其他岗位相比，受经济形势影响较小。但是，在经济高速增长
时期录用人数基本在增长，直到1974年达到峰值。

实施长期雇佣和年功资历晋升制度的组织，必须要定期招聘应届毕
业生。这是因为如果新入职的人数少了，已经升职的中老年干部就没有
下属了。但如果招聘人数过多，工资成本会成为企业的重负。因此，经

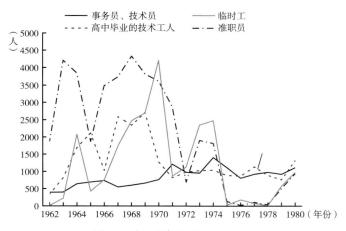

图 8-1　丰田汽车公司的人员录用

资料名称：山本惠明·田中博秀「元·トヨタ自動車工業専務取締役　山本惠明氏にきく（2）」『日
本労働協会雑誌』24卷8号、1982年、67頁揭載表より作成。

---

① 山本惠明·田中博秀「日本的雇用を築いた人達2 元トヨタ自動車工業専務取締役　山本惠
明氏にきく（2）」『日本労働協会雑誌』第二四卷八号、一九八二年八月号、六七頁の採
用数分類表参照。"事务员、技术员等"是指分类表中"事务员""技术员""女性""医
务人员"的人数总和。"女性"当中，20世纪60年代每年只有几名，20世纪70年代则
有20名左右的大学毕业生，不清楚她们的职务定位是否一律是辅助人员。另外，"技能
员"中，20世纪60年代每年会从自卫队接收多达300名左右的员工，而20世纪70年
代接收人数骤减。

济高速增长时期的组织规模膨胀完成之后，招聘人数趋于恒定。

第二，形成了高中毕业生成为技术工人的趋势。截至 20 世纪 60 年代，高中学历技术工人的雇佣人数受到经济形势的影响，波动很大，但从 1970 年前后开始几乎保持稳定。其原因可能是到这一时期为止，高中毕业的技术工人已经被纳入了"员工平等"的体系之内。

第三，可以看出临时工和准职员成为经济形势的缓冲器。劳动研究者们表示，从包括调整非正式雇佣员工在内的工时等角度来看，石油危机后日本企业的雇佣调整速度并不逊色于失业人数众多的欧美企业。[1]

虽然不能用一家企业的情况来讨论所有企业，但经济高速增长结束的同时，工资"与年龄同步增长"的雇佣劳动者人数的增长比例也达到了峰值。

学校排名

1974 年是石油危机导致经济衰退的一年，升学率的提升也止步于这一年。

1974 年高中入学率超过 90%，1975 年大学、短期大学入学率达到 37.8%（四年制大学为 27.2%）。但是，1975 年颁布的《私立学校振兴助成法》规定，作为接受政府补贴的代价，私立学校要服从文部省的监督。1976 年起，私立大学的招生指标，由申请制变更为批准制。这大大限制了私立大学、短期大学的设立和招生规模。结果，大学、

---

① 兵藤前揭『労働の戦後史』下巻三三三頁。

短期大学的入学率受到压制，基本维持不变，直到 1990 年前后。[1]

政府和商界很早就意识到了高等教育，尤其是私立大学文科专业毕业生过剩的问题。1975 年的《私立学校振兴助成法》对这部分过剩起到了很大的抑制作用。

然而，民众的上学热情并没有就此消散。其中一个原因是，即使拥有高中毕业文凭，也不能像经济高速增长时期那样轻松找到工作了。

由于石油危机后的经济衰退，1976 年 3 月招聘的应届毕业生人数比上一年减少了 40%。尤其是高中毕业生的就业率从 1974 年的 48.0% 下降到 1976 年的 42.2%。走投无路的高中毕业生希望继续升学接受高等教育，同期的升学志愿从 44.2% 上升至 47.7%。[2]

然而，恰好在这一时期，大学、短期大学的招生指标受到限制。结果造成为了争夺少数的招生名额，应试竞争呈现白热化的局面。

教育学者乾彰夫通过调查大宅壮一文库杂志标题索引目录发现，从 1974 年开始，一般周刊杂志中与考试入学有关的文章数量迅速增多。[3] 尤其是青年杂志和女性杂志，相关文章非常多。例如，《大学考试紧急调查：这就是你能够顺利考入的大学！》(《周刊 Playboy》1975 年 11 月 27 日号)、《疯狂的补习班热潮：一位母亲的"教育才是投资"理论》(《女性 seven》1975 年 3 月 12 日号)。

此外，《周刊读卖》《周刊产经》等报社杂志开始统计各个大学录取新生的高中毕业校排名。最先开始做这项工作的是《Sundy 每日》，它

---

① 　西本勝美「企業社会の成立と教育の競争構造」渡辺編前掲『高度成長と企業社会』一八一頁、総務省統計局「就学率及び進学率」。
② 　乾前掲『日本の教育と企業社会』二三六、二五〇頁。
③ 　以下内容同上書二二〇—二二二頁。

从 1973 年开始刊登《全国千百所高中毕业生考入大学全调查》。此外，还出现了《全国优质补习班一览》、《如何区分好补习班和差补习班》（均出自《周刊读卖》1975 年 10 月 25 日号）、《大学择校信息——对五年后就业战绝对有帮助的大学、专业就在这里》（《周刊现代》1976 年 1 月 15、22 日号）等文章。

据乾彰夫介绍，在此之前也出现过东京大学等极少数大学的合格者排名。但是，从这一时期开始，出现了更大范围的排序。于是，不仅是部分名校，对全国高中和大学进行排名的趋势也越来越明显。

不过，这种学历崇拜最高只到大学阶段。自 20 世纪 50 年代以来，日本的高中和大学入学率飙升，到了 20 世纪 70 年代已经超过了欧美国家。但是，研究生入学率并没有增加，1978 年研究生人数只是大学生人数的 3%，这一比例明显低于 1975 年美国的 15%、英国的 24% 以及法国的 19%。[1]

1980 年，经济学家八代尚宏指出，"我国'学历社会'的内容呈现出与其他国家大不相同的景象"，特征是研究生入学率低，以及为了考入偏差值高的大学本科，很多人成为"浪人"[2]。八代将此归因于社会对一流学校、二流学校等"横向学历"有强烈的需求，而不是博士学位、硕士学位等"纵向学历"。[3]

---

① 八代尚宏『現代日本の病理解明』東洋経済新報社、一九八〇年、一七頁。
② 即复读生。——译者注
③ 八代尚宏『現代日本の病理解明』東洋経済新報社、一九八〇年、一八頁。此外，八代还指出男女在四年制大学的入学率上有很大差距，女性以进入短期大学读书为主。乾彰夫则与八代相反，认为"横向学历"是指"初中毕业、高中毕业、大学毕业"，"纵向学历"是指"一流学校至三四流学校"。尽管"横向""纵向"所指不同，但他们已经意识到，在大学入学率已经大幅提升的这一时期，存在两种类型的"学历"。详见乾前揭『日本の教育と企業社会』一七三頁。

残余人群的形成

在这种情况下，普遍的做法是根据报考大学的类型将高中学习课程分为"国立理科方向"、"国立文科方向"、"私立理科方向"和"私立文科方向"。

乾彰夫根据 1985 年的《预科校学生前途选择意向调查》（针对预科校 3600 名正式学生）和 1987 年的《大学生前途选择意向调查》（针对以大学二、三年级学生为中心的 1300 名学生），做出如下分析。[1]

预科生在高中阶段选课的特点是"排除法式的选课态度"。他们没有以积极的方式选择课程。擅长数学，且什么学科都能搞定的学生优先会选择"国立理科方向"，剩下的人选择"国立文科方向"和"私立理科方向"，再剩下的选择"私立文科方向"。

将"兴趣、爱好"作为选课标准比例最高的是"国公立文理科方向"学生，其次是来自"私立理科方向"、"国立文科方向"、"私立文科方向"的学生。面对"选择大学和专业时考虑的因素"这一问题，回答"自己的兴趣、爱好""掌握专业知识""大学的研究、教育内容"比例最低的是"私立文科方向"的学生。

同时，回答"没有想从事或没有曾经想从事的职业""不知道"的比例最高的也是"私立文科方向"，其次分别是"国立文科方向""私立理科方向""国公立理科方向"的学生。此外，在 1979 年总理府青少年对策本部的《儿童实际状况相关国际比较调查》（以各国 1500 组 10 岁

---

[1]　以下内容详见乾前揭『日本の教育と企業社会』一八三——九〇頁。

至 15 岁的儿童及其母亲为对象）中，面对关于未来职业的问题回答"不知道"的儿童比例，日本是美国、韩国的约 3 倍，是英国、法国、泰国的约 2 倍。

基于这些数据，乾彰夫指出，不论个别情况如何，就整体倾向而言，"主要的五门学科，尤其是是否擅长数学"对前途选择影响很大；同时，'私立文科方向'学生的排除法式的选课态度非常明显"。[1] 此外，1992 年劳动经济学家熊泽诚表示：

> 东大毕业生意味着什么？我想到的是那些从小就没有放弃自己讨厌的科目的人。能够通过激烈的竞争考入东大的人，具备面对任何困难奋勇而起的"干劲儿"、应对陌生事物的信心以及不断学习的精神和体力，这些特质正是大企业要求精英正式员工应具备的素质。[2]

熊泽说："对支撑日本企业的工薪族精英，尤其是对白领职员的要求，最重要的是能适应灵活的工作方式。员工不能固守特定的技能或工作范围。因此，具有通过多科目成绩综合评价的高偏差值，而且性格方面适应能力强的人才是最理想的。"[3]

乾彰夫将基于这些能力的选拔称为"一元化能力主义"。乾彰夫认为 20 世纪 60 年代中后期以来的社会"将以'学历'为指标的'抽象的

① 乾前揭『日本の教育と企業社会』一八五、一九一頁。
② 熊沢誠『働き者たち泣き笑顔』有斐閣、一九九三年、一一七頁。
③ 同上書一一六――一一七頁。

综合能力'作为尺度，不断向这种一元化秩序倾斜"。[1]

在这样的"一元化能力主义"之下，"私立文科方向"学生之外进一步被剩下的是职业高中生。与普通高中生相比，本来应该对职业进行积极选择的职业高中生，却表现出更强的"排除法式选择"倾向。

根据日本青少年研究所 1978 年进行的日美高中生比较调查（以日美高中毕业年级各 1500 名学生为对象），毕业学年刚开始之际对将来职业"大体确定"的回答者比例，普通高中生中约有 50%，职业高中生中约有 40%。[2] 也就是说，职业高中生比本来就业清晰度比例就很低的普通高中生更甚。

"排他性的生存竞争"

作为另一个"排除法式选择"的结果，"专门学校"[3] 在此期间有所增加。具体而言，在私立大学、短期大学的招生名额受到限制的同时，1976 年"专修学校"[4] 作为一种新型学校出现了。乾彰夫指出，从 20 世

---

① 乾前揭『日本の教育と企業社会』一九五頁。
② 同上書一七九頁。
③ 高等教育机构，相当于中国的高职高专。——译者注
④ 日文原文为"専修学校"，是 1976 年创设的新型学校，规定修业时间在 1 年以上，年均授课时间在 800 小时以上，日常在籍学生不少于 40 人，开展实践性职业教育、专业技术教育和一般高中教育。"专修学校"在教育阶段上相当于高中教育、大学教育、短期大学教育。专修学校根据不同的入学资格，开设三种课程。第一，面向初中毕业者，开设高中课程；第二，面向三年制高中毕业者，开设专门课程（职业技能课程）；第三，面向不限定入学资格者，开设一般课程。其中设置开设专门课程（职业技能课程）的专修学校也被称为"专门学校"。"专门学校"是以培养企业和社会所需人才为中心，通过灵活实用的课程设置，使学生掌握高端专业技术和技能的学校，与大学同样属于高等教育机构。——译者注

纪 70 年代中后期到 20 世纪 80 年代高中毕业生招聘的 "选择率"① 低下，刚好与 "专修学校"、"各种学校"② 的入学者增长相平衡（见图 8-2)。

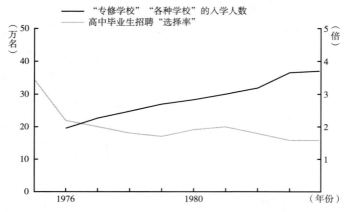

图 8-2　高中毕业生招聘 "选择率" 与 "专修学校" "各种学校" 的入学人数
（资料来源：乾彰夫『日本の教育と企业社会』大月书店、1990 年、238 頁 ）

在乾彰夫看来，"毕业生大量升入的专修学校和各种学校的高中" 往往是 "普通课程教育体系中所谓的 '收底学校'"，"在就业市场上和教授职业技能课程的院校相比明显处于劣势"。根据乾彰夫的观点来看，被排除在高等教育和劳动力市场之外的 "收底学校" 的学生升学进入 "专

---

① 日文原文为 "求人倍率"，英文为 "selection ratio"，指某个职位聘用的人数与所有报名这一职位的人数之比。——译者注
② 1879 年 3 月颁布《教育令》，对明治初期日本的学校系统进行了重新划分和归类，规定日本的学校可分为小学、中学、大学、师范学校、专科学校和各种学校等多种类型，把那些所设学科较不完整、办学资格较不完备的非正规学校和私塾划为一类，统称为 "各种学校"。"各种学校" 和 "专修学校" 都是以职业技能教育为主的教育机构，后者可视为由前者具有一定历史传统和教学组织水准、规模的学校发展而来，而且后者在修业时间、授课时间、在籍学生人数、教员人数与资质、学生入学资格等方面的要求比前者高。——译者注

修学校"和"各种学校",而"这些学校在一定程度上成为半失业青年的蓄水池"。[1]

乾彰夫将这种"排除法式选择"引发的连锁状况称为经济缓慢增长下的"排他性的生存竞争"。[2] 进而,1992 年经济学家熊泽诚评论道:

> 这和 20 世纪 50 年代的情况大不相同。那时的父母对自己的平民职业都抱有一份自豪,哪怕只是一种情结。因此,当时对于那些要继承父母职业的孩子,会有很多家长跑到学校来向老师抗议——"不要让我家孩子学太多"。还有很多身为农民、手工业者和商店经营者的父母抱怨道:"我家孩子只知道学习,完全不知道给家里帮忙!""都是老师教唆的,我家儿子才说出要上大学的话。家里的生意可怎么办啊",甚至还有家长为此和老师大肆争吵。这种现象放在现在简直难以想象。今天的家长们都是劝孩子不要考虑继承家业的事,鼓励他们争取考入一流名牌大学,今后进入大企业工作。[3]

如此一来,社会两极分化为大企业正式员工和残余人群。这也导致了地域社会的空洞化。

从 20 世纪 80 年代到 90 年代一直对地域社会开展调查研究的社会学家玉野和志在 2005 年时表示,"街道社区的负责人不想让他们的孩子和自己一样成为自营业者。面对自己未曾获得的高学历,他们哪怕节

---

[1] 乾前揭『日本の教育と企業社会』二三九、二四〇頁。
[2] 同上書二四一頁。
[3] 熊沢前揭『働き者たち泣き笑顔』一〇六頁。

衣缩食，也要供孩子实现"。然而，"这却导致支撑地域社会的人越来越少"。①

不过，这些现象也是战后民主化和经济高速增长造成社会公平化的结果。长期雇佣和年功资历工资曾经是战前政府公务员与企业办公职员的特权，正是因为大家看到每个人通过努力也可以获得这些特权，从而导致竞争激烈化。

桥本健二通过 SSM 调查分析了从 1955 年到 2005 年的工资差距。他指出，因学历造成的起薪差距在 1975 年时最小，大学毕业生和高中毕业生的起薪差缩小到 1.19 倍。但是，尽管如此，这一时期"学历社会"被广泛关注，成为社会问题，其中一个原因正如桥本指出的"由于大学入学率上升，之前和上大学这件事没什么关系的人们也逐渐意识到上大学带来的经济利益"。②

熊泽在 1984 年题为《为了实现"平凡"的"猛烈"》的一篇论述考察文章中写道："生活方式不会因社会阶层不同而有明显的区别，这正是日本国民选择的战后民主主义的内容之一。"③ 但是，大企业正式员工人数停止增加，不可能所有的人都享受到大企业正式员工的待遇。于是，"为了实现'平凡'的'猛烈'"和"排他性的生存竞争"愈演愈烈。

---

① 玉野和志『東京のローカル・コミュニティ』東京大学出版会、二〇〇五年、二七二頁。

② 橋本前揭『「格差」の戦後史』一五〇頁。但是，桥本还提出了另一个理由，即在这一时期，"高中毕业＝工人阶级，大学毕业＝新中产阶级"这种"学历与所属阶级、阶层的对应关系已经确立"。但是，"高中毕业＝工人阶级"这种对应关系的成立，并不意味着在此之前学历与所属阶级之间的对应关系不存在。因此，随着高中入学率的提高，20 世纪50 年代曾作为下级办公职员劳动力供应源的高中毕业生成了体力作业工人劳动力的供应源，这样想会更恰当。

③ 熊沢誠『新編 日本の労働者像』ちくま学芸文庫、一九九三年、一三頁。

"一亿总中流"社会

然而，直到 20 世纪 70 年代，农民和自营业者的人数并没有大幅减少。

诚然，1960 年农林渔业从业者占全体劳动力人口的比例为 30.6%，1970 年下降为 18.1%。但是，其中增加了很多兼职从业的情况，农户的人数并不像整体就业者人数那样减少。政治学家渡边治解释其原因时指出，由于社会保障不健全，农民卖掉土地，离开农村会面临较大的风险。[①]

此外，如第一章所述，截至 1980 年前后，非农林自营业者的人数反而有所增加。经济学家野村正实指出，尽管农林自营业者人数有所减少，但自营企业主人数的绝对值截至 1980 年前后，一直很稳定。[②] 这是因为农林自营企业主人数的减少和非农林自营企业主人数的增加相互抵消了（见图 8-3）。进入 20 世纪 80 年代之后，包括兼职农户在内的农户总数大幅度减少，进而自营企业主整体人数也减少。

但是，在全部自营业者中，家族企业从业者人数一直在减少（见图 8-4）。此外，雇佣劳动者人数一直在增加。也就是说，20 世纪 70 年代之前，在农民和自营业者家庭中，子侄辈成为公司员工，女性成为临时工，户主成为兼职工，一家人为社会提供了不同形式的雇佣劳动者，在兼职从业的同时，"一家人全体出动"。

个体农业经营者人数减少，这是在任何国家都很常见的状况。然而，日本的特点是农户数量并没有怎么减少，只是出现了大量兼职从业

---

① 渡边前揭「高度成長と企業社会」六四、一〇六頁。
② 野村前揭『雇用不安』六二—六四頁。

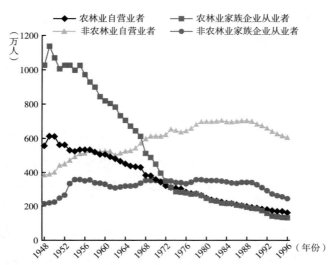

图 8-3　不同产业的自营业者、家族企业从业者的人数变化
资料名称:『労働力調查』。

（资料来源：野村正實『雇用不安』63 頁）

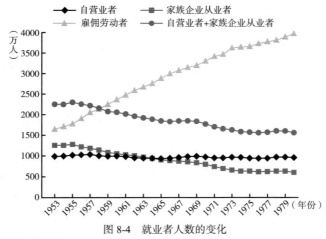

图 8-4　就业者人数的变化
资料名称:『労働力調查』。

（资料来源：野村正實『雇用不安』62 頁）

者。大家普遍认为，自民党的政客以拉拢、维持农村选票为目的，推进公共事业建设，吸引企业投资，制定各种农业优惠政策，通过这些措施让农民在兼职从业的同时，留在农村当地。2010 年，政治学家斋藤淳评价道："自民党的农业政策完全是一种为了维护兼职农民的卡特尔政策。"[1]

由于农民兼职化和"一家人全体出动"的劳动方式，1964 年日本农民家庭收入当中的非农业收入超过了农业收入，从 20 世纪 60 年代中期开始，农民家庭收入超过了工人家庭收入。这一情况也可以通过其他数字反映出来，农民在其他产业就业的比例和 20 世纪 50 年代相比要低，1965 年低于 50%。[2] 1972 年，农民家庭的人均生活开销也超过了工人家庭。[3]

如第一章所述，在 20 世纪 70 年代初期，人口向三大都市圈迁移的势头基本停止。石油危机后，企业不断解雇临时工，1976 年三大都市圈向地方的人口迁移人数超过了地方向三大都市圈的人口迁移人数。经济高速增长时期严重的地域空洞化消失了，"地方时代"一词在 1979 年前后流行。

结果是，在 20 世纪 70 年代中后期，日本社会处于一种稳定状态。尽管考学竞争日趋激烈，但农民、自营业者、大企业雇佣者之间保持了一种均衡状态。地区之间的工资差距和阶级之间的年收入差距在 1975 年前后最小，整体贫困率也较低。[4] 正是在这一时期，"一亿总中流""新中

---

① 斉藤淳『自民党長期政権の政治経済学』勁草書房、二〇一〇年、五九頁。
② 渡辺前掲「高度成長と企業社会」六五、一〇六頁。
③ 橋本前掲『「格差」の戦後史』一四六頁。
④ 同上書一四二—一四三頁。

产阶级"等说法开始流行，美国社会学家傅高义的著作《日本第一：对美国的启示》(*Japan as Number One: Lessons for America*)也出版于 1979 年。[①]

但这只是一个短暂的平衡状态。进入 20 世纪 80 年代后，非农林自营业者开始减少，再度出现从地方向城市的人口大迁移。

劳动力的高学历化与老龄化

与此同时，日本大企业已经感受到了日本式雇佣的重负。尤其令企业头疼的是，企业内大学毕业生和高中毕业生人数的增加带来的工资成本的提升。

日经联分别于 1977 年 12 月、1978 年 4 月成立了高学历化问题小组委员会和劳动力老龄化问题小组委员会。[②] 在此期间，许多关于劳动力高学历化和中老年化的报告和书籍纷纷出版。

如第二章所述，1976 年的《劳动白皮书》显示，在 1000 人以上规模的大企业工作的大学毕业生中，年龄在 45 岁至 49 岁的人当中，担任课长和部长职务的人分别约有 30%，课长以上，包含次长在内的人约有70%。此外，在晋升速度方面，大企业也有明确的"职场规则"。自战前以来由学历和年功资历决定晋升的传统被色彩浓重地保留下来。

可以反映这一点的是，当时大学毕业的年轻员工们也有同样的期待。1978 年一项对年轻的大学毕业单身员工的调查显示，让他们预测

① エズラ・F. ヴォーゲル、広中和歌子・木本彰子訳『ジャパン アズ ナンバーワン』TBS ブリタニカ、一九七九年。
② 兵藤前揭『労働の戦後史』下巻三六一頁。

2000 年自己 40 岁时的职务，40% 的人预测自己将成为课长，近 30% 的人预测自己将成为部长。[1]

但是，企业方面在为增加管理岗位数量而挣扎。1977 年，日本钢管公司的部长人数增长至 1957 年的 5.3 倍，次长人数增长至 1957 年的 6.3 倍，课长人数增长至 1957 年的 4.7 倍。由男性出任组长以上管理岗位的比例增加至 41.6%（见表 8-1）。[2] 1979 年出版了一本名为《没有"卒子"的经济》的商业书籍，就是在用将棋术语形容这种状况。[3]

表 8-1　日本钢管公司管理岗位的增加倾向

单位：人

	1957 年		1965 年		1975 年		1977 年	
	人数	%	人数	%	人数	%	人数	%
部长	28	0.7	54	0.9	162	2.1	147	1.8
次长	63	1.7	125	2.1	349	4.4	400	4.9
课长	250	6.7	524	8.8	936	11.9	1181	14.4
股长	544	14.6	1064	18.0	1650	21.1	1679	20.5
管理岗位合计（增加率）	885（100）	23.7	1767（200）	29.8	3097（350）	39.5	3407（385）	41.6
普通男性	2837	76.2	4180	70.3	4735	60.5	4780	58.4
合计	3722	100.0	5947	100.0	7832	100.0	8187	100.0
普通女性	414		1452		2251		2342	

（资料来源：雇用振興協会編『高齢・高学歴化時代の能力開発』56 頁）

---

① 本多勇『高学歴化社会の労務管理』日本労働協会、一九七八年、六六頁。
② 本崎肇「日本鋼管の管理職制度と能力評価」雇用振興協会編『高齢・高学歴化時代の能力開発』日本経営者団体連盟、一九七八年所収、五四頁。
③ 上條俊昭『「歩」のない経済』東洋経済新報社、一九七九年。

这种管理岗位的增加，如果通过职能资格制度规定的"能力"进行选拔的话，应该是可以被抑制住的。然而，全日本管理组织联合会人力资源开发中心在 1976 年对 213 家企业的调查报告书中指出，"将能力考核纳入管理的新做法是劳务管理大势所趋，但是，企业内员工序列由学历和年功资历决定的传统惯例，并不至于从根本上受到威胁"。[①]

企业提出最多的理由是，很难从技术层面衡量员工是否具备能够适应任何工作岗位的"潜能"，"除了学历之外没有明确的标尺"。[②] 在 1986 年举行的企业人事负责人座谈会上，大家普遍认为现实情况是如果不按照学历和工龄让员工晋升的话，员工就会士气低落，"提倡'能力'考核，但又附加各种条件，所以'能力'考核最终只能沦为一种形式上的原则"。[③]

具有讽刺意味的是，这种情况导致了日本式雇佣的进一步强化。在全日本管理组织联合会 1976 年的一项调查中，在企业如何应对岗位短缺这一问题的回答（多选）中，选择定期人事调动等"职务轮岗"的比例为 39.2%，选择以资格晋升代替职务晋升的"利用资格制度"的比例为 63.9%。[④] 站在职能资格制度普及的角度来看，从经济高速增长时期雇佣的大学毕业生即将迎来 30 岁的 20 世纪 70 年代开始，职能资格制度的普及度大大提升（见表 8-2）。

然而，对于企业来说，这并不是根本性解决方案。以资格（例如军

---

① 人間能力開発センター前掲『高学歴化の進行と労務管理』一九頁。
② 同上書二〇頁。
③ 前掲「ホンネ座談会 昇進・昇格制度の問題点を突く」。兵藤前掲『労働の戦後史』下巻四〇五頁より重引。
④ 人間能力開発センター前掲『高学歴化の進行と労務管理』四一頁。

队的大佐）而非职位（例如军队的舰长）为晋升标准的职能资格制度，的确在名义上抑制了管理岗位的增加。但是，如果工资由资格决定，就只会增加没有现职的高收入人群，无法抑制工资成本的上涨。

表 8-2　职能资格制度引入时期的累计

单位：%

	1954 年以前	1955~1964 年	1965~1969 年	1970~1974 年	1975~1979 年	1980 年以后
5000 人以上	17.3	40.8	58.1	75.2	95	97.5
其中制造业	17.6	49.0	60.8	74.5	96.1	96.1
1000~4999 人	10.5	27.6	48.9	69.3	87.9	98.7
300~999 人	4.2	13.6	28.9	52.9	78.6	98.7

资料名称：雇用促進事業団雇用職業総合研究所「資格制度に関する調査報告書」（1984 年 1 月）
（资料来源：鍵山整充『職能資格制度』白桃書房、1989 年、111 頁）

强化人事考课制度

为应对这种趋势，企业强化了人事考课制度。换句话说，就是企业会严格筛选晋升者和适用年功资历工资劳动者，并限制其人数。

日本就业招聘中心 1979 年的一项调查显示，93% 的企业都会进行人事考课，用于评估加薪、晋升和奖金发放。92% 的企业考核员工的个人业绩，80% 的企业考核员工的"职务执行能力"，76% 的企业考核员工的态度和性格。①

①　熊沢誠『日本的経営の明暗』筑摩書房、一九八九年、文庫版一九九三年、文庫版五六頁。

至于人事考课的实际情况，由于企业公开的材料很少，所以很难调查。1989 年，熊泽诚根据各种报道、公开资料以及劳动者提供的考课表等材料，对人事考课的实际情况进行了调查分析。

熊泽根据 1986 年产业劳动调查所编写的《人事考课事例集》中的例子，对成衣品牌公司 RENOWN INCORPORATED 的考核项目进行了分析。

·纪律性：(a) 迟到、早退、旷工的次数 / (b) 无正当理由违反公司规定，拒绝接受上级工作安排 / (c) 正式服装与仪表 / (d) 穿着工装制服与佩戴名牌 / (e) 工作时间内闲聊与无故擅自离岗 / (f) 态度积极与符合职场人身份的言语措辞 / (g) 职场礼仪 / (h) 工作中公私分明 / (i) 给企业造成恶劣影响的企业外私人行为 / (j) 工作场所的安全卫生与防灾意识 / (k) 尊重职场自主制定的规则。

·责任性：(a) 努力通过学习和提问解决工作中的难题 / (b) 遵守与企业内外利益相关者的承诺 / (c) 努力在截止日期前完成指定工作 / (d) 当预期工作不能按时完成时尽早应对 / (e) 克服个人困难。

·积极性：(a) 向上级报告与工作流程、方法相关的想法建议 / (b) 在工作有余力的情况下，努力将自己的工作在质和量两方面进行提高和增加 / (c) 不断学习以提高工作能力。

·协调性：(a) 为上司和下属的工作提供必要的帮助 / (b) 参加团队合作 / (c) 顾及从事关联性工作的同事的情况 / (d) "是否在与不同性格和思维方式的人共事时，避免发生情绪上的对立，并与之合作创造一个明快、易于工作的职场环境？"[1]

　　基于这些考查点，主管上司对每个人进行打分，综合评价分为从 A
到 E 五个等级，计入"考核意见"。日本就业招聘中心 1979 年的调查显
示，利用五级评价法标准，30% 的大企业采取绝对评价，20% 的大企业
采取相对评价，45% 的大企业采用两者结合的方式。但是，在加薪和奖
金方面，很多企业都规定了"A、E 资格人员各 5%，B、D 资格人员各
15%，C 资格人员为 60%"，有报道称"A 等级的奖金额是 E 等级的两
倍"（见表 8-3）。[2]

　　于是，考课不仅仅包括业绩，还包括品行评定，对员工在企业内进
行长期持续观察。而且，很多企业在一开始和员工面谈时，让他们通过
自我申报的形式设定业绩目标，例如，"销售额同比提高 7% 至 8%""开
拓 10 家新客户"等。考课往往不公开。1986 年产业劳动调查所的调查
显示，只有 32% 的大企业将考课结果通知员工本人。[3]

　　员工根据这些考课表逐项接受考评，获得"社员二级""主事三
级"等资格晋升。其中，曾在战败初期占比很小的"能力工资"的权
重显著提高。1988 年，新日铁公司将广义的能力对应工资的比例提高
到 60%。[4]

---

① 　熊沢誠『日本的経営の明暗』筑摩書房、一九八九年、文庫版一九九三年、文庫版七二、
　　七三頁。熊泽写的是"简略介绍"，"协调性"的（d）项目中有引用符号。
② 　『朝日新聞』一九八七年十二月五日付。同上書六三頁より重引。
③ 　同上書五八、六二頁。
④ 　同上書九一頁。此处说法来自熊泽的表述，但更准确的表达应该是基本工资 40%，职务
　　工资 30%，职务考课工资 20%，业绩工资 10%。详见森建資「賃金体系の二層構造」『日
　　本労働研究雑誌』第五六二号、二〇〇七年、七二頁。

表 8-3　1987 年三泽住宅公司的考课内容

态度	责任性 4 协调性 3 纪律性 4 积极性 3	〈一次评语〉 责任感强，严格遵守纪律。今后希望可以在企划立案和外语交涉能力方面也有所提高
能力	专业知识 4 企划力 3 判断力 3 指挥力 3 外语能力 3 管理能力 3	〈二次评语〉 正在逐渐摆脱专业技术人员只懂技术造成的木讷。积极性也比较高。期待今后更大的成长
业绩	目标达成度 6 效率度 6 计划管理度 6 工作难易度 8 创意度 6	〈调动〉 在今后一年左右调动岗位
	合计 65 综合评价 C	

注：评分表中，态度和能力的满分均为 5 分，业绩满分为 10 分，每项分为五个等级。综合评价结果分为五个等级：A 出众、B 优秀、C 满足、D 略有不足、E 不足。

（资料来源：『朝日新聞』1987 年 12 月 5 日付、熊沢誠『日本の経営の明暗』ちくま学芸文庫版、1998 年、63 頁）

　　美国、西欧的工人和下级职员，尤其是工会工人，通常不接受考课，目标管理也主要适用于高级职员。有考核审查的豁免员工也不设定综合评价的比例，大多为 B 和 C，废除了与工作无关的品行评定。这些情况正如我们在第二章中讲到的那样。

　　从另一个方面讲，日本企业将考课对象范围扩大至一线工人的做法相当于把全体员工统一视为高级职员。熊泽将其形容为"没有'阶层歧视'

的平等的能力主义"。① 如第二章所述，在 20 世纪 60 年代末以后的日本企业中，相比学历，由"企业内贡献度"决定升职加薪的倾向愈发强烈。

但与此同时，也有很多批评的意见认为，这种人事考课会对工会活动和企业外活动进行负面评价，被用来瓦解工会。而且，"平等的能力主义"与教育政策一样，都造成了激烈的竞争。熊泽指出了人事考课与校内操行评定书的相似之处："校内操行评定书中不仅包括诸多科目成绩，而且有老师对学生日常操行的记录和评语。我非常想进一步调查下企业在招聘时，是否会详细查阅校内操行评定书。"②

对此进行实际调查的是教育社会学家苅谷刚彦。苅谷通过研究 1983 年的全国学校调查（以 2345 所高中的就业指导责任人为对象），以及 1983 年和 1984 年的学生调查（对关东地区 2899 名高中生毕业去向的调查）等资料发现，通过学校推荐的方式就业的高中毕业生入职单位的级别受到在校成绩、出勤天数、参加社团活动情况等因素的影响。其中，班级成绩前五名的学生，在大型企业事务办公职员岗位就职的机会明显更高。③ 这种倾向在他进行对比的英国和美国的高中毕业生身上是看不到的。

创造"外部就业"的企业

除了严格的人事考课外，企业还设计出"员工平等"框架之外的就

---

① 熊沢前掲『日本的経営の明暗』六七頁。
② 熊沢前掲『働き者たち泣き笑顔』一一七頁。
③ 苅谷剛彦『学校・職業・選抜の社会学』東京大学出版会、一九九一年、一八八、二〇一頁。

业形式。具体包括：外调、非正式雇佣以及女性雇工。接下来，我们逐一进行分析。

第一，外调。上文提到的在全日本管理组织联合会 1976 年的一项调查中，在企业如何应对岗位短缺这一问题的回答（多选）中，选择"向关联企业外调"的企业有 36.1%，制造业企业高达 38.7%。[1] 既然无法保证全部大学毕业生就任管理职位，那么就必须将中老年员工排除出去。可以说，这类似于政府机关将高级干部外调"空降"至国企或公益团体的做法。

向关联企业的外调和进行劳务派遣，不仅是为了解决大学学历中老年员工岗位不足的问题，也是为了维持一线工人的就业岗位。1978 年，日经联提倡"比以前更广泛意义上的终身雇佣"，其中包括了选择性定年制和企业间调动轮岗等。1979 年，关西经济同友会也倡导包括外调在内的"广域终身雇佣制"。[2]

从 20 世纪 70 年代开始，大型企业纷纷开设分公司和子公司，实现多元化经营战略。1987 年和 1988 年职业综合研究所的调查显示，在上市企业当中，和五年前相比，增设关联企业者达到 60%。而且，90% 以上的、员工规模在 1000 人以上的"母公司"[3] 都在向关联公司外调员工。[4]

工会为了维持稳定的雇佣关系，对企业安排的外调和轮岗采取了许可的态度。20 世纪 60 年代，日立制作所工会要求企业在安排员工外调、

---

① 人間能力開発センター前掲『高学歴化の進行と労務管理』四一頁。
② 兵藤前掲『労働の戦後史』下巻三三三、三六一頁。
③ 日文原文为"親会社"，可译为"母公司""总公司""控股公司""股权公司"等。——译者注
④ 兵藤前掲『労働の戦後史』下巻三八一頁。

转岗前需进行劳资协商，但 1982 年修改劳动协定时，这个要求从工会内部刊物的改进要求一览表中消失了。[1]

外调、转岗、轮岗的增多导致了异地通勤和单身赴任员工的增加。1987 年的《就业结构基本调查》显示，单身赴任者约有 42 万人，其中 35 岁至 54 岁的中老年员工约占 2/3。劳动省 1990 年的一项调查显示，选择单身赴任的理由（多选）中最常见的是"为了子女的教育、考学"，高达 85.1%，预估单身赴任家庭的额外开支每个月约为 10 万日元。[2]

第二，对非正式雇佣的依赖。这在 20 世纪 60 年代就已经开始了。非正式雇佣劳动者包括了签订外包合同的关联企业的外部员工，来自农村的临时工、季节工以及中老年女性兼职小时工等。[3]

1976 年，关东经营者协会根据"从与企业结合紧密程度较弱的人开始逐级裁员"的方针，公布了雇佣调整顺序。首先裁减兼职工、临时工、季节工，其次停止招聘、补充新员工，之后是在籍员工的轮岗、外调、转岗、临时解雇，如果还不够，便鼓励员工自愿退职。[4]

此外，还加入了劳务派遣。1984 年 10 月，经济同友会提出"中间劳动力市场"的提案，以此作为"市场与企业内部的中间缓冲"，倡导充分利用面对微电子化专家的"人才派遣新事业"，以及"中老年和女性劳动力（尤其是家庭主妇）"。1986 年 7 月，限定 13 种业务的劳动者派

① 後藤道夫「日本型大衆社会とその形成」坂野ほか編前掲『戦後改革と現代社会の形成』所収、二八〇、二八一頁。
② 労働大臣官房政策調査部『転勤と単身赴任』大蔵省印刷局、一九九一年、一五、二八、四〇頁。
③ 兵藤前掲『労働の戦後史』上巻一九四、一九五頁。
④ 関東経営者協会「合理化対策の実務」『労働経済旬報』第九九七号、一九七六年五月。兵藤前掲『労働の戦後史』下巻三三三頁より重引。

遣法开始实施，3 个月后范围扩大至 16 种业务。①

　　直到 20 世纪 70 年代，这些不同的雇佣形态似乎都没有通称术语。笔者使用日本国立国会图书馆的期刊文章检索系统进行检索发现，在 20 世纪 70 年代之前，"非正规"②一词主要指统计术语"非正规分布"③。与雇佣就业相关的"非正规従業員"④这一称呼首次出现在期刊中是 1981 年。⑤

　　最初，战前的工人和临时工不能享受长期雇佣和年功资历工资的待遇。在经济高速增长的影响下，临时工待遇逐渐正规化，长期雇佣制度的适用对象扩大至一线工人。"非正式"成为剩余就业人群的总称。这表明截至 20 世纪 70 年代，战前只有一部分特权阶层享受的长期雇佣和年功资历工资的待遇逐渐被视为"正式"，被视为一种标准。而当它逐渐被视为一种标准的时候，可以说，就已经停止了在数量上的增加。

　　第三，"充分利用"女性劳动者。如前一章所述，从经济高速增长时期开始，企业引入的分性别定年退职制度就在不断引发社会争议。由于各种诉讼的发生和企业方面的败诉，明目张胆地规定男女不同的定年退职制度成为违法行为，但它仍然作为一种惯例被保留下来。如前文所述，1977 年，日本钢管公司的人事负责人制定了增加管理岗位的表单，但其中只计算出了男性员工管理岗的比例，女性从一开始就被排除在外。

---

① 兵藤前揭『労働の戦後史』下巻三九一—三九三頁。
② 非正式、非正式雇佣员工。——译者注
③ 非正态分布。——译者注
④ 非正式雇佣员工。——译者注
⑤ 尾形隆彰「中小事業所における非正規従業員の実態」『労働研究所報』二号、一九八一年三月。

1985 年 5 月制定了《男女雇佣机会均等法》，区分综合职务和一般职务的企业有所增加。劳动省 1992 年 10 月开展的调查显示，引入多轨管理制 ① 的企业中，5000 人以上规模的企业达到 49.3%。②

1985 年，一家金融机构的负责人这样说："职能资格制度的本质只是一种（根据学历和年功资历）整体向上提升的哲学。……那么，这一制度为什么直到现在还没有崩溃呢？原因在于女性员工在二十五六岁时就都辞职退出了。"③

依据年功资历不断升职加薪，原本是不受经济成本左右的政府机关的惯例，是战前私营企业中少数办公职员的特权。除了在经济高速增长期那样的特殊时期之外，将这种做法贯彻推广至全体员工是很困难的。

因此，维持长期雇佣和年功资历工资制度的唯一方法就是将适用对象限定在核心人群。具体操作方法包括，通过人事考课严格筛选，以及设计出外调、非正式雇佣、利用女性雇工等外部就业形式。

中小企业里增加的非正式雇佣劳动者

在 20 世纪 80 年代，关于"新二重结构"的争论一直在进行。20 世纪 50 年代的二重结构是以大企业和中小企业为代表的二元。然而，在 20 世纪 80 年代的讨论中出现的是正式和非正式雇佣劳动者对立的新

---

① 日文原文为"コース別管理"。——译者注
② 兵藤前揭『労働の戦後史』下卷三八六頁。
③ 桜井稔「変化に直面する金融機関の人事労務管理」『相互銀行』一九八五年一〇月号。
　 濱口前揭『日本の雇用と中高年』二二二頁より重引。

二重结构。

有人认为以前的二重结构在经济高速增长时期得到了改善。原因之一是年轻劳动力短缺，中小企业被迫提高应届毕业生的起薪，大企业和中小企业的工资差距缩小。同时，能够稳定获得大企业外包订单的中小企业数量也在增加。1970 年版的《中小企业白皮书》将中小企业的状况定位为"整体上大有改善"。[①]

然而，经济高速增长期结束后，企业规模之间的差距再次拉大。《法人企业统计年鉴》显示，大企业和中小企业在员工人均附加值、年度劳动力成本方面的差距在 1975 年最小，之后转向扩大。[②] 但在 1980 年版的《中小企业白皮书》中，却依然出现这样的观点，即认为"曾经的二重结构"由于"昭和 35 年（1960）后向劳动力短缺型经济转型而相对弱化"。[③]

在这一时期《中小企业白皮书》和《劳动白皮书》的定位当中，企业规模之间的工资差距只是表面上的。[④] 一般而言，大企业和中小型企业在员工的年龄、学历、性别、工龄等劳动力构成条件方面有所不同。学历和工龄反映劳动者的生产能力和熟练程度。因此，从表面上看起来，中小企业的平均工资较低。

在经济企划厅 1985 年的报告中，对这种情况的说明更加直截了

---

① 关于《中小企业白皮书》中论调的变化，详见植田浩史『現代日本の中小企業』岩波書店、二〇〇四年、第 2 章。引用是同書三三頁より重引。
② 高田亮爾『現代中小企業の構造分析』新評論、一九八九年、二四、二五頁。
③ 植田前揭『現代日本の中小企業』三四頁より重引。
④ 关于 1980 年版《中小企业白皮书》和 1984 年版《劳动白皮书》中的主张，详见高田前揭『現代中小企業の構造分析』六九—七〇頁。

当。^①"和大企业相比，小企业中工龄短的员工、学历低的员工以及女性员工占据了多数，这扩大了表面上的工资差距"，"通过调整劳动力构成条件，可以大幅缩小大企业与中小企业之间的工资差距，差距最大时也只有昭和58年（1983）的16.3%"。换言之，如果只比较具有相同学历和工龄的男性员工，企业规模造成的工资差距很小。

对此，有一些经济学家认为这是一种新的二重结构。1982年，经济学家们围绕二重结构展开讨论。^②作为其中一员的高田亮尔提出如下主张。

中小企业的劳动力主要为中高龄妇女和老龄者。这表明，20世纪50年代二重结构理论中被称为边际劳动力的人作为低薪劳动者流入中小企业。此外，从1981年10月算起，一年之内离职转岗的人中，只有12.4%的人从300人以下的公司进入300人以上的公司。高田认为，在大企业劳动力市场封闭，开放性竞争不成立的情况下，用劳动力素质的差异来解释工资差距是错误的。^③

根据高田的分析，石油危机后，大企业通过解雇临时工，减少招聘新员工，采用借调转岗等雇佣调整来应对经济衰退。但是，中小企业无法采用这样的手段，它们抑制劳动力成本的表现是招聘更多临时工。^④

事实上，在1985年306万名女性短期雇佣者中，56.5%受雇于员

---

① 経済企画庁総合計画局編前掲『21世紀のサラリーマン社会』一〇頁。
② 高橋毅夫「日本経済審二重構造論」『エコノミスト』一九八二年五月一八日号、佐々木孝男「復活し始めた？労働市場の二重構造」『日本経済新聞』一九八二年八月二一日朝刊など。
③ 高田前掲『現代中小企業の構造分析』七一、八九、九〇頁。
④ 同上書二五、二六頁。

工人数不足 30 人的企业，只有 16.7% 受雇于员工人数超过 500 人的大企业。① 在这一时期，大企业尚未大规模开展非正式雇佣，而在劳动力总成本有限的中小企业中，非正式雇佣劳动者的人数不断增加。

1985 年经济企划厅的报告也认识到了这一点。但是，该报告对这一状况的评价角度却不同："在大企业犹豫是否引进临时工、兼职工等廉价劳动力的时候，灵活性强的中小企业已经开始稳步推进。结果恰好反映在中小企业的工资上，不同规模企业之间的工资差距拉大了，但这并不是大企业和中小企业劳动力市场的再度分化。"②

尽管如此，这份报告在主张大企业和中小企业的二重结构已经消解的同时，也承认"当今劳动力市场的二重结构是由高稳定性的内部劳动力市场和流动性强、技术不熟练、工资低的外部劳动力市场构成"。不过，与此同时，这份报告的基本认识却是"当前低工资收入群体的主要人群是女性临时工、老龄者、没有固定工作的年轻人。女性临时工的丈夫以及这类人群的家人都有工资收入和养老金，因此，大多数人即使不工作，生活也没有问题"。③

尽管评价认知存在差异，但正式员工和非正式雇佣劳动者构成的"新二重结构"出现于 20 世纪 80 年代的事实是公认的。正如经济企划厅报告中所说的，这与曾经的"大企业与中小企业之间的二重结构"不同。这是"员工平等"扩大到领先型中小企业过程中出现的现象。

---

① 高田前揭『現代中小企業の構造分析』四七頁。
② 経済企画庁総合計画局編前揭『21 世紀のサラリーマン社会』一八頁。
③ 同上書一一二、一一三頁。

从自营业者到非正式雇佣劳动者的转型

中小企业的低成本支撑着大企业的竞争力，这一点在制造业体现得十分明显。

经济高速增长时期，形成了中小企业的系列化[①]发展模式。1981 年，300 人以下的制造业中小企业中有 **65.5%** 是承包商。[②] 1975 年日立制作所的承包报价结构中，日立制作所母厂的加工费"单价"为 45 日元，而一级承包商为 18~20 日元，二级承包商为 10 日元，三级承包商为 7 日元，更低层级的作坊、个体家庭承包者的单价仅为 2~3 日元。[③]

20 世纪 80 年代后半期，美国通用汽车公司拥有约 80 万名员工，每年生产约 500 万辆汽车。与之相对的，丰田拥有约 7 万名员工，每年生产约 400 万辆汽车。通用汽车大约 70% 的零部件是自家公司生产的，而丰田的大部分零部件是由约 270 家承包商生产的。20 世纪 80 年代，当时以丰田为代表的日本汽车制造商，零部件的内部生产率仅为 20% 至 30%。[④]

如果以丰田总公司的工资标准生产零部件，或者按照丰田总公司和外包公司员工组成行业工会制定的同工同酬的工资标准的话，情况可

---

① 企业系列化是日本产业组织的特有形式。它以大银行为核心，以综合商社为事业开拓者，形成以环状持股或相互持股为主要资金来源，以众多中小企业为依托的供、产、销一条龙式大型企业集团，其特点是具有极强的垄断性、排他性和竞争性。——译者注（引自刘景竹《日本企业系列化的特点及其对日本经济的影响》，《世界经济》1993 年第 5 期）。
② 高田前揭『現代中小企業の構造分析』九三頁。
③ 中央大学経済研究所編『中小企業の階層構造』中央大学出版局、一九七六年、八頁。
④ 米倉誠一郎「日本型システムと高度経済成長」小林英夫・岡崎哲二・米倉誠一郎・NHK取材班『「日本株式会社」の昭和史』創元社、一九九五年所収、二一三、二一四頁。および渡辺幸男・小川正博・黒瀬直宏・向山雅夫『21 世紀中小企業論 第三版 多様性と可能性を探る』有斐閣、二〇一三年、一二八、一二九頁。

能会有所不同。可以说,当时大企业的正式员工处于日本式企业秩序的顶点。

日本的工会不仅是以企业为单位划分的,而且是以大企业为中心的。以1998年这一时间点为例,工会成员中大约20%来自国有企业,大约30%来自员工人数超过5000人的企业,不到20%来自员工人数在1000~4999人的企业。[①] 20世纪80年代,中小企业先一步开始聘用非正式雇佣劳动者的情况,可能也与此有关。[②]

而且,受雇于中小企业,成为非正式雇佣劳动者的人也不仅仅是"即使不工作,生活也没有问题"的人。劳动省1980年的《高龄者就业情况调查》显示,55岁以上的男性中,以"实现人生价值,社会参与"为由工作的只有5.7%,而出于"经济原因"工作的有83.0%。[③]

此外,如第一章所述,从20世纪70年代中期到90年代中期,自营企业主和家族企业从业者的人数有所减少,而短期女性雇员的人数有所增加。非正式雇佣劳动者的主要来源是属于"地方型"多数的自营业者和家族企业从业者。

同时,在第一章中也提到,日本制造业从业者中,在员工规模300人以下的中小企业工作者的比例,从1953年的73.5%增加至1981年的74.3%。从1972年到1981年的10年间,中小企业的就业者增加了680万人,而大企业正式员工只增加了12万人。大企业正式员工不再大规模扩张的背后,是劳动力从自营业者向非正式雇佣劳动者的转型。

然而,20世纪80年代的社会氛围阻碍了人们对这一现实的认识。

---

① 木下前揭『日本人の賃金』一三九頁。
② 没有工会的制约,中小企业在招聘非正式员工方面有更大的自由度。——译者注
③ 高田前揭『現代中小企業の構造分析』三五頁。

当经济泡沫在 1991 年破灭时，非正式雇佣劳动者的增多才逐渐引发人们的关注。

升学率提高和"失落的一代"（The Lost Generation）

20 世纪 90 年代也是大学入学率再次开始上升的时期。但与 20 世纪 60 年代不同的是，此时并没有伴随着正式雇佣员工的增加。

入学率上升的开端，是由于人数较多的"团块二代"面临升学，自 1986 年开始政府放宽了对私立大学和短期大学的招生名额限制。这种临时性扩大招生名额的做法，从 18 岁人口开始减少的 2000 年起逐渐停止，但在此期间，不断有新大学成立，并出现现有大学增设、扩充院系，短期大学升格为四年制大学等情况，因此大学毕业生人数大幅增加。[①]

最初从 20 世纪 70 年代开始，尽管大学的招生名额被缩减，但仍有许多学生想升入大学继续深造。而且，从 1992 年 3 月到 2003 年 3 月，招聘的高中毕业生人数急剧减少至最初的约 1/8。从结果来看，20 世纪 90 年代，年轻的非正式雇佣者人数增加和大学入学率提高的状况同时发生。

如第一章所述，1985 年经济企划厅的报告预测，由于"团块二代"人数众多，"企业可能无法吸收全部高中毕业生作为正式员工"。而且，报告还预测，"无法进入内部劳动力市场的'团块二代'中有很大一部分

---

① 文部科学省高等教育局「大学の量的規模等に関する資料」二〇〇九年四月二三日、五頁。http://www.mext.go.jp/b_menu/ shingi/chukyo/chukyo4/028/siryo/__icsFiles/afieldfile/2009/05/08/1262971_6_1.pdf　西井泰彦「グラフで見る私立大学の動向と私学振興の課題」『アルカディア学報』No.585、二〇一六年。https://www.shidaikyo.or.jp/riihe/research/585.html　いずれも二〇一九年六月五日アクセス。

人，将被迫在兼职、临时工等形式的外部劳动力市场工作"。

与 20 世纪 70 年代的情况一样，对高中毕业生招聘需求的减少，给那些成绩偏低的普通高中毕业生造成了更加不利的局面。玛丽·布林顿（Mary C. Brinton）在 20 世纪 90 年代中期，对神奈川县和宫城县的 20 所公立"非升学校"①进行了调查，她发现职业高中依然保留有学校推荐的就业形式，而普通高中则"多达 30% ~ 40% 的应届毕业生既没有找到工作，也不能继续升学"。②

即使上了大学，意义也和以前不一样了。教育社会学家大内裕和从"某公立大学学生辅导员"那里听说了一个学生明明支付不起学费和生活费，却依然升入大学读书的故事。辅导员问学生为什么要上大学，学生回答"因为年级成绩排名第七"。该学生所在高中规定年级成绩前五名之外的学生，学校不负责向企业推荐就业。于是，无法就业的他不得不读大学。③

1991 年，乾彰夫分析了 20 世纪 70 年代中后期至 80 年代的情况，他指出，"专修学校"和"各种学校"，在一定程度上成为半失业青年的蓄水池。"一部分专修学校和各种学校的毕业生，以及职业高中的一部分毕业生，不断以劳务派遣的形式被聘用，进入'流动型劳动力市场'"。④尽管大学的招生限制有所放松，更多的人能够上大学，但日本社会并没有能力吸纳他们。

---

① 学生考入大学比例低的普通高中。——译者注
② メアリー・C・ブリントン、玄田有史解説、池村千秋訳『失われた場を探して』NTT 出版、二〇〇八年。引用は一二頁。
③ 大内裕和・児美川孝一郎「キャリア教育を問い直す」『現代思想』四〇巻五号、二〇一二年四月号、七二頁。
④ 乾前掲『日本の教育と企業社会』二四一、二四二頁。

不变的"日本式经营"

另外，自此之后，一系列日本式雇佣惯例并没有发生根本性改变。20 世纪 90 年代以来的变化在于"员工平等"体系之外的外部劳动力市场扩张，以及企业通过严格考核加强对年功资历工资的控制。

1995 年，日经联发表了题为《新时代的"日本式经营"》的研究报告。这份报告因提倡将员工分为"长期储备能力型""高度专业能力型""灵活雇佣型"等"雇佣分类"而广为人知。也有人说，2000 年前后，这份报告中的"灵活雇佣型"获得倡导，是非正式雇佣扩大的开端。

但是，正如我们已经讲到的那样，增加非正式雇佣劳动者的做法是 20 世纪 80 年代以来，从中小企业开始实施的，这也是工商业界主张的。此外，1992 年 8 月，日经联在轻井泽召开的研讨会上，也提出了"以长期雇佣为前提的储备型员工"和以家庭主妇、老龄者为主的"流动型员工"的两种分类。①

这份报告没有主张改革日本式雇佣。该报告将日本企业与欧美企业做了如下对比：

> 欧美企业的根基在于职能组织，将人员安排进相应的职能组织岗位。日本企业不是将人员嵌入组织中，而是改变职能组织，以最大限度地发挥每个成员的能力。将以人为本（尊重）的理念作为

---

① 『日本経済新聞』一九九二年八月二一日朝刊。大沢前掲『経済変化と女子労働』一九六—一九七頁より重引。

根基，保证稳定就业，让员工感受到工作的意义和价值，提升其能力，确立内部晋升等做法构建了良好的劳资关系，支撑着"立足长远视角的经营管理范式"。这一角度的观点应当受到重视。[1]

该报告的核心主张是抑制总劳动力成本。方法不仅包括招聘"灵活雇佣型"员工，还包括通过职能资格制度、目标管理制度实现"长期储备能力型"员工的少数精英化，以及通过三年左右的劳务派遣合同引进"高度专业能力型"员工。[2]

如前文所述，所有这些都是经济界在 20 世纪 70 年代至 80 年代实施或提倡的方针。可以说，这份报告的主旨是在不改变日本式雇佣的同时，限定核心部分[3]，并将原有的方针体系化。

从那时起，工商业界越来越强调年功资历工资和终身雇佣制度的弊端。这是因为大企业在经济高速增长时期和泡沫经济时期雇用的正式员工正在接近中老年，工资成本已经成为企业重负。但是，只要日本式雇佣不改变，将这些人限定为制度受益核心人群的基本方针就不会改变。

诚然，工商业界提出了各种改革方案。2000 年 12 月，日经联国际特别委员会发布了一份题为《应对经营全球化的日本式人事体系革

---

① 日本経営者団体連盟、新・日本的経営システム等研究プロジェクト報告『新時代の「日本的経営」』日本経営者団体連盟、一九九五年、二三一二四頁。
② 同上書八、九頁。对"高度专业能力型"员工的期待是其能够完成"三年左右的合同"后成为"一专多能式的专家"。详见成瀬健生「雇用ポートフォリオとは何だったのか」八代・梅崎・島西・南雲・牛島編前掲『『新時代の「日本的経営」』オーラルヒストリー』所収、三〇六、三〇七頁。
③ 即限定核心人群，也就是大企业的正式雇佣员工，在"员工平等"制度框架内，终身雇佣制度和年功资历工资制度的适用对象，不包括临时工、非正式雇佣员工等。——译者注

新——以白领人事体系为中心》的报告，在报告中指出，"将从工龄工资、能力工资制度向职务工资制度转型，考核评价也将从注重组织向注重个人业绩的成果主义转型"。与此同时，2002 年 5 月，日经联劳资关系特别委员会发布了题为《迈向构建多轨制工资体系——成果主义时代的理想工资制度形态》的报告，其中提倡引入职务工资和成果主义绩效工资，以及双轨制人事管理制度。[①]

但是，即使在上述 2002 年的日经联报告中，也规定了"工作内容将根据对应的能力阶段调整变化，工作范围包括企划、调查、进行各种谈判调解等"，以职务工资为基本薪酬模式。职务工资适用于技术工人、一般性事务办公职员、销售人员，绩效工资适用于经营和研发部门。

换句话说，这项报告提议在正式员工内部也限定日本式雇佣的适用范围，对适用范围外的其余人实行职务工资和绩效工资制度。而截至 20世纪 60 年代前半期出现的，各种包括社会保障在内的体系性政策建议再也看不到了。

"成果主义"的形式化

日本企业自 20 世纪 90 年代以来，也在宣传"成果主义"和目标管理制度。但是，在不改变一系列惯例的情况下，单纯引入"成果主义"是很难的。而且，在社会保障和横向劳动力市场不健全的情况下，职务工资制度即使被某一家企业引入，也只能是不完善的。

[①]　木下武男「日本型雇用・年功賃金の解体過程」後藤道夫編前掲『岐路に立つ日本』所収、一四七、一四八頁より重引。

劳动经济学家木下武男在 1999 年对日本企业的改革进行了调查。他发现，有很多改革做法是将旧的职能资格等级改换称呼为"职务等级"或"层级"，以及减少职能资格的等级数，扩大人事考核范围等。尽管也有一些企业制定职务说明书，引入职务工资制度，但是为了避免中老年员工工资下降，还是在职务工资中加入了年功曲线这一因素。①

劳动关系研究学者滨口桂一郎在 2013 年时指出，"成果主义"不符合日本的雇佣传统。原因是成果主义绩效工资是"由不同岗位职务工作的完成度评估结果决定"，但是"由于日本的人事劳务管理并非基于职务工作，所以即使追求成果主义绩效工资，也只能是在职能工资中去掉年功制影响因素"。②

然而，即使每家企业都做到"基于职务工作"进行人事管理，除非建立在超越各个企业的统一的标准之上，否则无法形成横向的劳动力市场。如果没有这样一个统一的标准，即使各公司单独设置岗位职务，也只会出现大量企业之间互不兼容的岗位职务，无法形成超越企业的职务工资标准和横向劳动力市场。

日本企业的根本困境在于，即使各个企业内部对职务工作内容进行明确的价值定位，也只是各个企业自身的内部秩序，结果只是变革了该企业的内部等级。除非有一个横向的劳动力市场，否则很难在不伴随着劳动者的抗议和士气低落的情况下，从根本上实现日本式雇佣的变革。

经济学家石田光男在 2009 年对日本企业改革的不断试错进行了评

---

① 木下前揭『日本人の賃金』九五――一五頁。调查对象分别是兼松建设、日本 NCR、电通、日本惠普及武田制药。
② 滨口桂一郎『若者と労働』中公新书ラクレ、二〇一三年、二二八頁。

价，按照职务执行能力确定等级的职能工资转变为按照职务确定等级的职务工资，这种转型确实出现了，但止步于"不成功的尝试"，因为"对于长期雇佣的正式员工而言，超越企业层面的行业工资标准在日本并不存在"。①

原本，从电产型工资中减少年龄工资和工龄工资，扩大由考核决定的能力工资是自 20 世纪 50 年代以来一直延续的趋势。研究八幡制铁所工资制度变迁的森建资概括指出，基本的工资体系是年功资历部分和绩效部分构成的"二层结构"，"经常进行的制度变更是在维持二层结构不变的同时，改变第一层和第二层的比重，或者改变第二层（绩效部分）的内容"。②

如果说日本的"成果主义"绩效工资就是"在职能工资中去掉年功资历工资"的话，那么，也可以说这种趋势是在延续。这种情况下的"成果"如果单纯是指销售业绩的话，那么，不得不说又回到了战前工人的计件工资制度。

结果，伴随着这样的矛盾而引入的"成果主义"，给企业带来了很多混乱。

据富士通公司人事部的城繁幸介绍，20 世纪 90 年代，富士通在没有明确职务工作的情况下，引入了"成果主义"绩效工资和目标管理制度。但是，基于职能资格的内部等级却维持不变。于是，管理岗位高薪结构维持不变，中层及下级员工在职务工作不明确的情况下，被迫设定

---

① 石田・樋口前揭『人事制度の日米比較』二二、二三、四三頁。
② 森前揭「賃金体系の二層構造」七二頁。森在该论文注释 14 中写道："八幡制铁所的特例影响究竟有多大，只能等待今后实证研究成果的积累。"

任务目标，开展责任制工作。①

尽管如此，该公司还是引入了"成果主义"绩效工资制度，这样做的目的是抑制泡沫经济时代招聘入职的大量中坚层员工的高工资。这种做法降低了年轻员工和中坚层员工的工作热情，造成这群人的离职率上升。为了填补被削减的工资金额，耗在单位不回家以领取加班费的员工大大增多，结果企业人工费反而增加了近两成。②

此外，本应将下属的业绩成果作为考核重点的中老年管理层干部，也没有改变思路。城繁幸指出，2000 年，在对事业部长这一级别管理层干部进行的一次调查中，面对"21 世纪年轻人应具备什么样的素质"这一问题，回答"体力和毅力"的事业部长不止一两个人。③

即使到现在，这种倾向可能也没有太大变化。如第一章所述，在 2018 年的调查中，经团联加盟企业在招聘时"最看重的能力"排名前五项分别是"沟通能力"、"独立性"、"挑战精神"、"协调合作性"和"诚信"。

在这样的反复试错中，日本企业正在失去回旋的余地。据经济学家宫泽努的推算，2015 年企业的教育和培训费用总额已经减少到 1991 年的 1/6 左右。④ 在持续严格考核选拔升职、加薪对象的过程中，出现了一种"名义上的正式员工"，即享有正式员工的头衔，却不享受定期涨薪的待遇。

2019 年 3 月的经济杂志，描述了丰田汽车公司大学学历员工的"升

---

① 城繁幸『内側から見た富士通』光文社、二〇〇四年、七四、一三四——一三六頁。
② 同上書七〇一七二、一九一頁。
③ 城繁幸『内側から見た富士通』光文社、二〇〇四年、一六五頁。
④ 「人への投資 惜しむ企業」『東京新聞』二〇一九年三月二七日朝刊。

迁轨迹"。

　　据知情人士透露，大学毕业后作为应届毕业生加入丰田的员工，在30多岁的时候晋升到基干职①三级，年收入在1500万日元左右。之后二级、一级逐级晋升，每一级别平均要花四年到五年的时间，同期入职者中有10%左右的人能够晋升到一级，年收入达到约2000万日元。如果能跳过同期入职者1%的龙门，晋升到常务董事，年收入将突破3000万日元。②

　　在1990年以来的一系列改革中，那些有资格获得晋升、加薪的人一直是不断地被严格选拔、限定的核心精英人群。然而，规定日本社会的"惯习之束缚"的基本形态，似乎自明治时代以来就不曾改变。

---

① 课长以上、董事以下的管理干部职位。——译者注
② 「ショック療法で危機感をあおる トヨタの号砲」『週刊東洋経済』二〇一九年三月一六日号、三二、三三頁。该报道记录了2019年1月的人事制度改革。基干职一级460人和基干职二级1729人（1996年改革后，名称改为"部长级""次长级"）、技范级163人（1943年设定的名称为"技范""工范""工师"），以及常务理事26人，一律作为"干部职"，"大范围向各岗位配置"。这种改革统合了职能资格制度下的职级，设置了下级空岗位，强化对高级资格者的工资审查，并不断削减高薪员工的薪金。日本企业从20世纪80年代起便已开始实施这种改革。详见熊沢前揭『日本的经营の明暗』九一页。

终　章

"社会规则"与"正义"类型

到现在为止，我们讨论了日本社会规则的形成。让我们来按照各章节的顺序，回顾一下本书的内容吧。

①"大企业型"雇佣与生存方式决定了社会整体的结构。20 世纪80 年代以后，开始出现"地方型"向"残余型"的过渡，但"大企业型"并未大幅减少。

②不存在跨企业的横向标准，是日本式雇佣的最大特征。

③其他社会中的横向标准，是由相同工种行业组成的工会和行业协会发起运动，推动形成的。

④对现代日本来说，"官僚制移植"的影响比其他国家要大。[1] 背景是政府在现代化过程中发挥了突出的作用。

⑤"官僚制移植"现象普遍存在于所有社会，但在其他国家，按行业工种划分组建的工会开展的劳工运动弱化了"官僚制移植"带来的影响。

⑥在战后劳工运动与民主化的影响下，长期雇佣和年功资历工资制度惠及一线工人阶层。这催生了二重结构，形成了"地方型"和"残余型"就业人群。

⑦在日本，除了"学历"之外，没有评定能力的社会标准。因此，出现了企业抑制学历的现象，以及企业秩序的扁平化或单轨化。

---

[1] "官僚制移植"（implantation of bureaucracy），是笔者自己造的词。在针对殖民地的社会学研究中，经常出现殖民地被宗主国植入（implant）的官僚制度，以及各种其他制度，在殖民地独立后，继续作为制度/惯例（institution）留存并发挥功能的现象。例如，Matthew Lange, James Mahoney and Matthias vom Hau, "Colonialism and Development: A Comparative Analysis of Spanish and British Colonies," *American Journal of Sociology*, Vol.111, No.5, March 2006, pp. 1412-1462。在笔者本人对战前朝鲜半岛和中国台湾地区的研究中，也发现当地有很多日本的制度移植，但同时当地人也会利用这些制度要求实现社会地位的提升。详见小熊英二『〈日本人〉の境界』、新曜社、一九九八年、第13·14 章など。

⑧ "大企业型"员工人数的大量扩张，在石油危机之后达到峰值。之后，非正式雇佣劳动者不断增加，在基于人事考课和"成果主义"的严格筛选下，日本式雇佣在少数核心精英人群中继续实行。

在日本，跨企业、跨地区的劳工运动和职业运动势头较弱，没有形成横向的劳动力市场和阶级意识。因此，诞生了将"企业（职场）"和"村落（地域）"视为社会基础的意识，以及将现有的不平等视为企业之间的差距，而非阶级之间差距的意识。

以上就是本书的主干。可能有些读者对主干以外的个别叙述印象更深，但在下文中，笔者将围绕以上主干展开讨论。

雇佣体制的比较

对不同国家雇佣惯例的分类目前已有多种。[①] 但是，其中大多数都是按美国、日本、德国等国家进行分类的。

然而，一个国家的内部是多样的，难以类型化。在此，笔者不按照国家进行分类，而是尝试按照"企业成员关系"、"职业成员关系"和"制度化的自由劳动力市场"这三种社会功能进行分类。

这三个功能如同三基色。现实中的"美国"、现实中的"日本"都不是单色的。但是，如果将它们视为三种基色的混合，便很容易理解。

在这三个功能中，日本可以说是一个以"企业成员关系"为主导的社会。

---

① 近年来的研究，详见石田光男「日本の雇用関係と労働時間の決定」石田光男·寺井基博編著『労働時間の決定』ミネルヴァ書房、二○一二年、第 6 章や佐藤厚『組織のなかで人を育てる』有斐閣、二○一六年、第 2 章など。

但是，即使在日本，非正式雇佣劳动者的劳动力市场也有很强的"制度化的自由劳动力市场"倾向。此外，律师、税务师等职业的工作方式趋向"职业成员关系"。如此一来，现实中的日本社会是三种功能的混合体，但如果将日本模式化为"企业成员关系"占主导地位的社会，则更有助于理解实际情况。

　　与之相对的，德国可以被模式化为一个"职业成员关系"占主导地位的社会，而美国则是一个"制度化的自由劳动力市场"占主导地位的社会。

　　当然，德国和美国同样都还有其他要素。就"企业成员关系"而言，德国也有克虏伯这样内部福利待遇非常好的公司，而美国的内部劳动力市场也很强大。而且，在美国和德国，都有体现为"职业成员关系"的相同行业工种的从业者组成的工会和行业协会，进一步将跨企业的横向技能资格和学位制度化，为形成"制度化的自由劳动力市场"奠定了基础。但是，这种多样性也可以定位为三种功能混合比例的不同，或者构成关系上的差别。

　　正如在第二章中介绍过的，在谈到日本的雇佣惯例时，经常使用"员工型""岗位型"，或者"先有岗位""先有员工"等类型来分类。这是一个方便理解日本雇佣惯例的公式化分类，但它主要是从企业人力资源管理者的角度着眼的，可以说是单方面的。

　　从企业人力资源管理者的角度来看，美国和德国都是"岗位型""先有岗位"的社会，即以工作为导向的社会。由于形成了跨企业的就业市场和技能资格标准，企业经营管理层不能随意决定工资或人事调动。

但是，从劳动者的角度来看，情况就不同了。拥有行业协会认定的专业学位或技能资格，到任何公司就职都可以拿到同样的薪水，这更像是强调"先有员工"的"员工型"社会。

从这一意义而言，"岗位型""先有岗位"的社会是站在人力资源管理者视角的分类。笔者认为以三种功能混合的角度来理解，更有助于揭示实际情况。美国和德国之间的差异也更容易类型化。

这种类型化的好处在于，它不仅可以囊括一个国家内部的多样性，还可以囊括不同国家之间的多样性。不仅日本、美国和德国，英国有英国的三种功能混合方式，韩国有韩国的三种功能混合方式。无论现实中的颜色多么多样化，站在三基色的视角来看，都是可以分析的。国家内部的多样性和不同国家之间的多样性都可以站在三基色的视角进行分类。

或者，在对法国、瑞典、中国等社会进行类型化时，加入政府雇佣主导权这一功能，分析起来可能会更容易。但是，鉴于本书的目的在于分析日本，笔者会避免将讨论复杂化。

任何一种类型论，只要是仅截取现实的一部分进行讨论，就难免会存在自身的局限。从这一意义而言，通过三种功能混合的方式来考察各个社会的类型论也有一定的局限。[①] 但是，在这里，笔者依然按照这种分类展开讨论。

---

① 这种类型论的局限在于不仅讨论对象不包括公务员部门，而且原本三种功能也有难以明确区分之处。比如，"企业成员关系"难道不也是企业内部"制度化的自由劳动力市场"吗？如果说"职业成员关系"构成了"制度化的自由劳动力市场"，那么二者又应当如何区分？这些问题，只要是类型论就难以避免。类型论的最终目的在于整理视角，并不能明确划分所有的现实情况。

日本的特点

那么，日本的特点又该如何定位呢？其特点在于，在这三种功能中，"职业成员关系"的影响力较弱，从而导致"制度化的自由劳动力市场"未能成为主流。

日本的自由劳动力市场，只是在学生毕业季和在"非正式雇佣"领域内实现了制度化。但是，这并不意味着人数少，因为每个人都会经历毕业季，而且在非正式雇佣劳动力市场就业的人绝非少数。然而，这些却被视为"人生中的例外时期"或"非正式"，这恰恰揭示了支配日本社会的潜规则。

不过，正如本书中反复强调的那样，日本社会即使有自己的特点，也并非"国民性"或"传统文化"的产物。

包括日本在内的任何一个社会，从 19 世纪末到 20 世纪初，都处于应该被称为"野蛮的自由劳动力市场"的状态中。企业经营者随意决定员工的工资和晋升，技术工人要么由于供过于求而处于过度竞争状态，要么在技术革新中丧失了原有的地位。每个国家的劳工运动和行业协会都试图改善这种情况。

跨企业劳动力市场的形成，是这些运动带来的一个意想不到的结果。也就是说，这一系列运动要求企业在员工晋升和工资增加方面保持透明度，防止技能被廉价销售，取消基于意识形态、工会活动、年龄、性别等的各种歧视性待遇。这促进了跨企业的统一标准，以及横向劳动力市场的形成。

世界大战造成的劳动力短缺，科学管理方法和职务分析的普及，以及促成这些的政府政策等，是劳工运动和行业协会推动实现目标的背景。然而，很难想象这仅仅是由于劳动力短缺和政府政策。而且，最终实现的内容与科学管理法提出者的预想并不相同。

同时，这也有别于劳工运动和行业协会的初衷，因为他们开展各种抗争运动并非完全出于建立横向劳动力市场的目的。在走过了复杂的历史进程后，一个不同于 19 世纪"野蛮的自由劳动力市场"的跨企业的"制度化的自由劳动力市场"最终得以形成。

但是，在日本，这种趋势很弱。

在试图改善"野蛮的自由劳动力市场"这一点上，日本劳动者与世界各国劳动者是一致的。但是，日本最终是通过战后企业工会劳工运动的争取，以年功资历工资、长期雇佣以及以企业为单位的福利待遇等形式实现。

当然，德国和美国也有通过优化企业内部的劳资关系，提升福利待遇来改善"野蛮的自由劳动力市场"的趋势。在其他国家也有将公司当作军事组织来管理的经营者，也会存在公司之间互不兼容的内部职业资格。但是，跨企业的行业协会、劳工运动以及阶级意识等，弱化了其影响力。

然而，在日本，跨企业的劳工运动和制定职业资格标准的力量很薄弱，大企业呈独立王国状态。日本的特点在于各个企业设置了没有兼容性的资格制度，尽管其中也有"官僚制移植"的影响（每个社会都会有），但能够结束这种割据状态的跨企业横向劳工运动相对薄弱，职业资格标准十分不完善。①

---

① 战后日本知识分子曾将这种状态形容为"封建割据"。这是没有认清日本"封建制"不同于德国"封建制"的反映。

尽管如此，每个社会自身的历史条件和世界发展的普遍趋势就像一辆车的两个轮子，都在发挥着作用。①

　　战后日本，以企业为单位形成的工会组织得以普及的一个原因在于社会缺乏按职业组建工会的传统。但是，更主要的原因是战争和通货膨胀造成办公职员阶层的没落，以及命运共同体意识的高涨。战前的办公职员是隔绝于工人的特权阶级，因此在战前无法形成将办公职员和工人团结在一起的混合型工会。战后办公职员和工人共同组建的以企业为单位的工会之所以得以普及，并不是因为日本的文化传统，而是因为战时总动员这一世界共通的历史背景。

　　尽管世界存在发展的普遍趋势，但在日本，"职业成员关系"较弱，"企业成员关系"占据主导地位。因此，日本和欧美国家在 19 世纪都处于"野蛮的自由劳动力市场"状态，而二战后却走上了截然不同的发展道路。

　　重视这一点的经济史和劳动史研究者，倾向于认为日本式雇佣传统形成于战后。② 但是，这种战后日本的雇佣惯例，是在战前日本社会历史背景与世界发展普遍趋势的共同影响下形成的。

福利与教育

　　以上提到的基于三种功能的雇佣体制论，与埃斯平 - 安德森提出的

---

① 两大支柱，不可或缺。——译者注
② 英美等国家在录用干部职员时，也会采取招聘应届毕业生的做法，"从国际对比的角度来看，日本社会的特质"在于应届生招聘扩展到了"初、高中学历的工人"。如果单就这一方面来讲，那么，"日本社会的特质"确实是在经济高速增长时期确立的。详见菅山前揭『「就社」社会の誕生』一七〇頁。

福利体制论类似。[1]

埃斯平 - 安德森提出的福利体制论，是将社会视为卡尔·波兰尼（Karl Polanyi）提出的交换、再分配和互酬三种功能的复合，并且将福利体制分为三种模式。交换、再分配和互酬过程包括了承担各个环节的市场、政府和家庭等社会单位，以及重视各个环节的新中产阶级、雇佣工人和自营农民等社会势力。根据各种势力在政党政治中的构成占比和福利政策的历史发展过程，将福利体制分为三种模式。

简而言之，埃斯平 - 安德森认为，在美国这样的新中产阶级占据主导地位的政治体制中，能够形成一个以市场交易为中心的自由主义体制；在瑞典这样由工人主导的联合政权构成的政治体制中，可以形成一个注重再分配的社会民主主义体制；在德国这样由农民和工人组成两大政党的政治体制中，能够形成注重共同体互酬的法团主义体制。

那么，日本对应哪种体制呢？埃斯平 - 安德森认为很难给日本定位。[2] 社会福利研究者武川正吾批判了这种将日本视为不能分类的特例的观点，他认为这种观点是一种"福利东方主义"，他主张日本的特点源自日本是一个后发现代化国家。[3] 武川的观点与罗纳德·多尔将日本的雇佣惯例和学历社会定位为后发现代化国家独有特征的看法类似。[4]

然而，正如本书所提到的，很难讲日本的特点仅仅来自它是一个后发现代化国家。同为后发现代化国家的德国，也受到"官僚制移植"的

---

① エスピン－アンデルセン前掲『福祉資本主義の三つの世界』参照。
② イエスタ・エスピン－アンデルセン、渡辺雅男・渡辺景子訳「日本語版への序文」『ポスト工業経済の社会的基礎』桜井書店、二〇〇〇年。
③ 武川正吾『連帯と承認』東京大学出版会、二〇〇七年、第5·6章。
④ 采用这一视角的研究，详见ドーア前掲『イギリスの工場・日本の工場』および『学歴社会 新しい文明病』。

很大影响，但却呈现出与日本不同的特点。

笔者在此想指出的是，德国和日本的"保守主义"不同。

埃斯平 - 安德森梳理了法团主义福利体制的历史发展过程，也就是在本书第三章和第五章中提到的德国的下级职员和法国的高管干部为了争取独立的年金制度而开展各种劳工运动的过程。[①]

也就是说，埃斯平 - 安德森眼中的法团主义体制（Corporatist-Statist Regime），是指工人、农民、办公职员建立各自阶层的政党和社会保障制度，结合构成一个国家的状态。但是，在日本的相关著作中，"Corporatist-Statist Regime"经常被翻译为"保守主义体制"[②]。这虽然不能说是误译，但却是容易引发误解的翻译。

如第三章所述，在德国和日本，同样作为互酬单位，社会构成的性质却不相同，即使同样称为"保守主义"，"保守"的内容也是不同的。因此，套用埃斯平 - 安德森的理论来理解日本原本就是行不通的。

在福利方面，利用上文提到的三种功能进行分类的类型化方式还是比较有效的。也就是说，德国是以"职业成员关系"为主导的福利体制，美国是以"制度化的自由劳动力市场"为主导的福利体制，日本是以"企业成员关系"为主导的福利体制。

这些国家和北欧相比，政府发挥的作用比较小，因此可以如此分类。[③] 在日本，确立了这样一种福利体制："企业成员关系"规定社会整体，残余部分人群则通过国民健康保险和生活保险等形式被覆盖。

---

① エスピン－アンデルセン前掲『福祉資本主義の三つの世界』第 2 章第 1 節。
② 日文原文为"保守主義レジーム"。——译者注
③ 这种分类也没有考虑到政府的功能，因此很难将法国、瑞典等国家类型化。这一点将作为今后的课题继续研究。

如果以同样的方式对教育体制进行分类，则可以将日本、美国、德国分别模式化为企业导向、市场导向、资格导向。在日本，以企业需求为导向的教育体制，有拉低研究生入学率、抑制学历的效果，由此带来了独特的"学历"社会功能。这是因为在日本，学校不是企业外部的培训机构，其功能在于选拔那些有潜力应对企业内部培训的人才。

于是，在雇佣方面形成的"惯习之束缚"也影响到了教育和社会福利领域，造就了"地方型"和"残余型"生存方式。由此形成了作为整体的"日本社会的规则"。

战后日本的社会契约

然而，这样一种"规则"，不仅来自经营管理层的意向，也是在以追求"员工平等"为目标的工人阶级的共识下形成的。

截至 20 世纪上半叶，日本和美国都处于"野蛮的自由劳动力市场"状态中，工资、工作内容由雇主和工头随意决定，工人很容易被解雇。办公职员虽然由于身份特征不同而享有一定的特权，但在一定程度上，和工人是一样的。

面对这种情况，美国的劳工运动追求"职务平等"，即通过职务说明明确工作内容，并且同工同酬。而日本的劳工运动追求"员工平等"，即将作为办公职员特权的长期雇佣和年功资历工资制度的适用范围扩大到工人，并且向工人开放晋升至办公职员的机会。

作为代价，美国工人接受了没有工作时的临时解雇，以及办公职员和一线工人之间的阶级割裂。日本工人则接受了经营管理层任意分配职务工作，以及企业规模造成的不同企业之间的割裂。

于是，日本社会的"规则"就在工人的同意下确立了。但是，其中也有利益受损的社会群体。其中之一就是高学历女性。她们处于日本劳工运动的主力阶层——学历较低的中老年一线工人的对立面。

正如我们在第六章中讲到的，战后国铁工人要求将"努力"和"经验"纳入考核评价范围。他们以注重在同一企业内连续工作服务年数的形式，与经营管理层达成了某种妥协或协议。不难想象，作为结果，对高学历女性不利的惯例逐渐确立。

那么，既然存在消极的一面，为什么这样的"规则"还能够成立呢？这是因为，这一"规则"被包括消极的一面在内的整体社会共识所认可。

正如第二章和第三章所述，任何社会的"规则"都有一个结构，既包含了积极的一面，也包含了消极的一面。因为劳动者追求劳动者的利益，经营管理者追求经营管理者的利益。对于其中一方而言积极的一面，对于另一方而言往往是消极的。因此，双方通过谈判和妥协确立的做法，一般都是既包括消极方面，也包括积极方面的折中方案。

那么，日本社会"规则"的积极一面是什么呢？

日本式雇佣制度扩大到一线工人阶层，是战后日本民主化和劳工运动的结果。日本劳工运动追求的是，为学历比较低的中老年一线工人提供长期雇佣、年功资历工资以及晋升的可能性。

在一定程度上实现这一点，让全体员工都成为"社员"，这是其他国家所不具备的特色。经济学家们对此高度评价，指出这促使制造业企业通过内部培训提高工人的劳动技能，支撑着日本制造业的崛起。[1] 可以说，这不仅支撑起了"制造业大国"，而且为构建一个贫富差距较小的社会，以及构建一个作为一线工人也具有高度工作积极性的社会做出了贡献。

但是，这并不是为了提高经济效率而引入的惯例。这种惯例的确立是因为劳工运动以办公职员和工人混合在一起的企业内工会为核心，而且主力是一线工人，所以从结果来讲，经济上也是合理的。

当然，这个"规则"有很多消极方面。当时作为少数派的高学历女性被社会性地排除在外。学历竞争激烈，"大企业型"和"地方型"之间的差距也很大。

劳工运动创建了一套制度。但是，经过与其他各种势力的妥协和协商之后能够建立什么样的制度，以及这样的制度能够产生什么样的效果，这些问题未必是当事者可以预测的。以"职务平等"为目标的美国劳工运动，无意中造就了一个横向劳动力市场，但同时也带来了细碎化分工下单调工作的异化孤独感，以及由学位造成的竞争和贫富差距。以"员工平等"为目标的日本劳工运动，无意中造就了具有高度生产积极性和技能储备的企业，但同时也造成了员工之间的过度竞争，催生出"正式"和"非正式"雇佣员工的二重结构。

即便如此，这种"规则"之所以能够发挥功能，是因为一旦成为大企业的正式员工，"企业内贡献度"和工龄就会被重视；进入这一领域[2]的竞争以考试和求职的方式进行，形式上向所有人开放；被残留在这一

---

① 这种评价的代表，详见小池前揭『日本の熟練』。
② 指大企业。——译者注

领域之外的人们，作为受益于地域人际关系和政策照顾①的"地方型"就业生存群体，也能够安稳度日。

那么，应该说这就是战后日本的社会契约。无论实际情况如何，"一亿总中流"这个词就是这种社会契约的象征性代表。②那些侵犯这种社会契约的现象，成为批判的对象，例如，考试舞弊和地域差距。

这有别于美国同时代确立的禁止种族和性别歧视的社会契约。不过，即便和美国不同，这也是当时日本社会的整体共识。

20 世纪 90 年代以后的变化

然而，这种社会契约有效发挥作用的时间止于 20 世纪 80 年代。

通过企业内部培训培养的技术熟练工引领日本制造业走向世界顶峰的时代，已经随着信息化和全球化的发展而宣告终结。因为在工资水平低于日本的国家，只要能够按照数据传送的设计图制作产品，就已经足够了，日本一线工人的技术熟练度便失去了意义。于是，当制造业的重心转移到亚洲其他地区，发达国家的成长型产业转移到需要高度专业知识的金融和 IT 等领域时，日本的"规则"就逐渐失效了。

此外，随着日本经济整体失去回旋余地，长时间劳动固定化，而享受年功资历工资的阶层被限定。而且，一个更重要的变化是就业人群从

---

① 政治家出于拉选票的目的，对农民等"地方型"人群出台各种优惠政策。——译者注
② 日文原文为"一億総中流"，可译为"一亿总中流"或"一亿总中产"，是 20 世纪 60 年代在日本出现的一种国民意识，在 20 世纪 70 年代和 80 年代日本经济增长时期尤为凸显。在终身雇佣制下，九成左右的日本国民都自认为是中产阶级，即使 1991 年泡沫经济崩溃后，这一观念依旧长期占据日本国民的自我认知，但随着平成时代社会经济的长期低迷，社会边缘人增多，日本人的这种中产梦不断受到冲击。——译者注

"地方型"到"残余型"的转变在不断加剧。

正如第一章提到的,"大企业型"就业的实质和以前相比有所恶化,但数量上并未出现大幅减少。20世纪80年代以来出现的趋势,是自营业者向非正式雇佣劳动者的转型。

不妨做一个大胆的假设,原本在日本,家中一名男性的工资收入足以维持一家人生活的家庭人数从未超过总人口的约1/3。其余的人往往和亲人住在一起,利用地域人际网络,他们在无法通过货币换算的社会关系资本的帮助下,全家人一起外出工作,挣钱生活。他们利用家庭关系和社会关系资本弥补个人的低收入,这便是"一亿总中流"的前提。

日本近30年来的变化是,"大企业型"就业人群的增长已经达到顶峰,自营业领域的衰退和社会关系资本的减少在不断加剧。在这样的变化中,曾经的社会契约"承诺"的有效性成为一个问题。人们开始怀疑这一社会契约是否具有能够克服消极方面的优势。

此外,女性的四年制大学入学率在2016年达到44.5%,高学历女性不再是可以忽视的少数派。2014年版的《男女共同参画白皮书》[1]显示,日本女性的幸福指数普遍高于男性,但只有在正式雇佣员工这一项上,女性的幸福感偏低。[2]与20世纪80年代之前相比,关于性别歧视的社会意识也发生了变化。

在此请各位读者回忆一下序章中提到的2018年关于经团联的报道。

---

[1] 日本内阁府男女共同参画局基于1999年《男女共同参画社会基本法》发布的年度报告,旨在考察社会现状,发现问题,创建男女平等参与社会生活,均等享有政治、经济、社会、文化等方面利益,共同承担社会责任的社会。——译者注

[2] 「就業状態別『現在幸せである』と回答した者の割合」『男女共同参画白書』平成26年版,http://www.gender.go.jp/about_danjo/whitepaper/h26/zentai/html/zuhyo/zuhyo01-00-28.html 二〇一九年六月七日アクセス。

老年男性占据了全部正、副会长的位子，他们"学历"高，且工龄长。这不正是本书描述的"日本社会的规则"丧失昔日活力状态的集中表现吗？

让我们来总结一下。我们不能将过去的社会共识一概否定。但是，自 20 世纪 80 年代以来，国际环境和技术水平都发生了变化，曾经的社会契约的社会整合能力被大大削弱。这种情况表明日本的社会意识已经发生变化，有必要形成新的社会共识。

社会的规则（rule）

然而，改变"规则"并不是那么容易的。因为它是在历史进程中形成的社会共识，是一种"惯习之束缚"。

正如序章中提到的，"惯习"是人们在日常行为的长期积累中掌握的。一个人用右手书写日文并不是出生时由遗传基因决定的，是通过数十年的日常行为积累而习得的"惯习"。如果命令他从明天开始用左手写希伯来文生活下去，那怎么可能做到呢？

人类创造自己的历史，但是也受到一定的局限，即接受来自过去的既定条件状况的约束。一个社会的"规则"，是既定规则的集合体。在人们的共识下确立的规则，除非达成新的共识，否则很难改变。

所有的社会关系都是基于一定规则进行的权衡利害和妥协共识的游戏。如果无视规则，一味追求利益，将不会达成共识。为了达成各方共识，并实现自己的利益最大化，就不得不遵守规则。因此，规则在一点一点变形的同时，被维持下来。

这些规则由历史经纬的积淀决定。所谓历史经纬，是指受到必然性限定的偶然性的积累。足球的规则就是由在"使用人类身体进行游戏"这一必然性范围内积累的偶然性决定的，其之所以与橄榄球规则不同，除了历史经纬的差异之外，难以解释。

之所以引入这些规则，并非因为它们是合理的。原本，什么是合理的，什么是有效率的，都是在规则确立之后确定的。如果规则发生变化，合理的事情也可能会变得不再合理。

这并不是一种完成形态的"文化"。但是，关于足球比赛中不能使用手的规则即使是不合理的，作为历史过程中确立下来的规则，在没有比赛参加者达成共识的情况下，也是不能改变的。

迄今为止，关于改革日本雇佣传统的呼声有很多，但大多以失败告终。原因在于社会无法达成新的共识。20 世纪 90 年代以来的"成果主义"① 缺乏工人的共识，导致士气下降，离职率上升，最终大多半途而废。

同时，改革失败的另一个原因，是人们总是试图只引入那些看似是其他国家长处的措施。② 比如，在美国社会中，禁止歧视，重视透明度，解雇简单，职业晋升具备可能性，学位竞争激烈，收入差距大等情况是一个整体，是由积极方面和消极方面构成的整体，已经达成了社会共识。

如果日本的经营者只想汲取对企业有利的部分，则注定会失败。那

---

① 此处指的是"成果主义绩效工资"改革。——译者注
② 此处日文原文使用了"つまみ食い"一词，意思是"只挑自己喜欢吃的东西吃""挑食"。——译者注

是因为没有与工人达成共识。反之亦然——工人只想汲取对工人有益的部分，也同样无法与企业经营者达成共识。因此，要想立即实现在其他国家经过漫长的历史过程后达成社会共识的"规则"，或者世界上任何地方都不存在的古典经济学中的乌托邦，几乎是不可能的。

关于这一点，人们往往很幼稚。试图利用博弈论来分析日本式雇佣的学者倾向于以"成果主义绩效工资已经普及，多数雇佣者都相信企业应当按照自己的成果、业绩支付工资"这样的社会作为标准，批判日本社会。[1] 但是，像这样以不实际存在的社会作为标准的讨论，是很难改变现实社会的。

提高透明度

不过，惯例并不是一成不变的，如果人们达成共识，就可以改变。

其他国家的惯例也并非很久以前形成的。1969 年调查英国企业的多尔指出，决定劳动者工资的三要素是资格、职务、性别。过去的通常情况是"女性的工资不足男性的 2/3。即使她们从事完全相同的工作，也是如此"。[2] 英国社会已经从这种状态中发生了改变。

---

[1] 山口一男『働き方の男女不平等』日本経済新聞出版社、二〇一七年、二四頁。山口在该书第 20 页中写道："滨口（桂一郎）将在欧美企业中被视为典型的限定工作内容和时间的定期雇佣称为'岗位型'，在日本企业中被视为典型的不限定工作内容和时间的无限期雇佣称为'员工型'。"这种观点认为如果限定了工作内容，就应当是定期雇佣。山口利用日本社会中的固有观念来理解"欧美"的做法是令人担忧的。另外，山口在该书第 17 页至第 21 页中讨论日本式惯例是如何形成时，几乎不加批判地全盘接受了《作为文明的家族社会》（『文明としてのイエ社会』）等著作中日本文化论的主张。相比山口细致、真挚的研究态度，这一系列不成熟的观点非常令人遗憾。

[2] ドーア前掲『イギリスの工場・日本の工場』文庫版上巻一二四頁。

社会可以改变。那么，日本的"规则"应该朝什么方向改变呢？

本书不是咨政报告，至于具体的政策，与其由笔者在此深入阐述，不如留给社会保障、教育、劳动等方面的专家们去讨论。在这里，笔者只想就无论开展何种改革，都必须要做的最低限度的改变谈一点自己的看法。

最重要的是提高透明度。这一点既是日本劳动者不满的根源，也是在日本企业聘用外国人才时必须要改善的。

具体而言，就是招聘、晋升、人事调动、考核等环节，不仅要明确公布结果，还要明确公布标准和流程，至少要将选拔录用过程通知应聘者本人。如果与企业内部、外部公开招聘制度相结合，效果会更好。首先，对政府机关的职务实施公开招聘是一个很好的尝试。

如果这样的透明度和公开性得到保证，横向劳动力市场不健全、男女不平等、研究生入学率低迷等问题自然会更容易解决。这是为什么呢？

直到现在，这些问题之所以很难改善，是因为它们与以工龄、"努力"作为评价对象的工资体系的兼容性差。近年来，虽然重视工龄的倾向有所改变，但上述几点并没有得到改善，原因之一在于招聘和考核方面仍有许多不透明的标准。考虑到这一点，提高透明度和公开性将有助于消除阻碍男女平等和横向劳动力市场的因素。

过去的改革之所以失败，是因为企业试图在不提高透明度和公开性的前提下，引入职务薪酬和"成果主义绩效工资"。而且，动机大多是出于降低年功资历工资和长期雇佣成本的目的，是站在企业管理层短期视角的打算。这种改革往往无法与工人达成共识，导致士气低落，最终铩羽而归。

如果不提高透明度，就不能废除年功资历工资和长期雇佣制度。因为这些惯例是作为制衡企业管理层权力的规则，被工人方面认可并通过努力实现的。日本工人没有追求职务明确化和人事透明化的"职务平等"，而是追求长期雇佣和年功资历工资的"员工平等"。于是，晋升和招聘环节的不透明便被作为换取长期雇佣和年功资历工资的交易代价，被工人阶层接受了。

那么，让我们来思考一下 1963 年经济审议会发布的一系列报告中提倡的改革未能实现的原因。其中之一是企业执着于维护经营管理权，反对提高透明度和引入横向基准。企业拒绝提高透明度以及引入横向基准，而企业与企业内工会妥协的结果是实行长期雇佣和年功资历工资制度，这便成为之后的日本式企业经营管理模式。

通过 2019 年引入的"高级专业人才制度（高专）"也可以看出，正是因为企业不想提高透明度，所以改革无法开展。这是一种参考美国的"豁免员工"的制度，尝试创造一种加班费适用范围外的工作方式。

然而，厚生劳动省宣布，截至 2019 年 4 月末，全日本"高级专业人才制度（高专）"的适用者只有一人。据报道此事的文章称，不仅工会反对，而且企业也不愿采用这一制度。据说原因在于，该制度为引进高级专业人才的企业增加了上报防止过劳措施实施情况的义务，企业将接受劳动基准监督署更严格的监督。①

简而言之，日本企业比起提高透明度，引入"高级专业人才制度

---

① 「高プロ導入 企業も『No』」『東京新聞』二〇一九年五月二二日朝刊。

（高专）"，更倾向于维持各个环节不透明的现状。姑且不论对这一制度本身的评价，可以这样讲，提高透明度是一切改革必不可缺的一项内容。

面对这种情况，可能会有一种观点认为，在取消劳动基准监督署的监督，以及不提高透明度的情况下，"高级专业人才制度（高专）"将成为企业便于操作的制度。但是，如此"挑食"式的改革，如同试图回归19世纪的"野蛮的自由劳动力市场"状态，工人们是不可能同意的。

20世纪各种社会运动取得的成果在逐渐丧失，19世纪"野蛮的自由劳动力市场"渐渐回归，这一趋势在世界范围内随处可见。如第三章所述，劳工运动争取到的合同工资和体现为同工同酬的"职务平等"原则，适用范围正在不断缩小。近年来，每个国家的就业形势都变得越来越不稳定，每个社会中不同于以往"正式工作"的雇佣方式正在不断增加。[①]

在日本，20世纪90年代以后也开始引入"成果主义绩效工资"制度，可将其看成战前适用于工人的计件工资制度的复活。然而，就日本而言，即使回到19世纪，也只是回到一个长期雇佣和年功资历工资被限定在少数核心员工的世界。

可以说，这只不过是日本式雇佣的续命手段，笔者并不赞成这种做法。这些耍小聪明式的措施降低了劳动者的生产积极性，除了能够短期

---

① 在法国和德国，原则上不允许出现因临时雇佣等雇佣形态造成的歧视性待遇，但劳务派遣员工由于用工待遇是单独的，所以会因不同企业在福利、利润分配、工作条件、合同工资等方面的差异而出现待遇差距。Washington CORE L.L.C. 前揭『雇用システム改革及び少子化対策に関する海外調査 雇用システム編』二四、三八—三九、四八頁。

削减工资成本之外，毫无益处。

无论改革方向如何，提高透明度和开放性都是至关重要的。关于这一点，应该也会有很多人赞同。

你自己的结论

然而，即使提高透明度和开放性，健全横向劳动力市场，贯彻男女平等原则都实现，也未必能够解决贫富差距问题。随着考核透明度的提高，学位成为客观的评价标准，考学竞争激化，差距可能会进一步扩大。而且，通过"经验"和"努力"获得较高评价的那些没有学位的中老年劳动者，很可能会面临减薪的局面。

笔者认为，结合"残余型"就业人群增多的状况，只能通过扩充社会保障来解决这一问题。也就是说，低学历的中老年劳动者工资下降，应通过育儿补贴和公共租赁住房等社会保障措施来弥补。在考虑这样的一揽子政策时，第六章讨论的 1963 年经济审议会报告仍有一定的参考价值。

但即便如此，除非构成社会的人们达成共识，否则任何改革都难以进行。日本和其他国家的历史告诉我们，除非劳动者提出要求，开展运动，否则任何改革都不会有实质效果。既然如此，改革的方向取决于社会中的人们想要什么，他们共同享有什么样的价值观。

下面，笔者将介绍一个如同石蕊试纸一样衡量社会价值观的问题。2017 年，有一件逸事成为劳动问题研究者们讨论的热门话题。一位在超市以非正式雇佣员工身份工作了 10 年的单身母亲提出疑问："为什么昨天来的女高中生拿到手的时薪和我差不多？"[1]

面对这样的问题，如果是你的话，会如何作答呢？笔者根据本书讨论的内容，姑且写出三种答案。

回答①

工资的作用既然是支撑、维持劳动者的生活，就应当考虑其年龄和家庭背景。因此，与女高中生拿同样工资的现象是不合理的。我们应当创建这样一个社会——让所有像这位单身母亲一样的人都能成为公司正式员工，都能够拿到与年龄和家庭人数相对应的工资。

回答②

同工同酬，不以年龄、性别、种族或国籍搞差别化待遇，这是基本原则。所以，这位单身母亲和女高中生拿同样工资的情况是没有问题的。我们更应当考虑的是如何建设一个让她能够通过获取职业资格和学位，入职高薪岗位、拥有发展良好的职业生涯的社会。

回答③

这个问题不应该依靠劳资关系，而应该通过发放育儿补贴等社会保障政策来解决。就工资而言，在做同样工作的情况下，这位单身母亲和女高中生拿几乎同样的工资是不可避免的。但是，我们

---

① 该逸事出自金子良事・龍井葉二「年功給か職務給か？」『労働情報』二〇一七年四月号、二七頁。

应当创建一个能够不断提高最低工资水平，并保障人们公平取得学位、资格、职业培训机会的社会。

在这些回答中，不能断言哪个是正确的，哪个是错误的，因为它们分别基于不同的价值观和不同的哲学。①

战后日本的多数派选择了回答①。但是，正式员工的数量增加是有限度的，而且也会造成与残余的非正式雇佣劳动者之间的贫富差距。从年轻人、女性和硕博研究生的角度来看，存在很多不合理的惯例。

那么，既然有局限，改革的方向应该是什么呢？如果选择回答②作为改革的方向，的确能够实现某种正义。但是，贫富差距会以其他的形式扩大，同时也会伴随出现治安恶化等问题。

如果选择回答③，另一种形式的正义虽然可以实现，但不可避免地会增加税收和保险费的负担。正如笔者反复强调的，社会共识是结构性的，不能只追求积极的一面。

只要这个世界上没有乌托邦存在，那么，除非人们愿意妥协接受某些消极方面，否则改革就不会实现。这正是为什么所有改革的方向只能由社会共识来决定。

一旦确定了方向，学者就可以沿着该方向提出配套政策，政治家可以为了出台政策而努力，政府可以实施政策具体化措施。但是，改革的方向本身必须由社会中的人们决定。

在日本经济迈入高速增长期之前，非正式雇佣劳动者也能够获得地

---

① 孙田良平曾围绕"工资的哲学"和"理解"进行论述，详见 NPO 法人企业年金·賃金研究センター编『賃金の本質と人事革新』三修社、二〇〇七年。

方社会的援助，所以这段时期姑且不谈。笔者认为现代日本社会的改革应该选择回答③提示的方向。但是，如果日本社会的人们现在依然认为回答①是正义的话，即使学者提出了方向不同的政策，最终也只能成为泡影，就如同 1963 年经济审议会报告中的方案。

另外，如果人们认为回答②是正义的，那么就必须另外拟定不同的配套政策。不得不说，这个问题最终取决于日本社会的人们选择的方向。

本书通过对其他国家和日本的考察，展示了社会发展的各种可能性。学者可以检验事实和历史，提出可能的选项，展开讨论，但最终的选择只能由社会中的人们自己决定。

作为读者的你也是这个社会中的一员。阅读完本书，请你思考如何回答前面那位单身母亲的问题。而且，希望你能够与周围的人一起探讨，而不仅仅是一个人思考。通过这个过程，希望你能够得出一个属于自己的结论。

后 记

笔者想在此陈述一下本书的写作过程。

从几年前开始，笔者一直在研究如何全面描述日本的战后史。所谓"全面"，就是将政治、经济、外交、教育、社会、文化、思想等联系起来，在与同时代的世界动向进行比较的同时，描绘日本的历史。

事实上，日本社会的发展大多数情况下都是沿着世界同时代的潮流在前进。例如，以第二次世界大战为契机的民主化和均质化发展取得进步，20世纪60年代长期雇佣开始普及，等等。这些情况并非单独发生在日本。

然而，随着研究的深入，笔者渐渐发现了日本的独特倾向。

笔者首先注意到的是社会保障制度的不同。为什么日本的社会保障制度不同于其他国家，是以"企业（职场）"和"村落（地域）"为单位的呢？在调查的过程中，笔者逐渐认识到这是一个涉及多方面的问题。

日本的社会保障体系将"企业（职场）"和"村落（地域）"设为人类互帮互助的单位。这与日本的工会是以企业为单位组成的企业工会这一状况相一致。同时，不难想象，这也与日本不存在西欧式的社会民主主义政党，以及对职业教育和专业教育的需求不高等情况有关。

这种想法的出现与笔者在他国旅居的经历有关。

从第一次作为客座教授前往印度开始，笔者至今走过了大约 20 个国家。在笔者看来，所谓社会的特点，很大程度上取决于将什么视为社会的基本单位。在印度和德国旅居期间，这两个国家将职业工种视为社会基本单位而产生的多项社会惯例，给笔者留下了深刻的印象。这与社会教育、社会保障、政党政治，乃至地域社会的组织形态密切相关。

然而，这并没有跃升到文化论上。近年来的研究已经表明，各个地区所谓的"传统文化"实际上是在现代化过程中被创造出的"新事物"。印度种姓制度的形态、泰国的国王崇拜、墨西哥原住民的宗教仪式等，都是比较新的"被创造物"。许多被视为日本传统文化的东西也都是明治时代以来形成的。

因此，笔者认为有必要通过与其他国家的对比，探明日本何以形成将"企业（职场）"和"村落（地域）"作为社会基本单位的倾向。而且，这似乎也是在推进战后史研究时避不开的问题。

讲谈社现代新书编辑部的小林雅宏先生前来时，正是笔者思考这些问题的时期。于是，笔者认为只能用"日本社会的规则"来表现这种规定了雇佣、教育、福利、政党、地域社会，甚至是"生活方式"等诸多方面的"惯习之束缚"。笔者把想将"日本社会的规则"经历了什么样的历史发展才最终形成并确立的过程写下来的想法告诉了他。

不过，最初的构想是先解释"三种生存方式"，然后再更全面地讨论雇佣、教育、福利、政党、税收、地域社会、社会运动等方面的内容。但是，当笔者研究雇佣惯例时，逐渐发现这才是决定整体的关键。

于是，笔者将最初的书稿全部废弃，把重点放在雇佣惯例的历史上，整体重写。因此，不同于最初的构想，笔者删减了教育和社会保障的相关内容，并将政党、税收、地方自治的内容忍痛割爱。

如此一来，虽然和最初的构想相比，本书的主题限定在更狭窄的范围内，但依然跨越多个领域，涵盖劳动史、经营史、行政史、教育史，甚至是其他国家的历史与惯例传统。笔者也切实感到有学力不逮之处。关于战前日本的官僚制，笔者请教了专家清水唯一朗先生，得到很多宝贵的意见。衷心感激对本书的校对工作付出诸多心血的编辑。至于阐述未尽之处，期待各领域专家的指正。

迄今为止，笔者从几个侧面研究了日本的集体社会意识。例如，以民族论的变迁为素材，研究了民族身份认同的形成；以战后思想史的展开为素材，研究了战争共同经历培养出的社会意识。本书通过对雇佣、行政、教育、社会保障等方面的考察，分析了规约日本社会的社会意识是如何形成的。笔者希望本书能够对劳动史和经营史的研究者有所启发，正如迄今为止笔者的研究对思想史、社会运动史的研究者有所启发一样。

笔者个人认为这样的研究可以说是人文社会科学领域的基础研究。它既不是一项可以立即应用为政策建议的研究，也不适合投稿给特定学科领域的期刊。但是，阐明决定一个人生活所在社会原理的底层逻辑，是进入细分化学科专业之前的基本问题意识。对这种最基本的问题进行探索的研究具有独特的贡献。

为了方便更多的读者阅读，笔者的文字尽可能简单易懂，并在每一章开篇处添加了内容提要。卡尔·波兰尼的《大转型》一书每一章都有译者的摘要，罗伯特·帕特南的《独自打保龄》一书有着解谜一般的叙述展开，这些也令笔者深受启发。笔者认为本书在作为一本学术著作的同时，能够向社会广泛地投掷问题，与更多的人分享，引发大众的深入思考。这也正是一名研究者在输出学术思想时的理想，而且笔者认为本书是能够实现这一理想的。

笔者觉得阅读本书的读者会有各自感兴趣的地方。经营史、教育学的研究者会有出自专业角度的关注点，公司员工和教师也会有结合自身日常工作的关注点。然而，作为本书的作者，笔者希望这是一本既能够回应这种个人兴趣，也能够促使人们思考这个社会中所有人面临的共同问题，激励大家为开拓未来而深入探讨的书。

至此付梓之际，幸蒙多方关照。谨此致谢。

小熊英二

二〇一九年六月七日

参考文献

阿部彩（2006）「相対的剥奪の実態と分析」社会政策学会編『社会政策における福祉と就労』『社会政策学会誌』第 16 号、法律文化社。

阿部悦生・岩内亮一・岡山礼子・湯沢威（1997）『イギリス企業経営の歴史的展開』勁草書房。

アベグレン，ジェームス・C．（1958=1958）『日本の経営』占部都美監訳、ダイヤモンド社。

――――――――――――――(1958=2004)『日本の経営〈新訳版〉』山岡洋一訳、日本経済新聞社。

赤木須留喜（1991）『〈官制〉の形成』日本評論社。

秋山勝行・青木忠（1968）『全学連は何を考えるか』自由国民社。

安熙卓（2015）「韓国企業の人材育成の新たな展開」『経営学論集』第 25 巻 4 号、1―23 頁。

天野郁夫（1986）『高等教育の日本的構造』玉川大学出版部。

――――(1992)『学歴の社会史――教育と日本の近代』新潮社。

天沼寧（1982）「定年・停年」『大妻女子大学文学部紀要』第 14 号、

65 — 81 頁。

荒畑寒村 （1960=1975）『寒村自伝』岩波文庫。

麻生誠・潮木守一編 （1977）『学歴効用論——学歴社会から学力社会への道』有斐閣選書。坂野潤治・宮地正人・高村直助・安田浩・渡辺治編 （1994）『シリーズ　日本近現代史』第 4 巻『戦後改革と現代社会の形成』岩波書店。

Boltanski,L.(1982=1987) *The Making of a Class: Cadres in French Society*, Cambridge, Cambridge University Press.

ブルデュー，ピエール （1973=1990）『ディスタンクシオン』石井洋二郎訳、藤原書店。

ブリントン，メアリー ·C.(2008)『失われた場を探して』玄田有史解説、池村千秋訳、NTT 出版。

カルダー，ケント・E.(1988=1989)『自民党長期政権の研究——危機と補助金』淑子カルダー訳、文藝春秋。

キャンベル，ジョン ·C.(1993=1995)『日本政府と高齢化社会——政策転換の理論と検証』三浦文夫・坂田周一監訳、中央法規。

中央大学経済研究所編 （1976）『中小企業の階層構造——日立製作所下請企業構造の実態分析』中央大学出版部。

クラーク，バートン ·R.(1995=2002)『大学院教育の国際比較』有本章監訳、玉川大学出版局。

ドーリンジャー，P.B.，ピオーレ，M.J.(1971=2007)『内部労働市場とマンパワー分析』白木三秀監訳、早稲田大学出版部。

ドーア，ロナルド・P .(1973=1987)『イギリスの工場 . 日本の工場——労使関係の比較社会学』、山之内靖・永易浩一訳、筑摩書房、ちくま学芸文庫版（上）（下）1993年。

─────────(1976=1978)『学歴社会　新しい文明病』松居弘道訳、岩波書店、岩波同時代ライブラリー版1990年。

海老原嗣生（2012）『就職に強い大学・学部──偏差値・知名度ではわからない』朝日新書。

─────(2015)『なぜ7割のエントリーシートは、読まずに捨てられるのか？人気企業の「手口」を知れば、就活の悩みは9割なくなる』東洋経済新報社。

遠藤公嗣（1999）『日本の人事査定』ミネルヴァ書房。

榎一江・小野塚知二編著（2014）『労務管理の生成と終焉』日本経済評論社。

エスピン－アンデルセン，G.(1990=2001)『福祉資本主義の三つの世界──比較福祉国家の理論と動態』岡沢憲芙・宮本太郎監訳、ミネルヴァ書房。

──────────────(1999=2000)『ポスト工業経済の社会的基礎──市場・福祉国家・家族の政治経済学』渡辺雅男・渡辺景子訳、桜井書店。

藤井信幸（1991）「両大戦間日本における高等教育卒業者の就職機会──大学・専門学校卒業者を中心に」『早稲田大学紀要』第23号、97─116頁。

藤村聡（2014)「戦前期企業・官営工場における従業員の学歴分布──文部省『従業員学歴調査報告』の分析」『国民経済雑誌』第210巻2号、

53 — 73 頁。

　福田邦三・関口浩 (1955)「農山村の通婚圏について」『民族衛生』第 22 巻 2·3 号、81 — 88 頁。

　福井康貴 (2016)『歴史のなかの大卒労働市場—就職・採用の経済社会学』勁草書房。

　玄田有史 (2004)『ジョブ・クリエイション』日本経済新聞社。

　————(2010)『人間に格はない——石川経夫と 2000 年代の労働市場』ミネルヴァ書房。

　ゴードン，アンドルー (1993=2001)「職場の争奪」ゴードン，アンドルー編『歴史としての戦後日本』下巻、中村政則監訳、みすず書房。

　————————(1985=2012)『日本労使関係史 1853 — 2010』二村一夫訳、岩波書店。

　後藤道夫編 (2004)『岐路に立つ日本』吉川弘文館。

　後藤道夫 (2016)「『下流化』の諸相と社会保障制度のスキマ」『POSSE』第 30 号、32 — 49 頁。

　濱口桂一郎 (2011)『日本の雇用と労働法』日経文庫。

　————— (2013)『若者と労働——「入社」の仕組みから解きほぐす』中公新書ラクレ。

　————— (2013)「非正規公務員問題の原点」『地方公務員月報』第 605 号、2 — 15 頁。

　————— (2014)『日本の雇用と中高年』ちくま新書。

　————— (2018)「横断的論考」『日本労働研究雑誌』第 693 号、2 — 10 頁。

橋本健二（2009）『「格差」の戦後史——階級社会　日本の履歴書』河出書房新社。

葉山滉（2008）『フランスの経済エリート——カードル階層の雇用システム』日本評論社。

間宏（1978）『日本労務管理史研究——経営家族主義の形成と展開』御茶の水書房。

平井陽一（2000）『三池争議——戦後労働運動の分水嶺』ミネルヴァ書房。

広井良典（1999）『日本の社会保障』岩波新書。

久本憲夫（1998）『企業内労使関係と人材形成』有斐閣。

————(2007)「労働者の『身分』について——工職身分格差撤廃と均等処遇」『日本労働研究雑誌』第49巻5号、通巻562号、56—64頁。

本多勇（1978）『高学歴化社会の労働管理』日本労働協会。

本田由紀（2005）『若者と仕事——「学校経由の就職」を超えて』東京大学出版会。

————(2008)『教育の職業的意義——若者、学校、社会をつなぐ』ちくま新書。

兵藤釗（1971）『日本における労資関係の展開』東京大学出版会。

————(1997)『労働の戦後史』上・下、東京大学出版会。

猪飼周平（2010）『病院の世紀の理論』有斐閣。

池田敬正（1994）『日本における社会福祉のあゆみ』法律文化社。

稲継裕昭（2005）『公務員給与序説——給与体系の歴史的変遷』有

斐閣。

乾彰夫（1990）『日本の教育と企業社会——一元的能力主義と現代の教育＝社会構造』大月書店。

伊東光晴（1978）『日本の経済風土』日本評論社。

石田京吾・濱田秀（2006）「旧日本軍における人事評価制度——将校の考科・考課を中心に」『防衛研究所紀要』第 9 巻第 1 号、43 — 82 頁。

石田光男（1990）『賃金の社会科学——日本とイギリス』中央経済社。

————(1992)「十條製紙の職務給の変遷（上）（下）」『評論・社会科学』第 44 号 37 — 98 頁、第 45 号 43 — 89 頁。

————(2014)「日本の賃金改革と労使関係」『評論　社会科学』第 109 号、1 — 12 頁。

石田光男・樋口順平（2009）『人事制度の日米比較——成果主義とアメリカの現実』ミネルヴァ書房。

石田光男・寺井基博編著（2012）『労働時間の決定——時間管理の実態分析』ミネルヴァ書房。

石川経夫・出島敬久（1994）「労働市場の二重構造」石川経夫編著『日本の所得と富の分配』東京大学出版会。

伊藤健市・田中和雄・中川誠士編著（2002）『アメリカ企業のヒューマン・リソース・マネジメント』税務経理協会。

————————————(2006)『現代アメリカ企業の人的資源管理』税務経理協会。

岩出博（1991）『英国労務管理——その歴史と現代の課題』有斐閣。

岩瀬彰（2006=2017）『「月給 100 円サラリーマン」の時代』講談社、

ちくま文庫版 2017 年。

岩脇千裕「大学新卒者の就職問題を考える」『労働者・政策研究機構』第 69 回政策研究フォーラム、2013 年 9 月 10 日。https://www.jil.go.jp/event/ro_forum/20130910/houkoku/images/02/02-02_large.html 2019 年 6 月 4 日アクセス。

ジャコービィ，サンフォード・M.(1985=1989)『雇用官僚制——アメリカの内部労働市場と"良い仕事"の生成史』荒又重雄・木下順・平尾武久・森杲訳、北海道大学図書刊行会。

自由民主党（1979)『日本型福祉社会』自由民主党広報委員会出版局。

次官・若手プロジェクト（2017)「不安な個人、立ちすくむ国家: モデル無き時代をどう前向きに生き抜くか」http://www.meti.go.jp/committee/summary/eic0009/pdf/020_02_00.pdf　2019 年 6 月 2 日アクセス。

城繁幸（2004)『内側から見た富士通——「成果主義」の崩壊』光文社。

門脇厚司・飯田浩之編（1992)『高等学校の社会史——新制高校の〈予期せぬ帰結〉』東信堂。

鍵山整充（1989)『職能資格制度』白桃書房。

甲斐素直（1994)「会計事務職員の弁償責任と不法行為責任の関係」『会計検査研究』第 9 号、77 — 88 頁。

上條俊昭（1979)『「歩」のない経済』東洋経済新報社。

神島二郎（1962)『近代日本の精神構造』岩波書店。

神林龍（2017)『正規の世界・非正規の世界——現代日本労働経済学

の基本問題』慶應義塾大学出版会。

　　上坂冬子（1959=1981）『職場の群像』中央公論社、中公文庫版
1981 年。

　　金子良事（2013）『日本の賃金を歴史から考える』旬報社。

　　金子良事・龍井葉二（2017）「年功給か職務給か？」『労働情報』第
956 号、22 － 29 頁。

　　苅谷剛彦（1993）「アメリカ大学就職事情（上）・（下）」『UP』第
249 号 16 － 19 頁、第 250 号 34 － 38 頁。

　　――――(1991)『学校・職業・選抜の社会学――高卒就職の日本的
メカニズム』東京大学出版会。

　　加瀬和俊（1997）『集団就職の時代――高度成長のにない手たち』青
木書店。

　　加藤榮一（2007）『福祉国家システム』ミネルヴァ書房。

　　加藤寛一郎（1991=1995)『零戦の秘術』講談社、講談社＋α文庫
版 1995 年。

　　河西宏祐（1992）『聞書・電産の群像――電産十月闘争・レッドパージ・
電産五二年争議』平原社。

　　――――(1999)『電産型賃金の世界――その形成と歴史的意義』早
稲田大学出版部。

　　川手摂（2005）『戦後日本の公務員制度史――「キャリア」システムの
成立と展開』岩波書店。

　　――――(2015)「昭和戦前期の官吏制度改革構想――高文官僚優遇
の制度的基盤 (2)」『都市問題』第 106 巻 7 号、95 － 117 頁。

経済協力開発機構・労働省訳編（1972）『OECD 対日労働報告書』日本労働協会。

経済企画庁総合計画局編（1985）『２１世紀のサラリーマン社会——激動する日本の労働市場』東洋経済新報社。

経済審議会編（1960）『国民所得倍増計画』大蔵省印刷局。

——————(1963)『経済発展における人的能力開発の課題と対策』大蔵省印刷局。

木下武男（1999）『日本人の賃金』平凡社新書。

清沢洌（1960）『暗黒日記』岩波書店。

小林英夫・岡崎哲二・米倉誠一郎・NHK 取材班（1995）『「日本株式会社」の昭和史——官僚支配の構造』創元社。

コッカ，ユルゲン（1981＝1992）『工業化・組織化・官僚制』加来祥男編訳、名古屋大学出版会。

古賀豪（2002）「ドイツ連邦政府の事務手続——連邦省共通事務規則」『外国の立法』214 号、130 － 163 頁。

小池和男（1977）『職場の労働組合と参加——労資関係の日米比較』東洋経済新報社。

————(1981)『日本の熟練——すぐれた人材形成システム』有斐閣選書。

————(1993)『アメリカのホワイトカラー——日米どちらがより『実力主義』か』東洋経済新報社。

————(2005)『仕事の経済学 第三版』東洋経済新報社。

————(2009)『日本産業社会の「神話」——経済自虐史観をただ

す』日本経済新聞出版社。

――――(2015)『戦後労働史からみた賃金――海外日本企業が生き抜く賃金とは』東洋経済新報社。

小池和男・渡辺行郎（1979）『学歴社会の虚像』東洋経済新報社。

小池和男・猪木武徳編著（2002）『ホワイトカラーの人材形成――日米英独の比較』東洋経済新報社。

厚生省保険局・社会保険庁医療保険部監修（1974）『医療保険半世紀の記録』社会保険法規研究会。

香西泰（1976=1994）「二重構造論」有沢広巳監修『昭和経済史』日本経済新聞社、日経文庫版 1994 年、207 ― 211 頁。

雇用振興協会編（1978）『高齢・高学歴化時代の能力開発――方向と実際』日本経営者団体連盟弘報部。

クラカウアー，ジークフリート（1930=1979）『サラリーマン』神崎巌訳、法政大学出版局。

熊沢誠（1989=1998）『日本的経営の明暗』筑摩書房、ちくま学芸文庫版 1998 年。

――――(1993)『働き者たち泣き笑顔――現代日本の労働・教育・経済社会システム』有斐閣。

――――(1993)『新編　日本の労働者像』ちくま学芸文庫

倉内史郎（1963）「技術革新と技能労働力の給源――中卒から高卒への移行をめぐる要員問題」『労務研究』第 16 巻 6 号、14 ― 17 頁。

楠田丘（2004）『楠田丘オーラルヒストリー　賃金とは何か――戦後日本の人事・賃金制度史』石田光男監修・解題、中央経済社。

　三菱社誌刊行会編（1979－1982）『三菱社誌』東京大学出版会。

　三浦朱門「日本大学よ甘えるなかれ」『中央公論』第 83 巻 8 号、287－294 頁。

　宮本光晴（1999）『日本の雇用をどう守るか──日本型職能システムの行方』PHP 新書。

　宮本太郎（1994）『回想の読売争議──あるジャーナリストの人生』新日本出版社。

　水島和則（1989）「フランスにおける『カードル』の形成」『社会学年報』第 18 号。

　水谷三公（1999=2013）『官僚の風貌』中央公論新社、中公文庫版 2013 年。

　望田幸男編著（1995）『近代ドイツ＝「資格社会」の制度と機能』名古屋大学出版会。

　──────(2003)『近代ドイツ＝資格社会の展開』名古屋大学出版会。

　Moriguchi,Chiaki and Saez, Emmanuel(2010)"The Evolution of Income Concentration in Japan, 1886-2005: Evidence from Income Tax Statistics," in A.B. Atkinson and T. Piketty ed., *Top Incomes: A Global Perspective*, Oxford, Oxford University Press, pp.76-170.

　森建資（2005）「官営八幡製鉄所の労務管理（1)」『経済学論集』第 71 巻 1 号、2－47 頁。

　────(2005)「官営八幡製鉄所の労務管理（2)」『経済学論集』第 71 巻 2 号、79－120 頁。

————(2006)「官営八幡製鉄所の賃金管理（1）」『経済学論集』第 71 巻 4 号、2 — 39 頁。

————(2006)「官営八幡製鉄所の賃金管理（2）」『経済学論集』第 72 巻 1 号、51 — 96 頁。

————(2007)「賃金体系の二層構造」『日本労働研究雑誌』第 562 号、67 — 76 頁。

村上泰亮・公文俊平・佐藤誠三郎（1979）『文明としてのイエ社会』中央公論社。

村松岐夫編著（2018）『公務員人事改革——最新米・英・独・仏の動向を踏まえて』学陽書房。

村松喬（1965）『教育の森（1）進学のあらし』毎日新聞社。

長島修（2008）「創立期官営八幡製鐵所の経営と組織——職員層について」『立命館経営学』第 47 巻 4 号、191 — 222 頁。

————(2009)「創立期官営八幡製鐵所における下級補助員に関する一考察」『立命館大学人文科学研究所紀要』第 93 号、133 — 175 頁。

内閣記録局編（1894=1979）『明治職官沿革表』別冊付録〔慶応 3 年—明治 26 年 / 官等・俸給〕、原書房。

中根千枝（1967）『タテ社会の人間関係——単一社会の理論』講談社現代新書。

中西洋（2003）『日本近代化の基礎過程——長崎造船所とその労使関係 1855 — 1903』下巻、東京大学出版会。

NHK 放送世論調査所編（1975）『図説 戦後世論史』日本放送出版協会。

日本経営者団体連盟編（1955）『職務給の研究』日本経営者団体連盟弘報部。日本経営者団体連盟、新・日本的経営システム等研究プロジェクト報告（1995）『新時代の「日本的経営」——挑戦すべき方向とその具体策』日本経営者団体連盟。

日本経済団体連合会（2018）「2018年度新卒採用に関するアンケート調査結果」https://www.keidanren.or.jp/policy/2018/llO.pdf 2019年6月4日アクセス。

日本国民年金協会広報部編（1980）『国民年金二十年秘史』日本国民年金協会。

日経連弘報部編（1960）『資格制度の考え方と実際』日本経営者団体連盟弘報部。

日経連能力主義管理研究会（1969=2001）『能力主義管理——その理論と実践』日経連出版部、新装版2001年。

二村一夫（1987）「日本労使関係の歴史的特質」『社会政策学会年報』第31集、御茶の水書房、77—95頁。

————（1994）「戦後社会の起点における労働組合運動」坂野潤治・宮地正人・高村直助・安田浩・渡辺治編『シリーズ日本近現代史』第4巻『戦後改革と現代社会の形成』岩波書店、37—78頁。

人間能力開発センター（1977）『高学歴化の進行と労務管理』『能力開発シリーズ』40号、全日本能率連盟。

西川忠（1964）「ブルーカラーの昇進問題」『労務研究』第17巻2号、12—17頁。

西村純（2014）『スウェーデンの賃金決定システム—賃金交渉の実態

と労使関係の特徴』ミネルヴァ書房。

西成田豊（1995）「日本的労使関係の史的展開――1870 年代―1990 年代（下）」『一橋論叢』第 114 巻 6 号、17 ― 37 (975-995) 頁。

――――(2004)『経営と労働の明治維新――横須賀製鉄所・造船所を中心に』吉川弘文館。

仁田道夫・久本憲夫編著（2008）『日本的雇用システム』ナカニシヤ出版。

仁田道夫（2009）「雇用ポートフォリオ・システム改革の視点」『現代の理論』Vol.20、150 ― 160 頁。

――――(2011)「非正規雇用の二重構造」『社会科学研究』 62 巻 3・4 合併号、3 ― 23 頁。

野村正實（1998）『雇用不安』岩波新書。

――――(2003)『日本の労働研究』ミネルヴァ書房。

――――(2007)『日本的雇用慣行――全体像構築の試み』ミネルヴァ書房。

――――(2014)『学歴主義と労働社会――高度成長と自営業の衰退がもたらしたもの』ミネルヴア書房。

野呂沙織・大竹文雄（2006）「年齢間労働代替性と学歴間賃金格差」『日本労働研究雑誌』No.550、51 ― 66 頁。

NPO 法人企業年金・賃金研究センター編、孫田良平監修（2007）『賃金の本質と人事革新』三修社。

尾高煌之助（1984）『二重構造の日本的展開』岩波書店。

――――(1993)「『日本的』労使関係」岡崎哲二・奥野正寛編『現

代日本経済システムの源流』日本経済新聞社、145 — 182 頁。

　尾形隆彰（1981）「中小事業所における非正規従業員の実態」『労働研究所報』第 2 号、45 — 51 頁。

　小川佳万（2002）「学位かちみたアメリカ教育大学院──その特質と問題点」『名古屋高等教育研究』第 2 号、161 — 184 頁。

　小熊英二（1998）『〈日本人〉の境界──沖縄・アイヌ・台湾・朝鮮植民地支配から復帰運動まで』新曜社。

　────(2009)『1968（下）──叛乱の終焉とその遺産』新曜社。

　────(2002)『〈民主〉と〈愛国〉──戦後日本のナショナリズムと公共性』新曜社。

　岡崎哲二（1991）「戦時計画経済と企業」東京大学社会科学研究所編『現代日本社会 4 歴史的前提』東京大学出版会、363 — 398 頁。

　小野里拓（2018）「大学内専門職養成の日米比較」福留東土編『専門職教育の国際比較研究』『高等教育研究叢書』第 141 号、75 — 90 頁。

　荻原勝（1984）『定年制の歴史』日本労働協会。

　大河内一男編（1956）『労働組合の生成と組織──戦後労働組合の実態』東京大学出版会。

　隠岐さや香（2018）『文系と理系はなぜ分かれたのか』星海社新書。

　大森彌（2006）『官のシステム』東京大学出版会。

　小野塚知二『クラフト的規制の起源──19 世紀イギリス機械産業』有斐閣。

　折井日向（1973）『労務管理二十年──日本鋼管（株）にみる戦後日本の労務管理』東洋経済新報社。

大沢真知子（1993）『経済変化と女子労働——日米の比較研究』日本経済評論社。

大田堯（1978）『戦後日本教育史』岩波書店。

大竹文雄・森口千晶（2015）「年収580万円以上が上位10%の国　なぜ日本で格差をめぐる議論が盛り上がるのか」『中央公論』第129巻4号、通巻1577号、32—41頁。

大内裕和・児美川孝一郎（2012）「キャリア教育を問い直す——教育の内と外をいかに繋ぐか」『現代思想』第40巻5号、61—83頁。

プレイヤー，マック・A.(1992=1997)『アメリカ雇用差別禁止法（第三版）』井口博訳、木鐸社。

労働大臣官房政策調査部（1991）『転勤と単身赴任——転勤と勤労者生活に関する調査研究会報告書』大蔵省印刷局。

労働政策研究・研修機構編（2011）「諸外国における能力評価制度——英・仏・独・米・中・韓・EUに関する調査」労働政策研究・研修機構。

ロルト，ライオネル・T.C.(1965=1989)『工作機械の歴史——職人の技からオートメーションへ』磯田浩訳、平凡社。

ルドルフ，フレデリック（1962=2003)『アメリカ大学史』阿部美哉・阿部温子訳、玉川大学出版部。

斉藤淳（2010）『自民党長期政権の政治経済学——利益誘導政治の自己矛盾』勁草書房。

笹島芳雄（2012）「日本の賃金制度」明治学院大学『経済研究』第145号、31—54頁。

佐藤厚（2016）『組織のなかで人を育てる——企業内人材育成とキャリア形成の方法』有斐閣。

佐藤学（2015）『専門家として教師を育てる——教師教育改革のグランドデザイン』岩波書店。

清水克洋（2007）「19 世紀末・20 世紀初頭フランスにおける「職」の概念」『商学論纂』第 48 巻 5・6 号、191 － 226 頁。

—————(2010)「伝統的、経験主義的徒弟制から体系的、方法的職業教育へ——1925 年フランス職業教育局「労働週間報告」の検討を中心に」『大原社会問題研究所雑誌』第 619 号、34 － 55 頁。

清水唯一朗（2007）『政党と官僚の近代——日本における立憲統治構造の相克』藤原書店。

—————(2009)「明治日本の官僚リクルートメント——その制度、運用、実態」『法学研究』第 82 巻 2 号、193 － 219 頁。

—————(2013)『近代日本の官僚——維新官僚から学歴エリートへ』中公新書。

新藤宗幸（1992）『行政指導』岩波書店。

篠崎信男（1967）「通婚圏に関する一考察」『人口問題研究所年報』第 12 号、48 － 52 頁。

—————(1974)「通婚圏問題と人口政策——昭和 47 年第六次出産力調査報告」『人口問題研究』第 130 号、46 － 52 頁。

塩沢美代子（1980）『ひたむきに生きて——ある戦後史』創元社。

スミス，アダム（1776=1980）『国富論』玉野井芳郎・田添京二・大河内暁男訳、中央公論社。

菅野和夫・荒木尚志編（2017）『解雇ルールと紛争解決――10ヵ国の国際比較』労働政策研究・研修機構。

菅山真次（2011）『「就社」社会の誕生――ホワイトカラーからブルーカラーへ』名古屋大学出版会。

菅原琢（2015）「不安定化する社会に対応できない日本の選挙」『中央公論』第 129 巻 4 号、通巻 1577 号、78 ― 91 頁。

杉本良夫、ロス・マオア（1982）『日本人論に関する 12 章――通説に異議あり』学陽書房。

隅谷三喜男（1955）『日本賃労働史論――明治前期における労働者階級の形成』東京大学出版会。

―――――(1976)『日本賃労働史の史的考察』御茶の水書房。

―――――(1980)「定年制の形成と終身雇用」『年報・日本の労使関係』1980 年版、3 ― 28 頁。

壽里茂（1996）『ホワイトカラーの社会史』日本評論社。

鈴木淳（2001）「二つの時刻、三つの労働時間」橋本毅彦・栗山茂久編著『遅刻の誕生――近代日本における時間意識の形成』三元社、99 ― 122 頁。

鈴木俊光「教育・学歴の経済学」『Chuo Online』2011 年 5 月 6 日付。https://yab.yomiuri.co.jp/adv/chuo/research/20110506.html　2019年 6 月 2 日アクセス。

田端博邦（2007）『グローバリゼーションと労働世界の変容――労使関係の国際比較』旬報社。

橘由加（2004）『アメリカの大学教育の現状――日本の大学教育はどう

あるべきか』三修社。

　橘木俊詔（2015）『日本人と経済——労働・生活の視点から』東洋経済新報社。

　橘木俊詔・八木匡（2009）『教育と格差——なぜ人はブランド校を目指すのか』日本評論社。

　高畠通敏（1969）「『発展国型』学生運動の論理」『世界』第 278 号、244 — 250 頁。

　高田亮爾（1989）『現代中小企業の構造分析——雇用変動と新たな二重構造』新評論。

　高橋正樹（2011）「『社会的表象としてのサラリーマン』の登場——戦前俸給生活者の組合運動をどう見るか」『大原社会問題研究所雑誌』第 511 号、16 — 30 頁。

　高橋毅夫（1982）「日本経済新二重構造論—潜在成長力を重視し、内需拡大を」『エコノミスト』第 60 巻 20 号、10 — 16 頁。

　宝樹文彦（2003）『証言　戦後労働運動史』東海大学出版会。

　武田清子（1953）「工場に見た嘘と貝殻的人間像」『芽』（『思想の科学』）1953 年 8 月号、38 — 42 頁。

　武川正吾（2007）『連帯と承認——グローバル化と個人化のなかの福祉国家』東京大学出版会。

　竹内洋（1995）『日本のメリトクラシー——構造と心性』東京大学出版会。

　————（1999）『学歴貴族の栄光と挫折』中央公論新社。

　玉野和志（2005）『東京のローカル・コミュニティーある町の物語

一九〇〇―八〇』東京大学出版会。

　田中博秀（1980）『現代雇用論』日本労働協会。

　田中和雄（2017）「『職務』の成立と労働組合」『専修ビジネス・レビュー』第 12 巻 1 号、45 ― 57 頁。

　田中慎一郎（1984）『戦前労務管理の実態――制度と理念』日本労働協会。

　田中洋子（2011）『ドイツ企業社会の形成と変容――クルップ社における労働・生活・統治』ミネルヴァ書房。

　谷聖美（2006）『アメリカの大学――ガヴァナンスから教育現場まで』ミネルヴァ書房。

　テイラー，フレデリック（1911=2009）有賀裕子訳『新訳　科学的管理法』ダイヤモンド社。

　サロー，レスター（1975=1984）『不平等を生み出すもの』小池和男・脇坂明訳、同文館。

　東京大学社会科学研究所（1979）『電産十月闘争（1946 年）――戦後初期労働争議資料』東京大学社会科学研究所資料第 9 集。

　土田武史（1997）『ドイツ医療保険制度の成立』勁草書房。

　――――――(2011)「戦後の日独医療保険政策の比較」『生活福祉研究』第 79 号、52 ― 76 頁。

　辻勝次（2011）「戦後トヨタにおける人事異動の定期化過程」『立命館産業社会論集』第 47 巻 3 号、59 ― 81 頁。

　植田浩史（2004）『現代日本の中小企業』岩波書店。

　上野千鶴子・小熊英二・雨宮処凜・須賀千鶴・植木貴之・今村啓太

(2017)「『不安な個人、立ちすくむ国家』をめぐって」『熱風』第 15 巻 11 号、3 ― 45 頁。

　上山安敏 （1964）『ドイツ官僚制成立論』有斐閣。

　氏原正治郎 （1966）『日本労働問題研究』東京大学出版会。

　――――(1968)『日本の労使関係』東京大学出版会。

　氏原正治郎・高梨昌 （1971）『日本労働市場分析』上・下、東京大学出版会。

　禹宗杬 （2003）『「身分の取引」と日本の雇用慣行――国鉄の事例分析』日本経済評論社。

　――――(2016)「戦後における資格給の形成」『大原社会問題研究所雑誌』第 688 号、5 ― 28 頁。

　梅村又次 （1971）『労働力の構造と雇用問題』岩波書店。

　潮木守一「高等教育の国際比較――高等教育卒業者の就業構造の比較研究」『教育社会学研究』26 号、1971 年、2 ― 16 頁。

　ヴォーゲル，エズラ・F.(1979=1979)『ジャパン アズ ナンバーワン：アメリカへの教訓』広中和歌子・木本彰子訳、TBS ブリタニカ。

　ヴァース，ベルント （2013）「ドイツにおける企業レベルの従業員代表制度」仲琦訳『日本労働研究雑誌』第 630 号、13 ― 25 頁。

　若林幸男 （2007）『三井物産人事政策史 1876 ― 1931 年――情報交通教育インフラと職員組織』ミネルヴァ書房。

　――――(2014)「1920 ― 30 年代三井物産における職員層の蓄積とキャリアパスデザインに関する一考察――初任給額の決定要因を中心として」『明治大学社会科学研究所紀要』第 53 巻 1 号、119 ― 138 頁。

―――――――編（2018）『学歴と格差の経営史――新しい歴史像を求めて』日本経済評論社。

脇坂明（2004）「新規学卒者の労働市場――兵庫県の調査からみた労働移動」玉井金五・久本憲夫編著『高度成長のなかの社会政策――日本における労働家族システムの誕生』ミネルヴァ書房、63－86 頁。

Washington CORE L.L.C.(2016)『平成 27 年度産業経済研究委託事業　雇用システム改革及び少子化対策に関する海外調査雇用システム編』https://www.meti.go.jp/meti_lib/report/2016fy/000721.pdf　2019 年 6 月 4 日アクセス。

渡辺寛人（2016）「教育費負担の困難とファイナンシャルプランナー――ファイナンシャルプランを通じた社会保障要求の封じ込め」『POSSE』第 32 号、98－111 頁。

渡辺治編（2004）『高度成長と企業社会』吉川弘文館。

渡辺幸男・小川正博・黒瀬直宏・向山雅夫（2013）『21 世紀中小企業論　第三版　多様性と可能性を探る』有斐閣。

ウェーバー，マックス（1905=1989）『プロテスタンティズムの倫理と資本主義の精神』大塚久雄訳、岩波文庫。

―――――――――(1918=1982)「新秩序ドイツの議会と政府」『政治論集 2』中村貞二、山田高生、脇圭平訳、みすず書房。

ライト・ミルズ，C.(1951=1957)『ホワイト・カラー――中産階級の生活探究』杉正孝訳、東京創元社。

山口一男（2017）『働き方の男女不平等――理論と実証分析』日本経済新聞出版社。

山口和人（2014）「ドイツ公務員制度の諸問題」『レファレンス』第 64 巻 9 号、5－23 頁。

山本恵明・田中博秀（1982）「日本的雇用を築いた人達 2 元トヨタ自動車工業専務取締役 山本恵明氏にきく（2）」『日本労働協会雑誌』第 24 巻 8 号、64 － 81 頁。

山崎清（1988）『日本の退職金制度』日本労働協会。

矢野眞和（2008）「人口・労働・学歴——大学は、決して過剰ではない」『教育社会学研究』第 82 集、109 － 123 頁。

八代充史・梅崎修・島西智輝・南雲智映・牛島利明編（2010）『能力主義管理研究会オーラルヒストリー——日本的人事管理の基盤形成』慶應義塾大学出版会。

——————————————————————————(2015)『『新時代の「日本的経営」』オーラルヒストリー——雇用多様化論の起源』慶應義塾大学出版会。

八代尚宏（1980）『現代日本の病理解明』東洋経済新報社。

————(1997)『日本的雇用慣行の経済学——労働市場の流動化と日本経済』日本経済新聞社。

吉田幸司・岡室博之（2016）「戦前期ホワイトカラーの昇進・選抜過程——三菱造船の職員データに基づく実証分析」『経営史学』第 50 巻第 4 号、3 － 26 頁。

吉田誠（2007）『査定規制と労使関係の変容——全自の賃金原則と日産分会の闘い』大学教育出版。

吉野耕作（1997）『文化ナショナリズムの社会学——現代日本のアイデ

ンティティの行方』名古屋大学出版会。

原则上此处不包括无署名的新闻报道，以及网页新闻、法规及政
府发布的白皮书等。对于参考 2 篇以上论文的多人合著书籍，只标注
书名。

译后记

在 20 世纪 60 年代的民主化浪潮中，日本历史学研究经历了一个范式转换，在保持对传统政治史、精英史研究的同时，出现了大量关注民众史、生活史的研究。20 世纪 60 年代初出生的小熊英二在社会关怀和学术追求上也体现出了这一时代烙印。

小熊英二 1962 年出生于东京，高中毕业后考入名古屋大学物理学专业学习，后退学重新考入东京大学农学部农业生物科学专业。毕业后，他进入岩波书店从事编辑工作，期间考入东京大学综合文化研究科国际社会科学专业，1995 年取得硕士学位，1996 年从岩波书店离职，1998 年取得博士学位。1997 年至今，他执教于庆应大学综合政策学部，主要从事历史社会学及相关社会科学研究，成果主要集中在战后社会思想史、民族主义、民主主义研究等方面。

小熊英二不仅是学者，还是音乐人和社会活动家。作为乐队的歌手和吉他手，他经常到各地演出，自 20 世纪 90 年代至今已发行多张专辑。他曾以音乐人和学者的身份在东京参加 2011 年福岛核事故后的大规模民众抗议活动，并将这一活动拍摄成纪录片《首相官邸前的人们》。他坦言以音乐和影像的形式记录社会运动是自己作为社会学家和历史学家的使命。

小熊英二是一名高产的学者。通俗易懂、充满思想性与社会关怀等特点是他的作品受到广大读者欢迎的重要原因。他的作品曾获得出版界多项大奖，《改变社会》《活着回来的男人：一个普通日本兵的二战及战后生命史》《单一民族神话的起源："日本人"自画像的系谱》《"民主"与"爱国"：战后日本的民族主义与公共性》等作品以及他与多位学者合著的《平成史》已被译为简体中文出版。

本书日文版出版于 2019 年，是小熊英二思考如何全面书写日本战后史的最新研究成果。文字通俗易懂，大量史料与注释同时满足了专业读者和大众的阅读需求，每章均设置内容提要，以整理该章节的核心观点和结论。最重要的是，小熊英二在本书中向读者投掷问题，尝试启发读者思考并得出自己的结论，延续了他引导读者突破常识、质疑并思考的一贯写作风格。

本书中，小熊英二通过与不同国家的对比，发现了日本社会福利制度的特殊性。一个国家的福利制度所覆盖的不同人群分别对应不同的雇佣、工作方式，以及由此形成的不同的生存、生活方式。规则的形成最终必须由社会集体意识接受。本书正是通过对雇佣、行政、教育、福利保障等方面的社会规则进行考察，分析了认可这些"惯习"的社会意识是如何形成的。

不可否认的是，这本历史社会学著作触及的其实是日本近代经济的老命题。然而，说"老"恰恰是因为重要，因为战后经济发展模式在讨论战后日本史时不可回避。二战后，日本经济先后经历了恢复期、高速增长期和稳定增长期，至 20 世纪 90 年代初泡沫经济破灭，战后经济发展模式瓦解。该模式的具体表现，是日本企业经营管理的"三大神器"——终身雇佣制、年功序列制和企业内工会，即所谓的"日本式雇佣"。

雇佣惯例决定了工作方式，进而决定了人的生存、生活方式。小熊英二站在历史社会学的研究视域内，从社会现象入手，首先提出了日本社会的三种生存方式，进而对其背后起决定作用的雇佣、教育、福利相关社会规则进行分析。同时，本书不仅从新的学科视域去探究重要的传统课题，还基于社会关怀提出了关于社会改革方向的思考。

本书的内容简言之，是揭示日本二战后至 20 世纪 80 年代末确立的社会规则（社会契约）——"日本式雇佣"的成因、演变、优势、弊端，以及 20 世纪 90 年代开始这种雇佣模式的瓦解和由此带来的新问题。序章中，小熊英二通过一篇新闻报道指明了日本社会在雇佣就业方面存在某种"默认规则"。在之后的章节中，小熊英二从多个角度介绍了这些规则，并就其成因与不同国家进行对比，从历史和现实的角度进行分析。

小熊英二指出，日本社会的三种生存方式实质上是"企业成员关系"主导的体现，同时日本的教育与福利体制也是以企业为导向的。以企业为核心的"日本式雇佣传统"是在战前日本社会背景与当时世界发展普遍趋势的共同影响下形成的，既有特殊性，又有普遍性，并非一些日本文化优越论中强调的"独一无二"。同时，小熊英二也指出，任何社会的"规则"都既包含积极的一面，也包含消极的一面，这些规则积极的一面与消极的一面都被整体社会共识所认可。战后至 20 世纪 80 年代末形成的社会规则，也就是通常被认为属于"日本式雇佣传统"一部分的"员工平等"原则保证了企业内所有正式雇佣员工拥有相同的权利，高管干部、办公职员和一线工人都可以享受终身雇佣、年功序列等待遇。这一原则客观上提高了劳动生产效率和经济效益，支撑了企业发展，但同时存在着对高学历女性员工不友好、学历竞争激化，以及"大企业型"和"地方型"人群之间收入差距扩大等负面影响。

不难看出，小熊英二的一系列著作都遵循了战后日本史的三段式划分原则来解释和说明不同的社会问题。在《"民主"与"爱国"：战后日本的民族主义与公共性》一书中，小熊英二将"战后"分为三个时间段，1945 年至 1954 年为"第一战后"、1955 年至 1990 年为"第二战后"、20 世纪 90 年代后为"第三战后"。《平成史》一书则将焦点集中在 1989 年至 2018 年这平成 30 年，收录了多位学者在日本社会的政治、经济、中央与地方关系、社会保障、教育、信息化等方面的详细论述。

进入 20 世纪 90 年代，日本社会开始从工业社会向后工业社会转型。小熊英二在《改变社会》一书中指出，日本制造业从业人口从 1994 年开始被服务业赶超，这意味着日本于 20 世纪 90 年代中期开始进入后工业社会。这种社会变革体现在很多方面：信息技术进步，全球化趋势增强，告别了大规模生产和大规模消费，取而代之的是社会生活各个环节的个人化与个性化。长期而稳定的雇佣就业机会越来越少，就业形式愈发灵活，失业率上升，人口流动性更强。家庭结构随着少子化和老龄化而变得更加松散，人们的生活轨迹不再像"第二战后"那般可预期，边缘人群增多。泡沫经济破灭于 1991 年，至 90 年代中期，日本进入后工业社会，因此平成 30 年（1989-2018）刚好是日本开始步入后工业社会的标志性时间段。

平成时代的后工业社会转型给社会各个阶层都造成了冲击，对年轻人的冲击则直接影响着整个社会的活力。日本企业的"三大神器"逐渐瓦解，"稳定"的雇佣关系成为一种奢侈。社会不确定性因素增多，大量年轻人由于看不到生活的希望，不得不选择不买车、不买房、不婚、不育的低消费生活方式。日本在"失去的 20 年"中形成了"低欲望社会"。那么，不同国家的后工业社会是否在"低欲望社会"这一点上具有共性呢？

历史社会学研究的一个重要意义在于通过将不同国家进行对比，往往能发现不同历史发展进程中的共通性和差异性，以及决定和影响一系列社会机制的过程。而在对比和梳理历史的过程中，经常会形成颠覆传统认知的结论。这也正是本书的重点内容之一——对日本社会规则传统性认知的颠覆。

很多所谓的"传统"并非历史久远，而是很晚才被社会造就的一种规则。一旦这种社会规则被人们广泛认可，形成共识，对人们的生活就会开始产生决定性影响。对规则的认同感会依据其重要程度被人们的潜意识夸大，对"传统"的年代感认知就会增强，由此导致了对"传统"的认知错觉。因此，很多"传统"既非某一国家特有，也非历史久远、亘古不变。

日本社会在"第一战后"和"第二战后"形成的规则支撑着"一亿总中流"的日本社会，但它的有效性从 20 世纪 90 年代开始逐渐丧失。因此，小熊英二认为形成一个社会共同接受的、结构性的新社会规则，变革雇佣、教育、福利等社会制度这一问题非常迫切，但变革的方向则需要由日本大众主动思考并抉择。

雇佣方式与教育制度、福利制度密切相关。平成时代，这些制度上的变化在大众生活方面，体现为一种与"昭和风"相去甚远的"平成风"。平成时代一面向昭和时代那个工业社会时期的工作方式和职业伦理致敬，一面孕育了具有后工业社会时代特色的精神气质和文化生活。有无印良品、优衣库等追求简约风格的企业，也有是枝裕和、河濑直美等注重家庭、亲情与个人感受的电影艺术创作者。透过日本，我们能够看到亚洲汉字文化圈后工业社会中年轻人的爱情、亲情和他们的生活方式。

平成30年，日本社会似乎已经走出了对传统工业社会辉煌的依依不舍，那么今后又将走向何方？后工业社会将持续多久，后工业社会的下一个社会阶段将是什么样子？置身其中的社会个体如何自我安置是关系到每个人的问题。也许我们能够从日本后工业社会的经验中，找到一些参考和借鉴。

最后，正如小熊英二在后记中陈述写作过程一样，译者也想在译后记中简单陈述一下翻译这本书的过程与感受。

本书是关于日本雇佣、教育和社会保障方面的书籍，涉及较多社会学、经营学、福利制度、招聘就业、职业教育等方面的术语。因此，译者在翻译过程中，花费了大量时间查阅资料，尽可能使用规范术语，同时为便于中文读者理解，添加了大量译者注。对于译者而言，这不仅是一项工作，更是一个深入理解日本社会的绝佳学习过程。鉴于翻译是一项需要臻于至善的工作，对本书译文中可能出现的问题，译者也期待与专业人士共同探讨。

感谢北京大学博士生焦博先生和法国社会科学高等研究院博士生栾颖新女士在翻译过程中给予译者的帮助。焦先生曾就文中的术语及表达反复与译者商讨，我们经常通话讨论到凌晨，探究、辨析某一个词的含义或某句话的含义；栾女士则从社会学和历史学专业角度为译者提供了许多参考意见。两位在语言上理解与表达之精准，专业知识功底之深厚，不禁让译者再次感慨他们在治学上的深刻造诣。

最后，感谢社会科学文献出版社蔡继辉老师的信任，感谢杨轩女士与胡圣楠女士的精心编辑。

暴凤明

2023 年 6 月

于东京大学追分公寓

图书在版编目（CIP）数据

隐性社会规则：终身雇佣制塑造的日本 / (日) 小
熊英二著；暴凤明译. -- 北京：社会科学文献出版社，
2023.6
（樱花书馆）
ISBN 978-7-5228-1743-9

Ⅰ.①隐…　Ⅱ.①小…②暴…　Ⅲ.①雇佣劳动－劳
动关系－研究－日本　Ⅳ.①F249.313

中国国家版本馆CIP数据核字（2023）第073170号

·樱花书馆·
隐性社会规则：终身雇佣制塑造的日本

著　　者 / 〔日〕小熊英二
译　　者 / 暴凤明

出 版 人 / 冀祥德
组稿编辑 / 杨　轩
责任编辑 / 胡圣楠
文稿编辑 / 李蓉蓉　梅怡萍
责任印制 / 王京美

出　　版 / 社会科学文献出版社（010）59367069
　　　　　　地址：北京市北三环中路甲29号院华龙大厦 邮编：100029
　　　　　　网址：www.ssap.com.cn
发　　行 / 社会科学文献出版社（010）59367028
印　　装 / 北京盛通印刷股份有限公司

规　　格 / 开　本：880mm×1230mm 1/32
　　　　　　印　张：16.5　字　数：388千字
版　　次 / 2023年6月第1版　2023年6月第1次印刷
书　　号 / ISBN 978-7-5228-1743-9
著作权合同
登 记 号 / 图字01-2023-3780号
定　　价 / 98.00元

读者服务电话：4008918866